DIE GESCHICHTE DER

ARCHÄOLOGIE

NATIONAL GEOGRAPHIC

JUSTIN POLLARD

DIE GESCHICHTE DER ARCHÄOLOGIE

IN 50 BEDEUTENDEN ENTDECKUNGEN

INHALT

Terrakottafigur der Maya

Cheopspyramide in Giseh, Ägypten, mit der Sphinx im Vordergrund

Vorige Doppelseite: Ruinenstadt Machu Picchu, Peru

Alte Rundburg, Nowgorod, Russland

Eine „P-38 Lightning" auf einem Grönlandgletscher

EINLEITUNG

Der Begriff „Archäologie" wurde vor weniger als 400 Jahren geprägt; das Fachgebiet im modernen Sinn ist gerade einmal halb so alt. Den Wunsch aber, dem die Archäologie entspringt, empfinden Menschen schon wesentlich länger. Einer der Söhne Ramses' II., der vor 4000 Jahren lebte, war von seinen frühen Vorfahren so fasziniert, dass er ihre Artefakte sammelte und die Instandsetzung ihrer Grabmale befahl. Seit sich in der Renaissance das Abendland für die klassische Antike zu interessieren begann, fahndete es nach antiken Statuen, Münzen und Gegenständen und stellte sie zur Bewunderung oder zum Studium in Sammlungen aus. Jedoch erst im 19. Jahrhundert, als die Erkenntnis dämmerte, die Geschichte der Menschheit müsse älter sein, als biblische Chronologien nahelegen, entstand das Fach Archäologie nach heutigem Verständnis.

Die Aufgabe, der sich die ersten Archäologen gegenübersahen, war gewaltig. Jahrtausende menschlicher Aktivitäten lagen vor ihnen. Aber ohne schriftliche

Vor 3,75 Mio. J. | **Vor 2 Mio. J.** | **Vor 1 Mio. J.** | **Vor 50 000 J.** | **Vor 10 000 J.** | **5000 v. Chr.** | **4000 v. Chr.**

Vor 3,75 Mio. J. Fußspuren aufrecht gehender Hominiden aus dieser Zeit in Laetoli, Tansania

Vor ca. 3,2 Mio. J. Lucy *(Australopithecus afarensis)* lebt in Hadar, Äthiopien

Vor ca. 1,8 Mio.–250 000 J. *Pithecanthropus erectus* (neu klassifiziert als *Homo erectus*), Java, Indonesien

Vor ca. 40 000 J. Mungo-Mann, Australien

Vor ca. 40 000–25 000 J. Mungo-Frau, Australien

Vor ca. 32 000 J. Höhlenmalereien in Chauvet-Pont-d'Arc, Frankreich

Vor ca. 13 000 J. Höhlenmalereien in Altamira, Spanien

Um 7000 v. Chr. Kennewick-Mann, Nordamerika

Vor ca. 9400–8000 J. Çatalhöyük, Türkei

Um 4000 v. Chr. Hypogäum, Hal-Saflieni, Malta

Vor 120 000–40 000 J. Mittelpaläolithikum (Altsteinzeit)

4300–3000 v. Chr. Hochkultur von Uruk, Mesopotamien

Vor 2,3 Mio.–120 000 J. Altpaläolithikum (Altsteinzeit)

Vor 40 000–10 000 J. Jungpaläolithikum (Altsteinzeit)

9000–3000 v. Chr. Neolithikum (Jungsteinzeit)

10 000–3000 v. Chr. Mesolithikum (Mittelsteinzeit)

Überlieferungen, die verraten hätten, was jene Menschen dachten oder taten, blieben sie im Dunkeln. Aus der Vorgeschichte gibt es eine unvorstellbare Masse an Objekten und Stätten, die Hunderte, Tausende oder Zehntausende von Jahren alt sein können, denen jedoch eine erkennbare Ordnung oder Bedeutung fehlt. Aufgabe der Archäologie ist es, diese stillen Zeugen vergangener Zeiten freizulegen, zu ordnen und zu verstehen und den Sinn der aus dem Wrack der Zeit geborgenen Fragmente zu enthüllen.

Seit ihren Anfängen profitiert die Archäologie vom Interesse weiter Kreise außerhalb der engen akademischen Grenzen. Die Bücher, die Archäologen über ihre großen Entdeckungen schrieben, wurden Bestseller, und neue Funde wecken ein Medieninteresse, von dem andere Fachgebiete nur träumen können. Dennoch ist die Berufsarchäologie über den öffentlichen Enthusiasmus nicht immer erfreut. Sie ist ein Fach, das zuweilen darunter leidet, als eine Art Schatzsuche missver-

3500 v. Chr. | 3000 v. Chr. | 2500 v. Chr. | 2000 v. Chr. | 1500 v. Chr. | 1000 v. Chr.

Um 3600 v. Chr. Jungsteinzeitliche Tempel, Ggantija, Gozo

Um 3400 v. Chr. Aufstieg der Stadtstaaten in Sumer (Südmesopotamien)

Um 3300 v. Chr. Ötzi, Südtirol/Italien

Um 3100 v. Chr. Skara Brae, Orkney-Inseln

Um 3000 v. Chr. Gründung von Troja im Nordwesten der Türkei

Um 2900 v. Chr. Todesgrube von Ur, Mesopotamien

Um 2560 v. Chr. Cheopspyramide von Giseh, Ägypten

Um 2560 v. Chr. Sonnenbarke des Cheops, Ägypten

Um 2300 v. Chr. Bogenschütze von Amesbury, Großbritannien

2800–1450 v. Chr. Minoische Kultur

Um 2600–1700 v. Chr. Blütezeit der Indus-Hochkultur

3500–500 v. Chr. Bronzezeit

Um 2800–1100 v. Chr. Ägäische Bronzezeit

Um 3100–30 v. Chr. Ägyptische Dynastien (Erste bis Ptolemäische)

Um 1600 v. Chr. Auf Kreta wird Knossos als Hauptpalast wiederaufgebaut

Um 1500 v. Chr. Letzte Bauphase von Stonehenge, Großbritannien

Um 1450 v. Chr. Mykenische Schrift Linear B entsteht in Griechenland

Um 1346 v. Chr. Gründung von Achet-Aton (Amarna) in Ägypten

Um 1324 v. Chr. Grabmal des Tutanchamun, Ägypten

1450–1150 v. Chr. Königreich von Mykene

Um 1279 v. Chr. Grabmal von Sethos I., Ägypten

Um 1200 v. Chr. Basket-Maker-Kultur, Nordamerika

standen zu werden, und das sich von einem Indiana-Jones-Image verfolgt sieht, das Fachfremde dazu verführen könnte, die Archäologie mit einem Abenteuer für draufgängerische Glücksritter zu verwechseln. Das tut ernsthaften Archäologen Unrecht. Die Geschichten von längst verstorbenen Schatzsuchern, über die in diesem Buch berichtet wird, haben ihren Platz in der Geschichte der Archäologie, aber der liegt eindeutig in der Vergangenheit. Sie sind wichtig wegen der bedeutenden Funde – aber auch, weil die raubeinigen Methoden von einst spätere Generationen lehrten, wie man es *nicht* macht. Natürlich sind sie faszinierend, denn in jedem Archäologen steckt etwas von einem Schatzsucher. Aber die Schätze, die wir heute suchen, sind nicht aus Gold oder Silber; es geht um Anhaltspunkte, die uns die Lebensweise von Menschen enthüllen, die vor uns gelebt haben. Wenn es Indiana Jones ist, der das Interesse an der Archäologie weckt, dann ist mir das recht. Aber die Archäologen müssen erklären, dass das Fachgebiet breiter, komplexer und wunderbarer ist als alles, was ein zweistündiger Hollywoodfilm abdecken kann.

1000 v. Chr. | 900 v. Chr. | 800 v. Chr. | 700 v. Chr. | 600 v. Chr. | 500 v. Chr. | 400 v. Chr.

Um 1000 v. Chr. Pfahlbausiedlung Flag Fen, Großbritannien

Um 950 v. Chr. Salomo errichtet den Tempel von Jerusalem

Um 880 v. Chr. Nimrud steigt zur Hauptstadt von Assyrien auf

776 v. Chr. Die ersten bezeugten Olympischen Spiele, Olympia, Griechenland

Um 700 v. Chr. Ninive wird Hauptstadt von Assyrien

Um 400–300 v. Chr. Dame von Elche, Spanien

Um 400 v. Chr. Eismaid, Sibirien

Um 400–15 v. Chr. La-Tène-Zeit, Europa

Um 3100–30 v. Chr. Ägyptische Dynastien (Erste bis Ptolemäische)

Um 800–400 v. Chr. Hallstattzeit, Europa

Um 750–31 v. Chr. Römische Republik

In dieser Hinsicht genießt die Archäologie einen einzigartigen Vorteil. Die schriftlich überlieferte Geschichte befasst sich bis in die jüngste Vergangenheit im Wesentlichen mit den großen Ereignissen und den Mächtigen. An archäologischen Funden aber kann jeder Mensch und jedes noch so kleine Ereignis eine Spur hinterlassen haben. Das ist die wahre Anziehungskraft der Archäologie – sie legt von allem und allen Zeugnis ab. Und das ist es, was uns zu ihr hinzieht. Ein zerbrochener Topf oder ein Reagenzglas mit antikem Blütenstaub kann ebenso sehr ein „Schatz" sein wie die Maske des Tutanchamun. Sie alle erzählen uns etwas von der Geschichte und helfen uns verstehen, wer wir sind und woher wir kamen. Dieses Buch stellt anhand von 50 der bedeutendsten Ausgrabungen die Geschichte der modernen Archäologie von ihren Anfängen bis heute dar. Manche dieser Entdeckungen sind abenteuerlich – Grabkammern gefüllt mit wertvollen Artefakten –, bei anderen geht es um Ziegel, Briefe und Bruchstücke von Feuersteinen und Töpferwaren, die sich durch die Geschichte, die sie erzählen, als noch seltener und wertvoller erwiesen haben.

300 v. Chr. | 200 v. Chr. | 100 v. Chr. | 1 n. Chr. | 100 n. Chr. | 200 n. Chr. | 300 n. Chr.

Um 300 v. Chr. Ptolemäus I. gründet das Serapeum in Sakkara, Ägypten

Um 150–100 v. Chr. Mechanismus von Antikythera

9 n. Chr. Schlacht im Teutoburger Wald, Deutschland

79 n. Chr. Ausbruch des Vesuvs; Herculaneum und Pompeji versinken unter Lava und Asche

2. Jahrhundert v. Chr. Blütezeit von Petra als Zentrum des Nabatäer-Reiches

Um 21 v. Chr. – 61 n. Chr. Schriftrollen von Kumran, Israel

210 v. Chr. Terrakotta-Armee, China

9 v. Chr. Ara Pacis, Rom

Um 100 n. Chr. Lindow-Mann und Lindow-Frau, Großbritannien

196 v. Chr. Rosetta-Stein, Ägypten

105 n. Chr. Vindolanda-Tafeln, Großbritannien

3. bis 9. Jahrhundert Aufstieg der Maya, Mittel- und Südamerika

221–210 v. Chr. Qin(Ch'in)-Dynastie, China

Um 300 v. Chr. – 800 n. Chr. Nazca-Kultur, Peru

Um 31 v. Chr. – 476 n. Chr. Römisches Reich

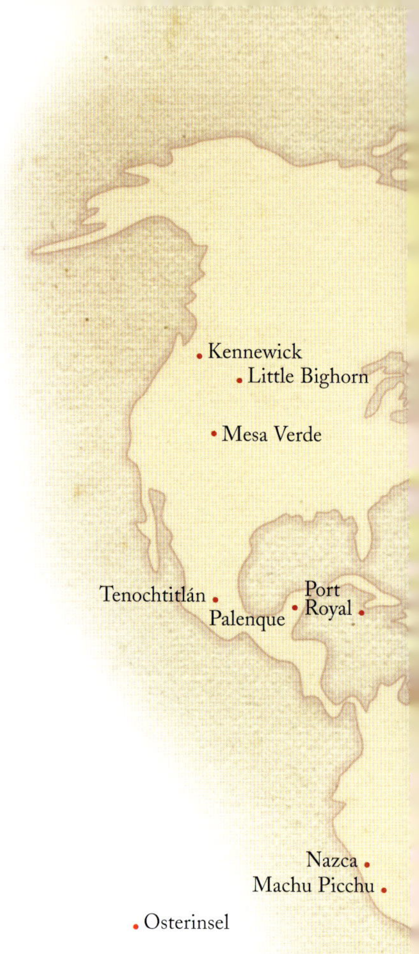

Natürlich ist die Wahl der Grabungsorte eine persönliche Auslese unter vielen tausend Fundstätten in aller Welt, die zu Recht beanspruchen können, einen festen Platz in der Entwicklung des Fachgebiets zu haben. Ich musste auch entscheiden, was eine „Entdeckung" ausmacht. In manchen Fällen blieben Grabungsstätten dem menschlichen Auge viele tausend Jahre verborgen, und das Wissen um sie war verloren. Aber wie bei der Osterinsel oder Angkor Wat hatten die Einheimischen sie in Wirklichkeit nie vergessen – hier besteht die Geschichte darin, zu erzählen, wie die Außenwelt sie wiederentdeckte und lernte, dass jede Kultur und jedes Land der Welt eine eigene, einzigartige, kostbare Vergangenheit besitzt.

Der Auswahl der Grabungsstätten lagen eine Reihe von Kriterien zugrunde. Zuerst suchte ich nach Ausgrabungen, die zu ihrer Zeit als bahnbrechend galten, sei es wegen der angewandten Methoden oder weil sie ein Licht auf bislang unbekannte Abschnitte der Geschichte oder Vorgeschichte warfen. Dann wählte ich solche, deren „Schätze" zwar allgemein bekannt sein dürften, wohingegen

400 | 600 | 800 | 1000 | 1200 | 1400 | 1600 | 1800 | 2000

6.–7. Jahrhundert Bestattungen in Sutton Hoo, Großbritannien

9.–14. Jahrhundert Nowgorod, Russland

1797 John Frere stellt die gültige Theorie über das Alter der Erde in Frage

Um 615 Palenque, Mexiko

Um 1000 Moai-Skulpturen, Osterinsel

1460 Machu Picchu, Peru

1876 Schlacht am Little Bighorn, Nordamerika

Um 306–1453 Byzantinisches Reich

Um 1130–1300 Höhlensiedlungen der Pueblo-Kultur, Nordamerika

1545 Die *Mary Rose* sinkt vor der südenglischen Küste

1250–1581 Aztekische Hochkultur, Mexiko

Um 1200 Groß-Simbabwe, Afrika

1692 Zerstörung von Port Royal, Jamaika

Um 1150 Angkor Wat, Kambodscha

1942 „Glacier Girl", Grönland

12.–15. Jahrhundert Inka-Kultur, Südamerika

Um 300 v. Chr.–900 n. Chr. Klassik der Maya-Kultur, Mittelamerika

1325 Templo Mayor, Tenochtitlán, Mexiko

450–1300 Mesa Verde, Nordamerika

Um 400–600 Erste Siedler landen auf der Osterinsel

die Geschichte ihrer Entdeckung und ihrer Entdecker selten erzählt wird. In all diesen Fällen habe ich Textkästen eingefügt, die die archäologischen Methoden erhellen und die entdeckten Kulturen sowie die Menschen, die sie aufspürten, vorstellen.

Zum Schluss wandte ich mich Stätten und Geschichten zu, die mich als Kind inspirierten: Geschichten über Entdecker, die vergessene Städte fanden, über die Entschlüsselung uralter Sprachen und über den ersten Schritt in einen Raum, den 3000 Jahre lang niemand betreten hatte. Es sind diese aufregenden Geschichten, die mich und andere Archäologen an das Fach heranführten und das öffentliche Interesse weckten und wach halten – ein Interesse, ohne das es die moderne Archäologie nicht gäbe.

JUSTIN POLLARD
Norfolk, 2007

GIGANTISCHE BAUTEN

Antonio da Magdalena in Angkor Wat, 1586–1589

«In Ongcor stehen … Ruinen von solcher Erhabenheit …, dass man beim ersten Anblick von tiefer Bewunderung erfüllt ist und nicht anders kann, als zu fragen, was aus diesem mächtigen, so zivilisierten und aufgeklärten Volk geworden ist, den Schöpfern dieser gigantischen Bauten?»

HENRI MOUHOT, „Reisen in das Herz von Siam, Kambodscha und Laos in den Jahren 1858, 1859 und 1860"

IM JAHR 1586 WAR ANTONIO DA MAGDALENA, ein Kapuzinermönch aus Portugal, auf Missionsreise im Fernen Osten. Das portugiesische Reich dehnte sich rasch aus. Für einen Kaufmann der portugiesischen Handelsflotte bedeuteten die neuen Überseegebiete neuen Wohlstand, den Zugang zu Luxusgütern, die in Europa hohe Preise erzielen würden. Für Antonio da Magdalena bedeuteten sie neue Seelen.

Die Bekehrung der – wie die meisten Europäer es sahen – unzivilisierten Heiden in den Kolonialreichen war gleichbedeutend mit ihrer Unterwerfung. Ihren indigenen Kulturen schenkte man wenig Beachtung. Es war bequemer, sie für „primitiv" und damit ihre Unterwerfung für legitim zu halten. Doch was Antonio da Magdalena dem offiziellen Historiker von Portugiesisch-Indien, Diogo do Couto, nach seiner Reise ins tiefe Kambodscha zu berichten hatte, zeichnete ein anderes Bild. Er erzählte, wie er nach einem Fußmarsch durch den Dschungel auf die Ruinen einer Stadt gestoßen war:

> *«… umgeben von einem Graben, über den fünf Brücken führen, zu deren beiden Seiten jeweils ein von Riesen getragener Mauersims verläuft. Deren Ohrläppchen sind durchstochen und sehr lang. Die Steinblöcke der Brücken sind von erstaunlichem Umfang. Die Steine der Mauern sind von außerordentlicher Größe und so gefügt, dass sie wirken, als wären sie aus einem massiven Block.»*

Gegenüber: Man nimmt an, dass der Tempel Angkor Wat, das größte sakrale Bauwerk der Welt, den hinduistischen Kosmos symbolisiert: Der umlaufende Graben steht für die Weltmeere, die fünf zentralen Türme stehen für die Gipfel des Berges Meru, des hinduistischen Göttersitzes.

Ihm erschien dies als eine Stadt von Riesen, voller kunstreicher Paläste und Wasserläufe, die der Dschungel langsam zurückeroberte. Nur drei Kilometer weiter erwartete ihn ein noch größeres Wunder: ein Tempel, den die einheimischen Führer „Angar" nannten.

> *«Er ist von solch außerordentlicher Bauweise, dass es unmöglich ist, ihn mit der Feder zu beschreiben …, er ist wie kein anderes Bauwerk auf der Welt. Er hat Türme und Verzierungen und alle Finessen, die menschlicher Schöpfergeist ersinnen kann. Es gibt viele kleinere Türme ähnlichen Stils …, die vergoldet sind. Den Tempel umgibt ein Graben,*

über den nur eine Brücke führt, bewacht von zwei steinernen Tigern, so prächtig und furchterregend, dass sie den Besucher in Schrecken versetzen.»

Die Ruine, auf die da Magdalena gestoßen war, war der Khmer-Tempel Angkor Wat, eine gewaltige, von fünf Türmen gekrönte Anlage, umgeben von 3600 Meter langen Mauern und Gräben. In westlichen Augen schien es unmöglich, dass dies das Werk einer Eingeborenenkultur sein sollte. Theorien über seinen Ursprung wurden vorgebracht: Er sei eine von Kaiser Trajan erbaute und vergessene Römerstadt oder ein griechischer Vorposten. Marcello de Ribadeneyra, auch er ein portugiesischer Missionar, besuchte die Stadt Ende des 16. Jahrhunderts. Er hörte, Alexander der Große habe sie errichtet, und staunte, «*… nun lebt dort niemand, es ist bewohnt von wilden Tieren, und die Einheimischen sagen, Fremde hätten sie erbaut*».

Tatsächlich hatten die Khmer diese von portugiesischen Missionaren „entdeckte" Stadt erst rund hundert Jahre vor da Magdalenas Besuch aufgegeben, und Teile des Tempels waren noch in Gebrauch. Auch war sie nicht das Werk von Fremden, sondern von einer Kultur, die vom 9. bis 15. Jahrhundert in dieser Region blühte.

Hohe Gipfel und Flachreliefs

Erst nach langen Jahren der Ausgrabung und Restauration gelang es, die Geschichte von Angkor Wat zu enthüllen. Noch im 19. Jahrhundert war im Westen die Ansicht weit verbreitet, dass es ein römisches Bauwerk sei. Durch das Studium der restaurierten kilometerlangen Flachreliefs in Angkor Wat wissen wir heute, dass der Tempel im frühen 12. Jahrhundert von König Suryavarman II. errichtet wurde. Er herrschte von 1113 bis 1150 über das Khmer-Reich und weihte den Tempel dem Hindugott Wischnu. Die Anlage

ZEITLEISTE

802 Jayavarman II. gründet das unabhängige Königreich Kambuja und legt damit den Grundstein des Khmer-Reichs

UM 900 Erste Stadtgründung in Angkor

UM 1150 Der Tempel in Angkor Wat wird fertiggestellt

SPÄTES 12. JAHRHUNDERT Im goldenen Zeitalter des Khmer-Reichs unter Jayavarman VII. entsteht eine neue Hauptstadt in Angkor Thom

1431 Das Khmer-Reich wird von Thai-Truppen angegriffen, und Angkor fällt; ein Jahr später zieht die Hauptstadt nach Phnom Penh um

1586 Antonio da Magdalena entdeckt die Ruinen von Angkor Wat

war der Mittelpunkt seiner weitläufigen Stadt Angkor, ein sandsteinernes Sinnbild des Berges Meru, des Sitzes der Götter. Fünf Türme krönen den über drei rechteckigen Galerien errichteten Tempel. Sie symbolisieren die fünf Gipfel des mythischen Berges. Die schön geschnittenen Flachreliefs, die die Mauern säumen, stellen neben Sagen aus den antiken Sanskrit-Epen „Ramayana" und „Mahabharata" eine Prozession mit Suryavarman II. und Szenen aus dem Leben von Krischna (einer Inkarnation des Gottes Wischnu) dar. Die Pilger, die den Tempel besuchten, zogen an diesen ihnen vertrauten Geschichten vorbei. Gelegentlich hinterließen sie Inschriften, die von eigenen guten Taten berichteten, bevor sie über steile Stufen zur nächsten Ebene mit Terrassen, Klöstern und Emporen gelangten. Die, denen es gestattet war, ganz nach oben zu steigen, standen vor den fünf Türmen. Im Schrein des Mittelturms, der die anderen überragt, stand eine Statue von Wischnu, die über eine der großartigsten Städte der Welt blickte.

Auch die Tempelwände in Angkor Thom sind mit Flachreliefs geschmückt. Dieser Abschnitt im Bayon-Tempel zeigt Khmer-Krieger im Kampf gegen die Armee von Cham. König Jayavarman VII., ein praktizierender Buddhist, errichtete den Bayon als Staatstempel.

Eindrücke eines chinesischen Reisenden

Den Reisebeschreibungen eines chinesischen Diplomaten verdanken wir einen Bericht vom Leben in der Stadt. Chou Daguan (1266–1346) kam im August 1296 nach Angkor; nach einem Jahr am Hof des Königs der Khmer kehrte er zurück und hielt seine Eindrücke fest. Aller Handel, erzählte er, würde von Frauen betrieben. Sie boten ihre auf Matten ausgebreiteten Waren auf dem großen Marktplatz an, wo sie vom Staat Standflächen gemietet hatten. Er schrieb, dass Männer wie Frauen mit entblößtem Oberkörper und barfuß gingen, dass sie in Häusern ohne Tische und Stühle wohnten und von winzigen Schalen aus Blättern aßen. Trotz dieser scheinbaren Schlichtheit war Angkor keineswegs arm oder unzivilisiert. Die Tempeltürme und Paläste waren mit Gold und Bronze verkleidet, erzählte er und beschrieb, wie der König Srindravarman II. (Regierungszeit 1295–1308) in vollem Staat seinen Palast verließ.

> *«Wenn der König ausgeht, führen Truppen die Eskorte an; es folgen Fahnen, Banner und Musik. In geblümte Tücher gehüllte Palastfrauen mit Blumen im Haar, drei- bis fünfhundert an der Zahl, tragen Kerzen in den Händen und bilden einen Zug. Selbst im hellen Licht des Tages sind die Kerzen entzündet. Es folgen weitere Palastfrauen, die Lanzen und Schilde tragen, die Leibwache des Königs; dann kommen von Ziegen und Pferden gezogene Wagen, ganz in Gold. Minister und Prinzen sitzen auf Elefanten, und vor ihnen kann man von Weitem ihre zahllosen roten Schirme sehen. Nach ihnen kommen die Frauen und Konkubinen des Königs, in Palankins, Kutschen, zu Pferd und auf Elefanten. Sie haben über hundert goldgefleckte Sonnenschirme. Ihnen folgt der Souverän, auf einem Elefanten stehend, in seiner Hand sein heiliges Schwert. Die Stoßzähne des Elefanten sind vergoldet.»*

Als die Portugiesen Angkor betraten, hatten die Bewohner die Stadt verlassen. Bis auf stumme Steine waren Spuren des Khmer-Reichs verschwunden.

Das Reich der Khmer

Bis auf die Flachreliefs in den Tempeln und Palästen sind vom Khmer-Reich keine schriftlichen Überlieferungen erhalten. Seine Geschichte wurde mithilfe von Reliefs an Orten wie Angkor Wat, chinesischen Reiseberichten und archäologischen Forschungen rekonstruiert.

Das Khmer-Königreich von Angkor entstand vermutlich 802, als sich König Jayavarman II. (Regierungszeit 802–850) selbstbewusst zum „König der Welt" ausrief. Er war – vermutlich als Geisel aus einem der kambodschanischen Vasallenreiche – am kultivierten Hof von Java aufgewachsen. Nach Kambodscha zurückgekehrt, wandte er sich schnell der Eroberung benachbarter Königreiche zu, um seinen Einflussbereich auszudehnen, und legte den Grundstein für ein Land, das er Kambuja nannte. Mit seiner Krönung im Jahr 802 erklärte er seine Unabhängigkeit von Java. Obwohl er sich der Herrschaft Javas entledigt hatte, waren seine Jahre am Hof nicht spurlos an ihm vorübergegangen: Erinnerungen an die verfeinerte Kultur dort bildeten das Fundament für die blühende Kunst der Khmer.

Dank Kambodschas zentraler Lage konnte unter den Nachfolgern Jayavarmans II. der Handel die Eroberungszüge ersetzen. Er brachte den Wohlstand, aus dem heraus um das Jahr 900 die erste Stadt Angkor errichtet wurde. Die Khmer investierten in Bauprojekte, Landwirtschaft und in Bewässerungssysteme. Gewaltige Wasserspeicher entstanden, die Handel und Bevölkerungswachstum förderten.

Unter Suryavarman II. kontrollierte das Khmer-Reich das Gebiet des heutigen Kambodscha und weite Teile von Thailand und Laos; im 15. Jahrhundert zerfiel sein Reich.

Im frühen 12. Jahrhundert blickte das Khmer-Reich über seine Grenzen hinaus. Es folgte eine Ära aggressiver Expansionspolitik. Suryavarman II. eroberte Königreiche in Burma, auf der malaysischen Halbinsel und in Thailand und dehnte die Grenzen bis nach Laos aus. Dies war die Blütezeit von Angkor, als auch die große Tempelanlage Angkor Wat entstand. Ihre Fertigstellung dauerte 37 Jahre. Die Expansionspolitik hatte Folgen: Nach Suryavarmans Tod – er fiel vermutlich beim Einmarsch in Vietnam – geriet das Khmer-Reich kurz unter fremde Herrschaft. Es erholte sich unter dem buddhistischen König Jayavarman VII. (Regierungszeit 1182 bis etwa 1206), der mit Angkor Thom („große Stadt") eine neue Hauptstadt errichtete. Unter seiner aufgeklärten Führung entstand ein Großteil der Infrastruktur des Reiches mit über hundert Hospitälern und einem weitreichenden Straßennetz mit Gasthöfen für Kaufleute und Beamte, das alte und neue Städte verband.

Das Reich geriet nach dem Tod Jayavarmans VII. unter zunehmenden Druck: Es schrumpfte aufgrund der thailändischen Eroberungspolitik und der Bedrohung durch die Mongolen. Als der chinesische Diplomat Chou Daguan nach Angkor kam, war das goldene Zeitalter der Khmer-Herrschaft bereits vorüber. Seine schillernden Beschreibungen vom Hof König Srindravarmans lassen erahnen, wie reich und mächtig seine Vorgänger gewesen sein müssen.

Mit Srindravarmans Tod 1308 versiegen die Quellen. Es gibt Hinweise, dass die persönlichere Form des buddhistischen Glaubens der späteren Könige ihre Autorität unterminiert haben könnte. Archäologische Funde zeigen, dass zu dieser Zeit auch das umfangreiche Bewässerungssystem, von dem das Reich abhängig war, baufällig wurde. Das Reich erlangte nie wieder seine frühere Macht. 1431 wurde es schließlich vom thailändischen Königreich Ayutthaya erobert. Möglicherweise hatte man Angkor zu dieser Zeit noch nicht völlig aufgegeben. Als sich das Kernland des Khmer-Staates jedoch nach Süden, in die Gegend von Phnom Penh, verschob, verlor die Stadt ihre wirtschaftliche Bedeutung. Als Antonio da Magdalena 1586 eintraf, hatte der umliegende Dschungel die Stadt bereits zurückerobert; so war er überzeugt, dass diese „verlorene" Stadt nicht einfach aufgegeben worden war, sondern jahrhundertelang leer gestanden hatte.

DIE EXHUMIERTE STADT

Die Entdeckung von Herculaneum und Pompeji, 1594–1763

«Ich stand in der exhumierten Stadt
Und hörte die Herbstblätter wie leichte Fußtritte
Von Geistern, die durch ihre Straßen gingen.»

Percy Bysshe Shelley, „Ode an Neapel" (1816)

Im Jahr 1594 erhielt der neapolitanische Architekt Domenico Fontana (1543–1607) den Auftrag, zur Bewässerung eines Anwesens einen Tunnel vom Sarno zum Südhang des Vulkans Vesuv in der Umgebung von Neapel in Süditalien zu graben. Der geplante Tunnel sollte unter einem niedrigen Hügel hindurchführen, den die Einheimischen La Cività nannten – ein ungewöhnlicher Name für ein Stück Land inmitten von Feldern (La Cività bedeutet „die Stadt"). Als Fontana mit der Untertunnelung begann, entdeckte er den Grund: Unter mehreren Metern Bimsstein und Vulkanasche stießen seine Arbeiter auf antike Ruinen, Marmorplatten, Fragmente von Fresken und zwei Inschriften. Fontana nahm sie zur Kenntnis, machte weiter und stellte den neuen Wassertunnel fertig. Warum Fontana die Ruinen nicht erforschte, ist ungeklärt.

Der Brunnen der Statuen

Was auch immer die Gründe waren, der Hügel La Cività bewahrte sein Geheimnis. Mehr als hundert Jahre vergingen, bevor die Neapolitaner ein zweites Mal mit der antiken Welt in Berührung kommen sollten. Wieder gab Wasser den Anlass. 1709 grub ein Arbeiter einen neuen Brunnen für ein Kloster in Resina (dem heutigen Ercolano), aber statt auf Wasser stieß er auf eine Platte aus seltenem Marmor. Sie entpuppte sich als Sitz in einem bis dahin unbekannten, tief vergrabenen römischen Theater. Der Fund kam schon bald Italiens österreichischen Besatzern zu Ohren. Ein Kavallerieoffizier, Maurice de Lorraine, Prinz d'Elbeuf (1677–1763), beschloss, der Sache nachzugehen. Er errichtete ein Landhaus neben dem Kloster und ordnete weitere Grabungen an. Bald kamen neue antike Funde ans Licht, darunter Fragmente klassischer Statuen und eine Inschrift mit dem Namen Appius Pulcher. Ihn kannte man aus historischen Quellen als Freund des römischen Redners Cicero. De Lorraine ließ alle Skulpturen – als angemessenes Schmuckwerk für die Villa eines kultivierten Kavallerieoffiziers – sicherstellen. So wurde das vielleicht besterhaltene Theater der Antike geplündert. Die Funde und ihre Fundstellen blieben weitgehend unerfasst.

Man sollte de Lorraine nicht zu scharf verurteilen. Die Archäologie nach heutigem Verständnis gab es noch nicht. Europa war sich erst in der Renaissance der klassischen Vergangenheit bewusst geworden. Das Sammeln von Werken der Antike war in Mode. Was dem Kunstbegriff nicht entsprach, galt schlicht als Schutt der Vergangenheit.

Ruinen des Forums in Pompeji: Die öffentlichen Plätze im Zentrum römischer Städte waren Mittelpunkt des Handels. Die Hauptstraße mit breiten Gehwegen war gepflastert.

Berichte über Entdeckungen aus der Zeit vor der klassischen Antike – wie Angkor Wat (siehe Seiten 12–15) – waren noch weniger interessant; sie galten als reine Reiseerzählungen. Maurice de Lorraine wusste nicht, dass seine Villa auf einer vergessenen römischen Stadt stand. Er wusste nur, dass er einen Brunnen besaß, der Statuen spendete.

Die Nachricht von Resina verbreitete sich bald an den Höfen Europas. Und so befahl Karl von Bourbon, der spätere Karl III. von Spanien (Regierungszeit 1759–1788), nachdem er König von Neapel und Sizilien – einem Königreich, das auch Süditalien umfasste – geworden war, die Grabungen auszudehnen, um geeignete Relikte für eine königliche Sammlung zu suchen. Karl stellte eigens einen Antiquar ein: Marcello Venuti. Eine seiner ersten Aufgaben bestand darin, in den „Statuenbrunnen" hinabzusteigen. Im Dunkel der Grabungsstätten gelang Venuti eine der ersten echten archäologischen Entdeckungen. Eine früher aufgefundene Inschrift hatte die Ausgräber annehmen lassen, dass diese Schätze aus einem abgelegenen Herkules-Tempel stammten. Venuti, ein klassischer Gelehrter, las die Inschrift mit anderen Augen. Er erkannte, dass „Herculanenses" nicht einen Tempel, sondern eine Stadt bezeichnete. Es war der Name einer

Stadt, die er aus antiken Quellen kannte und die 79 n.Chr. einer schrecklichen Katastrophe zum Opfer gefallen war: Herculaneum.

Aber Venutis Entdeckung bedeutete nicht den Anfang einer archäologischen Grabung, wie wir sie kennen. Sein Dienstherr verlangte Kunst, nicht Geschichte, und so attackierten Soldaten mit Spitzhacke und Sprengstoff das Grabungsfeld. Ihrem Auftrag, schöne Objekte zu finden, wurden sie gerecht: Geschmeide, Stücke von Bronzepferden, Statuen (darunter eine von Kaiser Augustus), Kapitelle, Säulen und Inschriften kamen zutage und wurden abtransportiert. Nichts wurde dokumentiert, und was nicht als „Kunst" galt, wurde beiseitegeworfen. Schien ein Tunnel ausgebeutet, verfüllte man ihn eilig wieder mit Schutt, um ein Absacken des Bodens zu verhindern. Karl war überglücklich, aber auch misstrauisch, dass andere seine Schatzkammer ausbeuten könnten. Er ließ die Funde in seinem Palast verwahren; Berichte über den Fundort wurden ebenso verboten wie Skizzen

Aus den Ruinen Pompejis geborgene Artefakte wie Haarnadeln, Schmuck und Küchenutensilien verraten, welche Gegenstände die Römer im 1. Jahrhundert n. Chr. im Alltag verwendeten.

Frühe Ausgrabungen in Herculaneum und Pompeji wurden sehr sorglos durchgeführt und waren wenig mehr als eine Schatzsuche nach schönen Objekten. Erst als Karl Weber die Aufsicht bei den Arbeiten in Pompeji übernahm, wurden die Funde vor ihrem Entfernen angemessen dokumentiert.

der Funde selbst. 1745 galt die Stätte als erschöpft. Karl suchte eine neue Quelle für antike Kunst. Seine Aufmerksamkeit wandte sich dem kleinen Hügel zu, den Fontana untertunnelt hatte.

Die Wiedergeburt von Pompeji

1748 zog Karl für die neuen Grabungen in La Cività türkische Kriegsgefangene hinzu. Die Arbeiten schritten rasch voran. In der weichen Vulkanasche der Region ließ es sich leichter graben als unter der Erde im ausgehärteten Schlamm von Herculaneum. Auch verliefen die Arbeiten anders. Zum spanischen Militäringenieur Rocco de Alcubièrre, der schon durch Herculaneum gepflügt hatte, stieß nun der Schweizer Architekt Karl Weber (1712–1764). Er bestand darauf, Räume einzeln freizulegen und zu dokumentieren. Sein Insistieren verärgerte de Alcubièrre – es machte Weber aber auch zum ersten echten archäologischen Ausgräber, denn er war der Erste, der in antiken Ruinen mehr zu entdecken hoffte als Schätze. Als man 1763 am Grabungsort eine weitere Inschrift freilegte, wurde seine geduldige Herangehensweise belohnt, denn sie bewies: Dies war Pompeji. Die verlorene Stadt, deren schreckliches Schicksal vom 24. August 79 n.Chr. einige der größten Schriftsteller des alten Rom dokumentiert hatten. Plinius der Jüngere (um 63–113) beschrieb, wie der Vesuv an diesem Tag ausbrach:

> «... *Nacht kam über uns, keine, wie wir sie haben, wenn der Himmel bewölkt oder Neumond ist, sondern die eines Zimmers, wenn es verschlossen ist und alles Licht gelöscht. Man konnte die Schreie der Frauen hören, das Kreischen der Kinder und die Rufe der Männer; manche riefen nach ihren Kindern, andere nach ihren Eltern, wieder andere nach ihren Ehemännern und suchten einander an den Stimmen zu erkennen, die antworteten; einer beklagte sein Schicksal, ein anderer das seiner Familie; manche wünschten selbst aus Todesangst zu sterben; einige erhoben ihre Hände zu den Göttern, aber der größte Teil war überzeugt, dass es gar keine Götter gab und die letzte, endlose Nacht, von der wir gehört hatten, über die Welt gekommen war.*»
>
> PLINIUS „Brief LXVI", an Tacitus

Pompejis Grabungsfelder unter freiem Himmel waren schwieriger zu verbergen als die unterirdischen Kammern in Herculaneum. Die Neuigkeit von ihrer Entdeckung verbreitete sich rasch. Pompeji wurde die erste archäologische Besucherattraktion der Welt. Die wachsamen Blicke, die sie auf sich zog, führten zu einer veränderten Arbeits-

ZEITLEISTE

79 (24. August) Der Vesuv bricht aus und begräbt die benachbarten Städte Herculaneum und Pompeji. Tausende Einwohner fallen dem Ausbruch zum Opfer

1594 Bei der Untertunnelung von La Cività entdeckt Domenico Fontana antike Ruinen, verkennt jedoch ihre Bedeutung

1709 Bei einem Kloster in Resina legt ein Arbeiter eine Marmorplatte frei, die sich als Teil eines vergrabenen antiken römischen Theaters entpuppt; der österreichische Kavallerieoffizier Maurice de Lorraine beansprucht den Ausgrabungsort für sich und lässt alle Skulpturen entfernen

1735 Karl von Bourbon ordnet eine Ausweitung der Grabungen an; Marcello Venuti erkennt im Grabungsort die verlorene Stadt Herculaneum

1748 Erste Ausgrabungen in La Cività; Karl Weber führt ein Grabungstagebuch und sorgfältige Grabungsmethoden ein

1763 Eine Inschrift belegt, La Cività ist Pompeji

1860 Giuseppe Fiorelli leitet die Ausgrabungen in Pompeji und führt die Technik ein, Hohlräume mit Gips auszugießen. So entstehen erste Abdrücke der Menschen und Tiere, die bei der Katastrophe umkamen

Die Zerstörung von Pompeji und Herculaneum

Im ersten Jahrhundert nach Christus drängten sich in der Bucht von Neapel um den Fuß des Vesuvs viele römische Siedlungen, die ihren Wohlstand den fruchtbaren Vulkanböden an seinen Hängen verdankten. Der Vulkan war jedoch nicht erloschen, er schlief nur. Die Region war bekannt für kleinere Beben, von denen wir heute wissen, dass sie oft einer Eruption vorausgehen. Die Römer aber waren ahnungslos.

64 n. Chr. berichtete der Historiker Sueton von einem Erdbeben in der Region. Kaiser Nero gab zu dieser Zeit dort sein öffentliches Gesangsdebüt, und so dachte Sueton weniger an eine Warnung des Berges als an eine Warnung der Götter … Weitere kleine Beben folgten. Im Frühling 79 n. Chr. berichteten die Einheimischen, dass Brunnen unerwartet versiegten. Im August nahmen die Erschütterungen an Häufigkeit und Heftigkeit bis zum Nachmittag des 24. August zu. Dann, plötzlich, brach der Vesuv aus.

Eine Darstellung der Schweizer Künstlerin Angelika Kauffmann aus dem 18. Jahrhundert zeigt Plinius und seine Mutter in der Villa seines Onkels in Misenum im Jahr 79 n. Chr., als der Vesuv giftige Asche ausstieß.

Beim ersten Ausbruch wunderte sich Plinius der Jüngere, der nicht weit entfernt wohnte, über die gewaltige Säule aus Rauch und Asche, die in die obere Atmosphäre aufstieg. Eine Vorstellung, was sie für die Bewohner der Orte am Fuß des Vulkans bedeutete, hatte er nicht. Plinius bemerkte: *«Bald darauf senkte sich die Wolke und verhüllte das Meer.»*

Was er beschrieb, war ein pyroklastischer Strom – eine glühend heiße Asche- und Gaswolke, die mit mehr als 800 °C aus dem Krater aufstieg und mit unfassbarer Geschwindigkeit die Hänge hinunterraste. Nun regnete es Asche und Bimsstein, selbst 35 Kilometer von der Eruption entfernt, wo sich Plinius befand, und wütende Erdstöße ließen die Gebäude gefährlich wanken. Als die Wolke die Sonne verdüsterte und Dunkelheit hereinbrach, bemerkte er, dass sich das Meer zurückzog – und gestrandete Meerestiere am Ufer zurückließ –, bevor es in einer gewaltigen Welle wiederkehrte, die wir heute Tsunami nennen.

Zwei Städte in Kraternähe traf die volle Wucht des Ausbruchs. In Pompeji fiel in den Straßen dichte, den Atem lähmende Asche, gleichzeitig stürzten durch das Erdbeben Häuser ein und begruben die Bewohner im Inneren. Wer auf die Straße flüchten konnte, war einem Hagel vom Himmel fallender Steine ausgesetzt, den beißenden Gasen und der Gluthitze der pyroklastischen Ströme.

Herculaneum lag noch näher am Ausbruch als Pompeji. Dank der Windrichtung blieb es großteils von dem dichten Ascheregen verschont. Aber das war nur ein kurzer Aufschub. Dann rasten die pyroklastischen Ströme die Vulkanhänge herunter, versengten die Stadt und setzten die Holzdächer in Brand, bevor sie alles unter einer 20 Meter dicken Schicht aus glühendem Schlamm, Asche und Stein begruben.

Als der Ausbruch vorüber war, gab es von Pompeji und Herculaneum fast nichts mehr. Die ganze Umgebung der Bucht von Neapel war völlig verwandelt. Die Gewalt des Ausbruchs hatte die Uferhöhe verändert und den Lauf des Sarno umgelenkt. Die Vulkanhänge waren nun eine Wüste aus schwefelhaltiger Asche und Bimsstein. Wie viele Menschen bei dem Ausbruch umkamen, ist bis heute unbekannt.

Man hat die Überreste von etwa 1500 Bewohnern gefunden; viele liegen mit größter Wahrscheinlichkeit noch unter den Ruinen begraben. Wir wissen, dass die Überlebenden nicht zurückkehrten. Zwei römische Städte verschwanden damit für 17 Jahrhunderte aus der Geschichte.

Der Ausgräber Giuseppe Fiorelli füllte flüssigen Gips in die Hohlräume, die menschliche Körper in der Asche von Pompeji hinterlassen hatten. Die Menschen waren vermutlich von den Gasen überwältigt worden und erstickt. Manche Gipsabdrücke lassen Teile von Kleidung oder Schuhwerk erkennen.

praxis: Die Fronarbeit am Grabungsort wurde 1765 abgeschafft. Die Gebäude und Funde begannen, die bildenden Künste der Zeit zu beeinflussen.

Die Vergangenheit erzählt

Auch das Bild der Menschen, die in Pompeji gelebt hatten, wandelte sich. Verbesserte Grabungsmethoden förderten persönliche Details zutage. Der Ausbruch des Vesuvs hatte einen Moment der Zeit eingefroren; man legte Gegenstände frei, die vom Alltag der Bürger zeugten – Reste von Mahlzeiten, Werkzeuge von Handwerkern, Spielsachen und sogar Graffiti. Die Ernennung von Giuseppe Fiorelli (1823–1896) zum Grabungsleiter 1860 führte zu einem weiteren bemerkenswerten Fund: den Überresten der Pompejer selbst. Bei den Grabungsarbeiten bemerkte er in Bimsstein und Asche, die die Straßen und Gebäude füllten, seltsam geformte Hohlräume. Er goss sie mit Gipsmörtel aus und entfernte dann das umgebende Gestein. Zum Vorschein kamen Körper von Opfern, denen die Flucht vor dem Ausbruch 1800 Jahre zuvor nicht mehr gelungen war: Erwachsene und Kinder, die sich an den Händen hielten, ein Mann, in der Hand noch die Axt, mit der er versucht hatte, sich aus dem Zimmer zu befreien, das sein Grab werden sollte.

Entdeckungen wie diese verhalfen Europa zu der Erkenntnis, dass Pompeji und Herculaneum – und damit im Grunde jede archäologische Grabungsstätte – mehr zu bieten hatte als Kunstwerke. Gebäude, Alltagsgegenstände und die Überreste von Menschen selbst konnten vom Leben in der Antike erzählen. Durch sorgfältige Grabungsmethoden würde man ihnen ihre Geheimnisse entlocken können – auch wenn schriftliche Überlieferungen fehlten.

DER NABEL DER WELT

Das Geheimnis der Osterinsel, 1722

Als der holländische Seefahrer Jakob Roggeveen (1659–1729) am 5. April 1722 im Südpazifik eine 14 Kilometer entfernte Insel sichtete, befahl er seiner Flottille, Kurs darauf zu nehmen. Er war auf der Suche nach dem erstmals bei Aristoteles erwähnten Kontinent *terra australis.* In Europa vermutete man ihn auf der anderen Seite der Erde, und auf zuversichtlicheren See- und Landkarten der Zeit war er sogar verzeichnet. *Terra australis incognita,* das unbekannte Land im Süden, entpuppte sich später als Fiktion, die Insel aber, auf die Roggeveen zusteuerte, war real und voller Überraschungen.

Der Flecken Land im Pazifik, der 3600 Kilometer vor der südamerikanischen Küste und 2075 Kilometer östlich von der Insel Pitcairn liegt, ist nur 163 Quadratkilometer groß und so weit abgelegen, dass ihn kein Europäer je betreten hatte – obwohl einige behaupteten, ihn gesichtet zu haben. Nach den holländischen Bräuchen der Zeit rief Roggeveen seine Kapitäne – der Schiffe „Arend", „African Galley" und „Thienhoven" – zu sich, um durch einen Beschluss die entdeckte Insel für Holland zu beanspruchen. Auch einen Namen brauchte sie noch. Da man sie am Ostersonntag gesichtet hatte, beschlossen die Kapitäne, sie in den Seekarten als „Osterinsel" einzuzeichnen. Was Roggeveen nicht wissen konnte: Die Insel hatte bereits einen Namen, der ihrer Abgeschiedenheit Rechnung trug: *Te pito o te henua* („Der Nabel der Welt"). Es war ungewöhnlich windstill, und so verging ein weiterer Tag, bevor Roggeveen vor Anker gehen konnte. Ihn erwartete ein überraschendes Bild: Mit dem Rücken zum Meer standen die Überreste zahlreicher gewaltiger Steinfiguren und neben den Skulpturen – Menschen. Die Osterinsel war bewohnt.

Eine rätselhafte Kultur

Beim Betreten der Insel, so Roggeveen, fand er ein Land ohne Bäume, aber mit fruchtbarem Boden vor. Hier wuchsen genügend Bananen, Süßkartoffeln und Zuckerrohr, um eine große Bevölkerung zu ernähren. Es gab ein paar tausend Inselbewohner; auf einige von ihnen eröffneten seine Männer nur wenige Minuten nach dem Landgang das Feuer … Die Osterinsel war und ist die abgelegenste bewohnte Insel der Erde. Woher aber kam dieses Volk, und warum lebte es auf einer Insel mit umgestürzten Statuen? Diese Fragen und das Geheimnis, was aus der Kultur wurde, die die riesigen Steinstatuen, die *moai,* errichtet hatte, gelten als eines der größten Rätsel in der Geschichte der Archäologie.

Erst im späten 19. Jahrhundert besuchten Archäologen die Insel zu ersten Untersuchungen. Es verging über ein Jahrhundert, bevor Antworten auf die meisten Fragen gefunden waren. 1955 kam der norwegische Entdecker Thor Heyerdahl (1914–2002) mit dem amerikanischen Anthropologen und Archäologen Dr. William Mulloy (1917–1978) auf die Osterinsel, um die Herkunft ihrer Bewohner zu erforschen. Mulloy nahm als erster Archäologe Pollenproben: Er trug verschiedene Bodenschichten ab und legte die Pflanzenpollen darin (die sich in archäologischen Schichten gut erhalten) frei. Mithilfe seiner Funde rekonstruierte er ein Bild der Insel, das sich deutlich von dem Eindruck Roggeveens unterschied, den dieser über zwei Jahrhunderte zuvor gewonnen hatte. In der Mitte des ersten nachchristlichen Jahrtausends waren erste Siedler auf die Insel gelangt. Sie fanden einen üppigen Regenwald mit großblättriger Vegetation vor. Neben neuen Nutzpflanzen wie Süßkartoffeln, Bananen, dem Papiermaulbeerbaum und Wasserbrotwurzeln brachten diese Siedler auch Haustiere mit, darunter Hühner und auch die nicht so gern gesehenen Ratten.

Fast 900 kolossale, moai *genannte Statuen aus gehärteter Vulkanasche (Tuffstein) stehen in der öden Landschaft der Osterinsel. Zwar ist ihr ursprünglicher Zweck unbekannt, aber man nimmt an, dass die Figuren mächtige Häuptlinge aus der Vergangenheit der Insel verkörperten.*

Felsmalereien in der Höhle Ana Kai Tangata *bei Orongo stellen den „Vogelmann"* (Tangata Manu) *dar. Orongo war der jährliche Austragungsort für einen Wettkampf um die Führung der Insel.*

Schichten mit verbranntem Boden, die Mulloys Ausgrabungen ans Licht brachten, verraten, dass die Siedler wenig Zeit verloren. Sie rodeten Regenwald, um Platz für Felder zu schaffen. Das ökologische System der Osterinsel begann sich zu verändern. Jäger und nesträuberische Ratten trieben die Wildvogelpopulationen zur Flucht von der Hauptinsel auf die umliegenden Eilande. Die menschliche Bevölkerung andererseits wuchs und gedieh, denn die Rodungen brachten fetten und fruchtbaren Boden ans Licht.

ZEITLEISTE

UM **400–600** Die ersten Siedler treffen auf der Osterinsel ein; sie taufen die Insel *Te pito o te henua* („Der Nabel der Welt")

UM **1000–1600** Das „goldene Zeitalter", in dem die meisten *moai*-Statuen aufgestellt werden

1722 Erste Sichtung der Insel am 15. April durch die Flottille von Jakob Roggeveen

1862 Peruanische Sklavenhändler verschleppen ein Drittel der Inselbevölkerung

1877 Nur noch 111 Einwohner

1888 Chile annektiert die Insel

1947 Thor Heyerdahl sticht mit dem Floß *Kon-Tiki* in See, um zu beweisen, dass die ersten Siedler der Osterinsel mit Segelbooten aus Südamerika kamen

1955 William Mulloy begleitet Heyerdahl und nimmt Pollenproben, die erste ökologische Erklärungen für den Niedergang der Insel geben

Das goldene Zeitalter

Etwa 1000 n.Chr. brach das goldene Zeitalter der Osterinsel an. Die *moai* genannten Monumentalstatuen wurden errichtet. Die massiven Steinköpfe mit verkürzten Torsi wurden meist aus einem Block komprimierter Vulkanasche (Tuffstein) geschlagen. *Paro,* der größte je errichtete *moai,* ist fast zehn Meter hoch und wiegt 84 Tonnen. Ein unfertiges Exemplar, das man entdeckt hat, ist 21 Meter hoch. Es hätte 302 Tonnen gewogen. Die fertigen Skulpturen stellte man auf den *ahu* auf, Zeremonialplätzen mit oft wunderschön bearbeiteten Steinplattformen. Ausgrabungen nach vorne gestürzter Steinfiguren zeigen, dass in ihren charakteristischen tiefen Augenhöhlen ursprünglich Augen aus Korallen saßen.

Welchem Zweck die 887 heute bekannten *moai* dienten, ist nicht gesichert. Einer allgemein akzeptierten Theorie nach stellten sie die Geister von Vorfahren dar und verkörperten möglicherweise die Macht der lebenden Häuptlinge, die von ihnen abstammten. Ihre Herstellung verschlang auf jeden Fall gewaltige Ressourcen, und in dieser Zeit wuchs die Bevölkerung auf 10000 bis 20000 an.

Krieg und Zerstörung

Im 18. Jahrhundert waren fast alle Bäume der Osterinsel verschwunden. Die Abholzung des Regenwaldes für Haus- und Bootsbau (und vielleicht für die Rollen, auf denen die *moai* bewegt wurden) und die Brandrodungen der Landwirtschaft führten zu Erschöpfung und Erosion des Bodens. Diese Faktoren und der wachsende Bevölkerungsdruck hatten Auswirkungen auf die Gesellschaft der Osterinsel, die sich nun rasch veränderte. Im größten Steinbruch für *moai* liegen über 400 Skulpturen in verschiedenen Stadien der Fertigstellung, und in den archäologischen Grabungen dieser Zeit findet sich etwas Neues: Dolche und Speerspitzen aus Obsidian in großer Zahl. Sie weisen auf eine Zunahme kriegerischer Auseinandersetzungen in der Gesellschaft hin. Schließlich wurden die *moai* selbst umgestürzt.

Bei Roggeveens Ankunft auf der Insel stand keiner der *moai* mehr. Fast alle Bäume waren verschwunden, und Legenden erzählten von einer furchtbaren Zeit, in der Hungersnot und Kannibalismus herrschten und die Bevölkerung drastisch auf 2000 bis 3000 sank. Funde belegen, dass sich etwa zu dieser Zeit auch die Ernährung veränderte: Überreste von Fischen und Meeresfrüchten verschwinden aus den Abfallgruben, vielleicht weil Holz für den Bau von Fischerbooten fehlte. Auch Vögel, die sich vor Jägern auf die vorgelagerten Eilande zurückgezogen hatten, fehlen nun auf dem Speiseplan.

Die wieder aufgerichteten *moai* starren heute mit leeren Augen über eine baumlose – von ihrer Kultur umgestaltete – Landschaft als stumme Zeugen einer der berühmtesten von Menschen verursachten ökologischen Katastrophen, die je von Archäologen enthüllt wurde. Für den endgültigen Niedergang der Osterinsel allerdings ist die Außenwelt verantwortlich. Die Kultur, die Roggeveen vorfand, mag nur ein Schatten ihrer Vergangenheit gewesen sein; sie war in der Lage, sich anzupassen. Als die Nachricht von Roggeveens Entdeckung Europa erreichte, zog sie nicht nur Archäologen an. 1862 landeten Sklavenhändler aus Peru und verschleppten ein Drittel der verbliebenen Bevölkerung. Fünfzehn kehrten schließlich heim – und brachten eine Krankheit mit, von der ihre entlegene Inselheimat bisher verschont geblieben war: die Pocken. 1877 hatten auf der Osterinsel nur 111 Bewohner überlebt.

Experimentelle Archäologie

Die experimentelle Archäologie erlaubt uns, historische Ereignisse und Vorgänge zu verstehen, indem sie diese unter Verwendung der damals verfügbaren Technik rekonstruiert und nachvollzieht. Wenn sie für Töpferwaren oder Bauwerke nur die Werkzeuge der ursprünglichen Handwerker verwenden, gewinnen Archäologen Einblick in die Arbeitstechniken der Vergangenheit und können so oft auch lange ungelöste Geheimnisse lüften.

Das Rätsel der Osterinsel ist ein Prüfstein für diese Art von Experimenten, etwa wenn man herausfinden will, woher die ersten Menschen der Insel kamen oder wie die Kultur der *moai*-Schöpfer unterging. Diese Experimente zeigen aber nicht nur die Stärken dieser Herangehensweise, sondern auch ihre Grenzen.

Der norwegische Entdecker Thor Heyerdahl wurde vor dem Zweiten Weltkrieg auf die Osterinsel aufmerksam. Von ihr erhoffte er sich den Beweis, dass die Inseln im Pazifik ursprünglich von einem hellhäutigen Volk aus dem alten Peru besiedelt wurden. Er hatte in Roggeveens Bericht von den „überraschend" hellhäutigen Bewohnern gelesen und glaubte in der Bauweise der *ahu*, auf denen die *moai*-Skulpturen standen, Gemeinsamkeiten mit Zeremonialplattformen in Südamerika entdeckt zu haben.

Um seiner Theorie Glaubwürdigkeit zu verleihen, führte Heyerdahl einen Versuch durch. Unter Verwendung der Materialien und Techniken der Handwerker im präkolumbianischen Südamerika baute er ein Floß aus Balsaholz und brach mit seiner fünfköpfigen Crew zu einer Fahrt über den Pazifik auf. Von einem Radio abgesehen hatte er auf jegliche modernen Instrumente verzichtet. Am 7. August 1947, dem 101. Tag, lief das Floß im Tuamotu-Archipel auf Grund, 7000 Kilometer von dem Ort entfernt, wo es jenseits des Pazifiks Segel gesetzt hatte.

Die Geschichte von *Kon-Tiki* wurde sofort ein Bestseller. Unter Archäologen aber löste sie Kontroversen aus. Der Beweis, dass etwas mithilfe antiker Technologie möglich war, bedeutete nicht, dass es auch tatsächlich so geschehen war – es gibt nämlich kein archäologisches Indiz dafür, das eine solche Reise stattgefunden hat. Hinzu kam, dass Thor Heyerdahl und seine Mitstreiter – so sehr sie sich auch bemühten, in die Vorstellungswelt der präkolumbianischen Peruaner einzudringen – sich nicht über die Tatsache hinwegsetzen konnten, dass ihre Bildung, der des 20. Jahrhunderts entsprach. Dieses Wissen war ihnen bei der Vorbereitung der Reise und beim Überleben von Nutzen.

Jüngere DNA-Untersuchungen menschlicher Skelette von der Insel haben ergeben, dass sie zu Menschen polynesischer Abstammung gehörten – ein entscheidender Hinweis darauf, dass die Osterinsel wie viele Inseln im Pazifik nicht vom östlich gelegenen Südamerika, sondern von der anderen Seite des Pazifiks besiedelt wurde.

OLYMPIAS WIEDERGEBURT

Auf der Suche nach der Stätte der Olympischen Spiele der Antike, 1766

Die Bedeutung einer archäologischen Ausgrabung liegt nicht immer darin, uns die Vergangenheit zu enthüllen. Einige Grabungen inspirierten Ausgräber und Besucher so sehr, dass sie in der Gegenwart zu neuem Leben erwachten. Unter ihnen ist eine, die als kleine klassische Ausgrabung begann, aber dann zu einem weltumspannenden kulturellen Phänomen wurde: Olympia.

Manche Städte haben den Niedergang der klassischen Antike überlebt; sie wurden weder aufgegeben noch vergessen. Olympia war ein anderes Schicksal beschert. Als der Antiquar Richard Chandler (1738–1810) 1763 Griechenland besuchte, war Olympia nur ein Name in den Geschichtsbüchern, ein nicht näher bekannter Ort, an dem die alten Griechen Wettkämpfe ausgetragen hatten. Chandler reiste mit einem Maler und einem Architekten im Auftrag der *Dilettanti.* Diese Gesellschaft war von einer Gruppe wohlhabender Landbesitzer gegründet worden, die ihre damals für die Oberschicht übliche große Bildungsreise durch Europa absolviert hatten. Inspiriert von den Wundern der klassischen Welt, die sie mit eigenen Augen gesehen hatten, gründeten sie 1734 eine Dinnergesellschaft mit dem Ziel, die Erforschung der Antike zu fördern und Kunstobjekte im klassizistischen Stil in Auftrag zu geben. Dazu gehörte auch die Finanzierung von Expeditionen zur Suche und Dokumentation antiker Stätten.

1766, gegen Ende seiner Reise, befand sich Chandler in einem Weinberg im Nordwesten des Peloponnes. Es war eine typisch griechische Landschaft von offenbar zeitloser, unberührter Natur. Mit einer Ausnahme: Zwischen den Rebstöcken konnte er antike Mauerreste ausmachen. Auf den zweiten Blick entdeckte er immer mehr Mauern, und unter Weinstöcken und wucherndem Unkraut sah er schlanke Säulentrommeln im dorischen Stil. Dies war offensichtlich eine bedeutende Anlage gewesen, und der Stil der Säulen wies auf die griechische Klassik hin. In diesem abgelegenen Winkel des Peloponnes konnte der Fund nur eines bedeuten, und ohne nach weiteren Ruinen zu forschen, trug er den Ort in seiner Karte als „Olympia" ein.

Erste Besuche und Grabungen

Die Geschichte des alten Olympia war zunächst wenig glücklich verlaufen. Nachdem der oströmische Kaiser Theodosius die Olympischen Spiele 393 n. Chr. als „heidnischen Kult" verboten hatte, verlor die Stadt an Bedeutung. Dennoch blieb sie bewohnt. Eine byzantinische Siedlung entstand. Um sich vor den zunehmenden Übergriffen fremder Invasoren zu schützen, entnahmen die Bewohner aus den Ruinen Steine für einen Schutzwall. Als auch diese Verteidigung versagte, wurde die Stätte schließlich aufgegeben. Die Felder verwilderten; die winterlichen Hochwasser des Flusses vergruben Olympia nach und nach unter dickem Schlamm – und die Welt verlor Olympia aus den Augen.

Chandler verriet den Standort von Olympia 1776 in seinem Buch „Reisen in Griechenland". Damit brachte er die Stadt einer breiteren Öffentlichkeit ins Bewusstsein zurück; Reisende begannen, die Ruinen zu besuchen. Im Mai 1829 startete die französische *Expédition Scientifique de Morée* eine Grabungskampagne. Sie legte Teile des Zeus-Tempels frei, eines der berühmtesten Gebäude der Anlage. Hier hatte einmal die Zeus-Statue aus Chryselephantin (Gold und Elfenbein) gestanden. Dieses Werk des Künstlers Phidias hatte Antipater von Sidon als eines der sieben Weltwunder beschrieben. Die schönsten Stücke der Skulptur ließen die Ausgräber in ihre Heimat abtransportieren. Man kann sie noch heute im Louvre besichtigen. Als die griechische Regierung von dem nicht genehmigten Export erfuhr, wurden weitere Grabungen mit sofortiger Wirkung verboten.

Die Hoffnung aber, dass die Schätze des antiken Olympia noch immer dort liegen könnten, lebte fort. Der Kunsthistoriker und Wegbereiter der deutschen Klassik, Johann Joachim Winckelmann (1717–1768), dem die Stätte aus Beschreibungen des Schriftstellers Pausanias vertraut war, schwärmte, man würde im wiederentdeckten Olympia *«Statuen junger und männlicher Körper … Tausende von Wunderwerken der Kunst»* finden.

Die Griechen der Antike feierten ihre größten Athleten, indem sie Bronze- und Marmorstatuen der Sieger am Austragungsort aufstellten. Pausanias, der Olympia im 2. Jahrhundert n. Chr. besuchte, beschrieb einen regelrechten Wald von Statuen. Winckelmann wiederum regte seinen

ZEITLEISTE

776 V. CHR. In Olympia werden die ersten Spiele abgehalten

UM **170** N. CHR. Pausanias besucht Olympia und schildert seine Pracht

393 Kaiser Theodosius verbietet die „heidnischen" Spiele

1763 Richard Chandler bereist Griechenlands antike Stätten

1766 Chandler entdeckt Olympia. Zehn Jahre später veröffentlicht er „Reisen in Griechenland".

1829 Französische Ausgrabungen bringen viele bedeutende Bauwerke und Statuen ans Licht, aber die illegale Ausfuhr von Skulpturen führt zum Verbot weiterer Grabungen

1875 Nach einem langwierigen Genehmigungsverfahren erhält Ernst Curtius die Erlaubnis, eine wissenschaftlich exakte archäologische Grabungskampagne zu beginnen

1894 Pierre de Coubertin stellt seine Idee zur Wiederbelebung der Olympischen Spiele vor

1896 Athen ist Gastgeber der ersten Olympiade der Neuzeit

Erhaltene Säulen der Palästra, der Wettkampfstätte der Ringer, Boxer und Fechter, im antiken Olympia.

Landsmann Ernst Curtius (1814–1896) dazu an, 1853 um eine Grabungsgenehmigung für Olympia nachzusuchen. Es bedurfte einiger diplomatischer Klimmzüge, bis sich die griechischen Behörden davon überzeugen ließen, dass dies kein weiterer Versuch war, ihre Altertümer zu plündern; und so konnte erst 1875 mit der Grabung begonnen werden. Sie stellt die erste fachgerechte archäologische Untersuchung einer Fundstätte der klassischen Antike dar.

Olympia wurde schichtweise freigelegt. Das Grabungsteam entfernte die Schlamm- und Schuttschichten nacheinander, um die lange Geschichte der Stätte zu rekonstruieren. Das Skulpturenfries des Zeus-Tempels fand man dort, wo es bei einem längst vergessenen Erdbeben zu Boden gestürzt war. Auch die Lage der anderen Gebäude entsprach weitgehend der Beschreibung von Pausanias: Hier stand das Prytaneion, wo die Organisatoren der Olympischen Spiele untergebracht waren, das Philippeion, in dem die Gedenkstatuen für Philipp von Mazedonien und Alexander den Großen gestanden hatten, das Bouleuterion, der Raum der Ratsversammlung, und sogar die Werkstatt des Bildhauers Phidias.

Die Olympischen Spiele der Antike wurden zu Ehren des griechischen Gottes Zeus abgehalten. In dieser Darstellung des Zeus-Tempels in Olympia dominiert der Gott auf seinem Thron am Ende der Säulenhalle. Pausanias liefert eine genaue Beschreibung der Statue: «In seiner rechten Hand eine Figur der Nike aus Ebenholz und Gold. In seiner Linken sein Zepter mit Intarsien aus allen Metallen, auf dem ein Adler sitzt. Die Sandalen des Gottes sind aus Gold, und so ist sein Gewand.»

Was die Bronzen anging, wäre Winckelmann enttäuscht gewesen. Das wertvolle Metall war scheinbar schon vor langer Zeit entfernt und eingeschmolzen worden. Zurück blieben nur Reste der Einlegearbeiten: Fragmente von Lippen, Wimpern und der Iris, die um die Sockel der Skulpturen verstreut lagen. Den Ausgräbern von Olympia gelang aber mehr als nur die Sicherstellung von Artefakten. Sie lieferten eines der besten Beispiele der Zeit für moderne archäologische Methoden und Grabungspraxis. Zugleich blieben – im Austausch gegen das Recht der Ausgräber, ihre Erkenntnisse zu veröffentlichen – alle Funde im Besitz des griechischen Volkes. Darüber hinaus wurde die Grabungsstätte landschaftlich gestaltet und ein Grabungsmuseum (das erste der Welt) errichtet, um Besucher anzulocken. Die Ergebnisse wurden unverzüglich und mit akribischer Genauigkeit veröffentlicht. Auf einen Mann übten die Berichte über die Fülle der Funde eine ganz besondere Faszination aus.

Die Wiederbelebung der Olympischen Spiele

Baron Pierre de Coubertin (1863–1937) suchte nach Gründen für die Niederlage der Franzosen im Deutsch-Französischen Krieg von 1870/71 und gelangte zu der Annahme, dass die Hauptursache in der mangelhaften körperlichen Ertüchtigung und dem fehlenden Sportsgeist der französischen Jugend lag. Er war sich bewusst, dass in Großbritannien dem Sportunterricht an Schulen wesentlich größere Bedeutung beigemessen wurde – seit der industriellen Revolution hatten die Briten neue Sportarten erfunden und für alte ländliche Spiele neue Regelwerke geschaffen. Er besuchte 1890 sogar Much Wenlock im Herzen Englands, um mehr über die alljährlichen Spiele der *Wenlock Olympian Society* zu erfahren, die aus ähnlichen Gründen ins Leben gerufen worden waren. Und ironischerweise war es ausgerechnet die Flut von Berichten über Olympia aus dem Land des preußischen Feindes, die Coubertin den Anstoß zu seiner Idee gaben. Auf einem Kongress in Paris stellte er 1894 seinen Plan vor, die Olympischen Spiele neu zu beleben. Sie sollten der Jugend der Welt Gelegenheit geben, sich auf dem Sportfeld statt auf dem Schlachtfeld zu messen. 1896 wurde Athen Gastgeber der ersten Olympischen Spiele der Neuzeit.

Der Hermes des Praxiteles

Auch wenn die Grabungen in Olympia im 19. Jahrhundert enttäuschten, weil nur wenige der einstigen Bronzeskulpturen geborgen werden konnten – eine Überraschung war dies kaum. Die edelsten Bronzen waren längst gestohlen oder als Beute fortgeschleppt worden. Einige gingen verloren, andere wurden eingeschmolzen. Tatsächlich waren von vielen der berühmtesten griechischen Bildhauer, die man aus historischen Quellen kannte, keine ihnen zuzuordnenden Werke erhalten. Man kannte ein paar römische Kopien ihrer Werke, aber die Originale selbst schienen den Wirrnissen der 2500-jährigen Geschichte zum Opfer gefallen zu sein.

Wenn auch die deutschen Archäologen wegen des Mangels an Bronzen enttäuscht waren, so erwartete sie im Boden von Olympia doch eine großartige Entdeckung. Marmor lässt sich weniger leicht entfernen oder wiederverwenden als Bronze. 1877 gab die Stätte der Olympischen Spiele der Antike eines der schönsten je entdeckten Exemplare von Marmorstatuen frei.

Der „Hermes von Olympia" aus dem Hera-Tempel trägt den Knaben Dionysos. Die 1877 freigelegte Skulptur von Praxiteles entstand etwa 330 v. Chr.

Der „Hermes von Olympia" mit dem Knaben Dionysos auf dem Arm wurde umgestürzt in der Nähe seines Originalsockels in den Ruinen des Hera-Tempels entdeckt, genau dort, wo ihn Pausanias rund 1700 Jahre zuvor gesehen hatte. Die Statue zeigt den Götterboten Hermes, der den Knaben Dionysos auf den Arm nimmt, um ihn zu den Nymphen zu tragen, die ihn nach dem Tod seiner Mutter Semele aufziehen sollen. Sie war von Flammen verzehrt worden, als sie den Vater des Kindes, Zeus, in all seiner schrecklichen Pracht sah. Diese Statue ist das Original des Meisterwerks des griechischen Bildhauers Praxiteles aus dem 4. Jahrhundert v. Chr.

Praxiteles war klassischen Gelehrten durch Beschreibungen seiner Skulpturen in den Werken antiker Autoren ein Begriff, und viele Museen besaßen spätere Kopien seiner Arbeiten. Im Vatikan standen zwei Kopien, darunter die Aphrodite – das Original war für die Knider angefertigt worden (in der heutigen Türkei). Sie schätzten das Werk so sehr, dass sie sich auch dann noch weigerten, es König Nikomedes zu verkaufen, als dieser anbot, der Stadt Knidos ihre gewaltigen Schulden zu erlassen.

Die Entdeckung des Originals war eine Sensation. Hermes, aus dem besten Marmor der damals bekannten Welt geschlagen – dem weißen Marmor von der Insel Paros –, ruht sich auf der Reise aus. Er hält etwas empor, um das Kind Dionysos zu unterhalten (der Arm, der das hochhielt, fehlt). Der Stil entspricht dem anderer bekannter Kopien der Werke von Praxiteles: Die Hauptfigur lehnt sich gegen einen Faltenwurf, der geneigte Kopf ist leicht zur Seite gedreht. Wie nicht anders zu erwarten, streitet die Fachwelt, ob es sich wirklich um das Original von Praxiteles handelt. Aber die meisterhafte Bildhauerarbeit, die Tatsache, dass die Statue dort gefunden wurde, wo Pausanias sie sah, und das Fehlen gegenteiliger Indizien lassen es als hinreichend gesichert erscheinen, dass dies das einzige Original eines griechischen Meisterwerks ist, das der modernen Welt erhalten geblieben ist.

«EIN WAHRLICH FERNES ZEITALTER»

John Frere und der Ursprung des Menschen, 1797

Am 22. Juni 1797 erhob sich der Sekretär der *Royal Society of Antiquaries* in London, um vor den ehrwürdigen Herren, die in ihren Versammlungsräumen zusammengekommen waren, einen Brief zu verlesen:

«Sir, ich nehme mir die Freiheit, Sie zu bitten, der Gesellschaft einige Feuersteine vorlegen zu dürfen, die in der Gemeinde Hoxne in der Grafschaft Suffolk gefunden wurden und die, selbst wenn sie für sich genommen nicht von großem Interesse sind, doch, wie ich denke, im Lichte der Fundsituation betrachtet werden müssen.»

Dies waren die ersten Worte des Briefes, mit dem die Geschichte der prähistorischen Archäologie ihren Anfang nimmt. Er stammte aus der Feder von John Frere (1740–1807), einem Mitglied der Gesellschaft. Sein bescheidenes Einkommen aus einem Gut, das er in Ostengland geerbt hatte, und aus seiner Getreidemühle in London, in die er – in großer Voraussicht – die revolutionäre neue Dampfmaschine der Herren Watt und Boulton hatte installieren lassen, erlaubte es ihm, sich seinem Steckenpferd, der Altertumsforschung, zu widmen.

Die Antike im Blick

Seit der Renaissance hatte das Interesse an Objekten aus der Vergangenheit zugenommen. Europäische Sammler wetteiferten um die schönsten und wertvollsten antiken Artefakte. Diese Begeisterung für das Altertum konzentrierte sich auf die Welt der klassischen Antike, wo Grabungsexpeditionen – oder eher Schatzsuchen – immer wieder römische oder griechische Skulpturen, Inschriften und Keramiken zutage brachten.

Diese Expeditionen machten weder den Versuch, die Schichten der Relikte zu differenzieren, noch wollten sie etwas anderes sicherstellen als das, was dem Begriff von „Kunst" entsprach; auch bemühte man sich kaum ernsthaft, mithilfe der Funde die Geschichte der Fundstätten zu rekonstruieren. Schließlich waren dies römische Städte, und Roms Geschichte kannte man aus schriftlichen Überlieferungen. Die Artefakte selbst, sofern sie keine Inschriften enthielten, galten als stumme Zeugen dieser Geschichte. Sie warteten – in zufälligen Haufen unter der Erde – darauf, dass ein glücklicher Ausgräber sie fand.

Was vor der Zeit der Schriftkulturen lag, galt Altertumsforschern als nicht der Betrachtung wert. Gebildete Zeitgenossen waren sich in jenen Tagen zwar bewusst, dass die seltsamen Objekte wie Pfeilspitzen und Äxte aus Feuerstein, die beim Pflügen ans Licht kamen, von primitiven Völkern stammten, die Metall noch nicht kannten. Aber wer diese Menschen waren und wann sie lebten, galt als unerheblich und nicht ermittelbar. Als John Conyers (1633–1694) im Jahr 1690 ein Handbeil aus Feuerstein und – wie er schrieb – Elefantenknochen (vermutlich Mammutknochen) in der Gray's Inn Lane in London fand, bot sich die Schlussfolgerung an, dass ein Brite der Antike die Axt dazu benutzt hatte, einen der Elefanten zu töten, die Kaiser Claudius nach England gebracht hatte. Wie sonst wäre ein Elefant nach England gekommen?

Die Entdeckung paläolithischer Werkzeuge (wie dieser aus Tschechien) ließ John Frere den verbreiteten Glauben hinterfragen, die Erde sei 4004 v. Chr. erschaffen worden.

Eine Erklärung aus der Bibel

Das Problem, zu begreifen, was vor der schriftlich überlieferten Geschichte lag, bestand nicht nur darin, dass „man es nicht wissen konnte“, sondern darin, dass die meisten glaubten, es gäbe da nicht viel zu wissen. Außerdem konnte man die Frühgeschichte des Lebens auf der Erde einfach nachlesen – in einem Buch, das die Vergangenheit zuverlässig zu erklären schien: der Bibel. Die meisten Europäer des späten 18. und frühen 19. Jahrhunderts glaubten wörtlich, was in der Bibel stand: Die Schöpfung der Erde dauerte sechs Tage. Zuerst waren der Planet, die Pflanzen und die Tiere erschaffen worden, und ihnen war der Mensch als ihr Hüter gefolgt.

Die umfangreichen Genealogien des Alten Testaments reichten bis zu den ersten Menschen zurück: Adam und Eva. Man konnte sogar das genaue Datum der Schöpfung der Welt errechnen. Die präziseste Berechnung legte 1650 der Erzbischof von Armagh, James Ussher (1581–1656), mit den „Annales veteris testamenti, a prima mundi originae deducti“ („Annalen des Alten Testaments, hergeleitet von den frühesten Anfängen der Welt“) vor: Er schloss, dass Gott die Welt kurz vor Morgengrauen am 23. Oktober 4004 v. Chr. erschaffen hatte.

ZEITLEISTE

1650 Erzbischof James Ussher errechnet den 23. Oktober 4004 v. Chr. als Datum der Erschaffung der Erde

1669 Der dänische Gelehrte Niels Stensen folgert, dass die obersten Erdschichten zugleich die jüngsten sind, die untersten Strata hingegen die ältesten

1690 John Conyers entdeckt sogenannte Elefantenknochen und ein Steinbeil in der Gray's Inn Lane

1797 John Frere berichtet der *Royal Society of Antiquaries* von in einer Erdschicht unter Schichten mit Muscheln und Tierfossilien entdeckten Werkzeugen aus Feuerstein

1830–1833 Charles Lyell veröffentlicht „Principles of Geology“ und im Jahr 1838 „Elements of Geology“. In seinen Werken legt Lyell dar, dass die Prozesse, die das Gesicht der Erde in der Vergangenheit veränderten, in der Gegenwart weiterwirken

1847 Boucher de Perthes stellt seine Theorie von der Existenz prähistorischer Menschen vor und legt Beweise für prähistorische Klimaschwankungen vor

1858 Hugh Falconer, Joseph Prestwich und John Evans studieren de Perthes' Sammlung in Abbeville; sie bestätigen seine Theorie über die Frühzeit des Menschen

1859 Prestwich schreibt im Journal *Proceedings of the Royal Society* über seine Erkenntnisse. Charles Darwin veröffentlicht „Die Entstehung der Arten“

Für viele von Freres Freunden in der *Royal Society of Antiquaries* war dieses Datum eine Tatsache. Die Erde war etwas über 4000 Jahre vor der Eroberung der britischen Inseln durch die Römer entstanden, und alle vorrömischen Funde stammten aus der Periode vor deren Ankunft. Einige bezweifelten das, denn die gewaltigen Sedimentschichten in den Felswänden und die seltsamen fossilen Knochenfunde von Tieren, die es nicht mehr gab, verrieten, dass die Erde vielen Veränderungen unterworfen gewesen sein musste. Sie verstanden, dass diese Umformungen über lange Zeiträume stattgefunden hatten und dass der Planet nicht in seiner „perfekten" Form erschaffen worden sein konnte. Sie folgerten jedoch, dass – wenngleich die Erde älter war, als Ussher angab – die Erde doch etwa 4000 v. Chr. ihre endgültige Form angenommen hatte und dass der Mensch erst später hinzukam.

John Frere war anderer Ansicht. In seinem Brief an die *Royal Society of Antiquaries* beschrieb er die Feuersteinwerkzeuge, die man aus der Lehmgrube in Suffolk geborgen hatte:

> *«… Kriegsgerät, hergestellt und benutzt von einem Volk, das der Verarbeitung von Metallen unkundig war.»*

Auch das muss den Mitgliedern der Gesellschaft ohne Weiteres eingeleuchtet haben. Was Frere irritierte, war der Fundort: in vier Metern Tiefe, unter einer schweren Erd- und Kiesschicht und einer Sandschicht mit Muscheln (die nahelegte, dass die Fundstätte früher unter Wasser lag) und *unter* den versteinerten Knochen längst ausgestorbener Tiere. Für Frere und viele andere warf diese Fundsituation problematische Fragen auf. Der – auch Nicolas Steno genannte – dänische Gelehrte Niels Stensen (1638–1686) hatte 1669 die Regel aufgestellt, dass die tiefsten Schichten eines geologischen Querschnitts älter sein mussten als die darüberliegenden. Also mussten Freres Steinwerkzeuge älter sein als die ausgestorbenen Tiere und als das frühzeitliche Meer. Frere zog einen aufregenden Schluss:

> *«Die Situation, in der diese Waffen gefunden wurden, könnte uns dazu verführen, sie in ein wahrlich fernes Zeitalter zu verweisen; eines, das der heutigen Welt voranging.»*

Das Fundament der modernen Archäologie

Mit dieser Feststellung legte Frere den Grundstein für die moderne prähistorische Archäologie. Durch eine Kombination aus Geologie, Paläontologie und einfacher Logik hatte er stummen Zeugen der Vorgeschichte Geheimnisse ihres Ursprungs entlockt – eines Ursprungs, der lange vor dem Anbruch der modernen Welt und dem Jahr 4004 v. Chr. lag.

Freres brillante Folgerung löste jedoch nicht gleich eine Revolution aus. Der Brief wurde pflichtgetreu vor der Gesellschaft verlesen und in ihrem Journal veröffentlicht. Aber weder unter den Wissenschaftlern noch in der Öffentlichkeit regte

Die Geologen des frühen 19. Jahrhunderts studierten Erdschichten und entdeckten, dass jede Schicht andere fossile Überreste enthielt. Diese Entdeckung half Charles Lyell zu beweisen, dass die Erde sich allmählich über lange Zeiträume entwickelt hatte.

Boucher de Perthes

Den Beweis für John Freres Theorie lieferte in den 1850er-Jahren schließlich der französische Archäologe Jacques Boucher de Crèvecoeur de Perthes (1788–1868), ein Zolldirektor in Abbeville. Sein angesehener und gut dotierter Posten, der wenig Ansprüche an ihn stellte, ermöglichte es ihm, seiner Passion, der Archäologie, nachzugehen. Bei Ausgrabungen in den Kiesterrassen im Somme-Tal stieß er auf Artefakte aus Feuerstein mit Spuren, die auf eine Bearbeitung mit primitiven Werkzeugen hindeuteten. Das Überraschende an dem Fund: Das Werkzeug wurde in Nordfrankreich in Kiesschichten entdeckt, in denen Elefanten- und Nashornknochen lagen.

De Perthes lieferte den entscheidenden Beweis für die Existenz prähistorischer Menschen.

In einem Europa, in dem die meisten das Alte Testament für eine wahrheitsgetreue Darstellung der Frühgeschichte der Erde hielten, war das eine potenziell brisante Entdeckung. 17 Jahre sammelte de Perthes in aller Stille Beweise und arbeitete seine Theorien aus, bevor er sie für Anfang 1847 in seinem dreibändigen Werk „Antiquités celtiques et antédiluviennes" („Keltische und vorsintflutliche Altertümer") der Öffentlichkeit vorstellte. Er zog zwei wichtige Schlüsse: Menschen hatten zur gleichen Zeit wie inzwischen ausgestorbene Tiere gelebt. Außerdem legten Geologie und Fossilienfunde nahe, dass das Klima erhebliche Veränderungen erfahren haben musste: Neben gemäßigten Klimaperioden hatte es in der Region Phasen tropischer Hitze gegeben, in denen dort Flusspferde lebten, und Kälteperioden, in denen die Eisdecken der Pole bis hinunter zur Somme reichten.

Wie bei Freres Entdeckung 50 Jahre zuvor blieben auch de Perthes' Folgerungen zunächst unbeachtet. Einerseits waren einige der entdeckten frühzeitlichen Steinwerkzeuge so primitiv, dass man bezweifelte, ob sie überhaupt von Menschen bearbeitet worden waren (noch dazu hatte er sich zu Ungenauigkeiten bei den Illustrationen in seinem Buch hinreißen lassen). Andererseits implizierten seine Funde einen Konflikt mit der geltenden Kirchenlehre.

1858 kam der schottische Geologe Hugh Falconer (1808–1865) an die Somme und besichtigte de Perthes' Sammlung in Abbeville. Er gelangte zu der Ansicht, dass dies Faustkeile aus Menschenhand waren, und brachte seinen Kollegen Joseph Prestwich (1812–1896) und den Archäologen John Evans (1823–1908) dazu, sich persönlich ein Bild zu machen. Unterstützt von der geologischen Koryphäe der Zeit, Charles Lyell, kamen sie einhellig zu dem Schluss, dass die Feuersteine tatsächlich Werkzeuge waren, die aus denselben Ablagerungen stammten, wie die entdeckten Fossilien ausgestorbener Tiere.

Auch die noch junge Geologie lieferte Beweise für das hohe Alter der Werkzeuge; heute weiß man, dass de Perthes' Werkzeuge über 500 000 Jahre alt sind. Das war die „Munition", die sie gesucht hatten; Prestwich stellte seinen Bericht 1859 im Journal *Proceedings of the Royal Society* vor. Im selben Jahr veröffentlichte Charles Darwin „Die Entstehung der Arten". Der Bann der biblischen Zeitrechnung war gebrochen. Das Zeitalter der Archäologie hatte begonnen.

sich großes Interesse. Die Tragweite seiner Folgerung, dass die Erde wesentlich älter war, als die Bibelauslegung erlaubte, und das Innovative in der logischen Bestimmung eines relativen Fundalters, indem man die Lage im Boden heranzog, erkannte praktisch niemand.

In den nächsten 50 Jahren jedoch bewies Charles Lyell (1797–1875), dass die Erdoberfläche kein unveränderliches fertiges Ganzes war, sondern in einem steten Prozess langsamen Wandels begriffen. Charles Darwin (1809–1882) entwickelte seine Theorie der natürlichen Auslese. Beide legten Beweise vor, dass die Geschichte der Erde und der Menschheit viel weiter zurückreichte, als sich Erzbischof Ussher hatte vorstellen können.

«ROSAROTE STADT, HALB SO ALT WIE ALLE ZEIT»

Johann Ludwig Burckhardt in Petra, 1812

J. L. Burckhardt trug mehr als einen Namen. Und er passte die Namen seiner Umgebung an: Auf dem europäischen Festland hieß er offiziell Johann Ludwig Burckhardt; seine Familie in der Schweiz nannte ihn Jean Louis. 1806 reiste er als John Lewis nach England. Als er im März 1809 von Cowes auf der Isle of Wight aus England verließ, hieß er John. Und als sein Schiff seine erste Anlaufstelle auf Malta erreichte, kannte man ihn als Scheich Ibrahim Ibn 'Abd Allah.

Burckhardt (1784–1817) war nicht Archäologe, sondern Entdecker. Zu jener Zeit stand er im Dienst der Londoner Gesellschaft zur Förderung der Entdeckung der Binnengebiete Afrikas. Bei seiner Abreise hatte er einen Achtjahresvertrag in der Tasche. Sein Auftrag: die Suche nach der Quelle des Niger in Afrika. Vor ihm hatte die Gesellschaft viele andere entsandt, darunter Mungo Park (1771–1806). Aber keiner war je zurückgekehrt. Burckhardt unterbreitete einen neuen Plan: Er würde als Araber reisen, zuerst nach Malta, um sein Arabisch zu vervollkommnen, dann nach Aleppo in Syrien und weiter nach Kairo, wo er auf eine arabische Karawane nach Timbuktu warten würde. Von dort aus würde er zur Quelle des Niger aufbrechen – wo auch immer sie läge.

Es war ein Plan voller Gefahren, aber mit vielen Vorteilen. Als angeblich arabischer Reisender konnte er sich im Nahen Osten und in Nordafrika frei und unter Einheimischen bewegen, ohne Verdacht zu erregen. Er konnte Orte aufsuchen, die Europäern verwehrt blieben, und die Gefahr, ausgeraubt und ermordet zu werden, war, zumindest theoretisch, geringer. Unter Arabern zu leben und zu lernen, wie sie sich in der rauen Wüste behaupten, würde seine Überlebenschancen erhöhen. Sollte seine wahre Identität jedoch entdeckt werden, wäre das sein sicherer Tod.

Als er die als siq *bekannte, kilometerlange enge Schlucht verließ, die zur antiken Stadt Petra führt, wurde Burckhardt mit dem herrlichen Anblick des „Schatzhauses"* (Khazne) *belohnt. Man nimmt an, dass es ein Tempel oder ein Grabmal war. Als Burckhardt es 1812 entdeckte, floss vor dem Gebäude ein Bach.*

Die Südroute

Burckhardt reiste von Malta nach Aleppo in Syrien. Er war sich seiner neuen Sprachkenntnisse und seiner Fähigkeit, sich unauffällig unter das Volk zu mischen, sicher. In Aleppo unternahm er Ausflüge in die Wüste, um zu prüfen, ob er sich unbemerkt unter Beduinen würde bewegen können. Als ihm das gelang, machte er sich auf nach Damaskus. Dort hatte er die Wahl: Er konnte an der Küste entlang über Jerusalem und Gaza und durch den Sinai reisen oder die längere Route über die *hadj*, die moslemische Pilgerstraße,

Die Nabatäer

Hinweise in antiken Schriften auf die Stadt, die Burckhardt in der Wüste entdeckte, sind spärlich. Man kannte von dem Volk, das sie erbaut hatte, nur den Namen: Nabatäer. Selbst heute bleibt unklar, wer sie waren. Wir wissen, dass sie eine Schrift besaßen, weil an nabatäischen Stätten eine Vielzahl von Graffiti gefunden wurden. Aber von ihrer Literatur (falls es sie gab) ist nichts erhalten. Ihre Tempel tragen keine Inschriften, die ihren Zweck oder ihre Erbauer verraten würden.

Die Stärke der Nabatäer scheint der Handel gewesen zu sein. Durch ihre zentrale Lage in Arabien kontrollierten sie wichtige Handelsrouten von der arabischen Halbinsel und den Häfen am Roten Meer sowie Karawanenstraßen nach Ägypten im Westen und nach Asien. Der lockere Verband von Siedlungen wurde von Petra aus regiert. Die Lage des Ortes hatte unbestreitbare Vorteile: Von allen Seiten durch natürliche Klippen geschützt, lag Petra abgeschieden genug, um unerwünschter Aufmerksamkeit zu entgehen, und doch zentral an vielen reichen Karawanenstraßen. Am bedeutendsten aber war seine Rolle als eine Wasserstelle in der Wüste. Die Nabatäer waren hervorragende Wasserbauingenieure. Die plötzlichen Sturzfluten, die die Region heimsuchten, leiteten sie über Aquädukte und Kanäle in Dämme und Zisternen, in denen man auch die schweren Regenfälle der Hochwassersaison sammelte. Mit diesen Wasservorräten versorgten sie sich während der sengenden Trockenzeit.

Wann Petra gegründet wurde, ist unbekannt. Es scheint, als hätte vor den Nabatäern, etwa im 4. oder 5. Jahrhundert v. Chr., ein anderes Volk dort gelebt. Die Gräber, die es in die Felswände schlug, zeigen griechische, ägyptische und syrische Einflüsse. Im 2. Jahrhundert v. Chr. jedoch, als ägyptische und persische Königsdynastien an Macht verloren, stieg Petra zum Herz eines blühenden Königreichs auf.

Die Stadt gedieh weiter unter römischer Herrschaft bis in das 3. Jahrhundert n. Chr., als Münzprägung und Töpferei plötzlich zum Erliegen kamen. Was damals in Petra geschah, bleibt ein Geheimnis. Man vermutet, dass eine persische Invasion zu Petras Niedergang führte oder dass ein Erdbeben die raffinierten Wassersysteme zerstörte oder dass Petra durch Palmyras Aufstieg und die Verlagerung der Handelsstraßen an wirtschaftlicher Bedeutung verlor.

Indizien sprechen dafür, dass die Stadt – vielleicht als religiöses Zentrum – bis in das frühe 5. Jahrhundert bestand. Danach versiegt die Überlieferung. Im Mittelalter war Petra eine lokale Sehenswürdigkeit, in der Beduinen und Händler nach Schätzen suchten. Draußen in der Welt jedoch geriet die Stadt in Vergessenheit – bis ein als arabischer Kaufmann verkleideter Entdecker aus der Schweiz auf seiner Suche nach der Quelle eines afrikanischen Flusses über ihre Ruinen stolperte.

nach Mekka nehmen – eine gefährlich Strecke. Tatsächlich war die Fahrt nach Mekka aus Furcht vor Übergriffen der Beduinen sechs Jahre unterblieben. Aber diese Route lockte mit etwas, dem Burckhardt nicht widerstehen konnte: der Gelegenheit, in unbekanntes Land östlich des Toten Meers vorzudringen – Gebiete, die kein Europäer je gesehen hatte. Sein Entschluss war gefasst.

Zu Pferd verließ er Damaskus am Abend des 12. Juni 1812; Steinhaufen am Wegrand markierten die Gräber erschlagener Reisender. Er war auf dem Weg in ein Land der Extreme, wo bei Tag sengende Hitze herrschte und bei Nacht beißende Kälte, wo Wüstenbewohner Reisende bis auf die Unterwäsche ausrauben konnten, aber andererseits ihnen nachts nach einem langen Ritt ihre Gastfreundschaft anboten.

Seite 37 unten: Bei seiner Abreise aus Kerek wich Burckhardt von seinem Plan ab, direkt nach Kairo weiterzuziehen. Statt nach Westen zu reiten, lockten ihn Erzählungen von interessanten Ruinen nach Süden. Seine Neugier wurde belohnt, als er Petra entdeckte.

Von Damaskus reiste er nach Süden, an den Ruinen der römischen Stadt Gerasa vorbei nach Amman, der heutigen Hauptstadt von Jordanien – damals kaum mehr als eine römische Ruine. Seine Führer wurden misstrauisch: Welcher arabische Kaufmann wäre so interessiert an Ruinen?

Aber die Reise ging weiter, hinunter nach Kerek zur Kreuzritterburg Montreal, deren Mauern noch den Namen des ersten Aijubiden-Sultans von Ägypten, Saladin, trugen. In den Ruinen traf Burckhardt eine Entscheidung, die sein Leben verändern und seinen

Namen berühmt machen sollte. Statt direkt nach Kairo weiterzureisen, beschloss er einen Umweg durch das Wadi Mousa – das Tal des Moses –, wo es, so hatte er von Einheimischen gehört, antike Wunder gäbe.

Seine Führer waren wenig begeistert. Burckhardt log, er wolle am Grab des Propheten Aaron am Talende eine Ziege opfern. Burckhardt folgte seinen Führern bis zum Eingang des Tals. Dort fand er einen Einheimischen, der ihn für zwei Hufeisen zum Grab führen würde. Er machte sich auf in eine Region, die über 1000 Jahre kein Europäer mehr gesehen hatte.

Der erste Blick auf eine antike Stadt

Nachdem sie einige antike Gräber passiert hatten, tauchten sie in eine enge Schlucht ein. Deren Wände waren so hoch, dass sie den Himmel nicht sehen konnten. Sie hatten sich fast eine halbe Stunde durch die schmale Klamm geschlängelt, als diese sich plötzlich öffnete: sie erblickten *«ein ausgehöltes Grabmal, dessen Lage und Schönheit nothwendig einen außerordentlichen Eindruck auf einen Reisenden hervorbringen müssen … Es ist einer der geschmackvollsten Überreste des Alterthums in Syrien und so gut erhalten, als ob es so eben fertig geworden»*.

Es war das „Schatzhaus“, ein gewaltiges, über 40 Meter hohes, aus der Felswand geschlagenes Grabmal. Burckhardt betrat es unter einem Vorwand; er gelangte durch

Oben: Als Burckhardt den Nahen Osten bereiste, war Jaffa (heute Tel Aviv-Yafo in Israel) ein bedeutender Seehafen. Dieses Aquarell von Jaffa (1839) stammt von dem schottischen Maler David Roberts.

ZEITLEISTE

2. JAHRHUNDERT V.CHR. Petra erlebt seine Blütezeit als Zentrum der Nabatäerkultur

105 N.CHR. Der römische Kaiser Trajan annektiert das Nabatäerreich; es wird als *Arabia Petraea* römische Provinz

FRÜHES 3. JAHRHUNDERT Bautätigkeit, Münzprägung und Töpferei kommen in Petra zum Erliegen

511 Ein schweres Erdbeben erschüttert die Region

1784 (24. November) Jean Louis Burckhardt wird in der Schweiz geboren

1806 Burckhardt reist nach England

1809 Nach intensiver Vorbereitung begibt sich Burckhardt auf die Suche nach der Quelle des Niger

1812 Bei einem Abstecher auf dem Weg von Damaskus nach Kairo entdeckt Burckhardt die verlorene Stadt Petra

1817 Burckhardt stirbt im Alter von 32 Jahren

1819–1829 Burckhardts Berichte über seine Reisen im Nahen Osten werden posthum veröffentlicht

die kunstvollen Pforten in drei weite Räume. Nirgends aber fand er Spuren, die verraten hätten, wer die Erbauer dieses Ehrfurcht gebietenden Bauwerks waren – weder Inschriften, noch Malereien. Auch stand der Bau nicht allein. Hinter ihm ragten weitere Mausoleen aus dem rosaroten Sandstein der Felswand hervor – jedes ein wenig anders. Auf einer Seite stand ein ebenfalls in den Fels geschlagenes, halbkreisförmiges Theater für 3000 Besucher. In der Ebene dahinter lagen, von allen Seiten von steilen Felsen umgeben, *«Haufen behauener Steine, mit Fundamenten von Gebäuden, Bruchstücken von Säulen und Überresten gepflasterter Straßen … Alles zeigt deutlich an, daß einst eine große Stadt hier gestanden»*.

Burckhardt ahnte, wo er war. Der griechische Geograph Strabo (64/63 v.Chr. – nach 23 n.Chr.) erwähnt eine Wüstenstadt, die, von allen Seiten von hohen Klippen geschützt, die Heimat des Nabatäervolkes war und die er, nach dem griechischen Wort für „Fels", Petra nannte.

Langsam wurde sein Führer unruhig und misstrauisch. Als Burckhardt über einen Felshang auf ein besonders auffälliges korinthisches Grabmal zukletterte, das die Einheimischen „Palast der Tochter des Pharao" nannten, schrie er:

> *«Jetzt sehe ich deutlich, daß du ein Ungläubiger bist, der unter den Ruinen der Stadt seiner Vorfahren ein besonderes Geschäft hat; aber verlass dich darauf, daß wir von allen den hier verborgenen Schätzen auch nicht einen Para werden wegnehmen lassen, denn sie liegen auf unserm Gebiete und gehören uns.»*

Unter den Einheimischen herrschte die Ansicht, dass sich in dieser uralten Stadt reiche Schätze verbargen. Sollte der Verdacht aufkommen, Burckhardt habe Schätze gefunden – so unwahrscheinlich das war –, würde er den Ort nicht lebend verlassen. Er begriff, dass er aufbrechen musste, kehrte zum Pfad zurück und ging zu einer Lichtung unterhalb von Aarons Grab. Hier opferte er die Ziege, die sein Führer getragen hatte. Es war Zeit für die Reise nach Kairo und für neue Entdeckungen. Was er nicht wissen konnte: Die größte Entdeckung seines Lebens hatte er bereits gemacht. Er war tatsächlich durch die Überreste der Stadt geritten, die John Burgon (1813–1888) später in seinem Sonett „Petra" (1845) verewigte:

Es scheint kein Werk von Menschen Schöpferhand,
nicht Mühsal abgetrotzt, nicht eitlem Plan,
dem Felsen selbst scheint magisch es entwachsen,
ewig und, stumm, in Schönheit und verlassen.
Nicht jungfrauweiß wie jener Dorer-Schrein,
der einst Athenes hehren Riten war geweiht.
Noch fromm in Grau wie manch ein Münster sich erhebt,
das Hügel krönt und segnend über Ebenen steht.
Nein, rosarot wie einer Morgenröte sanftes Glühen,
das hier verweilt, statt mit dem Tage fortzuziehen,
und Jugendfrische auf diese Stirn des Kummers malt,
die zwei Millennien früher schon uns galt als hoch betagt.
Kein solches Wunder hält das Abendland bereit:
Oh rosarote Stadt, halb so alt wie alle Zeit.

JEAN LOUIS BURCKHARDT

Johann Ludwig oder Jean Louis Burckhardt wurde 1784 in Lausanne in der Schweiz geboren. Schon als Kind faszinierten ihn Geschichten über untergegangene Kulturen und über das Römische Reich. Ein anderes Reich lag damals im Todeskampf – die Französische Revolution setzte Burckhardts glücklicher Kindheit ein frühes Ende. Obwohl die Schweiz neutral war, wurde sein Vater wegen seiner Geschäftsinteressen in Frankreich dort zum Staatsfeind erklärt. Aus Furcht vor Repressalien verurteilte ihn der Rat seiner Heimatstadt Basel wegen Verrats und setzte ihn fest. Zwei Jahre später marschierten die Franzosen ein, und die Schweiz fiel unter französische Herrschaft.

Burckhardt als arabischer Kaufmann. Um gefahrlos den Nahen Osten bereisen zu können, eignete er sich die arabische Sprache, Sitten und Bräuche an.

Mit 14 Jahren stand Burckhardt ohne Familie oder finanzielle Mittel da. Er musste für sich selbst sorgen. Nach der Schule in Neuchâtel ging er nach Deutschland an die Universität. Aber er war nicht bereit, in Armut zu leben, und verschuldete sich schwer. Um seinen Gläubigern zu entkommen, ging er 1806 nach England. Er kam ohne Geld in London an. Aber durch seine Intelligenz und Liebe zur Geschichte zog er bald die Aufmerksamkeit mächtiger Persönlichkeiten auf sich, etwa des späteren Konsuls in Kairo und des Bibliothekars des Britischen Museums.

Er traf Sir Joseph Banks (1743–1820), einen wohlhabenden Naturforscher und prominentes Mitglied der „Gesellschaft zur Förderung von Entdeckungen in den Binnengebieten Afrikas" (der *African Association*); ihr Ziel war die Finanzierung von Expeditionen in das im Westen damals noch weitgehend unbekannte Afrika. Diese sollten neue Gebiete in Hinblick auf eine spätere Nutzung durch das rasch wachsende britische Empire entdecken und kartographisch erfassen.

Doch diese Gesellschaft fand kaum noch Männer, die bereit waren, die gefahrvollen Reisen nach Afrika zu unternehmen. Trotz allen Wohlstands und Wissens, auf die sie sich stützen konnte, schätzte die Gesellschaft die Gefahren solcher Expeditionen falsch ein. Die Liste der als tot oder vermisst Gemeldeten wuchs. Sie brauchte Männer, die nicht nur hervorragende Wissenschaftler waren, sondern auch extremen körperlichen Belastung standhielten, die akademisches Können und Lust am Abenteuer verbanden. Im März 1808 bewarb sich Burckhardt und wurde angenommen.

Man unternahm beachtliche Anstrengungen, um Burckhardt vorzubereiten. Sein Auftrag: Er sollte die Quelle des Niger finden. Er studierte Astronomie (zur Standortbestimmung), Mineralogie (um Afrikas Bodenschätze einzuordnen) und Medizin (um sein eigenes Überleben zu sichern). Er nutzte die Gelegenheit, um Arabisch zu lernen; so würde er als arabischer Händler verkleidet Nordafrika bereisen können. Er unterwarf sich einer rigiden Abhärtung gegen die Hitze. Anfang 1809 galten seine Vorbereitungen als abgeschlossen. Die *African Association* schickte ihn los: Er sollte nach Malta segeln, von dort in den Nahen Osten und nach Kairo aufbrechen, wo er auf eine Karawane in noch unerforschte Gebiete Afrikas warten sollte.

Burckhardt hoffte, als Afrikaforscher in die Geschichte einzugehen, aber sein Traum blieb unerfüllt. Nach seinem Abstecher nach Petra fand er in Kairo keine Karawane nach Fezzan, der ersten Station seiner Afrikaexpedition. Niemand wusste, wann die nächste Karawane aufbrechen würde. Er nutzte die Zeit, um sich mental und körperlich vorzubereiten: Er reiste – als syrischer Händler – nilaufwärts in den Sudan. Dann zog er quer durch die Wüste an die Küste des Roten Meers und folgte schließlich dem Pilgerpfad nach Mekka. In einer Hinsicht erfüllte die Reise ihren Zweck: Er war nun so abgehärtet, dass er auf dem Boden schlief, von Gemüse und Wasser lebte und sich unauffällig unter Arabern bewegte. Aber die Strapazen hatten seine Konstitution angegriffen. Als er in Kairo eintraf, kränkelte er bereits.

Wieder wartete er auf eine Karawane nach Fezzan. Als die Nachricht von einer neuen Karawane ihn schließlich erreichte, war es für Burckhardt bereits zu spät: An der Ruhr erkrankt, starb er am 15. Oktober 1817 im Alter von 32 Jahren. Er konnte sein Ziel nicht erreichen. Aber auf seinen Ausflügen im Nahen Osten hatte er etwas weitaus Größeres entdeckt – Petra, die verlorene Stadt, wurde sein Vermächtnis.

IM LAND VON OZYMANDIAS

Giovanni Battista Belzoni in Ägypten, 1817

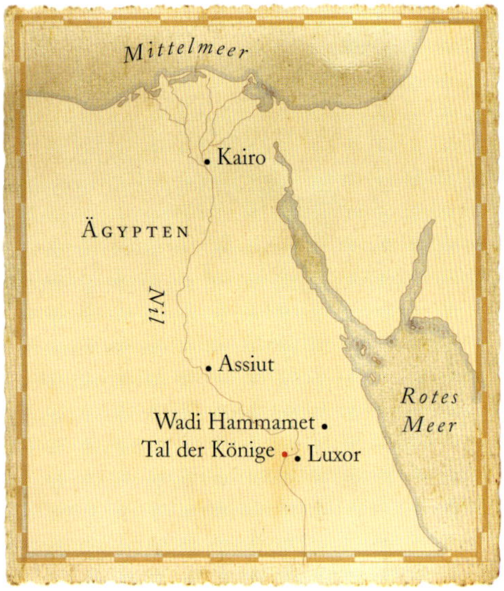

Giovanni Belzoni (1778–1823) war bereits zwei Jahre in Ägypten, als er 1817 mit einer Grabungsgenehmigung das Tal Biban-el-Muluk betrat. Die stürmische Nachfrage nach Altertümern hatte gerade eingesetzt. Er war zweimal nilaufwärts gereist auf der Jagd nach erlesenen Objekten für Museen und Sammler, die nach ägyptischer Kunst verlangten, und auf eine Welt gestoßen, in der das Gesetz des Stärkeren galt, wo Bestechung und Bedrohung an der Tagesordnung waren und seine Wettbewerber auf das Spinnen von Intrigen ebenso viel Zeit verwendeten wie auf das Plündern antiker Stätten.

Den Anstrengungen seines Hauptrivalen Bernardino Drovetti (1776–1852) zum Trotz, der für die Franzosen sammelte, war Belzoni ein überraschender Erfolg beschieden. Er hatte die Kolossalstatue des „Memnon" gefunden und nach Kairo gebracht. Die Statue, von der wir heute wissen, dass sie Ramses II. darstellt, inspirierte aller Wahrscheinlichkeit nach den großen Dichter der englischen Romantik, Percy Bysshe Shelley (1792–1822) zu seinem Sonett „Ozymandias of Egypt" (1818):

> *«Mein Name ist Ozymandias, König der Könige!*
> *Sehet meine Werke, Ihr Mächtigen, und verzweifelt!»*

Auf der Nilinsel Philae hatte Belzoni die, wie er fand, schönsten Hieroglyphen entdeckt und seiner Sammlung einverleibt. Auch den Tempel von Abu Simbel, eines der beeindruckendsten Bauwerke der Erde, fand er auf der Reise in den Süden. Aber er erlitt auch Rückschläge. Wieder in Philae, entdeckte er, dass Drovettis Handlanger seine Hieroglyphen zerschlagen hatten. In Luxor fand er den Tempel von Karnak in französischer Hand, und sein Name rief bei den einheimischen Anführern Misstrauen und Unruhe hervor. Da er in Theben, der einstigen Hauptstadt des antiken Ägypten, nicht willkommen und eine Grabung unmöglich war, wich er über den Fluss nach Biban-el-Muluk, das Land der Toten, aus – heute als „Tal der Könige" bekannt. Belzoni begann, nach beschriebenen Papyri und kleinen, verkäuflichen Objekten zu graben. Seine Methoden waren primitiv: Er schlug kleine Löcher in die Gräber, zwängte sich hindurch und plünderte den Inhalt. Über eine Mumiengrube schreibt er:

«Als ich mit meinem Gewicht auf dem Körper eines alten Ägypters landete, zerbarst er wie eine Hutschachtel …, ich versank zwischen den zerbrochenen Mumien, mit einem Bersten von Knochen, Lumpen und Holzkisten …, und bei jedem Schritt zerbrach ich den einen oder anderen Teil einer Mumie.»

Solche Zerstörung mag heute schockieren, aber Belzoni war ein Kind seiner Zeit: Er lieferte, wonach der Markt verlangte. Aber er war immerhin im Begriff zu lernen. Während er sich durch die Gräber wühlte, begann er zu begreifen, wie sie konstruiert waren, welche Elemente sie üblicherweise enthielten und inwiefern sie sich von den antiken Überlieferungen der Griechen – den einzigen den Wissenschaftlern damals zugänglichen Quellen – unterschieden.

Das Grab unter dem Fluss

Belzoni erwarb sich rasch den Ruf als Entdecker von Gräbern. Die Gruften am Westufer bei Theben unterschieden sich von den Pyramiden früherer Pharaonen. Ihr Ziel war nicht die Zurschaustellung, vielmehr sollten sie verborgen bleiben, um Plünderungen zu entgehen. Aber Belzoni war geschickt darin, sie aufzuspüren. Er suchte die zerklüfteten Talwände ab und fahndete nach abgestürzten Felsbrocken, die auf einen verschütteten Eingang hinwiesen. Er durchsuchte das angeschwemmte Geröll der jahreszeitlich trockenen Flussbetten nach Artefakten, die aus höher gelegenen Gräbern heruntergespült worden waren. So arbeitete er auch am 16. Oktober 1817, als:

Den „Memnon" genannten Kolossalkopf von Ramses II. entdeckte Belzoni 1816. Er befindet sich heute im Britischen Museum.

«… ich den Boden am Fuß eines steilen Hügels öffnen ließ, unter einem Flusslauf, der bei Regen genau an der Stelle, die ich aufgraben ließ, große Mengen Wasser führt.»

Seine Arbeiter hielten ihn für verrückt. Wer würde ein Grab unter einem Flusslauf anlegen? Schon am folgenden Tag bestätigte sich Belzonis Verdacht. Nachdem sie Tonnen von Schlamm und Geröll entfernt hatten, *« … stießen wir am Abend auf einen behauenen Felsen, der einen Eingang bildete».*

Am nächsten Tag legten die Arbeiter den Eingang frei: Eine mit Felsbrocken versperrte Grabanlage kam ans Licht. Sie konzentrierten sich auf einen Bereich und schlugen einen schmalen Einstieg frei, durch den Belzoni hineinkriechen konnte. *«Als mein Blick auf das Deckengemälde und die Hieroglyphen im Basrelief … fiel, erkannte ich sofort, dass dies der Eingang zu einer großen, prachtvollen Grabanlage war.»* Da die Hieroglyphen an der Wand damals noch nicht entziffert waren, konnte er nicht wissen, dass dies das Grab von Pharao Sethos I., dem Vater von Ramses II., war.

ZEITLEISTE

1778 Giovanni Belzoni wird am 5. November in Padua geboren

1803 Er zieht nach England und tritt als „Kraftprotz" in Wandertheatern auf

1815 Belzoni und seine Frau lassen sich in Kairo nieder, wo Belzoni an hydraulischen Maschinen für Bewässerungssysteme arbeitet; etwa zu dieser Zeit lernt er Jean Louis Burckhardt kennen

1816 In Theben entdeckt Belzoni eine als „Memnon" bekannte Kolossalstatue von Ramses II. Er bringt sie nach Kairo. Sie wird später eines der ersten bedeutenden ägyptischen Altertümer in der Sammlung des Britischen Museums in London

1817 Belzoni entdeckt den Tempel von Abu Simbel. Am 16. Oktober desselben Jahres findet er den Eingang zum Grab von Sethos I. Im Verlauf der nächsten Tage erkundet er den gesamten Grabkomplex

1820 Nach seiner Rückkehr nach England organisiert er eine erfolgreiche Ausstellung. Er ist eine Berühmtheit geworden, aber das Britische Museum verweigert ihm den Lohn für den Sarkophag aus der Gruft Sethos I.

1823 Er kehrt nach Ägypten zurück, um das legendäre Timbuktu in Westafrika zu suchen, aber erkrankt an der Ruhr. Er stirbt am 3. Dezember in Gato, Nigeria

1825 In London erwirbt Sir John Soane den Sethos-Sarkophag und veranstaltet Partys zu Ehren des „großen Belzoni" und zugunsten seiner verarmten Witwe

Der grosse Belzoni

Zu Lebzeiten trug der Zwei-Meter-Hüne und Entdecker Giovanni Belzoni viele Beinamen: der italienische Herkules, der patagonische Samson und Jack, der Riesenkiller. Der, der ihm blieb, war der Name, den er sich selbst gab: „Der große Belzoni".

Belzoni wurde am 5. November 1778 in Padua geboren und zog in jungen Jahren nach Rom. Er war im Begriff, das Gelübde abzulegen, als der plötzliche Einmarsch der Franzosen sein Vorhaben vereitelte. Er ging nach England und ergriff einen anderen Beruf: als „Kraftprotz" in Wandertheatern. Da er groß, ungewöhnlich stark und ein brillanter Unterhalter war, entsprach dieses Leben Belzoni zweifellos eher als das hinter Klostermauern.

Seine Auftritte waren ein durchschlagender Erfolg. Sie erlaubten ihm, sich seinem Steckenpferd, der Hydraulik, zu widmen. In seine Vorstellungen integrierte er aufwendige Springbrunnen und Wasserfälle. Dieses ausgefallene Hobby führte ihn 1814 in den Dienst des Gouverneurs des osmanischen Ägypten, der das veraltete Bewässerungssystem des Landes erneuern wollte.

„Der große Belzoni" war von imposanter Gestalt. In Ägypten trug er einheimische Kleidung und ließ sich einen langen Bart wachsen.

Belzoni und seine englische Frau Sarah trafen am 9. Juni 1815 in Alexandria ein und reisten weiter nach Kairo. Sie bezogen ein baufälliges Haus und lebten sich in der betriebsamen Stadt ein. Die Arbeit am Wasserrad, das er dem Gouverneur zugesagt hatte, ging nur schleppend voran. Die einheimischen Arbeiter misstrauten dem auffälligen Europäer und hegten tiefen Groll gegen seinen türkischen Herrn. Das Projekt schlug fehl. Aber das kümmerte Belzoni wenig; ihm winkte ein größeres Abenteuer.

Schon kurz nach seiner Ankunft erlag Belzoni seiner Faszination für die Pyramiden auf der Hochebene von Giseh am Stadtrand von Kairo. Durch Zufall lernte er den Abenteurer Jean Louis Burckhardt (1784–1817) kennen, der die verlorene Stadt Petra entdeckt hatte (siehe Seite 34 ff.). Burckhardt, der in Kairo auf eine Karawane nach Zentralafrika wartete, überzeugte Belzoni, dass seine Zukunft in der Suche nach den Schätzen Ägyptens lag.

Als Giovanni und Sarah im März 1820 nach London zurückkehrten, war Belzoni berühmt. Die *Times* schrieb, er habe *«sich vor allen europäischen Reisenden der Neuzeit ausgezeichnet»*. Seine Ausstellung mit Reproduktionen von Sethos' Grab in der Ägyptischen Halle in Piccadilly war ein durchschlagender Erfolg. Belzoni war Stadtgespräch. Aber die westlichen Sammler, für die er seine Expeditionen unternommen hatte, waren weniger begeistert. Der Alabastersarkophag von Sethos I., den er im Tal der Könige entdeckt hatte, wurde vom Britischen Museums beschlagnahmt. Das Museum weigerte sich, ihn zu erwerben, und so wartete Belzoni vergebens auf seinen Anteil.

Niedergeschlagen veräußerte er seine Ausstellungsexponate. Immer häufiger dachte er an sein Treffen mit Burckhardt, mit dem seine Karriere begonnen hatte. Burckhardt war 1817 vor der Abreise seiner Karawane verstorben. Belzoni entschloss sich, eine ähnliche Reise zu unternehmen und nach der legendären Stadt Timbuktu in Westafrika zu suchen. Weder Freunde noch Familie konnten ihn davon abbringen. 1823 reiste er ab.

Als ihm Marokko die Durchreise verweigerte, zog er entlang der Küste von Guinea nach Süden. Doch kurz nach seiner Ankunft in Benin erkrankte er. Er starb im Dorf Gato – offiziellen Berichten zufolge an der Ruhr, aber sein Zeitgenosse, der Entdecker Richard Burton (1821–1890), war der Ansicht, er sei ausgeraubt und ermordet worden.

In London gab das Britische Museum schließlich den Sethos-Sarkophag frei, schreckte aber vor dem Preis von 2000 Pfund zurück. Der Architekt Sir John Soane (1753–1837) zahlte ihn. 1825 lud er an drei aufeinanderfolgenden Abenden die feine Londoner Gesellschaft auf Partys ein, um das Artefakt zu bewundern und um eine Spende zugunsten der inzwischen mittellosen Witwe Belzonis zu leisten. An jedem Abend erhob man das Glas auf „den großen Belzoni".

Belzoni kroch durch den erdigen Zugang der Grabanlage, bis er aufrecht stehen konnte. Am Ende des ersten schuttbedeckten Gangs stieß er auf eine Treppe, die in die Bergflanke führte. Er stieg sie hinunter bis zu einem weiteren Gang. Nun sicher, dass er sich in einem Königsgrab befand, hastete er vorwärts und kam gerade noch am Rand einer neun Meter tiefen Grube zum Stehen. Gegenüber lag eine nur etwa einen halben Quadratmeter große Wandöffnung. Davor hing ein – nun 3000 Jahre altes – Seil, von dem Letzten, der die Gruft betreten oder verlassen hatte. Er griff nach dem Seil. Es zerfiel in seiner Hand zu Staub.

Der Schatz im Inneren

Am folgenden Tag kehrte er mit Holzplanken zurück, um den Schacht zu überqueren. Er kletterte durch die Öffnung in eine geschmückte Halle, die er das „Vorzimmer" taufte, und durchquerte eine Kammer, in deren lebhaften Wandszenen es vor Göttern und Göttinnen wimmelte. Er nannte sie den „Raum der Schönheiten". Dahinter lag eine weitere Halle; ihre Decke ruhte auf zwei Dreierreihen aus Säulen. Zu beiden Seiten waren jeweils zwei Kammern. Dann betrat Belzoni einen größeren Raum:

> *«Der Salon misst 9,70 Meter mal 8,20 Meter. Zur Rechten liegt eine leere, grob behauene und unbemalte Kammer, die unfertig wirkt. Zur Linken betraten wir einen Raum mit zwei quadratischen Säulen. Er war 7,80 Meter mal 7 Meter groß. Ich nannte ihn den Regalraum, denn an seinen Wänden verläuft ein etwa ein Meter tiefer Sims, der wohl Gegenstände für die Bestattungszeremonie aufnehmen sollte.»*

Hinter dem Salon lag eine letzte Kammer. Sie war nicht leuchtend bunt bemalt, sondern schlicht weiß verputzt; an der dunkelblauen Decke schimmerten Sternbilder. Der Boden war übersät mit kleinen Holzfiguren. In ihrer Mitte lag ein einbalsamierter Stier:

> *«Aber die Beschreibung dessen, was wir in der Mitte des Grabes fanden, … verdient die größte Aufmerksamkeit, denn es hat nicht seinesgleichen in der Welt … Es ist ein Sarkophag aus feinstem orientalischem Alabaster; 2,87 Meter lang und 1,09 Meter breit. Die Wände sind nur 5 Zentimeter dick; sie sind durchscheinend, wenn man ein Licht hineinstellt. In seine Wände sind innen wie außen mehrere hundert feine Figuren gemeißelt, keine mehr als fünf Zentimeter hoch. Sie stellen, wie ich annehme, die Grabprozession und Totenfeiern des Verstorbenen dar, verbunden mit zahlreichen Symbolen. Ich vermag kein Bild zu vermitteln, das dieser schönen und unschätzbaren Antiquität gerecht wird, und kann nur sagen, dass aus Ägypten nichts nach Europa gelangt ist, das man mit ihr vergleichen kann.»*

Er ließ den Sarkophag nach Kairo abtransportieren. Von den herrlichen Wandreliefs ließ er – statt die Originale abzuschlagen – Wachsabdrücke anfertigen. Belzoni begann, sich Fragen über das Volk zu stellen, das diesen Ort erbaut hatte: wie es gelebt und woran es geglaubt habe. Gedanken moderner Archäologie begannen in Belzoni Fuß zu fassen. Als ein einheimischer Militärkommandant den „Schatz" von Belzoni sehen wollte (von dem er annahm, es sei ein großer goldener Hahn, gefüllt mit Perlen und Diamanten), lachte Belzoni nur und fragte ihn, was er von den Wandbildern hielte. Der Kommandant war nicht beeindruckt, Belzoni aber dämmerte, dass dies der Schatz war, den er immer gesucht hatte.

Als Belzoni das Grab von Sethos I. 1817 das erste Mal betrat, war es das prächtigste, das man im Tal der Könige bis dahin gesehen hatte. Die ungewöhnlichen Wandbilder – in erhabenem Relief – waren perfekt erhalten. Belzoni ließ in weiser Voraussicht Abdrücke von ihnen herstellen. Das Illustrationsdetail oben zeigt ägyptische Götter in einer astrologischen Szene.

DER SCHLÜSSEL ZU ÄGYPTEN

Das Geheimnis des Rosetta-Steins, 1824

Als Napoleon Bonaparte (1769–1821) auf der Höhe seiner Macht 1798 ins damals osmanische Ägypten einmarschierte, bot seine Besatzungsarmee einen ungewöhnlichen Anblick. Zu den Truppen, die sich – angesichts des unmittelbar bevorstehenden Angriffs der Briten – unverzüglich an die Befestigung der Küste machten, gehörten auch rund tausend Wissenschaftler und Zeichner. Sie hatten den Auftrag, die Wunder des antiken Ägyptens zu erforschen und zu dokumentieren.

Vor ihnen lag eine gewaltige Aufgabe, denn Ägypten war reich an Artefakten und Bauwerken, und die Befestigungsarbeiten an der Küste brachten täglich neue Schätze ans Licht. So gelangte im August 1799 auch ein großer schwarzer Stein in die Räume des *Institut d'Égypte* in Kairo. Man hatte ihn in der Nähe der ägyptischen Hafenstadt Rosetta (dem heutigen Rashid) bei Fundamentarbeiten für eine Geschützstellung nahe der Küstenfestung Fort Julien gefunden. Dem Offizier Pierre-François Bouchard (1772–1832) fiel er zuerst auf. Er informierte seinen General Jacques-François de Boussay, Baron von Menou (1750–1810), und so kam die Stele mit einem Begleitschreiben der beiden Männer nach Kairo.

„Napoleon in Ägypten", ein Ölgemälde von Jean-Léon Gérôme aus dem Jahr 1863. Napoleons Ägyptenfeldzug war ein militärischer Fehlschlag, aber die rund tausend Zivilisten, die mit den französischen Truppen kamen – Künstler, Botaniker und Landvermesser –, brachten ein bleibendes Vermächtnis mit zurück: unschätzbare Artefakte und neue Erkenntnisse über die altägyptische Kultur.

Drei Schriften, ein Text

Die Stele aus dunkelgrauem Granodiorit mit rosafarbenen Einschlüssen ist 1,14 Meter hoch. Die größte Fläche trägt eine Inschrift mit einem altägyptischen Text. Das war noch nicht ungewöhnlich – immerhin hatten die Mitglieder des Instituts den Eindruck, dass die alten Ägypter nur zu gern auf alles und jedes geschrieben hatten. Was niemand konnte, weder in Kairo noch anderswo, war, die seltsamen Texte zu übersetzen. An diesem Punkt kam Bouchards Beobachtungsgabe ins Spiel: Er sah, dass die Stele nicht nur eine, sondern drei Inschriften in zwei Sprachen trug: klassische ägyptische Hieroglyphen, Demotisch (eine ägyptische Schreibschrift für Amtsdokumente und Literatur) und Altgriechisch. Wenn dies, wie es schein, drei Sprachfassungen desselben Textes waren, dann konnte diese Stele zum Schlüssel für das Verständnis der Hieroglyphen werden.

Den Stein aus Ägypten fortzuschaffen, um ihn Gelehrten zum Studium zu geben, gestaltete sich unerwartet schwierig. Großbritannien reagierte auf Napoleons Einmarsch in Ägypten mit der Entsendung einer Flotte unter dem Befehl von Horatio Nelson (1758–1805). Er sollte die französischen Schiffe bei Abukir angreifen. Nach der Niederlage in der Seeschlacht am Nil kehrte Napoleon nach Frankreich zurück. Er überließ es

seinen Soldaten und den Herren des Instituts, die vorrückenden Briten und Osmanen nach Kräften abzuwehren.

Bis März 1801 hielten die Franzosen die Briten in Schach. Doch im Juni kapitulierte Kairo, und am 30. August die Garnison bei Alexandria, wo de Menous Truppen (mit dem Rosetta-Stein) Stellung bezogen hatten. De Menou weigerte sich, die archäologischen Funde des Instituts auszuliefern. Es kam zu einem Patt: Die Briten beanspruchten die Altertümer als Kriegsbeute, die Franzosen drohten, die gesamte Sammlung zu zerstören.

Im Laufe des Disputs geriet der Rosetta-Stein in britische Hände. Eine Version der Ereignisse besagt, er sei in aller Stille übergeben worden, eine andere, man habe die Stele de Menou entrissen und im Triumph auf einem Kanonenwagen fortgeschafft. Was auch geschehen war, im Februar 1802 verlud man den Stein von Rosetta auf eine gekaperte französische Fregatte und schickte sie nach London. Die Franzosen kehrten mit nichts als ein paar Frottagen und Gipsabdrücken des Artefakts nach Hause.

Des Rätsels Lösung

Im März 1802 wurde der Rosetta-Stein der Londoner Gesellschaft für Altertümer übergeben. Einige Monate später stellte man ihn im Britischen Museum aus, wo er noch heute zu sehen ist. Die mühevolle Übersetzungsarbeit konnte beginnen.

Es ist vielleicht die feinste aller Ironien, dass der Löwenanteil der Übersetzungsarbeit von einem Mann geleistet wurde, dem der direkte Zugang zur Stele verwehrt blieb: von dem Franzosen Jean-François Champollion (1790–1832). Seine Übersetzung des Hieroglyphentextes enthüllte nicht nur die Welt ihres Schöpfers, Ptolemäus V., König von Ägypten von 205–180 v. Chr., sondern lieferte auch den Schlüssel zur Entzifferung aller altägyptischen Texte von den Tagen der Pyramidenbauer bis zur römischen Besatzungszeit. Champollions Arbeit lüftete den Schleier, der über mehr als 3000 Jahren Geschichte lag.

Der Rosetta-Stein ist seit 1802 im Britischen Museum in London zu besichtigen. Ihrem unscheinbaren Äußeren zum Trotz lieferte die Stele den Schlüssel zur Hieroglyphenschrift, die in Ägypten von 3300 v. Chr. bis zum Ende des 4. Jahrhunderts n. Chr. in Gebrauch war.

ZEITLEISTE

1643 Der deutsche Jesuit und Gelehrte Athanasius Kircher veröffentlicht „Lingua Aegyptiaca Restituta" („Die wiederhergestellte ägyptische Sprache"), in der er die These äußert, das Koptische leite sich vom Altägyptischen ab

1798 Napoleon marschiert in Ägypten ein; bei Grabungen für Befestigungen entlang der Küste werden antike Artefakte entdeckt; Nelson schlägt Napoleon in der Seeschlacht bei Abukir. Napoleons Armee bleibt isoliert in Ägypten zurück

1799 Beim Bau von Fort Julien entdeckt der französische Offizier Pierre-François Bouchard den Rosetta-Stein; die Stele wird an das neu gegründete *Institut d'Égypte* nach Kairo gebracht

1801 Britische Truppen zwingen die Franzosen zur Übergabe von Alexandria und Kairo

1802 Im Februar wird der Rosetta-Stein nach England verschifft und später im Britischen Museum ausgestellt; Johan Åkerblad entwickelt ein Arbeitsalphabet für die demotische Schrift auf der Stele

1815 Thomas Young identifiziert symbolische und phonetische Glyphen in der demotischen Schrift und schließt auf eine Verbindung zu den Hieroglyphen

1822 Mithilfe seiner Kenntnisse der koptischen Sprache macht sich Champollion an die Entschlüsselung der Hieroglyphen auf dem Stein von Rosetta

1824 Champollion veröffentlicht „Précis du Système Hiéroglyphique"

Champollion und der Rosetta-Stein

Schon als Kind zeigte Jean-François Champollion eine außerordentliche Begabung für Sprachen. Er war noch keine 20, als er bereits über ein Dutzend alte und moderne Sprachen fließend beherrschte, darunter Latein, Griechisch, Amharisch, Arabisch, Syrisch, Persisch, Chaldäisch, Chinesisch und die Sprache der christlichen Minderheit im Ägypten des 2. bis 17. Jahrhunderts: Koptisch. Es überrascht nicht, dass sich Champollion – angesteckt von der europäischen Modebegeisterung für alles Ägyptische, die seit den französischen Entdeckungen herrschte – Ägypten zuwandte. 1822 machte er sich an die Entschlüsselung der Hieroglyphen.

Champollion war keineswegs der erste oder der einzige Forscher, der an diesem Problem arbeitete. Es wurden zahlreiche Versuche unternommen, die alte ägyptische Sprache zu übersetzen. Athanasius Kircher (1602–1680) schrieb 1643 die „Lingua Aegyptiaca Restituta" („Die wiederhergestellte ägyptische Sprache"), in der er – zu Recht – annahm, das ägyptische Koptisch stamme vom Altägyptischen ab.

Der schwedische Diplomat Johan Åkerblad (1763–1819) hatte ein Arbeitsalphabet für den demotischen Text entwickelt, in dem er die Namen im griechischen Abschnitt ihren Entsprechungen in der demotischen Fassung zuordnete und so demotischen Buchstaben Laute zuordnete. Der englische Gelehrte Thomas Young (1773–1829) ging einen Schritt weiter. Er vermutete, dass der demotische Text nicht allein auf einem Alphabet basierte, in dem jede Glyphe einen Laut repräsentiert, sondern auch symbolische, also bedeutungstragende Glyphen umfasste. Ihm war die Verwandtschaft des Demotischen mit den Hieroglyphen aufgefallen. Weiter aber kam Young nicht. Zwar begriff er, dass die ovalen Kartuschen im ägyptischen Text phonetische Darstellungen von Namen waren, aber er war zu der Auffassung gelangt, dass die Hieroglyphen weitgehend eine Symbolschrift mit wenigen phonetischen Elementen waren und deshalb nie ganz übersetzbar sein würden. An diesem Punkt setzte Champollion an.

Champollion führte Youngs Arbeit fort, indem er die Zeichen in den Kartuschen mit den Königsnamen im griechischen Text verglich und dabei jeder Glyphe einen Laut zuwies. Auf diese Weise baute er ein auf griechischen Lauten basierendes phonetisches Alphabet für die Glyphen auf. Nun fehlte nur noch ein unabhängiger Beweis für seine Übersetzung der Namen. Er kam von einem Artefakt, das in Kingston Lacy in Dorset, Südwestengland, aufbewahrt wurde: einem Obelisken aus dem Tempel von Philae bei Assuan. Auch er trug eine zweisprachige Inschrift: Griechisch und Hieroglyphen. Champollion bewies, dass die Glyphen in den Kartuschen auf dem Obelisken dieselben waren wie auf dem Rosetta-Stein: die Namen von Ptolemäus und Kleopatra.

Champollion war nur noch einen Schritt von der Lösung entfernt. Das fehlende Teil im Puzzle lieferte eine Sprache, die er als Kind gelernt hatte: Koptisch. Champollion erriet, dass es als antike ägyptische Sprache mit den Hieroglyphen verwandt sein könnte. Er überprüfte das, als er die Zeichnung einer Kartusche erhielt, die aus einem von Belzoni (1778–1823) in Abu Simbel im Sudan entdeckten Tempel stammte (siehe Seite 40). Einige Glyphen deckten sich mit denen auf dem Rosetta-Stein, denen er bereits Laute zugeordnet hatte. Andere hingegen wichen ab.

Der ersten Glyphe – ein Kreis mit einem Punkt in der Mitte – folgte ein unbekannter Buchstabe, dann ein „s" und noch ein „s". Er erriet, dass der Kreis mit Punkt eine Sonne darstellte. Das koptische Wort für Sonne ist „re". So erhielt er: „re – ? – s – s". Ein Name fiel ihm sofort ein; der eines berühmten Pharaos, von dem schon griechische Quellen sprachen: Ramses. Wenn also der fehlende Buchstabe ein „m" war, dann hatte Champollion den Namen des Erbauers des Tempels. Es war ein brillanter Durchbruch. Nach langer, sorgfältiger Arbeit, bei der er aus Bergen von Inschriften eine geheimnisvolle Glyphe nach der anderen identifizierte, veröffentlichte er 1824 sein Werk „Précis du Système Hiéroglyphique". Die Sprache der alten Ägypter war aus dem Totenreich zurückgekehrt.

Das Ergebnis sollte die Ägyptologie tiefgreifend verändern. Keine Kultur der Antike hat mit größerem Aufwand ihre Geschichte, ihre Religion und ihre Privatleben festgehalten. Ägyptens Bauwerke waren übersät mit Hieroglyphen – mit Göttergeschichten, Reisebeschreibungen, Zaubersprüchen, Königslisten und Berichten von Schlachten. Das trockene Wüstenklima hatte zudem alle Arten ägyptischer Korrespondenz erhalten, Verträge auf Papyrus, sogar Witze und auf Wände oder Tonscherben („Ostraka" genannt) gekritzelte Beleidigungen. Nun konnten die alten Ägypter wieder für sich selbst sprechen, so wie sie es immer getan hatten. Die Verbindung zwischen ihren nun übersetzbaren Worten und den archäologischen Spuren ihres Lebens machten sie zur neuerdings berühmtesten antiken Kultur.

«KOMFORT UNWICHTIG»

Austen Henry Layards Ausgrabungen in Ninive und Nimrud, 1839

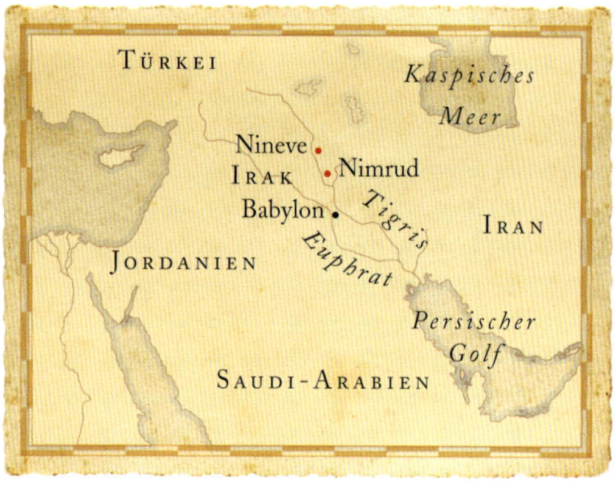

«Im Jahr 1820 kehrte Mr. Rich, nachdem er zum Wohle seiner Gesundheit Kurdistan besucht hatte, über Mosul nach Bagdad zurück und blieb ein paar Tage in der Stadt. Natürlich erregten die großen Hügel am anderen Flussufer seine Neugier, und so beschloss er, sie zu untersuchen …»

A. H. LAYARD, Vorwort zu „Ninive und seine Überreste" (1849)

IM HERBST 1839 BRACHEN Austen Henry Layard (1817–1894) und sein Freund Edward Mitford auf, um, wie sie sagten, durch Mesopotamien über Land nach Ceylon (Sri Lanka) zu reisen, wo sie ihre Beamtenposten antreten wollten. Aber schon zu Anfang seiner Reisebeschreibung wird deutlich, dass Layard insgeheim bereits an seinem Ziel angekommen war: in den offenen Wüsten und den antiken Städten des heutigen Irak:

«Uns beiden war Komfort unwichtig, und wir fürchteten keine Gefahr. Wir ritten allein; unsere Arme waren unser einziger Schutz; ein Koffer hinter unseren Sätteln war unsere Garderobe …»

Als die beiden auf dieser gefährlichen Reise in einem Dorf übernachteten, blickten sie von einem Hügel über die Landschaft, die Layard berühmt machen sollte:

«Eine Kette hoher Hügel zog sich nach Osten, und einer in Pyramidenform überragte alle anderen … Seine Lage machte es einfach, ihn zu identifizieren. Es war die von Xenophon beschriebene Pyramide, in deren Nähe die Zehntausend gelagert hatten: Auf die Ruinen in ihrer Umgebung hatte der griechische General schon vor 22 Jahrhunderten geblickt, und damals waren sie bereits die Überreste einer antiken Stadt.»

Geheime Ausgrabungen

Diese vergessene Ruine war Nimrud, und ihr Bild grub sich in Layards Gedächtnis ein. Zwei Jahre später – ohne Ceylon je erreicht zu haben und längst in den Diensten des britischen Gesandten in Konstantinopel – kam er zurück, um heimlich seine Grabungen zu beginnen.

Ein Blick auf die Ruinen von Nimrud. Die Stadt gewann unter dem assyrischen König Assurnasirpal II. an Bedeutung, der sie etwa 880 v. Chr. zu seiner Hauptstadt machte. Layards Ausgrabungen förderten Außerordentliches zutage, etwa den aufsehenerregenden Palast von Assurnasirpal mit großen Flächen behauener Alabastertafeln, die von Siegen des Königs berichten.

«Am 8. November, nachdem ich unauffällig Werkzeug besorgt hatte, stellte ich bei meiner Abreise einen Maurer ein. Mit einer Auswahl an Gewehren, Speeren und anderen Respekt einflößenden Waffen beladen, erklärte ich, ich wolle in einem Nachbardorf auf Wildschweinjagd gehen, und ließ mich auf einem kleinen Floß, das für meine Reise gebaut worden war, den Tigris hinuntertreiben.»

Layard erreichte Nimrud bei Sonnenuntergang und stieß auf die Hütte von Awad, der vor den Übergriffen eines örtlichen Gouverneurs in den Ruinen Zuflucht gesucht hatte. Nach einer schlaflosen Nacht in der Hütte zog die kleine Gruppe zum Haupthügel. Dort fanden sie antike Tonscherben und Fragmente mit Keilschrift. Während Layard die Bruchstücke aufsammelte, deutete Awad auf ein Alabasterstück, das aus der Erde ragte:

«Wir konnten es nicht herausziehen und gruben nach unten. Es stellte sich als Oberseite einer großen Platte heraus. Ich befahl den Männern, sie freizulegen. Kurz darauf entdeckten sie eine zweite Platte. Der Reihe nach stießen wir auf eine dritte und entdeckten im Laufe des Morgens zehn weitere.»

Die Grabungen brachten gewaltige Basreliefs von Kriegern auf Streitwagen zutage, von belagerten Städten und klagenden Frauen, die ihre Haare rauften. Auf den verbrannten Böden der Räume fand Layard Überreste von vergoldeten Elfenbeinobjekten, darunter das Bild eines Königs, der das ägyptische Zeichen für Leben, das *ankh,* trug, und eine verzierte Wandleiste mit Blumen. Layard war nun überzeugt, gefunden zu haben, wonach er suchte: die antike Stadt Ninive. In Wahrheit war er auf die Ruinen der biblischen Stadt Calah (Nimrud) gestoßen und stand nun in den Ruinen des Palasts des Assyrer-Königs Assurnasirpal II. (Regierungszeit 883–859 v.Chr.). Assurnasirpal hatte Nimrud etwa 880 v.Chr. bei einem Bankett mit 50 000 Gästen zur Hauptstadt seines Reiches erklärt.

ZEITLEISTE

1820 Claudius Rich erforscht die Erdhügel bei Kouyunjik in der Nähe von Mosul in der Annahme, dass dort das antike Ninive liege

1839 Austen Henry Layard und Edward Mitford treten ihre Reise durch Mesopotamien an

1840 Layard sieht zum ersten Mal die Ruinen von Nimrud

1842 Layard beginnt in Nimrud zu graben. Beim Besuch im nahen Mosul sieht er bei Paul-Émile Bottas Grabungen in Kouyunjik zu und glaubt, dass dort Ninive liege

1845–51 In Nimrud werden drei Königspaläste freigelegt

1849 Layard beordert ein Grabungsteam nach Kouyunjik; im Verlauf der nächsten beiden Jahre werden Sanheribs Palast und Assurbanipals Bibliothek freigelegt

1894 Layard stirbt in London

1988 Irakische Archäologen entdecken den „Schatz von Nimrud"; er wird im Nationalmuseum ausgestellt, geht jedoch im Golfkrieg 1990–1991 verloren und wird erst 2003 wiederentdeckt

AUSTEN HENRY LAYARD

Austen Henry Layard war in vieler Hinsicht der Inbegriff eines viktorianischen Romantikers. In Paris geboren, war er schon als Kind weit gereist, bevor er nach England zu Onkel und Tante kam. Layard wurde Rechtsanwalt, aber er war abenteuerlustig und zog einen Beamtenposten auf Ceylon (Sri Lanka) vor. Er und sein Reisegefährte Edward Mitford lehnten die übliche Schiffsreise ab. Stattdessen reisten sie im Auftrag der *Royal Geographical Society* quer durch den Nahen Osten und Persien und dokumentierten das Land. Nur Mitford sollte sein Ziel je erreichen.

Layard bei einer seiner Grabungskampagnen. Seine Arbeit und seine Veröffentlichungen weckten das Interesse der europäischen Öffentlichkeit an den biblischen Kulturen im antiken Mesopotamien.

Im Nahen Osten fand Layard das Abenteuer, das er suchte. Obwohl er in Konstantinopel (dem heutigen Istanbul) an Malaria erkrankt war, unternahm er mehrere waghalsige Reisen. Er ritt allein nach Petra, wurde von Beduinen ausgeraubt und fast umgebracht. Auf einer dieser Reisen fielen ihm die seltsamen Erdhügel gegenüber von Mosul (im heutigen Irak) auf. Damals ließ der französische Konsul Paul-Émile Botta (1802–1870) dort versuchsweise graben, und Layard kam auf die Idee, dass diese weitläufige Gegend das antike Ninive sein könnte.

Inzwischen gingen Layard die Mittel aus. Er kehrte nach Konstantinopel zurück. Dort machte er die Bekanntschaft von Sir Stratford Canning (1786–1880), dem britischen Gesandten am osmanisch-türkischen Hof. Canning war von dem jungen Mann beeindruckt und dachte, dessen Kenntnisse über die einheimischen Stämme, ihre Sprachen und die fernen Grenzgebiete von Persien könnten sich als nützlich erweisen. Layard muss Canning von den Erdhügeln in Mesopotamien berichtet haben, denn im Oktober 1842 finanzierte er Layards Reise und die erste Grabung dort. Die Arbeiten gingen schnell voran, und bald nahm die biblische Stadt Nimrud Konturen an – auch wenn Layard noch glaubte, es sei Ninive. Canning war vom Resultat begeistert und ließ die schönsten Funde an das Britische Museum in London schicken.

Mit der Finanzierung durch das Museum konnte Layard sich nun auf den Hügel Kouyunjik bei Mosul konzentrieren. Dort fand er, was er gesucht hatte: den Palast des Tyrannen Sanherib aus dem Alten Testament in der längst vergessenen Stadt Ninive.

1847 musste Layard, erschöpft und von Malaria geplagt, nach England zurück. Bei seiner Ankunft entdeckte er, dass er berühmt war. Seine Bücher über die Entdeckung von Ninive wurden die ersten archäologischen Bestseller und in nur einem Jahr dreimal neu aufgelegt. Kurz zuvor war es gelungen, die assyrische Keilschrift zu entziffern. Die über und über mit Schrift bedeckten Objekte und vielen tausend Keilschrifttafeln, die Layard entdeckt hatte, enthüllten der Öffentlichkeit eine Geschichte, auf die sie begierig gewartet hatte. Hier ging es nicht einfach um Vorgänge und Namen aus einer fernen fremden Vergangenheit, sondern um Gestalten aus dem Alten Testament, die lebendig wurden. Die Heimat der Propheten, die Paläste, in denen ihre Herrscher lebten, wurden mit einem Schlag Realität. Sie waren nicht mehr nur biblische Legenden, sondern historische Menschen und Orte. Eine Tafel erzählte eine antike Version der Sintflut. In einer Zeit, in der manche den historischen Gehalt der Bibel offen infrage zu stellen begannen, schien die Archäologie als neue Wissenschaft zu ihrer Verteidigung zu dienen.

1849 hatte sich Layard ausreichend erholt, um nach Mesopotamien zurückzukehren und die Grabungen in Ninive und Babylon fortzusetzen. Dabei stieß er auf die gewaltige Bibliothek Assurbanipals – die vielleicht älteste Bibliothek der Welt und Grundlage unseres Wissens über die assyrische Kultur. Doch nur zwei Jahre später kehrte Layard der Archäologie endgültig den Rücken, um seine Prominenz zu nutzen und in die Politik zu gehen. Layard starb 1894 an Krebs. Er hinterließ dem Land eine Gemäldesammlung. Die Schätze, die er aus Ninive mitgebracht hatte, stehen heute in den assyrischen Sälen des Britischen Museums.

Layard grub von 1845 bis 1851 weiter. Er legte die Paläste von Assurnasirpal, Salmanassar III. (König von 859 bis 824 v.Chr.) und Asarhaddon (König von 680 bis 669 v.Chr.) frei. Viele seiner größten Funde ließ er nach London bringen, wo sie heute den Kern der assyrischen Sammlung des Britischen Museums bilden, darunter auch den berühmten schwarzen Obelisken von Salmanassar III., ein zwei Meter hohes Denkmal aus dem 9. Jahrhundert v.Chr. Seine Inschrift enthält die früheste Erwähnung der Israeliten: Ihr König Jehu zahlte dem Assyrer-König Tribut. Auch die Kolossalstatuen zweier geflügelter Stiere mit Menschenköpfen, die einmal den Eingang zu Assurnasirpals Thronsaal bewachten, gelangten nach England. Aufgrund der Besonderheiten des britischen Beamtenwesens reisten sie via Bombay (heute Mumbai) nach London, wo man am Hafen spontan Vorträge über sie hielt.

Dieses Kalksteinrelief an einem Thronsockel, der im Palast von Salmanassar III. in Nimrud gefunden wurde, zeigt Salmanassars Treffen mit dem babylonischen König Mardukzakir. Salmanassar hatte Mardukzakir 851 v.Chr. bei der Unterdrückung einer Revolte unterstützt. Die beiden Könige begegneten einander mit großer Wertschätzung.

Die Suche geht weiter

Als die Grabungen voranschritten, zeichnete sich für Layard ab, dass diese Stätte, so aufregend sie war, nicht die romantische Stadt Ninive seiner Suche war. Also begann er 1849 mit Grabungen am Hügel Kouyunjik bei Mosul. Dort hatte Claudius Rich, ein in Bagdad wohnender Brite, 1820 in der Hoffnung gegraben, Ninive zu finden. Layard glaubte, dass alle Hügel dieser Gegend Teile von Ninive waren, und als er Nimrud verließ, malte er sich den Anblick aus, der sich Reisenden der Antike geboten haben musste:

> *«Der ganze Platz, so weit das Auge reichte, war wohl einmal mit den Gebäuden und Gärten der assyrischen Hauptstadt bedeckt, dieser bedeutenden Stadt, die drei Tagesreisen groß war. In einer früheren Zeit führte die ferne Pyramide den Reisenden von Weitem nach Ninive … Für mich waren die langen dunklen Hügel in der Ferne Gegenstand tiefen Interesses. Ich zügelte mein Pferd, um sie ein letztes Mal zu betrachten … und galoppierte dann Richtung Mosul.»*

Tatsächlich hat Layard die Größe der assyrischen Hauptstadt überschätzt: Nimrud und die anderen Hügel entpuppten sich später als verschiedene biblische Städte. Ohne es zu wissen, ritt er nun auf die Stadt zu, die sein eigentliches Ziel war.

Bei der Ankunft in Mosul ließ Layard seine Arbeiter unverzüglich mit den Grabungen am Kouyunjik beginnen. Nach einigen Tagen rief man ihn zur Grabungsstätte:

> *«Ich ritt sofort zu den Ruinen; und beim Betreten der Gräben sah ich, dass die Männer auf eine Mauer und die Überreste eines Eingangs gestoßen waren. Die einzige bisher freigelegte Platte war von einem Brand fast völlig zerstört. Sie stand am Rand einer tiefen Kluft, die weit in die Hügelsüdseite hineinreichte.*

Ein «Palast sondergleichen»

Am Ende der «tiefen Kluft» lag der Palast von Sanherib (König von 705 bis 681 n.Chr.): ein «Palast sondergleichen» in der Stadt, die Jonas als «jenseits von groß» beschrieben hatte. Layard stand vor den Toren von Ninive. Im Lauf der folgenden zwei Jahre legte er einen Palast mit rund 80 Räumen frei, reich verziert mit Wandreliefs aus Alabaster und geflügelten Stieren, die seine Eingänge hüteten. Hier fand er auch mehr Keilschrifttafeln –

ganze Bibliotheken, die Sanherib und Assurbanipal (König von 668 bis 627 v.Chr.) angelegt hatten. Die Keilschrift wurde gerade erst entziffert, folglich konnte Layard nur raten, was die vielen tausend Tontafeln einmal erzählen würden.

Spätere Grabungen ergaben, dass die Stadt sieben Quadratkilometer groß und von einer Mauer mit 15 Toren umgeben war. 18 Kanäle und Aquädukte führten Wasser von bis zu 40 Kilometer entfernten Bergen für ihre 100 000 Einwohner heran. Auf ihrem Höhepunkt war die Stadt doppelt so groß wie Babylon.

Auch 150 Jahre nach Layards ersten heimlichen Grabungen in Nimrud geben die biblischen Städte im Irak noch nicht alle Geheimnisse preis. Layard wurde – wie vielen seiner Zeitgenossen – kultureller Imperialismus vorgeworfen: Er habe nur nach wertvollen Trophäen für die Ausfuhr nach Europa gesucht. Layard gab das offen zu, aber er lenkte auch das Interesse der Weltöffentlichkeit auf eine Kultur, die man zuvor nur aus der Bibel gekannt hatte, und eröffnete der Archäologie neue Horizonte. Auch haben die, die ihm bei seinen Entdeckungen halfen, scheinbar gut von ihm gedacht. Am letzten Abend, bevor er den Irak für immer verließ, kam eine Abordnung seiner Arbeiter zu ihm und bat um eine Bestätigung, dass sie für ihn gearbeitet hatten. Dies, so sagten sie, würde ihnen auf der Heimreise etwas Schutz bieten. Auch:

> *« … würden sie mein Schreiben ihren Kindern zeigen und ihnen von den Tagen erzählen, die sie in Nimrud verbracht hatten.»*

Der schottische Maler James Fergusson hielt seinen Eindruck von Sanheribs prächtigem Palast in Ninive für den Titel von Layards zweitem Buch, „Auf der Suche nach Ninive" (1853), fest.

Der Schatz von Nimrud

«Wir können eine oder zwei Stunden durch diese Galerien gehen und die wunderbaren Skulpturen betrachten … Hier treffen wir auf lange Reihen von Königen, bedient von ihren Eunuchen und Priestern – dort auf Reihen geflügelter Figuren, die Tannenzapfen tragen und religiöse Symbole … Manche, die später über diese Stelle gehen, wenn wieder Gras über den Ruinen der assyrischen Paläste wächst, mögen in der Tat vermuten, ich hätte von einer Vision erzählt.»

A. H. Layard, „Ninive und seine Überreste" (1849)

Der Schatz von Nimrud (9. Jahrhundert v. Chr.), zu dem diese Goldkrone gehört, wurde 2003 unbeschädigt in einem Banktresor in Bagdad wiederentdeckt.

Die 640 Gold-, Silber- und Kristallobjekte aus dem Schatz von Nimrud gehörten einmal den Königinnen von Assyrien und wurden mit ihren sterblichen Überresten im Boden unter dem königlichen Harem beigesetzt. Nur 200 Jahre nachdem der letzte Leichnam in dem Gewölbe bestattet worden war, fiel das assyrische Reich. Seitdem hatte die Gruft mit ihren Reichtümern unter dem Sand und Staub der irakischen Wüste, in der sie erbaut worden war, in tiefem Schlaf gelegen.

Erst Layards Grabungskampagne am Tigrisufer, auf den von Menschenhand erschaffenen Erdhügeln, enthüllte im 19. Jahrhundert, dass eine von ihnen Nimrud, die Hochburg der Assyrer-Könige, war. Mithilfe von Tausenden von Schrifttafeln aus den königlichen Bibliotheken, die er in Nimrud, Ninive und Babylon freigelegt hatte, erstand das Bild von einer Gesellschaft, deren Wurzeln ins 5. Jahrhundert v. Chr. zurückreichten, von Vorreitern in der Schriftkultur, im Städtebau, in der Bewässerung und Landwirtschaft. Es zeichnete sich schon bald ab, dass dies das im Alten Testament erwähnte große Reich war, in dem der Turm zu Babel stand und das in einer Sintflut unterging. Hier waren die biblischen Bösewichte wie Sanherib, Nebukadnezar und Sargon der Große nicht länger nur Namen im Buch der Könige, sondern archäologische und historische Gestalten. Aber Layard kratzte nur an der Oberfläche des gewaltigen Palastkomplexes von Nimrud.

Eine systematische Grabung gelang erst in den 1950er-Jahren. Die Ausgrabung von Sir Max Mallowan (1904–1978), dem Ehemann von Agatha Christie, enthüllte eine Geschichte, die nicht weniger exotisch und gefahrvoll war als die, die seine Frau schrieb: die Geschichte von Assurnasirpal II, dem größten Assyrer-König, dessen Hauptstadt dies gewesen war. Agatha Christie entging nie eine Spur, ihrem Ehemann schon. Es vergingen 38 Jahre, bis dem irakischen Archäologen Muzahim Mahmud 1988 beim Gang durch die Ruinen im Harem ein ungewöhnlicher Streifen neu verlegter Fliesen auffiel. Er ließ sie entfernen und entdeckte eine Reihe unberührter Königsgräber und einen Schatz, wie man ihn seit der Entdeckung des Tutanchamun-Grabes in den 1920er-Jahren nicht gesehen hatte.

Aber im Irak Saddam Husseins (1937–2006) herrschte Unruhe. Nur zwei Jahre nach der Entdeckung lag das Land erst im Krieg mit Kuwait und dann mit einer westlichen Koalition unter der Führung der USA. Als Saddams Macht zu wanken begann und die Repression im Land verschärfte, verschwand der Schatz.

Nach dem Sturz Saddam Husseins waren die Nachrichten noch niederschmetternder als befürchtet. Das Nationalmuseum war geplündert worden. Viele seiner Schätze wurden vermisst, und man wähnte auch den Schatz von Nimrud verloren. Im Sommer 2003 wurden Ermittler, die nach vermissten irakischen Altertümern forschten, in den Tresor der Nationalbank gebeten. Wochenlang hatten Ingenieure dort Abwasser abgepumpt; nun stand die Öffnung der Tür bevor. Im Inneren lagen drei Kisten des Museums mit intakten Siegeln, so wie man sie bei Kriegsausbruch abgestellt hatte. In den Kisten lag der Schatz von Nimrud. Der Irak hatte seine Kronjuwelen wieder, und nun würden sie endlich ihre Geschichte erzählen.

«ZERSCHMETTERTE BARKEN»

Die verborgenen Städte der Maya, 1839

«Städte wie zerschmetterte Barken in einem grünen Ozean, ihre Masten fort, ihre Namen verloren, ihre Mannschaften zugrunde gegangen und niemand, um zu berichten, woher sie kamen.»

John Lloyd Stephens,
„Incidents of Travel in Central America, Chiapas and Yucatán" (1841)

Frederick Catherwood (1799–1854) lernte 1836 John Lloyd Stephens (1805–1882) in London kennen. Der Engländer Catherwood war Zeichner und Architekt, Stephens ein amerikanischer Diplomat und Schriftsteller. Sie teilten die Vorliebe für Entdeckungsreisen. Beide hatten Europa und Ägypten ausgiebig bereist und erkannt, dass man gut leben konnte, wenn man der abenteuerverliebten Öffentlichkeit von seinen Erlebnissen berichtete.

Anregung fanden die beiden Männer in den Berichten des mittelamerikanischen Armeeoffiziers Juan Galindo (1802–1839) über verlorene Städte in den Dschungeln der Neuen Welt. Seine Schriften erinnerten sie an die Gerüchte um El Dorado, die Stadt aus Gold, von der man den ersten Europäern in Südamerika erzählt hatte. Catherwood und Stephens beschlossen, der Sache nachzugehen. 1839 setzen sie den Plan in die Tat um. Stephens wurde von der Regierung der USA als Botschafter nach Mittelamerika entsandt. Er richtete eine Expedition aus, um die Halbinsel Yucatán zwischen dem Karibischen Meer und dem Golf von Mexiko zu erkunden. Er lud Catherwood ein, ihn zu begleiten. In den Wochen, in denen sie sich mit einheimischen Führern durch den Dschungel schlugen, fanden sie die bei Galindo erwähnte Maya-Stadt Copán. Nun war eine andere geheimnisumwitterte Stadt ihr Ziel: Palenque. Spät im Juni sichteten sie eine Pyramidenspitze, die aus dem Dickicht aufragte. Als sie das „Palast" genannte Bauwerk betraten, fanden sie Spuren früherer Besucher: Sie hatten ihre Namen mit Kerzenruß an die Decke geschrieben.

Die Ruinen, in denen sie ihr Lager aufschlugen, lagen in fast undurchdringlichem Regenwald. Seine von Regen getränkten Kletterpflanzen rankten sich über die Pyramiden und drangen in das Mauerwerk. Dies wirkte nicht wie ein Ort, an dem eine Kultur gedeihen konnte. Doch als sie die Pflanzendecke von Jahrhunderten fortrissen und zu zeichnen begannen, was sie sahen, wurde den beiden Entdeckern klar, dass dies wirklich eine antike Stadt war. Es war nur eine von vielen, die sie auf ihren Expeditionen in der Region entdecken würden.

Umgeben von Dschungel blicken die Ruinen der antiken Stadt Palenque über eine flache Küstenebene auf den Golf von Mexiko: links der „Tempel der Inschriften", rechts der Palast und der Turm des Observatoriums.

Die Reisen auf Yucatán erwiesen sich als strapaziös und gefährlich. Beide Männer litten in der drückenden feuchten Hitze des Dschungels unter Malariaschüben und Parasitenbefall. Als ihre Kleidung verrottete, ihr Werkzeug rostete und ihre Gesundheit sie im

Stich ließ, waren sie gezwungen, an die Küste zurückzukehren. Sie nahmen ein Schiff nach New York, und Stephens veröffentlichte sein zweibändiges Werk „Incidents of Travel in Central America, Chiapas and Yucatán" mit Catherwoods prächtigen Illustrationen. In dieser frühen Zeit der Archäologie machte sein Buch Furore. Es erzählte von einer Hochkultur in gigantischen Städten, die nun wieder in ungezähmtem Dschungel lagen. Auch wenn Stephens mutmaßte, dass die Städte aus der Zeit vor dem ersten Kontakt mit Europäern stammten – das wirkliche Alter von Städten wie Palenque zu erraten vermochte niemand. Und keiner wusste, wer ihre Erbauer waren oder was ihnen zugestoßen war.

Man ging damals davon aus, dass alle Anfänge menschlicher Zivilisation im Nahen Osten lägen. Also spann man kunstvolle Theorien, wie ein verlorener Stamm Israels oder die Ägypter den Atlantik überquert und diese Städte gegründet hätten. Catherwoods eigene Theorie blieb damals fast unbeachtet: Beim monatelangen sorgfältigen Abzeichnen der menschlichen Figuren auf den Ruinen fiel ihm auf – wie schon Galindo zuvor –, dass die Physiognomien und Bräuche ihrer Indio-Führer denen in den Steinreliefs auf Tempeln und Palästen von Palenque stark ähnelten. Dass er nur wenige Meter von den direkten Nachfahren jener Städtebauer entfernt stand, ahnte er nicht.

Der „Tempel der Inschriften"

Die Pyramiden an Orten wie Palenque gaben den Archäologen des 19. Jahrhunderts Rätsel auf. Anders als die Pyramiden der Ägypter, die als Grabmäler für die sterblichen Überreste ihrer Herrscher und deren Schätze dienten, waren die Pyramiden der Maya allem Anschein nach leer. Vielleicht waren sie nur Tempel und bargen deshalb keine Gräber und Beigaben, die verraten konnten, wer sie erbaute. Eine Pyramide in Palenque aber war anders. Catherwood und Stephens hatten den „Tempel der Inschriften" detailliert erfasst, weil sie im Altarraum drei Tafeln mit dem zweitlängsten bis dahin entdeckten Maya-Text fanden. Die Doppelreihe aus Steinzapfen in einer der Bodenplatten des Heiligtums allerdings war ihnen entgangen.

ZEITLEISTE

3. BIS 9. JAHRHUNDERT
In Mittel- und Südamerika entsteht die Hochkultur der Maya

UM 830 Die Kultur der Maya zerbricht; Städte wie Palenque, Tikal und Copán werden aufgegeben

1836 Erstes Treffen zwischen Frederick Catherwood und John Lloyd Stephens

1839 Stephens erkundet mit Catherwood die Halbinsel Yucatán. Sie entdecken die Ruinenstadt Palenque

1841 Stephens veröffentlicht „Incidents of Travel in Central America, Chiapas and Yucatán"

1949 Alberto Ruz Lhuillier besucht Palenque. Er hebt eine Bodenplatte im „Tempel der Inschriften" und findet einen mit Schutt gefüllten Gang

1952 Das Königsgrab von Pacal dem Großen (603–683) wird geöffnet

In einer Kammer 1,50 Meter unter dem Boden des „Tempels der Inschriften“ entdeckte Lhuillier den Sarkophag von Fürst Pacal dem Großen. Pacal kam im Alter von zwölf Jahren auf den Thron. Er herrschte 68 Jahre über Palenque, bevor er 683 starb.

Zerschmetterte Barken

Tatsächlich nahm sie niemand zur Kenntnis, bis der mexikanische Archäologe Alberto Ruz Lhuillier (1906–1979) die Stätte 1949 besuchte. Man wusste inzwischen wesentlich mehr über die Maya, und der präzise gefügte Steinboden mit den seltsamen Steinzapfen war ungewöhnlich. Lhuillier erriet, dass sie die Punkte markierten, an denen die Steinplatte beim Absenken gehangen hatte – und das bedeutete, dass vielleicht irgendetwas darunter war.

Er behielt recht. Unter dem Stein lag, mit Schutt gefüllt, ein Gewölbegang. Es dauerte vier Grabungsperioden, um ihn freizuräumen. 1952 erreichte sein Team den Boden. Nun versperrte ihnen eine Mauer den Weg. Daneben stand eine Steinkiste mit Tonkrügen, Schalen mit rotem Pigment, Perlschnüren, Ohrpflöcken aus Jade und einer einsamen Perle. Das Team brach die Mauer ein und machte einen grausigen Fund: In der Kammer lagen vor einem großen Steinblock die Skelette von sechs Menschenopfern.

Eine Königsgruft

Als sie den gewaltigen Dreiecksblock mühsam entfernt hatten, stießen die Ausgräber auf eine Sensation in der Maya-Archäologie: ein Königsgrab im Herzen einer Pyramide. Hinter einer Tür und am Fuß einer Treppe lag eine Kammer, vier mal zehn Meter groß und bedeckt mit Kalkspat, der sich durch den unaufhörlichen Regen hier abgelagert hatte. Lhuillier schrieb später:

> *«Dem Halbdunkel entstieg ein Bild wie aus einem Märchen, ein fantastischer, überirdischer Anblick aus einer anderen Welt. Sie erschien wie eine gewaltige magische Eishöhle; die Wände schimmerten und glitzerten wie Schneekristalle. Zierliche Girlanden aus Stalaktiten hingen wie Vorhangquasten herab, und die Stalagmiten am Boden sahen aus wie die Tropfen einer riesigen Kerze. Sie glich … einer verlassenen Kapelle. Über die Wände marschierten Stuckfiguren in Flachrelief. Dann fiel mein Blick auf den Boden. Er war nahezu gänzlich mit einer großen, unversehrten Steinplatte bedeckt.»*

Die Platte schützte einen großen, kunstvoll verzierten Sarkophag auf sechs kurzen Pfeilern. Darunter lagen Essgeschirre aus Ton und zwei lebensgroße Menschenköpfe aus Stuck. Den Sarkophagdeckel schmückte eine der bedeutendsten je in einem Maya-Bauwerk entdeckten Szenen: Sie stellt den Bestatteten dar, Fürst Pacal den Großen beim Sturz in die Unterwelt im Zentrum des Universums, umgeben von Motiven des Kosmos. Hinter ihm steht der „Weltbaum“, auf dem ein übernatürlicher Vogel sitzt und durch dessen Äste sich eine doppelköpfige Schlange windet.

Was geschah mit den Maya?

In einem Land mit 300 Zentimetern Niederschlag im Jahr und tropischem Klima war der Kampf gegen den Dschungel für die Architekten der Maya eine stete Herausforderung, die sie über 1000 Jahre lang meisterten. Damals beherbergte und ernährte ihr Reich Zehntausende Menschen. Große Pyramiden entstanden, ein Staat wurde gegründet. Dann, um 830 n. Chr. kollabierte die Kultur der Maya. In nur wenigen Jahren wurden ihre gewaltigen Städte zugewuchert und vergessen. Ihre kultivierten Bewohner scheinen einfach im Dschungel verschwunden zu sein. Was war geschehen?

Der plötzliche Zusammenbruch der Maya-Kultur ist eines der großen Rätsel der Geschichte. Nicht minder rätselhaft ist die Tatsache, dass sie überhaupt existierte. Die meisten frühen Hochkulturen entstanden an Orten mit günstigen Lebensbedingungen, also vor allem an Flussufern in warmen Ländern. Es scheint unvorstellbar, dass die Maya, nachdem sie ihre Zivilisation dem dichten Dschungel abgerungen und beeindruckende 1000 Jahre verteidigt hatten, einfach aufgaben und fortgingen. Aber genau das taten sie.

Man hat viele Ursachen erwogen. Eine neue Theorie sieht den Grund ironischerweise im Erfolg der Städte – er sei auch ihr Untergang gewesen. Viele Städte waren gigantisch: Tikal in der Hochebene von Guatemala bedeckte 62 Quadratkilometer, umfasste mehr als 3000 Gebäude und hatte weit über 45 000 Einwohner. In einer gefährlichen Dschungelregion mit dünnem, wenig fruchtbarem Boden muss der Aufwand, eine so große Population zu versorgen, gewaltig gewesen sein.

Die Maya schufen herrlich filigrane Kunstwerke, darunter Terrakotta-Figurinen von Göttern, Herrschern oder religiösen Szenen. Diese Figurine stellt eine Maya-Gottheit dar.

Als die Bevölkerung zunahm, wuchs der Druck auf die umliegenden Bauerndörfer, dem dünnen Boden mehr Ertrag abzuringen. Die Maya drängten nicht nur den Dschungel zurück, sondern auch ihre Lebensgrundlage. Um 830 n. Chr. stagnierte das rasche Städtewachstum plötzlich und forderte verheerenden Tribut. Das Ökosystem kippte, Missernten waren die Folge, das überforderte labyrinthische Bewässerungssystem brach zusammen.

Neue Dschungelflächen konnten nicht schnell genug gerodet werden, die Verwaltung war überfordert. Es kam zur Kettenreaktion: Als die Nahrungs- und Wasservorräte erschöpft waren, kam der Handel zum Erliegen. Die Regierung kollabierte. Nun gab es keinen Bedarf mehr an Astronomen und Baumeistern oder Königen. Die Außenwelt hörte nichts mehr von den Maya, Gesandte blieben ebenso aus wie die Muschelhändler, die sich bisher den Weg durchs Hochland bahnten. Fast über Nacht war die Maya-Kultur zu einer bloßen Erinnerung geworden.

Der Sarkophagdeckel war nur der Anfang. Unter ihm lag der Körper von Pacal selbst, umgeben von über 700 Schnitzereien aus einem der für die Maya wertvollsten Materialien: Jade. Er trug ein Jadediadem, einen Netzrock aus mit Golddraht verbundenen Jadestücken, Ketten, verzierte Brustplatten, Ringe, Armbänder und Ohrpflöcke.

Die Entdeckung von Pacals Leichnam warf viele Fragen auf, eines aber machte seine einzigartige Beigabensammlung klar: Catherwood hatte recht; die Leute von Palenque waren weder Ägypter noch verschollene Israeliten. Sie waren Angehörige einer indigenen Kultur, deren Nachfahren die beiden Entdecker als Träger und Führer zu der „verlorenen" Stadt geführt hatten.

WEISSES GOLD

Die Salzmänner von Hallstatt, 1846

Im Salzkammergut in den österreichischen Alpen liegt, nicht weit von Salzburg, der kleine Ort Hallstatt. Bis ins späte 19. Jahrhundert erreichte man die isolierte Gemeinde nur mit einem Boot über das kalte Wasser eines Bergsees. Das war nicht immer so. Fast 2500 Jahre zuvor war dies eines der bedeutendsten Handelszentren Europas, und im grünen Hochtal über dem Ort liegt eine Fundstätte, die Hallstatt zum Begriff der europäischen Vorgeschichte werden ließ.

Hallstatt verdankt seinen Wohlstand einem Mineral, das fast so kostbar ist wie Gold: Salz. Eine wertvolle Handelsware, eine Grundzutat beim Kochen und – als es noch keinen Kühlschrank gab – eines der wichtigsten Mittel, um Nahrung für die Wintermonate zu konservieren. Salz kann auch sehr aufwendig aus Salzseen gewonnen werden; die Berge über Hallstatt aber sind so reich an dem Mineral, dass es dort bereits seit Jahrtausenden abgebaut wird. Auch die Salzmänner im 18. Jahrhundert wussten das: Immer wieder fanden sie Werkzeuge aus Holz und Knochen, Fellkleidung und Lampen ihrer Vorgänger aus ferner Frühzeit – so, wie sie liegen geblieben und in der feuchtsalzigen Umgebung erhalten worden waren. 1734 entdeckten sie unter einem uralten Steinschlag den konservierten Leichnam eines Salzmanns der Vorzeit. Mit dem Respekt, den die Männer jenen zollen, die unter den gleichen Gefahren arbeiten, trugen sie den Körper vorsichtig bergab und setzten ihn auf dem Hallstätter Friedhof bei.

Ein grausiger Fund

Der Fund, der Hallstatt berühmt machte, lag nicht in Minen. 1846 führte der Bergwerksingenieur Johann Ramsauer (1795–1874) Arbeiter ins Hochtal, um eine Schottergrube für den Straßenbau anzulegen. Aber nach nur ein paar Minuten stießen die Männer auf etwas ganz anderes: den Schädel eines Menschen. Sie gruben in der Umgebung des Fundes weiter und fanden bald wieder seltsame Objekte: Schwerter, Dolche, ungewöhnlichen Schmuck und Tontöpfe. Es blieb kein Einzelfund. Nur wenige Meter entfernt lag ein Skelett umgeben von ähnlichen Artefakten. Ramsauer begriff, dass dies ein alter Friedhof war.

Einem weniger passionierten Ingenieur wäre all das wohl lästig geworden. Schließlich hatte er einen Auftrag, und die Gräber waren im Weg. Aber Ramsauer war fasziniert. Statt die Funde beiseiteschaufeln zu lassen, fertigte er maßstabsgerechte Zeichnungen der Gräber an und schickte sie mit den Funden an seine Vorgesetzten. Von dort aus gingen

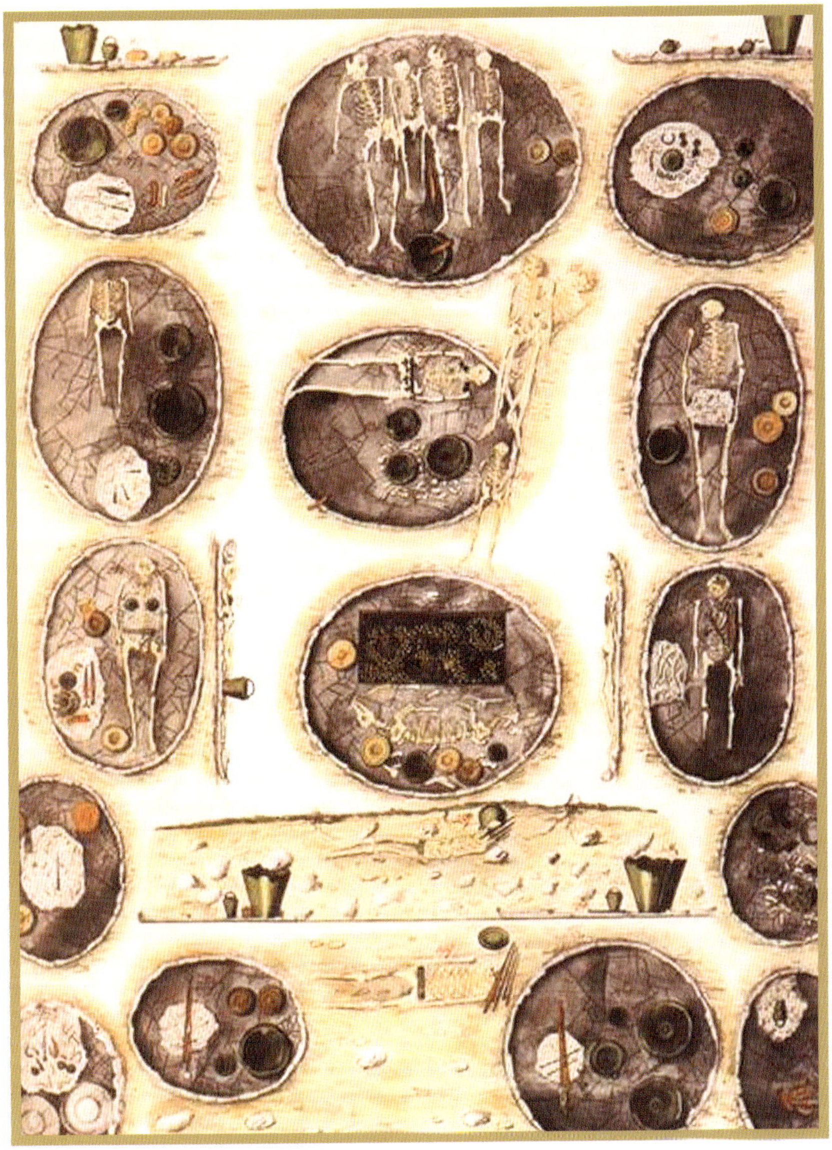

Zu Ramsauers akribischen Arbeitsmethoden bei den Ausgrabungen in Hallstatt gehörte das Anfertigen von detaillierten Aquarellen der einzelnen Gräber sowie der menschlichen Überreste und Artefakte, die sie enthielten.

sie an das Kaiserliche Münz- und Antikenkabinett in Wien, wo man den Wert der Sammlung sofort erkannte. Da sie keine römischen Artefakte enthielt, lag es nahe, dass die Objekte aus Bronze und Eisen aus vorrömischer Zeit stammten, aus der Prähistorie, die man seit Kurzem in die Perioden Stein-, Bronze- und Eisenzeit teilte. Die Frage war: Würde Hallstatt Österreich Funde liefern, die den prähistorischen Artefakten in Skandinaviens Museen ebenbürtig waren?

Ramsauer erhielt einen neuen Auftrag. Man gab ihm Fördermittel und ein paar Arbeiter, um die Grabungen im Hallstätter Hochtal fortzusetzen. Er

ZEITLEISTE

UM **800–400** V.CHR. Hallstatt ist wichtiges europäisches Handelszentrum einer hoch entwickelten Gesellschaft, die ihren Wohlstand den Salzlagerstätten verdankt

UM **400–15** V.CHR. Aufblühen der La-Tène-Kultur

1734 Salzmänner in Hallstatt finden einen durch die salzhaltige Umgebung der Salzbergwerke konservierten Leichnam; er wird im Ort beigesetzt

1846 Johann Ramsauers Arbeiter entdecken Bronze- und Eisenartefakte. Ramsauer zeichnet und dokumentiert die Funde, bevor er sie an seine Vorgesetzten schickt. Er erhält Fördermittel und den Auftrag, die Grabung fortzuführen

1857 Bei Niedrigwasser findet Hansli Kopp im Neuenburger See bei La Tène in der Schweiz elf Holzpfeiler und rund 40 Eisenschwerter

1863 Ramsauer schließt seine Grabungsarbeiten in Hallstatt ab, nachdem er mehr als 1000 Gräber freigelegt hat

1868 Ferdinand Keller veröffentlicht Kopps Funde in La Tène in seinem Werk über Schweizer Pfahlbaudörfer („Pfahlbaubericht")

1880 Nach einer Absenkung des Wasserspiegels beginnt die systematische Erforschung des Fundplatzes La Tène

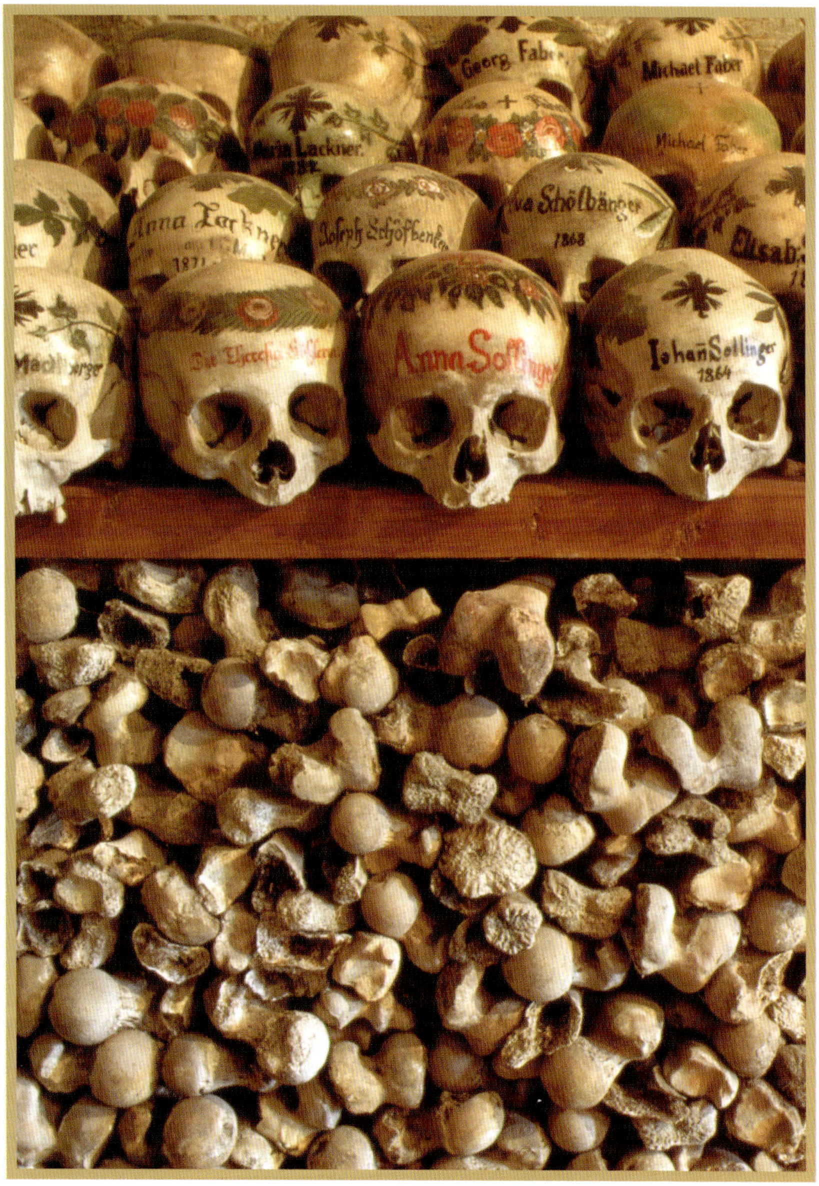

Im Beinhaus in Hallstatt, dem Karner, stapeln sich die menschlichen Überreste jüngerer Bewohner. Da Hallstatt auf einem schmalen Streifen Land zwischen Berg und See liegt, war der Platz für Gräber begrenzt. Bis 1960 wurden Gräber nach zwölf Jahren aufgelassen und die Knochen in den Karner überführt. Auf die Schädel schrieb man die Namen der Toten.

konnte nicht ahnen, dass er in den nächsten fast 20 Jahren über 1000 Gräber von Erd- oder Feuerbestattungen freilegen würde.

Eine von Ramsauers großen Leistungen lag – zum Vorteil für die Archäologen – in seiner Sorgfalt: Er grub jedes Grab einzeln und mit derselben Geduld aus wie das allererste. Er vermaß und zeichnete jeden einzelnen Fund und fertigte – lange vor der Erfindung der Farbfotografie – Aquarelle der Assemblagen im Grab an, bevor der Inhalt gehoben wurde. Er lieferte damit das vielleicht beste Beispiel für Feldarchäologie im 19. Jahrhundert.

Eisenzeit-Fundstätte

Bis heute hat man in Hallstatt über 2500 Gräber entdeckt. Sie dokumentieren den Übergang von der Bronzezeit zur ersten Hälfte der Eisenzeit. Bandbreite und Anzahl der Funde sind so groß, dass Hallstatt heute als Referenz zur relativen Datierung anderer Funde der frühen Eisenzeit herangezogen wird, die man heute auch oft Hallstattzeit nennt. Ramsauers akribische Arbeit an den kunstvollen Bestattungen der Hallstätter Salzmänner enthüllten über 400 Jahre Geschichte. Das Volk, das in der Bronze- und Eisenzeit in den Salzminen arbeitete, brachte es durch den europaweiten Handel mit Salz und eingelegtem Fleisch zu Wohlstand und leistete sich den modischsten Schmuck und die neuesten Waffen. Diese stellte es im Leben zweifellos ebenso zur Schau wie nach dem Tode in den Gräbern.

Die erstaunliche Sammlung von Schwertern, Fibeln, Kesseln, Bronzereifen für Hals und Arme, Ohrschmuck und Messern lieferte Archäologen die Grundlage für eine typologische Datierungsmethode für die Spätbronzezeit und die erste Hälfte der Eisenzeit, die auf dem historischen Stilwandel und der Weiterentwicklung der Funde basiert. So datieren sie andere Stätten mit spärlicheren, aber ähnlichen Funden relativ zu den Hallstatt-Funden. Sie sind die tragende Säule für unser Wissen über eine wichtige Periode der europäischen Vorgeschichte. Den Bräuchen einer Salzmänner-Gemeinde in den österreichischen Alpen verdanken wir einen Großteil unserer Erkenntnisse über 400 Jahre eines Zeitalters ohne schriftliche Überlieferung.

Die La-Tène-Kultur

Die andere bedeutende, begriffsbildende Fundstätte der europäischen Eisenzeit wurde in La Tène am Nordostufer des Neuenburger Sees in der Schweiz entdeckt. Eine lange Dürre ließ 1857 den Wasserspiegel des Sees um zwei Meter fallen. Es war eine günstige Gelegenheit für Hansli Kopp, der im Auftrag eines Schweizer Obersten Antiken aufspüren sollte, die sonst unzugängliche Uferzone abzusuchen. Am Nordufer des Sees nahe der Mündung der Ziehl wurde er im flachen Wasser fündig: Er stieß auf Holzpfeiler und in ihrer Umgebung auf fast 40 Eisenschwerter.

Elf Jahre später publizierte der Schweizer Archäologe Ferdinand Keller (1800–1881) Kopps Funde und schrieb, diese Holzpfähle seien Teile antiker Pfahlbauten im See. Kurz darauf nahm man die systematische Erforschung auf. 1880, nach der gezielten Absenkung des Wasserspiegels, trocknete die Fundstätte und wurde gründlich untersucht. Dabei fand man die Überreste zweier ursprünglich über 100 Meter langer Brücken an der alten Uferlinie und die Überreste von fünf Häusern. Neben diesen Funden aus Holz entdeckte man zahlreiche Metallobjekte. Bis heute hat man mehr als 2500 Funde ausgegraben, darunter über 100 offenkundig unbenutzte Schwerter, Lanzen, Schilde, Broschen und Teile von Streitwagen.

Welchem Zweck die Stätte genau diente, bleibt Spekulation. Die Tatsache, dass viele der gefundenen Objekte unbenutzt waren, legt nahe, dass es sich um eine Ritualstätte handelte, an der wertvolle Opfergaben im See versenkt wurden. Auch wenn der Grund für ihre Versenkung unklar ist, alle Artefakte datieren aus einer Zeit nach der Hallstattkultur und schließen die Lücke in der Geschichte der europäischen Eisenzeit von etwa 400 v. Chr. – dem Ende der Hallstattzeit – bis zur Eroberung des heutigen Schweizer Gebietes durch die Römer im Jahr 15 v. Chr. Aufgrund der Zahl und Vielfalt der Funde in La Tène bezeichnet sein Name heute eine Periode der Späteisenzeit – die La-Tène-Kultur. Stilistische Gemeinsamkeiten mit Funden von teilweise so weit entfernten Fundplätzen wie Großbritannien und Spanien halfen, diese relativ zu datieren und einzuordnen.

Dieses Eisenschwert mit Bronzeheft wurde in La Tène entdeckt und etwa auf das Jahr 260 v. Chr. datiert, die jüngere europäische Eisenzeit.

AUF STRABOS SPUREN

Auf der Suche nach dem Serapeum, 1850

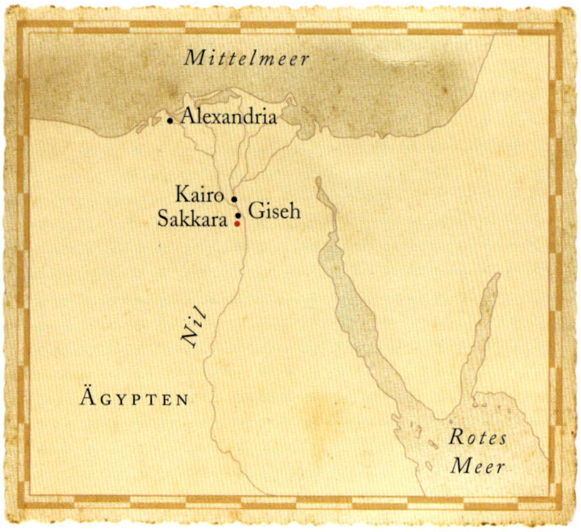

Das Ägypten, das Auguste Mariette (1821–1881) zum ersten Mal 1850 sah, kann man sich heute kaum noch vorstellen. In 2000 Jahren hatte die Wüste die vernachlässigten Bauwerke der Antike unter sich begraben. Abgesehen von den Pyramiden ragten nur wenige Überreste aus pharaonischer Zeit aus dem Sand. Den frühen Archäologen, die hierher kamen, ging es weniger darum, Tempel und Städte in mühseliger Arbeit freizulegen, als Schätze zu finden. Sie wühlten im Sand nach Juwelen und Statuen, die auf den florierenden Antiquitätenmärkten gute Preise erzielen würden. Das antike Ägypten wurde geplündert, als warteten seine Reichtümer nur darauf, ausgeschaufelt und ins Ausland verkauft zu werden.

Aber der junge französische Archäologe, der 1850 nach Ägypten kam und sich äußerlich kaum von diesen kolonialistischen Plünderern unterschied, sah etwas anderes, wenn er die antiken Stätten vermaß. Verwandt mit einem Freund von Jean-François Champollion (1790–1832), der die ägyptischen Hieroglyphen der Antike entschlüsselt und den Rosetta-Stein übersetzt hatte (siehe Seite 44 ff.), sah Mariette in den Ruinen 5000 Jahre der Geschichte eines Landes, die darauf wartete, erzählt zu werden. Blieb nur die Frage, die sich in jedem Wüstenland stellt: Wo fängt man zu graben an?

Zum Glück war Mariette nicht nur gewappnet, was Schaufeln, Körbe und Arbeiter betraf. Er kannte auch den 1800 Jahre alten Text, der ihn im Herbst 1850 in die Nekropole Sakkara nahe der antiken Hauptstadt Memphis führte. Zwei Jahrtausende zuvor hatte dort ein anderer gestanden, nämlich der griechische Schriftsteller Strabo (um 64 v.Chr. – 23 n.Chr.), und ähnlich geklagt:

«Man findet einen Tempel des Serapis an einem so sandigen Ort, dass der Wind die Sanddünen aufhäuft, unter denen wir Sphinxe sahen, teils halb begraben, teils bis zum Kopf im Sand, die ahnen lassen, dass der Weg zu diesem Tempel nicht gefahrlos wäre, würde man von einem plötzlichen Sturm überrascht.»

STRABO, „Geografie", BUCH XVII, 1

Sphinxe waren es, die auch Mariette seit seiner Ankunft ins Auge fielen:

«In Alexandria fielen mir mehrere Sphinxe im Garten von Monsieur Zizinia auf. Bald darauf sah ich mehrere derselben in Kairo, im Garten von Clot-Bey. Auch Monsieur Fernandez hatte eine Anzahl solcher Sphinxe in Giseh. Offenkundig plünderte man irgendwo eine Allee von Sphinxen.»

AUGUSTE MARIETTE, „Das Serapeum von Memphis" (1856)

Die verlorene Allee der Sphinxe

Auf der Suche nach der sich rasch auflösenden Allee erinnerte sich Mariette an die Worte des Reisenden Strabo. Er hatte eine halb verwehte Allee von Sphinxen gefunden; aber die Stätte, die er besucht hatte, war weder ganz der Wüste zum Opfer gefallen, noch hatte man vergessen, was am Ende der Allee gelegen hatte – eines der wichtigsten Heiligtümer des alten Ägypten. Es war ein Tempel mit Grabanlage von verschwenderischer Pracht, den die Ägypter zutiefst verehrten und der keinem Pharao, sondern einem Tier geweiht war: dem Apis-Stier, einem Gott auf Erden. Das Bauwerk lag, so Strabo, in Sakkara, der Nekropole von Memphis.

Die Stufenpyramide beherrscht die Nekropole. Mit dem Bau dieser ersten Pyramide in Sakkara wurde 2630 v.Chr. begonnen. Sie beherbergt das Grab von König Djoser, der in der 3. Dynastie über Ägypten herrschte. Das Serapeum liegt im Nordwesten der Pyramide.

ZEITLEISTE

1. JAHRHUNDERT N.CHR. Der griechische Reisende und Schriftsteller Strabo besucht Sakkara und beschreibt den Serapistempel

1850 Auf einer Ägyptenreise als Aufkäufer von Manuskripten stößt Auguste Mariette auf einen Sphinx an seinem Originalstandort. Dieser verrät die Lage der bei Strabo beschriebenen Allee der Sphinxen; Ausgrabungen fördern weitere Schätze zutage; und die Suche nach dem Serapeum beginnt

1851 Die Katakomben der Nekropole des Apis-Stiers werden entdeckt

1858 Mariette tritt als Direktor der Altertümerbehörde in den Dienst des Khediven und übersiedelt mit seiner Familie nach Ägypten

1869 In Theben entdecken Mariettes Arbeiter das Grab der Königin Ahhotep. Als der Sarkophag von einem Provinzgouverneur geraubt wird, entert Mariette dessen Boot und holt den Schatz zurück. Auf Bitten des Khediven schreibt Mariette eine Opernhandlung; sie dient Verdi später als Grundlage für „Aida“ (Uraufführung 1871)

1881 Mariette stirbt und wird in einem Sarkophag beigesetzt

Mariette stieß auf einen Sphinx, der mit denen identisch war, die er bereits gesehen hatte, aber mit einem wesentlichen Unterschied: Er stand an seinem angestammten Platz. Die gesuchte geplünderte Allee lag vor ihm. Aber konnte dies Strabos von Sand verwehte Prozessionsstraße sein? Und wenn sie es war, lag dann am Ende der Allee das Grabmal des Apis-Stiers? Aufgeregt schrieb Mariette:

> *«Schien es nicht, als hätte Strabo dies geschrieben ... um uns zu helfen, den berühmten, dem Serapis geweihten Tempel nach über 18 Jahrhunderten zu finden? Ein Zweifel war unmöglich. Dieser vergrabene Sphinx, der Gefährte der 15 anderen, die ich in Alexandria und Kairo gesehen hatte, bildete mit ihnen ... einen Teil der Prachtstraße, die zum Serapeum von Memphis führte ...»*

Mariette stand am Wendepunkt: Fort waren alle Gedanken an seinen Auftrag und an die Karriere im Louvre in Paris. An deren Stelle trat eine neue Idee: Er wollte sich der Enthüllung von Ägyptens Vergangenheit widmen – einer Vergangenheit, die unter seinen Füßen vergraben lag:

> *«... Zweifellos waren viele wertvolle Fragmente, viele Statuen, viele unbekannte Texte unter dem Sand verborgen, auf dem ich stand ..., und so geschah es, dass am 1. November 1850, während einem der schönsten Sonnenaufgänge, die ich je in Ägypten gesehen hatte, eine Gruppe von 30 Arbeitern ... im Begriff war, die Umstände meines Aufenthalts in Ägypten in völligen Aufruhr zu versetzen.»*

Heimliche Untersuchungen

Mariette musste vorsichtig sein. Sein offizieller Auftrag bestand darin, koptische Manuskripte aufzukaufen. Er würde seine Auftraggeber in Paris verstimmen, wenn er ihre Mittel zweckentfremdete; und Provinzgouverneure sowie gewalttätige Sammler würden wenig begeistert sein, wenn er sich in ihre Geschäfte drängte.

> *«Ungeachtet aller Risiken, ohne ein Wort und fast verstohlen, versammelte ich ein paar Arbeiter, und die Ausgrabung begann. Die ersten Versuche waren sehr mühsam, aber schon bald wurden Löwen, Pfauen und die griechische Statue ... zusammen mit Monumentaltafeln oder Stelen vom Tempel von Nektanebo aus dem Sand gezogen, und ich konnte der französischen Regierung meinen Erfolg melden und sie zugleich informieren, dass die mir für den Aufkauf von Manuskripten zur Verfügung gestellten Mittel erschöpft seien und eine weitere Förderung unerlässlich wäre. So begann die Entdeckung des Serapeums.»*

Als er mit der Ausgrabung fortfuhr, entdeckte Mariette, dass eine Reihe von über hundert Sphinxen in eine sandgefüllte Einfriedung führte. Dort fand er eine der erlesensten erhaltenen ägyptischen Skulpturen: den hockenden Schreiber. Die Statue musste einmal in dem Tempel gestanden haben, der inzwischen, wie Mariette es beschrieb, *«... nichts als eine weite Ebene aus Sand war, vermischt mit Steinbrocken, die in unbeschreiblichem Durcheinander verstreut lagen»*.

Der Apis-Stier

Apis, der Stiergott der Stadt Memphis, wurde von einem lebendigen Stier verkörpert. Man hielt diese irdische Manifestation des Gottes Ptah, den man zutiefst verehrte, in einem eigenen Tempel. Schon die ersten Königsdynastien hatten 2000 Jahre zuvor in Apis ein mächtiges Symbol gesehen. Ursprünglich repräsentierte er die Macht und den Willen des Pharaos selbst; später galt er als Verkörperung des Gottes Ptah, dessen Kult in Memphis sein Zentrum hatte.

Im späten Reich (um 712–332 v. Chr.) jedoch war das Tier zur Verkörperung von Osiris, dem Herrn der Toten, geworden, der meist in menschlicher Gestalt – in Begräbnisbänder gewickelt und mumifiziert – dargestellt wurde. Plutarch (46–127 n. Chr.) schrieb, der Stier repräsentiere den lebendigen Aspekt des Totengottes oder:

«… das schöne Abbild der Seele von Osiris.»
PLUTARCH, „Moralia, Isis und Osiris“, KAPITEL 20

Die Ägypter begegneten diesem Wesen mit mehr Ehrerbietung, als man sie den heiligen Kühen in Indien zeigt, die ungehindert durch die Straßen ziehen. Starb ein Apis-Stier, trauerte und fastete das ganze Land 70 Tage lang. In dieser Zeit wurde der Leichnam des riesigen Tieres einbalsamiert und für das prächtige Begräbnis vorbereitet. Der Körper wurde über die von Sphinxen gesäumte Prozessionsstraße von Memphis zur großen Grabanlage nach Sakkara getragen, wo einige der frühesten Pharaonen lagen. Die Reihe der Sphinxe geleitete die Trauernden zu einem Tempel und der Katakombe, wo man den Apis-Stier zur letzten Ruhe bettete. Nach dem 3. Jahrhundert v. Chr. wurde Serapis zentrale Gottheit des Tempels, und der erhielt den Namen Serapeum.

Die Verehrung von Tieren reicht in Ägypten in das 4. Jahrtausend vor Chr. zurück. Zu den bedeutendsten Kultgottheiten zählten der Apis-Stier, eine Verkörperung des Gottes Ptah, und der Buchis-Stier, die Verkörperung des Kriegsgottes Montu.

Nach der aufwendigen, fast einem Pharao würdigen Bestattung zogen die Priester aus, um im Niltal einen neuen Apis-Stier zu suchen. Sie forschten nach einem Stierkalb, das unter bestimmten Vorzeichen geboren wurde. Der griechische Geschichtsschreiber Herodot (um 484–425 v. Chr.) schreibt, die Priester suchten nach:

«… dem Kalb einer Kuh, die danach nie wieder kalben kann. Dem ägyptischen Glauben nach wird die Kuh von einem himmlischen Blitz getroffen und empfängt so den Apis.»

HERODOT „Historien“, BUCH II (THALEIA), KAPITEL 27

In der Praxis war das gesuchte Tier ein schwarzes Kalb mit einer weißen rautenförmigen Blesse und einem Adler auf dem Rücken, einem skarabäusförmigen Zeichen unter der Zunge und einem Schwanz, der doppelt so viele Haare hatte wie üblich. War ein solches Tier gefunden, brach im ganzen Land Jubel aus, denn es hieß, der lebende Gott sei zurückgekehrt. Die Mutter des Kalbs wurde als die „Isiskuh“ verehrt, während man ihr Kalb in einer goldenen Hütte auf einer eigenen Barke nilabwärts nach Memphis in sein fürstliches Leben entführte.

Der Stier wurde nun bei den jährlichen siebentägigen Apis-Feierlichkeiten von den Priestern durch die anbetende Menge geführt. Es hieß, dass ein Kind, das seinen Atem roch, die Gabe der Weissagung erhielt, denn der Stier selbst war ein Orakel. Wer ein solches Glückskind nicht kannte, konnte den Stier selbst befragen, indem er ihm Futter anbot. Nahm der Stier das Futter, sah die Zukunft gut aus, lehnte er es ab, war das ein ungünstiges Omen.

Auguste Mariette

Auguste Mariette wird oft als Begründer der modernen Ägyptologie betrachtet, obwohl spätere Generationen seine Grabungsmethoden – zu denen auch der Einsatz von Sprengstoff gehörte – scharf kritisierten. Beurteilt man Mariette nach den Maßstäben seiner Zeit, war er der Vorkämpfer der neuen Disziplin.

Mariette war als kleiner Beamter des Louvre-Museums in Paris 1850 nach Ägypten gekommen, um Manuskripte für die französische Staatssammlung aufzukaufen. Mitte des 19. Jahrhunderts hatte eine wahre Sammelwut von den Staatsmuseen Besitz ergriffen. Agenten im Nahen Osten rissen alte Bücher, Artefakte, Kunst und sogar ganze Gebäude an sich, um sie in Europas Hauptstädte zu schicken.

Im Zentrum dieses Handels stand Ägypten. Die Bilder der Zeichner, die mit Napoleons Besatzungsarmee nach Ägypten kamen, beflügelten die europäische Fantasie. Seit Jean-François Champollion die Hieroglyphen entziffert hatte (siehe Seite 47), entdeckte man die Geschichte des alten biblischen Landes neu, und europäische Aufkäufer durchkämmten es auf der Jagd nach Antiken für wohlhabende Kunden.

Obwohl viele von ihnen für sich in Anspruch nahmen, Archäologen und Historiker zu sein, war das kaum mehr als eine Tarnung beim Plündern – eine Praxis, die Mariette entsetzte. Selbst seine Auftraggeber in Frankreich stimmten, ermutigt von Mariettes Erfolg, nur zu, seine Grabungstätigkeit zu finanzieren, wenn er seine schönsten Funde an den Louvre schickte. Auch wenn Mariette nun dank dieser Mittel freie Hand hatte – bei dem Gedanken, Ägyptens Schätze freizulegen, nur um sie ins Ausland zu verschiffen, war ihm unbehaglich. Als ihm der Khedive von Ägypten, Ismail Pascha (1830–1895), die Stellung als Direktor der Altertümerbehörde anbot, griff er zu. Er verließ den Louvre und brachte seine Familie nach Ägypten, um sich dort niederzulassen.

Zwar fand Mariette die Tätigkeit für den Khediven angenehmer als die für seine Landsleute, die Haltung seiner ägyptischen Herren aber unterschied sich nicht von deren. Die Provinzgouverneure und der Khedive sahen in der Archäologie kaum anderes als eine Möglichkeit, sich persönlich oder politisch zu bereichern. Ein Beispiel dafür war das Schicksal des sagenhaften Schatzes der Königin Ahhotep (um 1560–1530 v. Chr.), den Mariettes Grabungsteam bei Theben fand. Als man den vergoldeten Sarkophag der Königin entdeckte, stahl ihn der Mudir von Keneh, und ließ ihn in seinen Harem bringen – einen Ort, der sich Mariettes Zugriff entzog. Als der Mudir die Juwelen im Sarkophag entdeckte, sah er eine günstige Gelegenheit: Er nahm den Schmuck und bestieg ein Segelboot, um ihn dem Khediven persönlich als Geschenk zu überreichen. Aber Mariette war entschlossen, ihn nicht davonkommen zu lassen, und setzte ihm im eigenen Dampfschiff nach. Mariette holte den Mudir ein, enterte das Boot und brachte den Schatz wieder an sich.

Dies war ein typisches Beispiel für Wildwestgebaren im Ägypten der Zeit, aber der Schatz der Königin Ahhotep sollte doch noch einen höheren Zweck erfüllen. Mariette legte den Schmuck dem Khediven selbst vor. Er erzählte ihm vom Raub, der Verfolgungsjagd und der heldenhaften Sicherstellung des Schatzes. Amüsiert von der Geschichte und beeindruckt von der Beharrlichkeit des Altertümerdirektors, nahm der Khedive einige der schönsten Stücke für sich und ordnete an, den Rest in einem eigens zu errichtenden Museum auszustellen. So entstand das erste zweckorientierte Museum in Ägypten – ein erster Versuch, die Flut von Antiken, die das Land verließen, aufzuhalten. Sein erster Kurator war Auguste Mariette. Von nun an durfte nur noch Mariette in Ägypten graben, damit – zumindest fürs Erste – keine ägyptischen Schätze das Land mehr verlassen würden.

Mariette widmete den Rest seines Lebens seiner Wahlheimat. Er erforschte die Pyramidenfelder von Sakkara und Meidum, trug den Sand der Jahrhunderte über den Tempeln von Edfu und Dendara ab und grub von Tanis im Nildelta bis nach Gebel Barkal im Sudan. In seiner freien Zeit schrieb er außerdem auf Wunsch des Khediven eine Opernhandlung mit Schauplatz im alten Ägypten. Giuseppe Verdi (1813–1901) verarbeitete seinen Entwurf in „Aida“. Mariette überwachte die Arbeiten am Bühnenbild und den Kostümen für die Uraufführung.

Mariette starb 1881 im Alter von 59 Jahren. Beigesetzt wurde er wie ein Sohn des alten Ägyptens – in einem Sarkophag.

Die Nekropole der heiligen Stiere

Ein Jahr seit Beginn der Grabung hatte ein Bereich des Hofes seine Geheimnisse noch nicht preisgegeben. Unter großem öffentlichem Aufsehen setzte Mariette am 12. November 1851 Sprengstoff ein, um Steinschlag zu entfernen. Es kamen scheinbar endlose in den Fels unter den ältesten Pyramiden Ägyptens getriebene Tunnel zum Vorschein: die letzte Ruhestätte der heiligen Apis-Stiere – und die wohl seltsamste Nekropole der Erde.

Jeder Stier war in einem riesigen, 60 bis 80 Tonnen schweren Sarkophag aus massivem Granit bestattet worden. Alle 24 Sarkophage des ersten Korridors hatte man vor langer Zeit geöffnet und ihres Inhalts beraubt. Erkundungen ergaben eine Reihe von unangetasteten Gewölben, von denen jedes älter war als das vorangegangene. Sie führten zu zwei gigantischen goldbedeckten Särgen mit den Überresten zweier Stiere aus der Regierungszeit von Ramses II. (König von 1279 bis 1213 v.Chr.). Neben ihnen lagen 350 kleine, „Uschebti“ genannte Figurinen und vier Kanopen mit menschenkopfförmigen Deckeln, in denen sich die einbalsamierten Eingeweide der Tiere befanden. Mariette begegnete hier einem antiken Gott – es war die Geburtsstunde der modernen Ägyptologie.

Den Plünderern im Serapeum zum Trotz fand Mariette diesen Sarkophag unangetastet vor und sogar die Fingerabdrücke und Fußspuren derer, die den Sarg zuletzt berührt hatten. Er enthielt die Überreste eines Apis-Stiers.

STEINE UNTER DEM SAND

Das jungsteinzeitliche Dorf Skara Brae, 1850

Die Orkney-Inseln vor der schottischen Nordostküste haben stets schwer unter Winterstürmen zu leiden, aber im Winter 1850 wurde die Westküste der Inseln von einem außergewöhnlich zerstörerischen Sturm heimgesucht. Er riss die Grasnarbe von den Sanddünen in der Bay o'Skaill in der Gemeinde Sandwick. Am nächsten Tag hatte sich die Landschaft verändert, und Spuren der Vergangenheit waren ans Licht gekommen.

Der Sturm hatte eine Reihe von Steinkreisen freigelegt. Der Gutsherr William Watt, der siebte Laird von Breckness, fand sie so faszinierend, dass er den Sand, der sie noch umgab, entfernen ließ. Über die nächsten 18 Jahre entdeckte er nicht nur weitere Steinkreise, sondern auch vier frühzeitliche Häuser mit Keramiken, Knochen- und Steinwerkzeug, die er seinen Gästen in Skaill House eifrig präsentierte. Was die Häuser einzigartig machte, war, dass sie, abgesehen vom fehlenden Dach, völlig intakt schienen: von den Steinböden, der Möblierung aus Stein bis hin zu kleinen Alltagsobjekten, die herumlagen, als wären die Bewohner nur kurz ausgegangen.

Die Frage, die William Watt nicht beantworten konnte, war, wann die Häuser aufgegeben wurden. Der große Durchbruch der Archäologie des 19. Jahrhunderts war die Etablierung des „Dreiperiodensystems“, das prähistorische Artefakte in drei Gruppen ordnete und sie einem von drei Zeitaltern zuwies: Stein-, Bronze- oder Eisenzeit. Diese Klassifizierung ermöglichte es, die Masse der bisher schlicht „vorrömisch“ genannten Funde zu ordnen. Aber die spektakulären Funde in Ägypten und Mesopotamien hatten zu der Vorstellung geführt, dass dort der Ursprung aller Zivilisation läge und diese sich von dort über die Welt verteilt habe. Deshalb ging man davon aus, dass komplexere Gebäude in entfernten Gegenden wie den Orkneys aus späterer Zeit stammen mussten als die im Nahen Osten.

Entsprechend folgerten die gebildeten Besucher, die Watts Sammlung besichtigten – dem offensichtlichen Mangel an Metall in den Funden zum Trotz – allein aus der komplexen Bauweise der Häuser, dass die Stätte aus der Eisenzeit stamme. Andere hielten sie für „piktische Häuser“ aus dem 1. Jahrtausend n. Chr. So blieb das Dorf, das man Skara Brae (wohl eine Verballhornung des gälischen „Hügel des Kormorans“) nannte, ein Geheimnis. Erst ein weiterer großer Sturm sollte das Interesse an Skara Brae endgültig entfachen.

Fast ein Dreivierteljahrhundert nach der Entdeckung von Skara Brae wütete 1924 wieder ein schwerer Sturm in der Bay o'Skaill. Auch er trug Gras und Sand fort, bedrohte erstmals die bereits freigelegten Häuser und brachte neue Bauten zum Vorschein. Es war an der Zeit, die Fundstätte systematisch zu erforschen. Diesen Auftrag erhielt Vere Gordon Childe (1892–1957).

Das jungsteinzeitliche Dorf an der Südküste der Bay o'Skaill in Sandwick, das wir heute Skara Brae nennen, entstand um 3100 v. Chr. Als ein Sturm 1850 die Stätte freilegte, sah man zunächst nur vier Steinkreise.

Das Pompeji des Nordens

Childe war ein australischer Archäologe, der sich als Theoretiker einen Namen gemacht hatte. In seinem 1925 veröffentlichten Buch über die „Morgendämmerung" der europäischen Kultur, „The Dawn of European Civilization", stellte er einen Bezug her zwischen der Verbreitung der indoeuropäischen Sprachen und der geographischen Ausbreitung von Kulturen. Dieses Werk machte ihn zum führenden Kopf der Diffusionistenbewegung, die sich bemühte, menschliche Kulturen in allen Teilen der Welt auf ihren Ursprung in Schlüsselzentren zurückzuführen. 1928, nach seiner Ernennung zum ersten Abercromby

Professor für prähistorische Archäologie an der Universität von Edinburgh, lud man Childe ein, sich der Praxis zuzuwenden und als Grabungsleiter nach Skara Brae zu gehen. Was er und seine Nachfolger dort entdeckten – ein erhaltenes Steinzeitdorf –, nennt man heute das „Pompeji des Nordens".

Die Siedlung Skara Brae besteht aus sieben fast identischen Steinhäusern. Man errichtete sie innerhalb von Abfallbergen, die das Mauerwerk vor der bitteren Kälte im Winter auf Orkney isolieren sollten, und verband sie untereinander durch überdachte Gänge. Der gute Erhaltungszustand ist dieser Bauweise geschuldet; fast alles im Dorf wurde aus Stein gebaut – ein naheliegendes Material auf einer Insel, auf der es weder Wälder noch viel Treibholz gibt. Aber dies waren keine „Höhlen von Menschenhand", keine primitiven Behausungen von Bauern, die auf trostlosem Land ein karges Dasein fristeten. Es waren behagliche Heime mit Annehmlichkeiten, die wir heute als modern empfinden.

Ein komfortables Leben

Man betrat die Häuser durch einen der dunklen, gedeckten Gänge, die leicht gewunden waren, um die Eingänge vor dem schneidenden Wind zu schützen. Am Ende jedes Ganges lagen eine verschließbare Tür und dahinter ein Raum mit hohen Steinmauern und vermutlich strohgedecktem Dach. Für Licht im Dunkel sorgte eine zentrale, mit Tang und Knochen befeuerte Herdstelle. Die Nahrungsversorgung auf Orkney war in der Steinzeit, als die Durchschnittstemperatur ein bis zwei Grad höher lag als heute, ausgezeichnet und nach heutigem Empfinden fast luxuriös. Die ersten Bauern, die nach Orkney kamen, brachten Wild, Rinder und Schafe mit, die reichlich Fleisch lieferten. Auch das nahe Meer sorgte für Vielfalt in den Küchen: von den Seevogeleiern über Hummer, Wale, Delfine bis hin zu großen Fischen. Man fand die Überreste eines 34 Kilo schweren Kabeljaus; das entspricht in etwa dem heutigen Rekord im Angeln.

Gegenüber der Tür stand in den meisten Häusern ein „Steinschrank" – eine Reihe von Regalen und Schrankfächern, in denen, dem Standort nach zu urteilen, der wichtigste Besitz der Familie aufbewahrt wurde. Nichts verrät, worin dieser Besitz bestanden haben könnte, aber man vermutet, es waren Gegenstände im Zusammenhang mit Nahrung oder religiösen Ritualen. Childes Ausgrabungen förderten seltsam behauene Steine ans Licht, die wohl religiöse Bedeutung hatten, aber die auch Spielsteine eines antiken Wurf- und Fangspiels gewesen sein könnten, mit dem man sich lange Winterabende verkürzte. Andere mit Spiralen verzierte Steine könnten das Werk der Schamanen des Dorfes gewesen sein. Das Entschlüsseln solcher lange vor der Erfindung der Schrift entstandener Muster ist heute allerdings schwierig.

Auf den Böden lag eine Gruppe von Steinen; es waren Reibemühlen zum Mahlen von Getreide zum Backen von ungesäuertem Brot (damals wurde

ZEITLEISTE

1813 Lauritz Vedel Simonsen stellt seine Theorie vor, dass die Menschen der Vorzeit erste Werkzeuge aus Stein und Holz entwickelten und später solche aus Bronze und Eisen

1816 Christian Thomsen gliedert die prähistorische Sammlung des dänischen Nationalmuseums in drei separate Säle, die er Stein-, Bronze- und Eisenzeit nennt. Bald greifen Museen in ganz Europa sein System auf; das „Dreiperiodensystem" zur Datierung prähistorischer Funde setzt sich durch

1850 Stürme auf den Orkney-Inseln legen in der Bay o'Skaill Steinkreise frei

1850–68 Der Laird von Breckness gräbt vier vorzeitliche Gebäude mit Artefakten aus Keramik, Bein und Stein aus

1924 Ein Sturm enthüllt weitere Häuser in Skara Brae

1925 Vere Gordon Childe stellt in „The Dawn of European Civilization" seine Theorie vor, dass die europäischen Kulturen von den Zivilisationen im Nahen Osten abstammen und sich von dort ausbreiteten

1927 Childe wird erster Abercromby Professor für prähistorische Archäologie an der Universität von Edinburgh

1928 Childe leitet aus der zivilisierten Lebensweise des Volkes von Skara Brae eine späte Entstehungszeit des Dorfes ab

1950ER-JAHRE Mit der C-14-Methode datierte Proben zeigen, dass das Dorf lange vor den Mittelmeerkulturen um 3100 v. Chr. entstand

Ausgrabungen ergaben, dass die Grundrisse der Häuser alle einem Muster folgen: ein großer rechteckiger Raum mit zentraler Feuerstelle, je ein Bett zu beiden Seiten und ein Schrank gegenüber der Tür.

Das Dreiperiodensystem

Die Gliederung der Vorgeschichte in drei Zeitalter – Stein-, Bronze- und Eisenzeit – war ein Meilenstein in der frühen Entwicklung der Archäologie. Vor ihrer Einführung im 19. Jahrhundert hatten Kuratoren von Artefakten aus Zeiten ohne schriftliche Überlieferungen keine Kriterien, um ihre Sammlungen zu strukturieren. Der erste Vorschlag, Objekte nach dem Material zu datieren, aus dem sie bestehen, stammt von dem dänischen Historiker Lauritz Vedel Simonsen (1780–1858), der 1813 vermutete:

«Die Waffen und Werkzeuge der frühesten Bewohner von Skandinavien waren erst aus Stein und Holz. Dieses Volk lernte später, Kupfer zu verwenden, … und dann, noch später, so scheint es, Eisen.»

Die Idee war nicht ganz neu. Schon die alten Griechen vermuteten, es könnte eine Zeit gegeben haben, in der die Eisenverarbeitung unbekannt war und man stattdessen Bronze verwendete. Aber der Plan, diese Idee auszuweiten, um Ordnung in das Chaos der Sammlungen zu bringen, war neu. Vedel Simonsens Idee stieß nicht sofort auf breite Anerkennung. Die meisten in Europa hielten die Prähistorie für einen vergleichsweise kurzen Zeitraum. Im Alten Testament, das man für die wahrheitsgetreue Grundlage der frühen Geschichte hielt, blieb für sie wenig Raum. 1650 hatte Erzbischof James Ussher (1581–1656) die in der Bibel aufgezählten Generationen kalkuliert und einen Tag errechnet, der allgemein als Datum zur Erschaffung der Welt galt: der 23. Oktober 4004 v. Chr., im Morgengrauen (siehe Seite 31).

1816 jedoch beschloss Christian Thomsen (1786–1865) – auch er Däne –, dass ein Dreiperiodensystem sein Problem lösen könnte. Thomsen war zum ersten Kurator des Nationalmuseums von Dänemark berufen worden und nun verantwortlich für die Sammlung skandinavischer Artefakte. Um Ordnung in die Sammlung zu bringen, machte sich Thomsen daran, die Exponate nach den Materialien Stein, Bronze und Eisen zu sortieren. Als die stetig wachsende Zahl der Artefakte einen Umzug aus der Universitätsbibliothek von Kopenhagen in die großzügigeren Räume des königlichen Schlosses Christiansborg erforderlich machte, nutzte Thomsen die Gelegenheit, sie in drei getrennten Sälen unterzubringen, die er Stein-, Bronze- (oder Messing-) und Eisenzeit nannte. Jedes Zeitalter folgte, schrieb er in den Führer, auf das vorangegangene.

Bald strukturierten auch andere Museen in Europa ihre Antiken auf ähnliche Weise.

Allerdings hat sich das Dreiperiodensystem nicht ganz halten können. Als Archäologen ihre Chronologien differenzierten, begannen sie die drei Perioden selbst zu unterteilen, bis sie, Objekte in chronologische Schubladen zwangen, in die sie offensichtlich nicht passten. Es wurde deutlich, dass nicht jede Region den Wandel in der Materialverarbeitung zur selben Zeit durchlaufen hatte. Auch waren Entwicklungen, die man herangezogen hatte, um einen Fund früher oder später zu datieren, lediglich regionale Abweichungen. Zudem gab es keine eindeutigen Daten für die Zeitalter, weder wann sie begannen, noch wann sie endeten: In der frühen Bronzezeit etwa wurden die meisten Werkzeuge noch aus Stein angefertigt, denn Metall war nicht jedem zugänglich. Entsprechend gab es auch noch sehr lange nach der Entdeckung der Eisenverarbeitung Bronzewerkzeuge und -waffen.

Jüngere archäologische Entdeckungen zeigen, dass nicht jede Kultur alle drei Perioden durchlief. Das subsaharische Afrika überspringt die Bronzezeit und geht von der Steinzeit direkt zur Eisenzeit über. Auch die Idee, dass „primitivere" Materialtechnologie auf die „Primitivität" einer ganzen Kultur verweist, wurde durch die Entdeckung der Maya-Kultur in Mittelamerika widerlegt. Die Kenntnisse der Maya in Mathematik und Astronomie entsprachen denen des Spätmittelalters in Europa; zugleich aber waren die Maya ohne Wissen um die Metallverarbeitung theoretisch eine „Steinzeitkultur".

Dessen ungeachtet bleibt Thomsens System ein Meilenstein für die Archäologie. In groben Zügen erwies sich seine Kategorisierung als richtig, vor allem für Europa. Sie ermöglichte es, Funden aus unvorstellbar ferner Zeit, die man bisher für „stumm" hielt, Geheimnisse zu entlocken.

noch nicht mit Hefe gebacken). Vielleicht wurden auch Gräten zermahlen, um mit dem Fischmehl im Winter das Vieh zu füttern. In den Räumen befanden sich Wassertanks. In ihnen wurden möglicherweise lebende Köder und Tang für den nächsten Fischfang aufbewahrt. Im zentralen Raum stand zur Rechten ein großer Bettkasten aus Stein, in dem sich Heidekraut, Schaffelle und Entendaunen (mikroskopische Reste blieben erhalten) türmten. Steinpfeiler in den Ecken trugen einen Baldachin für eine Art Himmelbett. Die Tierfelle, die von den Pfeilern herabhingen, sollten zweifellos vor Zugluft und gelegentlichen Tropfen vom undichten Dach schützen und für ein wenig Privatsphäre sorgen. Gegenüber, zur Linken, stand ein zweites, kleineres Himmelbett. Neben einem solchen Bett wurde eine kleine Öllampe aus Stein entdeckt.

In den letzten Jahren wird diskutiert, ob das kleinere Bett die „weibliche" Seite des Hauses repräsentiert und das größere Bett die „männliche". Man schließt das aus Häusern aus dem 18. und 19. Jahrhundert auf den Äußeren Hebriden in Schottland, wo solche Einteilungen noch üblich waren. Das könnte erklären, weshalb man Halsketten aus geschnitzten Knochen und Schwertwalzähnen in den Nischen über den „weiblichen" Betten fand. Sie könnten der Hausherrin gehört haben. Vielleicht trugen aber auch Männer und Kinder Schmuck.

Eine zivilisierte Kultur

Da die Häuser in Skara Brae so eng standen, waren Kanalisation und sanitäre Einrichtungen unerlässlich. Die Ausgrabungen zeigten, dass alle Häuser an die Kanalisation angeschlossen waren. In einem solchen Kanal bei einem Eingang vermutet man eine schlichte Toilette im Haus – ein geradezu „moderner" Komfort, der Bewohnern in kalten Winternächten den Weg nach draußen erspart hätte.

Dieses Steinartefakt mit spiralförmigen Verzierungen wurde in Skara Brae entdeckt. Der Zweck der mysteriösen Objekte ist noch immer unklar, aber sie sind ein Hinweis auf den hohen Zivilisationsgrad der Gemeinschaft, die hier lebte.

Selbstverständlich ist es riskant, zwischen unserer Art, Dinge zu benutzen, und dem Verwendungszweck in der Steinzeit zu viele Parallelen zu konstruieren. Diese Gesellschaft besaß keine schriftliche Überlieferung, die uns verraten könnte, ob eine Steinzelle eine Toilette war, oder ob das, was wir für Fächer halten, als Schrank diente. Nur weil wir eine bestimmte Funktion annehmen, muss diese Interpretation noch nicht richtig sein. Skara Brae stellte Childe vor ein Problem; er hatte den längsten Teil seines Lebens den Standpunkt vertreten, die Ausbreitung der Kulturen in den entlegeneren und „primitiveren" Teilen der Erde sei auf Ursprünge in den antiken Hochkulturen im Nahen Osten zurückzuführen. So wie William Watts Besucher Skara Brae der Eisenzeit oder späteren Perioden zuordneten, sah Childe im hohen Entwicklungsgrad der Fundstätte einen Hinweis auf den Einfluss fremder, höher entwickelter Völker und schloss deshalb auf eine relativ späte Entstehungszeit. In einer Zeit vor der C-14-Datierungsmethode war er bei der zeitlichen Einordnung von Stätten darauf angewiesen, Funde zu gruppieren und komplizierte vergleichende Chronologien herzuleiten.

Im Zeitalter der Radiokarbonmethode würden Stätten wie Skara Brae, die er so akribisch sorgfältig ausgrub, seine Theorien widerlegen. Jüngere Ausgrabungen zeigen, dass die ersten Häuser in Skara Brae um 3100 v. Chr. entstanden, also noch bevor die Hochkulturen im Mittelmeerraum und im Nahen Osten aufblühten. Die kultivierte Lebensweise des alten Volkes von Orkney war nicht importiert, sondern ganz und gar hausgemacht.

DIE VERSUNKENE WELT VON ALTAMIRA

Die Entdeckung der Höhlenmalerei, 1868

An den Herbstabenden des Jahres 1868 war Modesto Cubillas häufig auf dem Anwesen von Don Marcelino Santiago Tomás Sanz de Sautuola (1831–1888) unterwegs. Nicht dass der Eigentümer des Besitzes, der sich im Hinterland des Ortes Santillana del Mar in der nordspanischen Provinz Kantabrien erstreckte, das gewusst hätte; und Cubillas hoffte, dass das so blieb. Denn Cubillas war Wilderer.

Für den Wilderer war der Tag wenig erfolgreich verlaufen, denn fast hätte Cubillas seinen Hund verloren. Der Hund war offensichtlich der Fährte eines verwundeten Fuchses in seinen Bau gefolgt. Nach stundenlanger Suche hörte Cubillas seinen Hund tief unter der Erde bellen. Er folgte dem Bellen und entdeckte im Unterholz die schmale Öffnung, durch die Hund und Fuchs verschwunden waren. Er zwängte sich durch den Spalt und fand sich in den Höhlen von Altamira wieder – als vermutlich erster Mensch, der die Höhlen seit 13 000 Jahren betrat. Erst viele Jahre später erfuhr Don Marcelino von dem ungeladenen Gast auf seinem Besitz und dessen überraschender Entdeckung. Doch das Einzige, das Cubillas an der Höhle interessiert hatte, war sein Hund. Als er ihn gefunden hatte, verließ Cubillas die Höhle. Aber er erzählte Freunden von dem seltsamen Ort, und so kam dem Marquis die Sache schließlich zu Ohren.

Don Marcelino machte sich sofort auf, um die Höhle zu untersuchen, und ließ sich den Spalt im Kalksteinfelsen zeigen. Der Eingang zu dem Höhlensystem war schmal und hatte sich möglicherweise durch Arbeiten im nahen Steinbruch geöffnet. Bis dahin war er über Jahrtausende verschlossen gewesen. Don Marcelino ließ den Zugang freiräumen und weiten und stieg dann mit einer Lampe hinein. Er war der zweite Mensch der Neuzeit, der die Höhle betrat, und was er sah, beeindruckte ihn. Der Boden war von Tierknochen übersät. Er tastete im Dunkel umher und stopfte sich mehrere Handvoll in die Taschen, um die Knochen an der Oberfläche zu untersuchen.

Wieder oben angekommen besah Don Marcelino seine Funde genauer. Dies waren keine Überreste von verwundeten Füchsen oder Tieren der Neuzeit. Die Knochen waren größer und gehörten zu völlig anderen Tieren. Um seinen Verdacht bestätigen zu lassen, schickte er die Knochen an seinen alten Freund Juan Vilanova y Piera (1821–1893), einen Professor für Paläontologie an der Universität von Madrid. Piera untersuchte die

Überreste und bestätigte Don Marcelinos Eindruck. Dies waren urzeitliche Überreste aus einer Epoche, als Wisente, Wildpferde und Rentiere in Spanien lebten. Zudem waren die Knochen gezielt zerbrochen worden, um an das Mark zu gelangen. Also waren auch die frühen Jäger dieser Tiere in der Höhle gewesen. Don Marcelino hatte eine Zeitkapsel entdeckt – ein Fenster in unsere prähistorische Vergangenheit. Seine Entdeckung sollte noch ungewöhnlicher und schöner ausfallen, als er es sich vorstellen konnte – und so unvorstellbar, dass 25 Jahre vergehen würden, bevor die akademische Welt ihre Bedeutung anerkannte.

Altamiras Geheimnis kommt ans Licht

Wie außergewöhnlich die Höhle von Altamira war, wurde erst 1879 entdeckt, als Don Marcelino erneut an deren Boden zu graben begann. Er hatte auf der Weltausstellung in Paris im Vorjahr eine französische Sammlung von prähistorischen Steinwerkzeugen gesehen, die er bereits aus seiner Höhle kannte. Seine fünfjährige Tochter Maria und ihr kleiner Hund begleiteten ihn. Maria beschloss, sich im weitläufigen Höhlensystem umzusehen. Sie war klein, und so fiel es ihr wesentlich leichter als ihrem Vater. Im Dunkel hinter dem Grabungsfeld tat sie etwas, das ihr Vater in der beengten Höhle nie getan

Die Höhlen von Altamira bestehen aus vielen Kammern und Gängen. Einige sind mit Deckenmalereien geschmückt. Sie sind so gut erhalten wie am Tag der Entstehung. Mit nur drei Farben – Schwarz, Rot und Ocker – stellten die Künstler die Tiere dar, die sie jagten, darunter dieser Wisent.

hatte – sie sah nach oben. Wenige Momente später rief sie: *«Papá, mira toros pintados!»* («Vater, sieh nur die gemalten Stiere!»)

Als Don Marcelino seine Gaslampe hochhielt, sah er den Grund für ihre Aufregung. Im Lampenschein erkannte er über sich eine auf den Fels gemalte farbenprächtige Wisentherde, die sich fast 14 Meter über die Decke der Höhle erstreckte. Anfangs war Don Marcelino misstrauisch, denn damals nahm man an, dass die primitivsten Wilden, die 13 000 Jahre zuvor ihre Steinwerkzeuge in der Höhle zurückgelassen hatten, nicht zu mehr fähig gewesen seien, als brutal und blutig ihr Überleben zu sichern. Aber die Tierdarstellung auf der Höhlenwand war so lebensnah, dass sie zweifellos die Tierarten zeigte, deren Knochen er in der Nähe ausgrub. Es mussten die Tiere sein, die die Hersteller der gefundenen Steinwerkzeuge gejagt hatten. Er bat Juan Vilanova y Piera hinzu, der sofort nach Altamira kam. Der Professor bestätigte den Fund und bereitete eine wissenschaftliche Arbeit vor. Don Marcelino veröffentlichte sie im Jahr darauf unter dem Titel „Breves apuntes sobre algunos objetos prehistóricos de la provincia de Santander“ mit Beschreibungen der Werkzeuge und Knochen sowie Reproduktionen von Bildern der Wisentherde.

Sollte Don Marcelino auf eine Anerkennung der Entdeckung seiner Tochter gehofft haben, so wurde er enttäuscht. Man verlachte seine Publikation. Was wusste ein Amateurarchäologe schon über die Menschen der Frühzeit? Die „Wilden“, die in diesen Höhlen lebten, so sagten seine Kritiker, seien unfähig gewesen, Kunst hervorzubringen. Émile Cartailhac (1845–1921), eine überragende Koryphäe der französischen Frühgeschichte, ging noch einen Schritt weiter. Er zweifelte den Zusammenhang zwischen den Bildern und den in der Höhle gefundenen Steinwerkzeugen und Knochen an und hielt die Bilder für Fälschungen. Don Marcelino war am Boden zerstört. Er starb 1888 in dem Ruf, ein Betrüger gewesen zu sein.

Don Marcelino wird rehabilitiert

Aber sein Tod war nicht das Ende seiner Geschichte. Don Marcelinos Freund Vilanova arbeitete an einer fundierten Verteidigung der Funde. Weitere Entdeckungen paläolithischer Höhlenkunst in Europa des ausgehenden 19. Jahrhunderts legten nahe, dass auch die Funde von Altamira echt waren. 1895 konnten Berufsarchäologen in der Dordogne in Südwestfrankreich bei Ausgrabungen in einer Höhle bei La Mouthe erstmals eine Höhle untersuchen, die unstrittig seit der Frühgeschichte versiegelt gewesen war – sie fanden Malereien, die denen in Altamira glichen.

1902 empfing Don Marcelinos Tochter Maria einen Besucher. Es war Émile Cartailhac, der inzwischen Präsident der Prähistorischen Gesellschaft von Frankreich war. Er bat die Höhlenmalereien zu sehen, die sie als kleines Mädchen entdeckt hatte. Er wollte für seine Zweifel Abbitte leisten. Nachdem er die Höhle mit eigenen Augen gesehen hatte, schrieb er eine der berühmtesten akademischen Entschuldigungen in der Geschichte der Archäologie und veröffentlichte sie in der Zeitschrift *L'Anthropologie* unter dem Titel „Les Cavernes Ornées de Dessins: La Grotte d'Altamira. Mea Culpa d'un Sceptique“. Don Marcelinos Ruf war wiederhergestellt, und die Kunstgeschichte hatte einen neuen Anfang – 15 Jahrtausende früher als bisher.

ZEITLEISTE

1868 Auf der Suche nach seinem Hund steigt der Wilderer Modesto Cubillas auf dem Besitz von Don Marcelino in Nordspanien durch eine schmale Felsspalte in die verlorene Höhlenwelt von Altamira

1875 Don Marcelino besucht die Höhle und lässt den Eingang verbreitern; er nimmt Tierknochen vom Höhlenboden mit und schickt sie an Juan Vilanova y Piera von der Universität Madrid

1879 Als er die Höhle mit seiner Tochter Maria besucht, sieht Don Marcelino zum ersten Mal die Deckenmalereien; Vilanova kommt nach Altamira und bestätigt, dass die Malereien von Menschen stammen, die zur gleichen Zeit lebten wie die Tiere, deren Überreste man gefunden hatte

1880 Don Marcelino veröffentlicht mit Vilanova eine Beschreibung der Funde von Altamira in der Arbeit „Breves apuntes sobre algunos objetos prehistóricos de la provincia de Santander“; führende Fachleute verurteilen die Felskunst als Fälschungen

1888 Don Marcelino stirbt – der Fälschung bezichtigt

1895 Bei Ausgrabungen in La Mouthe in Südfrankreich finden Archäologen Höhlenmalereien, die denen in Altamira gleichen; die akademische Welt erkennt die Authentizität von Don Marcelinos Fund an

1902 Émile Cartailhac sucht Don Marcelinos Tochter auf und entschuldigt sich; noch im selben Jahr veröffentlicht er ein „Mea Culpa“

Höhlenkunst

Diese Höhlenmalerei mit Händen und Vögeln wurde in der Nähe von Río Pinturas in der Provinz Santa Cruz in Argentinien entdeckt. Man nimmt an, dass sie zwischen 13 000 und 9500 Jahre alt ist.

Höhlen- und Felskunst gibt es auf der ganzen Welt – von Finnland bis Australien. Die ältesten bekannten Beispiele finden sich in Europa. Die meisten stammen aus dem letzten Teil der Altsteinzeit, der ungefähr vor 40 000 Jahren begann und vor 10 000 Jahren endete.

Die Motive der Höhlenbilder variieren. Die häufigsten sind Tiere der Zeit, vor allem jagbares Wild wie Wisente, Rentiere, Pferde und eine sehr große, ausgestorbene Rinderart, die man Ur nennt. Es sind, wie man durch die große Zahl an Knochen in vielen Fundstellen wie Altamira weiß, Tiere, die die Menschen dieser eiszeitlichen Periode jagten. In einigen Höhlen, etwa in Chauvet-Pont-d'Arc in Südfrankreich, wurden auch Löwen und Panther, also Raubtiere aus wärmerer Zeit, dargestellt oder Tiere, die man nicht jagte, wie Nashörner und Hyänen.

Darstellungen von denen, die diese Szenen malten, sind schwerer zu finden. Aus Gründen, die wir nie erfahren werden, stellten sich diese Menschen meist nicht selbst dar. Wenn sie es taten, dann nur in einer sehr schematischen und nicht leicht erkennbaren Weise. Was wir hingegen in vielen europäischen Höhlen finden, sind Handabdrücke, sei es als Positivabdruck, bei dem die eingefärbte Hand auf den Fels gedrückt wurde, oder als Negativabdruck, für den ein feiner Farbnebel über die auf dem Felsen liegende Hand geblasen wurde. Auch Werkzeuge, mit denen die Höhlenmenschen ihre Bilder anfertigten, hat man gefunden, falls sie sie in den Höhlen zurückließen. In Altamira fand man Muscheln mit Pigmenten – meist Ocker, Holzkohle, Hämatit und Manganoxid – und sogar steinerne Öllampen, die das Höhleninnere bei der Arbeit erleuchteten.

Die Datierung solcher Werke ist wie in den Tagen Don Marcelinos kontrovers. Während man sich heute einig ist, dass sie prähistorischen Ursprungs sind, ist die Datierung der Pigmente auf den Felswänden alles andere als eine exakte Methode. Radiokarbonproben aus den Höhlen, die Material aus verschiedenen Zeitaltern enthalten, verunreinigen leicht. Häufig lässt sich das Alter eines Höhlenbildes besser bestimmen, wenn man die dargestellten Tiere zu den bekannten Aussterbedaten dieser Tierarten in den verschiedenen Regionen in Bezug setzt. Die bisher ältesten entdeckten Höhlenbilder befinden sich in Chauvet-Pont-d'Arc. Man nimmt an, dass sie etwa 32 000 Jahre alt sind. Aber auch diese Datierung wird noch heiß diskutiert.

Uneinig ist man sich auch über den Zweck der Höhlenkunst. Da viele der Szenen Jagdwild darstellen, nimmt man an, dass die Bilder Teil eines Rituals waren, dass die erfolgreiche Jagd sicherstellen sollte. Da viele dieser Malereien in den tiefsten und unzugänglichsten Bereichen der Höhlen liegen, in die wenig natürliches Licht dringt, mutmaßen jüngere Theorien, dass sie das Werk von Schamanen waren. Dabei bezieht man anthropologische Studien jüngerer Völker ein und vermutet, dass Schamanen sich in dunkle Höhlenregionen zurückzogen, wo sie mit den Geistern der Tiere, die sie auf die Höhlenwände malten, Zwiesprache hielten. Ob wir jemals verstehen werden, was unsere paläolithischen Vorfahren bewog, diese Szenen zu malen, ist fraglich, aber sie geben einen kleinen Einblick in eine eiszeitliche Welt, die wenig mit der von rohen Wilden zu tun hat, die man sich im 19. Jahrhundert ausmalte.

«DIE STADT DES PRIAMOS»

Schliemann gräbt in Troja, 1870

«Die Helden der Ilias und der Odyssee sind für uns Männer mit Fleisch und Blut geworden; wir können sowohl sie als auch noch ältere Helden, in fast jeder Handlung des täglichen Lebens beobachten ...»

A. H. Sayce, Vorwort zu Heinrich Schliemanns „Troja und seine Ruinen" (1875)

Nach einer erfolgreichen, wenn auch nicht immer geradlinigen Geschäftskarriere zog sich der deutsche Schatzsucher Heinrich Schliemann (1822–1890) ins Privatleben zurück. Nun, als Mittvierziger, wollte er seinen Kindheitstraum verwirklichen und die Figuren und Schauplätze aus Homers Berichten über Troja aus dem Reich der Fiktion in die Realität der archäologischen Vergangenheit überführen. Schliemanns großes Ziel war es, zu beweisen, dass Homers Epen keine Dichtung waren, sondern Geschichte – eine Idee, die im 19. Jahrhundert meist nur Spott hervorrief. Sie führte ihn 1868 in den Nordwesten der Türkei auf das Anwesen des englischen Archäologen Frank Calvert (1828–1908) an den Hängen des Hügels Hissarlik.

Frank Calvert selbst grub dort bereits seit über 20 Jahren. Er kann als eigentlicher, wenn auch nicht offizieller Urheber der Idee gelten, dass unter diesem staubigen Hügel die Reste des legendären Troja lägen. Schliemann jedoch brachte zwei Dinge mit, die Calvert fehlten: die leidenschaftliche und immer wieder geäußerte Überzeugung, dass Homers Epen auf Tatsachen beruhten, und die erheblichen finanziellen Mittel, die nötig sein würden, um das zu beweisen.

1870 machte sich Schliemann mit 150 Arbeitern ans Werk. Er ließ Schutt und Trümmer von Jahrtausenden von dem Hügel abtragen, um die Stadt freizulegen, von der er sicher war, dass sie hier schlief: die Stadt des Priamos. Seine Methoden waren grob. Sie werden heute allgemein kritisiert, aber für jene Zeit waren sie keineswegs ungewöhnlich. Statt vorsichtig den Boden Schicht um Schicht abzutragen, schlug er eine breite Schneise durch die Mitte des Grabungsfeldes, um möglichst schnell zum Grund des Hügels vorzudringen, wo Schliemann Homers Troja vermutete. Dabei wurden Spuren von Jahrhunderten, ganze Perioden der wechselhaften Stadtgeschichte achtlos beiseitegeräumt. Nur vier der neun übereinander errichteten Städte identifizierte Schliemann.

Als Schliemann auf die zweite Stadt stieß, glaubte er, fündig geworden zu sein: Hier lag eine große Stadt, die offenkundig in einem Brand untergegangen war. Ihre Dächer waren eingestürzt, ihre Dachbalken verkohlt. Dies musste Homers Troja sein, wohin Paris, der

Das brennende Troja in der Darstellung des niederländischen Malers Pieter Schoubroeck aus dem 17. Jahrhundert. Homers Epos von Krieg, Belagerung und Fall der Stadt Troja galt lange als reine Dichtung. Dann entdeckten Schliemann und seine Nachfolger in der Nordwesttürkei, wo man Troja vermutete, nicht weniger als neun übereinander liegende Siedlungsphasen.

Sohn von König Priamos, die schöne Helena entführt und so den Zorn der Kriegsherren des mykenischen Griechenland erregt hatten. Sie kamen über das Meer und belagerten die Stadt zehn Jahre lang. Sicher waren die Trümmer Spuren des großen Feuers, das die Stadt verwüstet hatte, nachdem die Trojaner der List der Griechen aufgesessen waren – sie hatten mit dem Trojanischen Pferd unwissentlich ihre Feinde in die Festung geholt. Schliemann glaubte, die Brandspuren stammten von dem von Agamemnons Kriegern gelegten Feuer.

Natürlich war Schliemann klar, dass ein paar verbrannte Ziegel und verkohlte Balken weder Schlagzeilen machen noch die Fantasie der Welt fesseln würden. Er wollte Troja nicht nur finden, er war begierig darauf, die Welt wissen zu lassen, dass er die Stadt entdeckt hatte; damit das öffentliche Interesse nicht einschlief, sandte er regelmäßig Depeschen mit Grabungsberichten nach London an die *Times* und den *Daily Telegraph*. Der Wunsch nach Öffentlichkeit war es dann auch, der ihn in eines der fragwürdigsten Kapitel der Grabungskampagne führte.

„Der Schatz des Priamos"

Schliemann berichtete, dass ihm am 31. Mai 1873 bei Ausgrabungen an einem der Tore des sogenannten Palasts des Priamos das leuchtende Grün eines korrodierten Kupferobjekts und das Schimmern von einem Stück Gold zwischen zwei Mauerruinen aufgefallen sei. Er habe eine frühe Mittagspause angeordnet und alle Arbeiter vom Grabungsfeld entfernt. Dann habe er sich mit seiner Frau Sophia an die Bergung der Objekte gemacht. Was sie fanden – oder zumindest, was Schliemann angab, gefunden zu haben –, war ein rechteckig verpackter Schatz, so als habe er einmal in einer inzwischen zerfallenen Schachtel gelegen. Da waren Golddiademe, Ohrgehänge, Metallvasen, Bronzewaffen, Figurinen in Menschenform und seltsame „Linsen" aus Quarzkristall. Jeder Fund, der ans Licht kam, sei vor neugierigen Augen geschützt und in Sophias Schultertuch fortgetragen worden. Schließlich brachte Schliemann seinen Fund noch vor seiner großen Bekanntmachung heimlich außer Landes.

Als die Bekanntmachung erfolgte, war selbst Schliemann auf das Ausmaß der Aufregung nicht gefasst. Die türkische Regierung als Eigentümer jener Hälfte des Grabungsfeldes, die Calvert nicht gehörte, war außer sich, dass man den Schatz aus dem Land geschmuggelt und sie um ihren Anteil gebracht hatte. Rechtliche Schritte wurden eingeleitet. Schliemann musste eine beträchtliche Geldstrafe und 50 000 Francs zahlen, um Eigentümer des Fundes zu werden. Zudem schien es unwahrscheinlich, dass man ihm in nächster Zukunft erlauben würde, nach Troja zurückzukehren.

Trotz der finanziellen Konsequenzen lohnte sich die Eskapade für Schliemann. Letztlich waren sie für einen Mann mit seinen Mitteln leicht zu tragen. In seinen Augen und denen der Öffentlichkeit, die seine Berichte begeistert verschlang, hatte er einen einzigartigen Moment in der Geschichte enthüllt. Hier lag König Priamos' wertvollster Besitz, den er in eine Kiste gepackt und in den Mauern seines Palastes verborgen hatte, während um ihn der Trojanische Krieg wütete. Was Schliemanns Leser anging, so hatten diese Ohrringe und Diademe einmal das «Gesicht, das tausend Schiffe in See stechen ließ» geschmückt – es waren die Juwelen der Helena. Schliemann förderte diesen Ein-

ZEITLEISTE

UM 3000 V. CHR. Troja wird in der heutigen Provinz Çanakkale in der Nordwesttürkei gegründet und in der Bronzezeit zum blühenden Handelszentrum

UM 1300 V. CHR. Ein Erdbeben zerstört das spätbronzezeitliche Troja

12. JAHRHUNDERT V. CHR. Vermutlich die Zerstörung des von Homer in der „Ilias" beschriebenen Troja

1868 N. CHR. Heinrich Schliemann besucht erstmals Troja und beschließt mit Calvert die systematische Erforschung

1870 Schliemann dringt bei der ersten Grabung durch die oberen Schichten bis zu den Befestigungen, die er für Homers Troja hält

1873 Ein Goldversteck und Artefakte (der „Schatz des Priamos") – deren Echtheit man später bezweifelt – werden „entdeckt" und von Schliemann außer Landes geschmuggelt

1875 Schliemann veröffentlicht seine Grabungsergebnisse in „Troja und seine Ruinen"

1876 Aus der Türkei verbannt, wendet sich Schliemann den Schachtgräbern in Mykene auf dem griechischen Festland zu und findet goldene Grabbeigaben

1878 Schliemann setzt die Arbeit in Troja mit drei weiteren Grabungskampagnen fort (1878/79, 1882/83, 1888/90)

1890 Schliemann stirbt in Neapel auf der Rückreise nach Athen und Troja

Heinrich Schliemann

Heinrich Schliemann bleibt eine der umstrittensten Figuren in der Geschichte der Archäologie. Die Kindheit des im Januar 1822 in Nordostdeutschland geborenen Schliemann war von Schicksalsschlägen überschattet: Er war neun, als seine Mutter starb. Das Gymnasium musste er nach einem Jahr abbrechen; sein Vater, ein Pastor, wurde der Veruntreuung von Kirchengeldern beschuldigt und musste ihn auf eine öffentliche Realschule schicken. Über Nacht war Schliemann gezwungen, den Unterricht in klassischen Sprachen und Geschichte aufzugeben und sich auf ein Leben als Kaufmann vorzubereiten.

Die Wurzeln von Schliemanns Besessenheit, den Wahrheitsgehalt von Homers „Odyssee" und „Ilias" zu belegen, sind unklar. Sein eigener Lebensbericht ist teils erdichtet; zweifelhaftere Episoden wurden beschönigt. Seine bevorzugte Version besagte, sein Vater habe 1829 sein Interesse geweckt, indem er ihm zu Weihnachten Georg Ludwig Jerrers „Weltgeschichte für Kinder" schenkte.

Als er die Schule mit 14 Jahren verließ, ging Schliemann bei einem Lebensmittelhändler in die Lehre, bevor er nach Hamburg zog. Dort heuerte er auf einem Segler nach Venezuela an, der jedoch vor der holländischen Küste strandete. Er wandte sich dem Handel zu und machte sich seine bemerkenswerte Sprachbegabung zunutze (er beherrschte über ein Dutzend Sprachen), um ein Vermögen als Importeur zu machen. Nach einer Zeit als Handelsagent in St. Petersburg segelte er nach Amerika, wo er in Kalifornien eine Bank für Goldhändel gründete. Er kaufte den Goldstaub der Goldgräber auf und verkaufte ihn auf dem Goldmarkt. In nur sechs Monaten machte er einen Gewinn von 1,3 Millionen Dollar. 1852 gab er den lukrativen Handel plötzlich auf; Gerüchten zufolge hatte er seinen Partner betrogen und musste verschwinden.

Er tauchte in Russland wieder auf, wo er Katerina Lyshina, die Tochter eines wohlhabenden Freundes, traf. Die beiden heirateten, aber seine Frau beschwerte sich schon bald, er biete ihr nicht den gewohnten Lebensstil. Auf Abhilfe bedacht, mehrte er seinen Wohlstand aus den Goldspekulationen, indem er den Indigomarkt aufkaufte. Im Krimkrieg lieferte er der russischen Regierung Waffen und erwarb ein Vermögen, mit dem er sich ins Privatleben zurückziehen konnte, um sich seiner Leidenschaft, der Archäologie, zu widmen.

Schliemann begab sich auf Reisen. Seine Frau, die seine Interessen nicht teilte, war von ihrer Ehe enttäuscht und weigerte sich, ihn zu begleiten. Bei einem Aufenthalt in den Vereinigten Staaten nahm Schliemann die amerikanische Staatsbürgerschaft an und ließ seine Ehe annullieren. Er fand später in der 17-jährigen Griechin Sophia Engastromenos eine Gleichgesinnte und heiratete sie ein Jahr später.

Der „Schatz des Priamos": Artefakte aus Metall und Halbedelsteinen, die Schliemann angeblich in Troja gefunden hatte. Archäologen vermuten heute, dass es Funde von verschiedenen Stellen sind.

Damit begann der fruchtbarste und zugleich umstrittenste Abschnitt im Leben Schliemanns: Er fand viele der bedeutenden Stätten des bronzezeitlichen Griechenland und führte dort Grabungen durch.

Zwar schreckte er vor zweifelhaften Methoden nicht zurück. Doch lieferten seine Unternehmungen handfeste Beweise, dass die Städte in Homers Epen keine Fiktionen, sondern in der Geschichte verwurzelte Orte waren.

Während Schliemanns letzter Grabungskampagne in Troja zwang ihn eine Ohreninfektion, 1890 für eine Operation nach Deutschland zurückzukehren. Die Operation verlief nicht erfolgreich. Schliemann ignorierte den Rat seines Arztes und machte sich auf den Rückweg in die Türkei. Er kam nur bis Neapel; nach einem Besuch in Pompeji, wo er beim Freilegen einer anderen verlorenen Welt zusehen wollte, brach er am Weihnachtstag auf der Piazza della Carità zusammen und starb am nächsten Morgen in seinem Hotelzimmer.

STRATIGRAPHIE – SCHICHTWEISE ANNÄHERUNG

Ein Vorwurf, den man Schliemann häufig macht, ist, dass er sich bei der Suche nach Homers Troja rücksichtslos durch Bodenschichten grub und so wertvolle archäologische Erkenntnisse über Jahrtausende unwiederbringlich vernichtete. Der Vorwurf ist nicht falsch. Archäologische Grabungen sind einzigartige, nicht wiederholbare Experimente. Um tiefer in ein Grabungsfeld einzudringen, müssen die oberen Schichten abgetragen werden. Um die nächste, ältere Schicht freizulegen, muss die jüngere Schicht darüber zerstört werden. Ist ein Grabungsfeld einmal aufgegraben, kann der Vorgang nicht wiederholt werden.

Eine der großen Herausforderungen in der Entwicklung der Archäologie war es, Methoden zu finden, um alle Schichten einer Grabung zumindest zu identifizieren und vollständig zu dokumentieren, bevor man sie abträgt. Die archäologische Stratigraphie – das Studium der Abfolge von Ablagerungsschichten in einer Grabungsstätte – ist ein zentraler Teil dieses Prozesses. Bei einem unberührten Grabungsfeld gilt das Lagerungsgesetz: Die ältesten Schichten liegen im Schichtungsprofil unten, die jüngsten Schichten am weitesten oben. Wenn Archäologen in einem Grabungsfeld nach unten graben, orientieren sie sich an der Abfolge der Schichten. Sie entfernen die Schichten einzeln und arbeiten sich von der jüngsten zur ältesten Schicht vor.

Schliemann zeichnet die Ruinen von Troja. Die Stadt Homers, die der Amateurarchäologe ausgegraben zu haben glaubte, liegt, wie wir heute wissen, einige Schichten höher.

Der Vorzug der Stratigraphie besteht jedoch darin, nicht lediglich eine strenge Ausgrabungsmethode vorzugeben. Die Schichten bilden eine chronologische Folge, die man zur relativen Datierung der Objekte in den Schichten heranziehen kann. So wurde eine Münze, die in einer Schicht über einem Topf gefunden wird, dort zu späterer Zeit abgelagert. Auf dieselbe Weise können Töpfe, die in einer Schicht gefunden und einer bestimmten Periode zugeordnet werden, dazu dienen, Schichten an anderen Fundstellen derselben Periode zuzuordnen.

Natürlich ist dies nur eine relative Datierungsmethode. Von einem Topf, der in einer Schicht über einem Ring aus einer anderen Schicht gefunden wird, weiß man nur, dass er jünger ist als der Ring – ein absolutes Datum kennt man nicht. Selbst in Fällen, in denen die Objekte – etwa Münzen – eine Datierung tragen, verrät die Lage der Münze in der Schicht nur, dass sich die Schicht nach der Prägung der Münze bildete. Indem man eine große Zahl solcher vergleichenden Sammlungen von Objekten aus stratifizierten Abfolgen anlegt und moderne wissenschaftliche Datierungsmethoden wie die C-14-Radiokarbondatierung einsetzt, können Archäologen detaillierte typologische Sequenzen von Artefakten aufbauen, die sowohl die Entwicklung der Materialkultur als auch den technologischen Fortschritt dokumentieren.

Zu Schliemanns Zeit wusste man wenig über Stratigraphie. Es ist also nicht ganz fair, Schliemann für seine Grabungsmethoden in Troja zu schelten. Tatsächlich hat er nur zu Anfang eine Schneise in den Hügel geschnitten – die Vorgehensweise von Grabräubern in Europa, die sich geradewegs zur Mitte der Hügelgräber gruben, wo sie ihre Beute vermuteten.

Bei Schliemanns späteren Grabungskampagnen suchte er den Rat und die Unterstützung von Wilhelm Dörpfeld (1853–1940), einem Befürworter der Stratigraphie. Diese Methode hatte bereits Ludwig Ross in den 1830er-Jahren bei seinen Grabungen auf der Athener Akropolis benutzt. Dörpfelds Rat und Unterstützung verhinderten die weitere groß angelegte Zerstörung der Stätte. Fortan gehörten die Feldmethoden in Troja zu den fortschrittlicheren der Zeit.

druck, indem er Fotos lancierte, auf denen seine Frau den Schmuck trug. Troja, schien es, war aus seiner Asche auferstanden.

Die Wahrheit, wie wir sie heute kennen, sah anders aus. Heute weiß man, dass die zweite Stadt Troja, die Schliemann als Priamos' Stadt identifizierte, Hunderte von Jahren vor dem frühestmöglichen Datum des Trojanischen Krieges zerstört wurde. Inzwischen unterscheidet man mindestens neun aufeinanderfolgende Städte an der Fundstelle. Der wahrscheinlichste Kandidat für das homerische Troja ist die Stadt VIIa. Die Vermutung, dass Schliemann auf der Suche nach seinem Troja einen großen Teil der Stadt selbst zerstörte, äußerte bereits 1872 Frank Calvert in einer Veröffentlichung, die zum Bruch zwischen den beiden Männern führte.

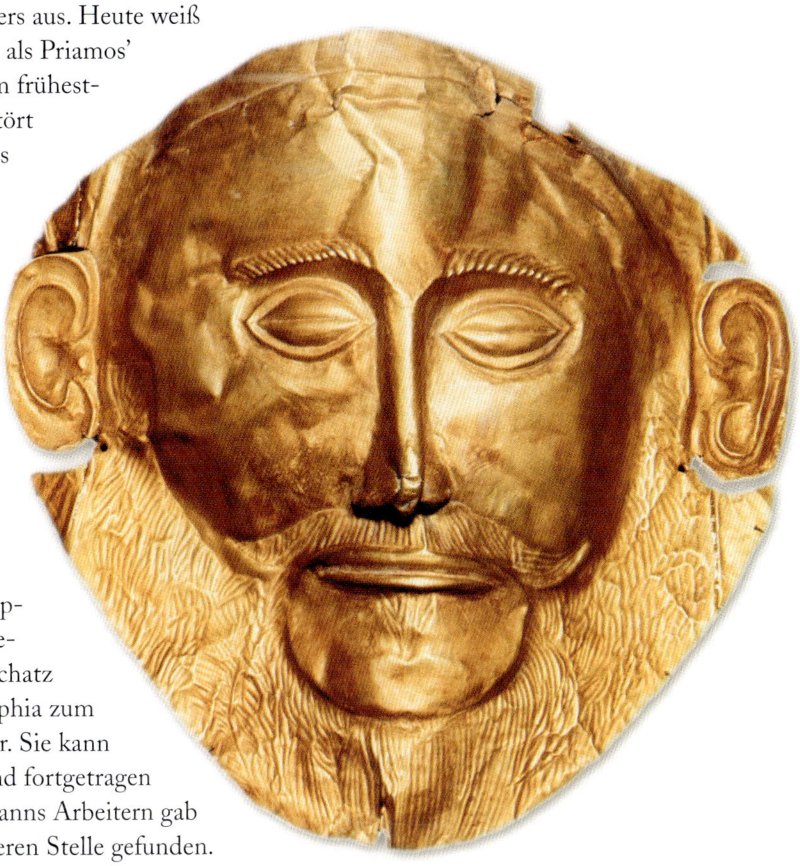

Noch problematischer ist der Schatz des Priamos. Der Streit hält an, ob der Schatz wirklich von einem Ort stammt oder ob Schliemann ihn aus Einzelfunden zusammenstückelte, um die Behauptung zu stützen, ihm sei eine spektakuläre „Entdeckung" gelungen. Es wirkt verdächtig, dass der Schatz heimlich ausgegraben wurde. Man weiß, dass Sophia zum Zeitpunkt der Entdeckung nicht am Fundort war. Sie kann also den Schatz nicht in ihren Schal gewickelt und fortgetragen haben, wie Schliemann sagte. Einer von Schliemanns Arbeitern gab später an, er habe einige der Stücke an einer anderen Stelle gefunden.

Ausgrabungen in Mykene

All diese heutigen Zweifel haben die Erinnerung an Heinrich Schliemann und die Entdeckung Trojas getrübt. Trotzdem verdient er zweifellos einen Platz unter den Gründern der modernen Archäologie. Da er vorerst nicht in die Türkei zurückkehren konnte, wandte sich seine Aufmerksamkeit der Burg von Mykene zu, der legendären griechischen Heimat von König Agamemnon. Dort entdeckte er einen bronzezeitlichen Palast und die berühmten Schachtgräber mit ihren goldenen Masken. Nachdem er eine der Masken bei ihrer Freilegung zum ersten Mal gesehen hatte, telegrafierte er dem griechischen König: «Ich habe in das Antlitz des Agamemnon geschaut!» Das mag eine etwas optimistische Behauptung gewesen sein, aber die Ausgrabung bewies – neben der in Troja –, dass eine verlorene mykenische Kultur, die den Hintergrund für Homers Epen lieferte, in Griechenland und der Ägäis gediehen und mit hethitischen Städten an der türkischen Küste in Konflikt geraten war. Dass Schliemann eine Hypothese über ein Zeitalter vor der Geschichtsschreibung formulierte und sie mit den wissenschaftlichen Mitteln der modernen Archäologie zu beweisen suchte, macht ihn zu einem Pionier der archäologischen Theoriebildung.

Diese fein gearbeitete Totenmaske aus Gold – als die „Maske des Agamemnon" bekannt – fand Schliemann 1876 bei Ausgrabungen von Schachtgräbern in Mykene. Das Artefakt ist umstritten: Einige Experten glauben, es sei nicht aus dem 16. Jahrhundert v. Chr., sondern eine Fälschung, die Schliemann anfertigen ließ, um seinen Ruf als Entdecker spektakulärer archäologischer Funde zu stützen.

Er ging zugegebenermaßen in seiner Hast nicht so methodisch vor, wie es angebracht gewesen wäre, und er fälschte Funde, um die Geschichte zu untermauern, die er erzählen wollte. Trotzdem ist es Schliemanns Verdienst, die mykenische Bronzezeit aus dem Dunkel der Mythologie ins Licht der Geschichte gerückt zu haben. Er bewies, dass Homers Geschichte kein Fantasieprodukt war, sondern Ausdruck der Erinnerung an eine ferne Zeit.

DER VERLORENE TEMPEL SALOMOS

Groß-Simbabwe, 1871

«Bei den Goldminen der Binnenebenen zwischen Limpopo und Sambesi liegt eine Festung, gebaut aus Steinen von unglaublicher Größe, und es scheint sie kein Mörtel zu verbinden … Das Bauwerk ist fast an allen Seiten von Hügeln umgeben, auf denen ähnliche stehen, die ihm in Bearbeitung der Steine und im Fehlen von Mörtel gleichen, und eines von ihnen ist ein Turm mehr als 12 Faden [22 Meter] hoch. Die Einheimischen nennen diese Bauten Simbaoe, was in ihrer Sprache ‹Hof› heißt.»

Viçente Pegado,
Kommandant der portugiesischen Festung Sofala (1531)

Die Altertumsbegeisterten des 19. Jahrhunderts unterschieden sich von modernen Archäologen in einem wesentlichen Punkt: Als Entdecker und Abenteurer – getrieben von einer Vorstellung von dem, was sie suchten – zogen sie aus, um Ruinen von Städten und Tempeln aus antiken Texten zu finden. Und kein Text übte größere Faszination aus als die Bibel.

Karl Mauch (1837–1875) war ein solcher Mann. Als er in Südafrika 1865 an Land ging, hatte er keine Landkarte in der Tasche, sondern das Alte Testament. Mauch führten zwei Gründe nach Afrika. Der erste war die Suche nach Gold. Er fand es, aber er konnte die dortigen Stämme nicht überzeugen, es abzubauen. Also wandte er sich seinem zweiten Ziel zu – der Suche nach der biblischen Stadt Ophir. Mauch orientierte sich am Buch der Chronik, das einen antiken Goldsucher erwähnt:

> *«Und Hiram sandte ihm durch seine Leute Schiffe und auch Leute, die des Meeres kundig waren, und sie fuhren mit den Leuten Salomos nach Ofir und holten von da vierhundertfünfzig Zentner Gold und brachten's dem König Salomo.»*
>
> (2. Chronik 8.18)

Auf der Suche nach der verlorenen Stadt

Ophir, wo Salomo seinen großen Reichtum gefunden hatte, war nie gefunden worden, aber Mauch glaubte, dass es in der Nähe war. 1867 hörte er Gerüchte von einer versunkenen Stadt zwischen Limpopo und Sambesi, die ihn hoffen ließen, dass dies das gesuchte Ophir sei. Aber die Reise nach Norden war voller Hindernisse. Die Häuptlinge der Stammes-

Der Turm in der großen Einfriedung in Groß-Simbabwe. Mauch hielt die Anlage für eine Befestigung, aber sie war wohl eher eine Kornkammer.

gebiete, die er passierte, erwarteten Geschenke; sonst verweigerten sie die Erlaubnis zur Durchreise. Seine einzige Kleidung, ein Lederanzug, schützte ihn vor Dornen und Insektenstichen, aber er war schwer und in der tropischen Hitze hinderlich. Auch verstand er sich nicht mit seinen Reisegefährten. Mauch mochte die meisten Weißen nicht, vor allem die Auswanderer in Südafrika. Aber seine Haltung gegenüber der schwarzen Bevölkerung, die ihm Führer, Übersetzer und Träger stellte, war kaum gnädiger. Sein schlechtes Betragen war es auch, das ihn in die missliche Lage gebracht hatte, in der er sich am 26. August 1871 befand: Allein im Busch, umgeben von feindlichen Stämmen, hatte ihn seine ganze Reisegruppe zurückgelassen – ohne Möglichkeit, weiterzukommen.

Mauch endete als Gefangener eines Häuptlings. Es war ein Glücksfall, dass er von Adam Renders erfuhr, einem anderen Weißen in der Gegend. Er lebte, seit er seine Frau verlassen hatte, mit zwei einheimischen Frauen zusammen. Mauchs moralische Entrüstung hielt ihn nicht davon ab, Renders in einem Brief um Hilfe zu bitten.

ZEITLEISTE

UM **1000** Aufstieg und Fall einzelner Shona-Stammesfürstentümer zwischen Limpopo und Sambesi. Diese hauptsächlich landwirtschaftlichen Kulturen schürfen, schmelzen und verarbeiten Eisen, Kupfer, Chrom und Gold

UM **1200** Aufstieg des Reiches Munhumutapa mit Groß-Simbabwe als Mittelpunkt

UM **1450** Groß-Simbabwe wird nur 50 Jahre nach seiner Blüte aufgegeben, vermutlich als Folge des Aufstiegs des Nachbarreiches Mwene Mutapa

1871 Auf der Suche nach dem biblischen Reich Ophir betritt und beschreibt Karl Mauch als erster Europäer der Neuzeit die Ruinenstadt

1905 Der britische Gelehrte David Randall-MacIver (1873–1945) führt die erste systematische wissenschaftliche Erforschung von Groß Simbabwe durch

1929 Gertrude Caton-Thompson kommt zu dem Schluss, dass Groß-Simbabwe schwarzafrikanischen Ursprungs ist

1980 Zu Ehren der indigenen Kultur, die Groß-Simbabwe errichtete, gibt sich der ehemalige weiße Apartheidstaat Rhodesien nach Erlangung seiner Unabhängigkeit den Namen Simbabwe. Ein Vogelmotiv von den Specksteinschnitzereien aus Groß-Simbabwe geht als Symbol in die Fahne des jungen Staates ein.

1986 Groß-Simbabwe wird eine Stätte des Unesco-Welterbes

Das echte Gross-Simbabwe

Seit Mauchs Tagen ist Groß-Simbabwe, wie die Ruinenstadt heute heißt, immer wieder Gegenstand archäologischer Forschung. Ein Bezug zur Bibel wurde dabei nicht entdeckt. Vielmehr ließ sich die Existenz einer schwarzafrikanischen Hochkultur nachweisen, die für Europäer des 19. Jahrhunderts unvorstellbar war. Groß-Simbabwe war nicht die Heimat eines weißen semitischen Volkes, sondern die Hauptstadt eines mittelalterlichen Reiches, das von den Vorfahren der Shona gegründet wurde. Man nimmt an, dass der Aufstieg ihres Reiches Munhumutapa im 11. Jahrhundert begann und seinen Höhepunkt in den 1440er-Jahren erreichte. Vermutlich verdankte es seinen großen Wohlstand erst dem Viehhandel; später kontrollierte es die Goldlieferungen an arabische Händler durch den Atlantikhafen Sofala in Mosambik.

Die Ruinenstadt ist eine der vielen Steinsiedlungen, die die Shona als *Simbabwe* („Haus aus Stein") – der Hof oder das Haus eines Häuptlings – bezeichnen. Groß-Simbabwe ist die bei Weitem größte und beeindruckendste dieser Steinstädte. Die im 13. und 14. Jahrhundert errichtete Stadt mit rund 730 Hektar gliederte sich in drei Bereiche: die Einfriedung in der Ebene (das größte und älteste Bauwerk aus Stein im subsaharischen Afrika), eine Talsiedlung und einen Hügelkomplex. Die Hügelanlage war wohl der Sitz des Königs und seiner Familie, während sich in der Einfriedung die Häuser der Frauen des Königs und die Getreidekammern befanden. Das einfache Volk lebte im Tal.

Die massiven gewundenen Mauern der Stadt entstanden aus dem Granit der Region, der in Blöcke geschlagen und ohne Mörtel zu Trockenmauern gefügt wurde. Diese waren zwischen einem und fünf Metern dick und so solide, dass sie bis hin zu den Grätenmustern auf der Mauerkrone zur Zeit von Mauch noch intakt waren. Sie verbanden ursprünglich Behausungen aus *daga* – einem schweren Lehm. In der Blütezeit der Stadt lebten hier 12 000 bis 40 000 Einwohner.

Da das Volk von Groß-Simbabwe keine Schrift entwickelte, wissen wir nicht, warum die Stadt aufgegeben wurde. Mitte des 15. Jahrhunderts verlagerte sich der Handel nach Norden, vielleicht weil die Gold-, Salz- und Feuerholzressourcen abnahmen. Im folgenden Jahrhundert übten die Portugiesen zunehmend Druck auf das Reich Munhumutapa aus. Zugleich entzweite die Ausbreitung des Sklavenhandels die Region und ließ sie verarmen. Zu dieser Zeit war Groß-Simbabwe bereits lange eine Ruine.

Ein Jahrhundert Archäologie hat den Mythos widerlegt, die Stadt der Shona sei die Heimat der Königin von Saba gewesen. Die berühmte Archäologin Gertrude Caton-Thompson (1888–1985) schrieb 1931:

«Die Prüfung sämtlicher existierenden, aus allen Stadtteilen gesammelten Funde erbringt noch immer kein einziges Objekt, das nicht im Einklang stünde mit der Theorie ihrer Bantu-Herkunft und ihres mittelalterlichen Ursprungs. Das Interesse an Simbabwe und den damit in Verbindung stehenden Ruinen sollte nach diesem Bericht … hundertmal größer sein; er bereichert, und verringert nicht, unser Staunen über diese bemerkenswerte Leistung …, denn das Mysterium von Simbabwe ist das Mysterium, das noch immer im pulsierenden Herzen des eingeborenen Afrika liegt.»

Der wahren Bedeutung von Groß-Simbabwe wurde 1980 Rechnung getragen, als die schwarze Mehrheit in Rhodesien an die Regierung kam: Die Nation, die die Heimat dieser großartigsten aller afrikanischen Stätten ist, gab sich den Namen Simbabwe.

Renders erfüllte Mauchs Bitte und kaufte ihn frei. Gemeinsam erkundeten sie das nicht kartographierte Stammesgebiet der Banyai, die zu den Shona in Simbabwe gehören. Die Banyai erzählten Mauch, dass in der Gegend einmal weiße Männer gelebt hätten. Sie erzählten ihm auch die Legende, dass der nahe Geisterberg das Heim eines magischen Kochtopfes war, der laufen konnte und jeden, der ihn sah, verstümmelte. Mauch, der furchtlose Entdecker, erklomm den Gipfel; seine Mühe wurde nicht mit einem Blick in den magischen Kochtopf belohnt, dafür aber mit etwas Realem:

> *«‹Bravo›, rief ich aus, ‹das ist es, was ich seit 1868 anstrebe, welches Glück! Und wie unerwartet. Vor wenigen Tagen erst mit den ernstlichen Gedanken an den Tod beschäftigt und heute schon vor der glänzendsten Errungenschaft meiner Reisen stehend! Gott sei gepriesen!›»*

Was Mauch auf dem Gipfel gesehen hatte, lag in der Ebene unter ihm: eine weitläufige Ruine, offensichtlich eine Stadt – auf dem Gebiet eines Stammes, der auf Mauchs Anwesenheit feindlich reagieren würde. Am Morgen des 5. September schlich er in die Stadt und entdeckte die eingestürzten Mauern, die ohne Mörtel aus Granitblöcken gefügt waren.

«Das Merkwürdigste ... ist ein 30 Fuß [9 Meter] hoher, nach oben konisch verlaufender Thurm ... Die unteren 10 Fuß sind zylindrisch mit einem Durchmesser von 15 bis 16 Fuß [4,60 bis 4,90 Meter], die oberen 20 Fuß sind konisch mit einem Durchmesser von etwa 8 Fuß [2,40 Meter] an der Spitze.»

Das plötzliche Erscheinen des Stammesfürsten setzte Mauchs erstem Besuch ein abruptes Ende, aber es taute das Eis zwischen beiden. Zwei Tage später war Mauch zurück, diesmal mit Genehmigung der Besitzer. Er kletterte zur Zitadelle oberhalb des seltsamen Turms, die er für eine antike Festung hielt. Was ihn aber wirklich faszinierte, war die Einfriedung in der Ebene. Er glaubte, Parallelen zu bestimmten Passagen im Alten Testament zu entdecken.

Das „Haus der großen Frau"

Mauch erfuhr von Einheimischen, dass diese „Stadt" einen Namen hatte – „Zimbabye" – und dass man die Einfriedung „Haus der großen Frau" nannte. Mauch war überzeugt: Dies war das Land Ophir, und die Königin von Saba hatte diese Einfriedung nach dem Vorbild des Tempels des Salomo in Jerusalem erbaut. Sie wird im Koran, im Alten und im Neuen Testament als Herrscherin eines unbekannten, aber reichen Landes erwähnt. Als sie von Salomos großer Weisheit hörte, sei sie nach Jerusalem gereist und habe ihm 120 Zentner Gold zum Geschenk gemacht. Nun glaubte Mauch, er habe das archäologische Fleisch zum Skelett dieser Geschichte entdeckt.

Die Mauern der großen Einfriedung ist etwa 250 Meter lang und zehn Meter hoch. Mauchs fälschliche Annahme, dies sei der Sitz der Königin von Saba gewesen, inspirierte später Henry Rider Haggard zu seinem Abenteuerroman „König Salomons Schatzkammer" (1885).

Als Mauch 1872 nach Europa heimkehrte, brachte er seine sorgfältig gezeichneten Pläne mit und meldete, er könne für einen weiteren Teil des Alten Testaments archäologische Beweise liefern. In einer Ära, in der die Überreste von Ur und Ninive ein neues Licht auf die Berichte über biblische Herrscher warfen, erschien die Entdeckung des Königreichs der Königin von Saba nicht abwegig. Seine Nachricht war eine Sensation. Im Ringen der europäischen Mächte um die Kontrolle über Afrikas Bodenschätze schien die Idee, dass diese goldreiche Region in Südafrika einmal die Heimat eines biblischen (und weißen statt schwarzen) afrikanischen Volkes gewesen sei, die blutige Landnahme, die bereits eingesetzt hatte, zu rechtfertigen. Tatsächlich wurde bis in die 1970er-Jahre im weiß regierten Apartheidstaat Rhodesien der Mythos von Groß-Simbabwe als einstiger Heimat eines semitischen Volkes aus dem Nahen Osten noch vielerorts gelehrt. Da hatten systematische archäologische Untersuchungen der Ruinenstadt die Wahrheit längst enthüllt.

Für Mauch stand die romantische Idee, dass er eine versunkene Stadt der Bibel entdeckt hatte, außer Frage. Er war mehr als Altertumsforscher, weniger als Archäologe auf der Suche nach einem Traum ausgezogen und ordnete nun seine Entdeckung seiner Erwartung unter. Seine Reisen brachten eine Zivilisation der Antike ans Licht, aber die Archäologie würde seine Theorien widerlegen.

DER COWBOY-ARCHÄOLOGE

Richard Wetherill im Mittleren Westen, 1884

Der amerikanische Mittelwesten bot 1884 wenig Spielraum für Archäologie. Doch anders als die meisten weißen Siedler, die damit beschäftigt waren, das angeblich „jungfräuliche" Land zu kolonisieren, war sich die Familie Wetherill – Richard (1858–1910), seine vier Brüder und ihr Vater John – bewusst, dass dies ein uralter Siedlungsraum war. Die Familie hatte in Konflikten zwischen neuen Siedlern und indigenen Stämmen in Texas und Oklahoma vermittelt und sich als pazifistische Quäker, die nur zur Jagd Gewehre trugen, die Achtung der Indianer erworben.

Das Leben im meist noch Wilden Westen war für die Wetherills nicht leicht. Nach ersten Versuchen als Farmer in Kansas und Missouri folgte die Familie dem Silberrausch nach Colorado. Aber Glück hatten sie nicht. 1880 waren sie völlig mittellos. Sie zogen mit ihren Wagen zurück nach Osten in die Region Four Corners an den Grenzen von Colorado, Utah, Arizona und New Mexico, um sich als Rancher zu versuchen. Ihre neue Wahlheimat war eine kleine Oase in einer kargen, trostlosen Landschaft. Mancos war eines der wenigen grünen Täler zwischen Tafelbergen und tiefen Canyons, die im Sommer knochentrocken waren und im Winter von Sturzbächen und Schneestürmen heimgesucht wurden. Weite Teile der Landschaft waren so rau, dass selbst die Ureinwohner – die Navajo, Hopi und Ute – sie mieden. Dank ihrer guten Kontakte erlaubten die Ureinwohner den Wetherills, ihr Vieh auf Indianergebiet zu weiden.

Das Land, um das es ging, war Mesa Verde, ein „Grüner Tafelberg" 2500 Meter über dem Meer und durchfurcht von tiefen, windigen Schluchten. Es bot den Rindern dürftigen Weidegrund und tausend Möglichkeiten, verloren zu gehen oder abzustürzen. Hier schlugen Richard Wetherill und seine Brüder in den letzten Tagen des Jahres 1884 ihr Winterlager auf, um ihr Vieh zu hüten.

Das markanteste Bauwerk auf dem Mesa Verde ist das Square Tower House. *Man nimmt an, dass diese Siedlung zwischen 1200 und 1300 bewohnt war.*

Der Winter 1884/85 im Johnson Canyon war langweilig und kalt. Die Brüder unternahmen zum Zeitvertreib Entdeckungsreisen in die tiefen Flusstäler und Schluchten, wo, wie die Indianer erzählt hatten, die Geister ihrer Ahnen wohnten. Hier fanden sie oft Keramiken und verstreute Steinwerkzeuge in der Nähe kleiner Behausungen, die sich an überhängende Talwände klammerten. Das Sammeln der Artefakte wurde bald zum

ZEITLEISTE

UM 1200 V. CHR. Die erste Korbflechter-Kultur entwickelt sich auf einem hohen Wüstenplateau der Region Four Corners

UM 1130 N. CHR. Blütezeit der Pueblo-Zivilisation der Felsenbewohner, die aus der älteren Korbflechter-Kultur hervorgegangen ist; ihr rascher Niedergang folgt um 1300

1888 Richard Wetherill und Charlie Mason betreten als erste weiße Amerikaner den *Cliff Palace* auf Mesa Verde

1893 Gustaf Nordenskiöld veröffentlicht „The Cliff Dwellers of the Mesa Verde" über die frühen Felsenbewohner von Mesa Verde, die erste wissenschaftliche Arbeit über die Pueblo-Kultur

1893/94 Die Brüder Hyde finanzieren Wetherills Expedition nach Grand Gulch im Südosten von Utah. 1897 folgt eine zweite Expedition

1896 Wetherill beginnt, mit der *Hyde Exploring Expedition* die Pueblo-Ruinen der Ureinwohner im Chaco Canyon, Neu-Mexiko, zu erkunden

1901 Wetherill errichtet einen Handelsposten in Chaco, um seinen Lebensunterhalt zu sichern

1906/07 Die Regierung der Vereinigten Staaten richtet zum Schutz der Stätten vor weiterer Plünderung den Mesa-Verde-Nationalpark und das Chaco-Canyon-Nationaldenkmal ein

1987 Mesa Verde und Chaco Canyon werden Unesco-Stätten des Weltkulturerbes

Hobby und zu einer kleinen zusätzlichen Einkommensquelle. Ihr Vater sandte die Objekte an einen Buchhändler in Denver, der sie an Freunde indianischer Kunst verkaufte. Es waren Plünderungen im kleinen Maßstab, nicht mehr. Aber als die Brüder, ermutigt von Erzählungen der Indianer über das Erstaunliche, das es da zu sehen gäbe, tiefer in das Labyrinth von Tälern vordrangen, sollte eine Entdeckung ihr Leben verändern.

Eine Stadt aus Fels

Am 18. Dezember 1888 bahnten sich Richard Wetherill und sein Schwager Charlie Mason auf der Suche nach verirrten Rindern einen Weg durch den Schnee im Cliff Canyon. Vielleicht war es der Schnee, der die Konturen an der Felswand vor ihnen hervorhob, oder ein verirrtes Rind lockte die beiden Cowboys tiefer in das Schluchtensystem als sonst, aber als Richard Wetherill nach oben sah, entdeckte er etwas Außergewöhnliches: In der Felswand war eine gewaltige Höhle, in der Häuser standen.

Die beiden Männer kämpften sich am Fluss vorbei und drangen in die Höhle vor, die Richard *Cliff Palace* – „Klippenpalast" – taufte. Sie betraten eine versunkene Welt. In der Höhle schien eine ganze Stadt schön gebauter Steinhäuser zu stehen, die vom Boden bis an die Decke reichten. Sie gingen von Raum zu Raum und fanden die Böden übersät mit Steinwerkzeugen und zerbrochener Keramik. Sogar Lebensmittelreste waren in der trockenen Höhlenluft konserviert. Wetherill schrieb:

> *«Es schien, als hätten die Bewohner alles, was sie besaßen, genau dort zurückgelassen, wo sie es benutzt hatten.»*

Andere Funde waren beunruhigender. Die Dachbalken und Träger von Böden waren entfernt worden und die Räume eingestürzt. In den Trümmern fanden sie Verstecke von Wertsachen, über denen die Skelette der Bewohner lagen.

Da nur noch wenige Stunden Tageslicht blieben, beschlossen die beiden Männer, sich zu trennen und den Rest des Tales zu erkunden. Vor Einbruch der Dunkelheit fand Richard eine weitere, noch besser erhaltene Siedlung, die er *Spruce Tree House* – „Fichtenhaus" – nannte. Als Schnee einsetzte und es langsam dunkel wurde, prägte er sich ihre Lage ein und ging zurück, um sich mit Charlie zu treffen. Am nächsten Tag versuchte er, den Weg zu finden, aber der Schnee hatte das Aussehen des Tales verändert. Die beiden Männer bogen falsch ab. Sie erkundeten eine andere Schlucht, wo sie unter einer überhängenden Felswand das *Square Tower House*, ein Gebäude mit rund 70 Zimmern entdeckten.

Wieder auf der Ranch stellte Richard eine Gruppe von Männern zusammen und kehrte in den Canyon zurück, um die Ruinen gründlicher zu untersuchen. Einen Monat lang kampierten fünf Cowboys im *Square Tower House* und fanden schwarz und weiß bemalte Keramiken, steinerne Pfeilspitzen, Muscheln, Perlen und sogar Textilien. Die trockene Umgebung hatte die Leichname der Bewohner perfekt konserviert, so dass sie, in den tiefsten Winkeln der Höhle versteckt, auf natürliche Weise mumifiziert waren. Ihre Haut spannte sich wie Pergament über ihre getrockneten Gesichter, und Kleider umhüllten ihre Skelette.

Vandale oder Opfer? Die Kontroverse um Richard Wetherill

Als Richard Wetherill die antiken Pueblos zu erforschen begann, war er einerseits von der unbekannten Vergangenheit fasziniert, andererseits hoffte er, dass seine Funde zum mageren Auskommen seiner Familie beitragen könnten. Charlie Mason, der Mann, der am Tag der Entdeckung der Stätten mit ihm geritten war, schrieb, kurz bevor sie zu den Ruinen zurückkehrten:

«Unsere bisherige Arbeit hatten wir eher getan, um unsere eigene Neugier zu befriedigen, als für einen anderen Zweck; aber diesmal war es eine geschäftliche Angelegenheit.»

Die ersten Ausgrabungen der Familie Wetherill waren wenig mehr als Schatzsuchen. Es ging ihnen um Artefakte, die sie verkaufen konnten – anfangs an die *Colorado Historical Society* –, und dabei fügten die Männer einigen Fundstätten gewiss großen Schaden zu. Aber mit der Zeit weckten die stummen Ruinen der Pueblos ein tieferes Interesse in Richard. Er wollte mehr über die Menschen erfahren, die an diesen Orten gelebt hatten.

1893 lernte Wetherill auf der Weltausstellung in Chicago, wo einige seiner Funde aus Mesa Verde gezeigt wurden, die wohlhabenden Brüder Hyde kennen. Sie boten ihm an, seine nächste Expedition nach Grand Gulch zu finanzieren. Wetherills sorgfältige Vorbereitung dieser Unternehmung, die einen Plan zur Dokumentation der Fundlage und Fundtiefe jedes Artefakts beinhaltete, zeigt deutlich, dass aus dem Schatzsucher ein ernsthafter Archäologe geworden war.

In Grand Gulch entdeckte Wetherill die Korbflechter-Kultur, der er ihren Namen gab. Der Name wurde von Archäologen als Werbemasche verspottet, hat sich aber inzwischen als zutreffend erwiesen. Wetherill hatte nicht vor, Sammler hinters Licht zu führen, sondern er trug wie ein moderner Archäologe Schichten aus Erde und Trümmern ab und identifizierte eine frühere Kultur unter der der Pueblo-Erbauer.

Die Brüder Hyde waren beeindruckt und sagten die Finanzierung einer Expedition nach New Mexiko in den Chaco Canyon für das Jahr 1896 zu. Dort gab es Gerüchte um ein Pueblo mit rund 650 Räumen (im Vergleich zu 217 im *Cliff Palace*). Doch Wetherill wurde von den Hydes „degradiert" – sie ernannten einen berufsmäßigen Archäologen zum Grabungsleiter. Trotz Wetherills unermüdlicher Arbeit vor Ort, wo eines der größten Keramikdepots, das je in den USA entdeckt wurde, ans Licht kam, wurde er im offiziellen Grabungsbericht nicht einmal erwähnt.

Das Jahrhundert neigte sich seinem Ende zu, und Wetherill war schwer verschuldet. Die Ranch der Familie stand vor dem Bankrott und die Hydes blieben ihm immer wieder seinen Lohn schuldig. Er siedelte ganz nach Chaco Canyon um und eröffnete einen Laden, der ihm und seiner Familie ein bescheidenes Auskommen sicherte. Er tauschte Waren gegen Navajo-Decken ein, die er dann in New York vertrieb. Es war die Zeit der politischen Wende. 1900 ermittelte man gegen die Hydes wegen des Vorwurfs, sie würden Fundstätten plündern und zerstören. Die Grabungserlaubnis wurde ausgesetzt.

Obwohl man Wetherill und den Hydes kein Fehlverhalten nachweisen konnte, wurde die Grabungserlaubnis nicht mehr erteilt. Die Kommission für indianische Angelegenheiten warf Wetherill vor, er misshandle und bestehle seine indianischen Arbeiter. Ein Regierungsinspektor berichtete:

«Je mehr ich über Wetherill weiß, desto mehr bin ich überzeugt, dass er ein Mann ohne Prinzipien ist. Einmal prahlte er vor mir, er sei bekannt als ‹Vandale des Sudwestens›.»

Das war grobe Verleumdung. Zwar hatten die Wetherills ihre Expeditionen durch den Verkauf von Artefakten finanziert, aber das war damals übliche Praxis, wie die Sammlungen in vielen europäischen Nationalmuseen beweisen. Doch der Laie Richard Wetherill eignete sich gut als Sündenbock. Er lebte nicht lange genug, um sich zu rehabilitieren. Am 22. Juni 1910 wurde er auf dem Weg zu seinem Laden in Chaco Canyon erschossen. Einer der Navajo, der lange Jahre für ihn gearbeitet hatte und von dem man wusste, dass er bei Wetherill Schulden hatte, wurde verhaftet und vor Gericht gestellt. Er wurde zu einer fragwürdig niedrigen Strafe verurteilt. Richard Wetherill wurde als Cowboy geboren und starb als Cowboy, aber den längsten Teil seines Lebens war er einer von Amerikas ersten großen Archäologen.

Was Richard Wetherill, der kein ausgebildeter Archäologe war, entdeckt hatte, waren die Überreste einer hoch entwickelten Kultur, die Jahrhunderte vor dem Eintreffen der Europäer aufgeblüht und wieder verschwunden war. Ihre Zivilisation strafte die zu jener Zeit verbreitete Vorstellung Lügen, dass Indianer ein „primitives" Volk seien, dessen Land man ohne Gewissensbisse nehmen konnte. Es wurde Wetherills Lebensaufgabe, herauszufinden, wer dieses Volk war und was sein Ende verursacht hatte. 1891 schloss sich der schwedische Geologe Gustaf Nordenskiöld (1868–1895), der Sohn des berühmten Polarforschers, Wetherills Expedition an. Er führte Wetherill in die neuen europäischen Grabungsmethoden ein und lehrte ihn, statt mit dem Spaten mit der Spitzkelle zu arbeiten. Nordenskiöld unternahm auch den ersten Versuch, die Stätte zu datieren – für Wetherill ein völliges Geheimnis. Er zählte die Jahresringe im *Spruce Tree House,* um zu beweisen, dass die Siedlung mindestens 162 Jahre alt war. Heute wissen wir, dass sie sogar mehrere Jahrhunderte älter war. Wetherill begann, den Schutt, den man bisher beiseitegeschaufelt hatte, genau zu dokumentieren: Aus Lebensmittelresten rekonstruierte er die Ernährung des Pueblo-Volkes oder studierte die Kleidung auf Unterschiede zwischen den beiden Kulturen, die er zu enthüllen glaubte.

Keramik aus dem Chaco Canyon wie dieser Topf ist typischerweise mit einer Vielfalt von einfarbigen geometrischen Mustern verziert. Man nimmt an, dass hier zwischen 400 und 750 n. Chr. Töpferwaren (Ausdruck sesshafter Lebensweise) die Körbe als Küchenutensilien ablösten

Korbmacher und Höhlenbewohner

Im Verlauf der nächsten 22 Jahre grub Wetherill an zahlreichen Stätten – in Mesa Verde, im 160 Kilometer westlichen Grand Gulch in Utah und im Chaco Canyon in Neu-Mexiko – und enthüllte eine Geschichte, die nur wenige weiße Siedler geglaubt hätten. Die Stätten, die er fand, gehörten zwei Völkern. Die früheren Einwohner nannte er das „Korbflechtervolk". Es war vermutlich bereits 1200 v. Chr. in der Gegend von Four Corners sesshaft geworden. Es baute Getreide, Mais und Kürbisse an und jagte mit Speeren mit Steinspitzen, die es mit einer als *atlatl* bekannten Speerschleuder warf. Es stellte keine Keramik her, sondern fertigte Körbe an, die so fein geflochten waren, dass man Wasser in ihnen transportieren konnte. Diese besondere Fertigkeit brachte Wetherill auf den Namen für diese Kultur.

Wetherill fand Behausungen der Korbflechter oft auch unter später entstandenen Gebäuden. Dieses Volk grub unterirdische, flaschenförmige Zimmer, die man als Erdgrubenhäuser kennt. Spätere Völker überbauten die versteckten Eingänge dieser Räume unwissentlich. In den Räumen fand er nicht nur Artefakte der Korbmacher, sondern, wie er in seinen Briefen schrieb, auch Überreste der Bewohner selbst:

> «*In diesen Erdgruben finden sich Körper aller Altersstufen und beider Geschlechter – mit Sandalen an den Füßen, menschlichem Haar, Lendentuch, Lendenschurz aus Zedernrinde, Perlenschnüren um ihre Hälse. Alle in eine Kaninchenfelldecke gehüllt … Über dem Kopf findet man üblicherweise einen kleinen Korb – flach – mit rund 50 Zentimeter Durchmesser und in gutem Zustand; die Apachen fertigen heute ähnliche Körbe an.*»

Um 750 n. Chr. begann sich diese Kultur in ein, wie Wetherill es nannte, Volk von Felsenbewohnern zu verwandeln – zu der Zivilisation, auf deren Felsenhäuser er gestoßen war. Sie lebten in überirdischen „Pueblos", die bis zu vier Stockwerke hoch waren. In einem von ihnen (Pueblo Bonito) lebten zwischen 2000 und 5000 Menschen. Dieses Volk baute ebenfalls Kürbisse und Getreide an, aber auch Bohnen (die durch den Handel mit Mittelamerika in der Region eingeführt wurden), und es domestizierte den Truthahn. Das Erdgrubenhaus des Korbflechtervolkes entwickelte sich unter den Felsenbewohnern zu rituellen *kivas,* tiefer gelegenen Zeremonialhallen, die bis zu 500 Menschen Platz boten.

Ihre größte Leistung jedoch bestand in der Verwaltung der Wasserressourcen. Die Gegend um Four Corners ist im Sommer sehr trocken. Obwohl der Winter heftige Stürme und schwere Schneefälle bringen kann, ist die verfügbare Niederschlagsmenge nicht absehbar und versickert zudem schnell im sandigen Boden. Um eine langfristige Besiedlung zu ermöglichen, bauten die Felsenbewohner aufwendige Bewässerungssysteme. Sie stauten periodische Flüsse, legten an Berghängen Terrassen an und gruben Zisternen, um Wasser aufzufangen und die unberechenbare Wasserversorgung zu regulieren. Diese Leistung setzte Zusammenhalt und Führung voraus – so entstanden Städte wie *Cliff Palace*.

Als Richard Wetherill auf diese Siedlungen stieß, war das Volk, das dort gelebt hatte, längst fort. Im 13. Jahrhundert zuwandernde nomadische Völker könnten den Druck auf die Felsenbewohner erhöht haben. Auch Klimaveränderungen könnten eine Rolle gespielt haben. Einige der Skelette, die Wetherill fand, zeigten Spuren von Heilung, die nahelegen, dass die Verletzten den Angriff überlebt hatten, andere könnten schlicht normal bestattet worden sein. Auch könnte die Ursache für das Niederreißen der Häuser ein Mangel an Holz gewesen sein und nicht mutwillige Zerstörung.

Ebenso gut könnten die Erbauer der Pueblos einfach in Regionen mit zuverlässigeren Niederschlägen gezogen sein. Die Hopi, die Wetherill gut kannte, bauten noch immer religiöse *kivas,* und in Arizona und Neu-Mexiko leben bis heute moderne Pueblo-Völker. Die Felsenbehausungen waren vielleicht lange aufgegeben worden, bevor Europäer sie fanden, aber die Nachkommen ihrer Erbauer waren noch da.

Frühe kivas *im Pueblo Bonito im Chaco Canyon. In diesen unterirdischen Räumen, die fester Bestandteil vieler früher Pueblo-Siedlungen waren, wurden religiöse Zeremonien vollzogen.*

HORIZONT DER SONNE

Die vergessene Stadt des Sonnen-Pharao, 1887

Am Ostufer des Nils in Mittelägypten, rund 320 Kilometer südlich von Kairo, liegt eine von hohen Felsen umgebene Wüstenebene. Niemand lebt heute in der ungastlichen Landschaft, aber seit Jahrhunderten wissen Besucher der Gegend, dass dies nicht immer so war, denn hoch oben, an fast unzugänglichen Stellen, stehen elf gewaltige Stelen aus Stein mit Texten in der Schrift des alten Ägypten: Hieroglyphen.

Im 19. Jahrhundert hatten die Fellachen der nahen Dörfer El-Til el Amarna und El-Hagg Qandil einen anderen Grund, davon auszugehen, dass dort Menschen gelebt hatten, denn in der Ebene gab es *sebakh* – Salpeter, der beim Zerfall von Lehmziegeln frei wird und als Dünger dient. 1887 war eine Fellachin, die im Zentrum der Ebene nach *sebakh* grub, noch auf etwas anderes gestoßen: Unter Stroh und zerfallenem Lehm lag etwas, das einem intakten Ziegel ähnelte. Als sie es herauszog, sah sie auf dem gebrannten Lehm Text in einer antiken Schrift. Sie grub weiter; mehr Tafeln kamen ans Licht, Hunderte, alle beschrieben mit den gleichen seltsamen, pfeilähnlichen Zeichen.

Aber wenn dies ein Schatz war, offenbarte sich das nicht auf den ersten Blick. Wenig begeistert zerbrach die Frau zahlreiche Tafeln, bevor sie den Rest, über 300 Stück, an ihren Nachbarn verkaufte – für zehn Piaster. Ihr Nachbar kannte sich besser aus und wusste, dass es für solche antiken Relikte einen Markt gab. So wanderten die Tafeln in den Besitz von Antikenhändlern in Kairo und Alexandria, und von dort sickerten sie nach und nach in Museumsbestände in Europa und Amerika. Anfangs hielt man die nahezu perfekt erhaltenen Tafeln für Fälschungen. Doch dann erwarb E. A. Wallis Budge (1857–1934), ein Assistent des Kurators am Britischen Museum in London, ein paar Exemplare. Wallis Budge war ein brillanter Linguist. Er sah sofort, dass die Schrift auf den Tafeln eine Keilschrift war und die Sprache Akkadisch – die Sprache der Diplomatie in der mediterranen Bronzezeit. Er übersetzte die Texte und bemerkte:

> *«Auf der größten, mit der besten Schrift … konnte ich die Worte ‹A-na Ni-ib-mu-ari-ya› ausmachen, das heißt ‹An Nibmuariya› und auf einer anderen die Worte ‹[A]-na Ni-im-mu-ri-ya shar matu Mi-is-ri›, das heißt ‹An Nimmuriya, König des Landes Ägypten›. … Ich war mir sicher, dass diese Tafeln sowohl echt als auch von großer historischer Bedeutung waren.»*

Auf diesem Steinrelief beten Echnaton und seine Familie Aton, die große Sonnenscheibe an. Die „Große Hymne an Aton“, die unter Echnatons Regierung entstand, nennt die Gottheit «O einziger Gott, neben dem es keinen gibt».

Die Amarna-Briefe

Seit der Entdeckung der ersten rund 300 Tafeln im Jahr 1887 erbrachte eine gründliche Suche in Museumsbeständen und Händlerkatalogen sowie eine Reihe von Grabungen weitere 82 Tafeln. Es sind die offiziellen Abschriften der Korrespondenz des „Auswärtigen Amtes" von Echnaton und seinem Vater Amenophis III. mit vielen bedeutenden Herrschern im Nahen Osten. Die Sammlung vermittelt einzigartige Einblicke in die Welt der Diplomatie der Bronzezeit vor dem Trojanischen Krieg.

In dieser Ära war das Neue Reich von Ägypten reich und relativ friedlich, und seine Beziehungen reichten bis weit in den Nahen Osten – es war Ägyptens imperiales Zeitalter. Dieser Wohlstand schuf Macht. Die sorgfältig formulierten Briefe enthüllen, wer in dieser antiken Welt eine Rolle spielte und wer nicht. Kuriere überbrachten – zusammen mit Geschenken – die in der *lingua franca* der Zeit, dem Akkadischen, verfassten Briefe Ägyptens Freunden und Verbündeten. Sie fragen nach Waren, bahnen diplomatische Ehen an und drohen, natürlich verschleiert, potenziellen Feinden.

Ein Hauptmotiv der Briefe des Pharaos ist die Suche nach diplomatisch nützlichen Bräuten für seinen Harem, in dem unter anderen Töchter der Könige von Mittani, Babylon und Arzawa lebten. Der Harem bildete einen Querschnitt der zivilisierten Völker der antiken Welt. Ausländische Ehefrauen boten bei Verhandlungen beiden Seiten ein gutes Druckmittel. Sie waren Symbol der Allianz zwischen den beiden Staaten und zugleich diplomatische Repräsentanz ihres Landes am fremden Hof. Der Hof wiederum hatte durch sie Zugang zu kulturellen und politischen Informationen über ihre Heimat.

Die Briefe des Pharaos an die Könige des Nahen Osten versprachen Reichtum für solche Allianzen:

«Die Geschenke, die ich sende, sind unbedeutend im Vergleich zu dem, was ich senden werde, wenn du mich die Frau haben lasst, die ich möchte.»

Nicht jeder König war so leicht zu überzeugen. Der König von Babylon, Kadaschman-Enlil, antwortete:

«Nun bittest du um die Hand meiner Tochter, aber meine Schwester, die dir mein Vater gab, war bei dir, und niemand hat gesehen, ob sie noch lebt oder ob sie tot ist.»

Es ist offenkundig, dass Kadaschman-Enlil wenig von dem hielt, was man über das Familienleben am Hof von Pharao Amenophis zu hören bekam. Der Pharao andererseits war kein Mann, der sich einfach abwimmeln ließ. Er antwortete entsprechend ungerührt:

«Aber hast du je einen Mann geschickt …, der deine Schwester kennt und mit ihr sprechen und sie identifizieren könnte?»

Es scheint, dass selbst der König von Babylon nicht in der Position war, zu handeln. Er gab den Forderungen des allmächtigen Ägypten bald nach; er wusste, er hatte keine Wahl:

«… Was meine Tochter betrifft …, über die du mir wegen einer Ehe schriebst, sie ist eine Frau geworden; sie ist heiratsfähig. Sende einfach eine Delegation, die sie abholt.»

Im Gegenzug bat er nun selbst um eine ägyptische Braut:

«Als ich dir wegen der Möglichkeit schrieb, deine Tochter zu heiraten, schriebst du mir das Folgende: ‹Noch nie ist die Tochter eines ägyptischen Königs jemandem gegeben worden.› Warum nicht? Du bist ein König und tust, was dir gefällt. Wenn du sie mir gibst, wer wird etwas sagen? … Hast du nicht Brüderlichkeit und Freundschaft gesucht und hast du mir nicht von Heirat geschrieben, damit wir einander näher kämen?»

Die Antwort war abschlägig, und der babylonische König war Realist genug, um sein Anliegen zu mäßigen:

«… Sende mir eine schöne Frau, als wäre sie deine Tochter. Wer wird sagen können ‹Dies ist nicht des Königs Tochter?›»

Die Amarna-Briefe zeigen, dass sich die Realpolitik der Bronzezeit wenig von der heutigen unterschied.

Wallis Budges Einschätzung der Bedeutung dieser Funde war richtig. Die *sebakh*-Gräberin war auf die Korrespondenz zweier der größten Pharaonen des alten Ägypten gestoßen: des Herrschers der 18. Dynastie, Amenophis III. (Regierungszeit 1391–1350 v.Chr.), und seines Sohnes Echnaton (Regierungszeit 1350–1336 v.Chr.). Sie lag unter den Ruinen des Staatsarchivs einer Stadt, die über 3300 Jahre im Sand verschollen war. Es waren Abschriften von Briefen der Pharaonen an Herrscher im Nahen Osten und deren Antworten.

Der Sonnen-Pharao

Mehr als drei Jahrtausende zuvor war Amarna Standort einer staunenswerten Stadt: Achetaton – „Horizont des Aton", wie die Grenzstele verrät. Pharao Echnaton hatte als Amenophis IV. im 13. Jahrhundert v.Chr. – auf dem Höhepunkt einer Periode der ägyptischen Kultur, die man das Neue Reich (um 1550–1070 v.Chr.) nennt – den Thron Ägyptens bestiegen. Aber dieser Pharao war ein Bilderstürmer. Er glaubte an nur einen Gott – Aton, die Sonnenscheibe. Im vierten Jahr seiner Regierung (1346 v.Chr.) führte er eine neue Religion zu Ehren dieses Gottes ein. Als Signal für den Bruch mit der mehrtausendjährigen ägyptischen Tradition änderte er seinen Namen von Amenophis IV. in Echnaton („der Aton nützlich ist") und gründete mit seiner schönen Frau Nofretete eine neue Stadt, weit entfernt vom alten religiösen Zentrum Theben. Er wählte einen jungfräulichen Ort, an dem sein Volk dem neuen und einzigen Gott huldigen würde, den er ihm offenbart hatte.

Auf dieser gebrannten Tontafel steht einer der berühmten Amarna-Briefe. Der in akkadischer Keilschrift – der Diplomatensprache der Zeit – verfasste Brief von Echnaton ist an einen kanaanitischen Fürsten gerichtet.

Deutsche und britische Grabungsteams arbeiten seit 1891 an der Fundstelle, seit der Pionier der Ägyptologie, Sir William Flinders Petrie (1853–1942), begann, die Stadt aus dem Sand zu befreien. Ihre Arbeit enthüllte eine außergewöhnliche Stadt, die aber nur wenige Jahre bestand. Sie lag am Nil, war 13 Kilometer lang und im Mittelpunkt fast fünf Kilometer breit. Eine prächtige Prozessionsstraße verlief durchs Zentrum, auf den großen Tempel zu – ein in der Geschichte Ägyptens einzigartiges Bauwerk. Anders als die dunklen, geheimnisvollen Tempel der Vergangenheit war diese Anlage offen, damit die Sonne auf die Gläubigen niederstrahlen konnte. Echnaton verlegte auch die Regierung in

ZEITLEISTE

UM 1346 V.CHR. Echnaton und seine Gemahlin Nofretete gründen die religiöse Kultstadt Achetaton (später Amarna) am Nilufer, 400 Kilometer nördlich von Theben (Luxor)

UM 1338 V.CHR. Nofretete verschwindet aus den historischen Aufzeichnungen, man hört nie wieder von ihr

UM 1336 V.CHR. Echnaton stirbt. Kurz darauf werden der Aton-Kult und die Stadt Achetaton aufgegeben. Der Hof kehrt nach Theben zurück

1887 In Amarna in Oberägypten werden 300 gebrannte Keilschrift-Tontafeln gefunden

1891/92 Sir William Flinders Petrie erforscht den Großen Aton-Tempel in Amarna

1907 Die *Deutsche Orient-Gesellschaft* beginnt unter der Leitung von Ludwig Borchardt mit der Freilegung von Amarna (bis 1914) und entdeckt die Büste der Nofretete

1921 Britische Archäologen der *Egypt Exploration Society* nehmen die Arbeit in Amarna auf. Sie setzen ihre Forschung bis heute fort

die neue Stadt und baute in ihr einen Verwaltungsbezirk, zu dem das „Haus der Briefe" gehörte, wo man die Amarna-Briefe entdeckt hatte. In den Vororten lebten die Bürger – Arme wie Reiche – ohne sichtbare Trennung. In der Nähe der Berge wohnten in einem eigens angelegten Dorf die Handwerker, die Grabmale bauten. Ihre Aufgabe war es, angemessen prächtige Gräber in die massiven Felswände zu schlagen und sie auszuschmücken.

Nichts aber war vergleichbar mit der überwältigenden Pracht der vier Paläste. Die königlichen Bezirke der Stadt Achetaton bedeckten eine Fläche, die größer war als die der extravaganten französischen Schlösser in Fontainebleau und Versailles zusammen. Die Böden und Wände der Paläste waren mit Blumen- und Vogelmotiven geschmückt, mit Szenen von Familien beim Essen, von Vätern, die mit ihren Kindern spielen, und Liebenden, die sich im Schatten süß duftender Balsambäume umwerben.

Lob der neuen Gottheit

In den Palasthallen erklang eine neue Form der Dichtung, die – wie manche sagten – vom König selbst stammte. Die Verse lobten den einen Gott und erfreuten sich an der Natur, die er erschaffen hatte, in Tönen, die durch die Jahrhunderte hallen und im biblischen Hohelied von Salomo wieder ihren Ausdruck finden. So etwa in der „Großen Hymne an Aton", in der es heißt:

«Wenn du dich vom Horizont erhebst, wird die Erde hell …
Wenn deine Strahlen erleuchten, ist ganz Ägypten festlich.
Menschen erwachen und stehen auf ihren Füßen
Denn du hast sie emporgehoben …

… Alles Vieh erfreut sich an seinen Weiden,
Bäume und Pflanzen wachsen grün,
Vögel fliegen auf aus ihren Nestern
Und heben ihre Schwingen in Anbetung deines Geistes.
Ziegen springen auf ihren Füßen,
Und die flatternden und fliegenden Dinge werden lebendig,
Weil du auf sie hernieder scheinst …»

Aber die Stadt Achetaton blieb ein kurzlebiger Traum. Die neue Religion war im Volk nicht so beliebt, wie Echnaton gehofft hatte. Die sehr konservative Kultur wandte sich nicht leicht von Ägyptens alten Göttern und ihren reichen Tempelinstitutionen ab, die ihnen huldigten. Sehr rasch nach dem Tod des Pharaos zerbrach seine Religion; seine Stadt und sogar die Erinnerung an ihn verschwanden. In einer gewalttätigen Reaktion gegen seinen Glauben löschte man seinen Namen von Denkmälern und machte seine Tempel dem Erdboden gleich; seine Stadt wurde aufgegeben. Die Einwohner zog es zurück in die alte Hauptstadt Theben. Hier war ein junger Pharao bestrebt, die alte Ordnung wiederherzustellen. Sein Name: Tutanchamun (siehe Seite 134).

Die Büste der Königin Nofretete aus der Werkstatt des Bildhauers Thutmose steht im Alten Museum in Berlin. Es ist das meistkopierte Kunstwerk aus dem alten Ägypten.

Ludwig Borchardt und Nofretete

Anfang Dezember 1912 beaufsichtigte ein deutscher Archäologe, Ludwig Borchardt (1863–1938), der Gründer des Deutschen Archäologischen Instituts in Kairo, Ausgrabungen in einem nicht näher bezeichneten Bezirk von Amarna. Am 6. Dezember grub sein Vorarbeiter Mohammed Ahmes es-Senussi im Raum 19 von Planquadrat P47 (zur leichteren Kartographierung hatte man für die gesamte Grabungsstätte ein Rastergitter festgelegt), als er in der Grube unter sich eine leuchtend blaue und gelbe Stelle bemerkte. Er fegte den Sand fort und fand etwas, das wie ein Teil einer geschnitzten und bemalten Halskette aussah. Borchardt war nicht zugegen. Die Berichte weichen ab, ob er einfach nicht am Grabungsort war oder in einer Hängematte vor seiner Hütte Siesta hielt. Professor Ranke, der in seiner Abwesenheit Aufsicht führte, schrieb deshalb eine Notiz darüber und ordnete an, sie Borchardt sofort zu überbringen.

Als Borchardt eintraf, hatte sein Vormann eine intakte Kalksteinbüste freigelegt, die etwa 50 Zentimeter hoch war und mit dem Gesicht nach unten im Sand lag. Als der Sand entfernt war, wurde die Büste in die Hände des Vormanns gehoben und zum ersten Mal fotografiert. Das Foto fing den ersten Blick seit über 3000 Jahren auf das ein, was viele für das großartigste der erhaltenen Kunstwerke der antiken Welt halten: die Büste der Nofretete. Borchardt war sprachlos. Am Abend schrieb er in sein Tagebuch: *«Beschreiben nützt nichts, ansehen.»*

3000 Jahre zuvor war in Raum 19 im Planquadrat P47 die Werkstatt des Meisterbildhauers Thutmose gewesen. Hier fertigte er um 1345 v. Chr. das erlesene Abbild seiner Königin an, besetzte ihren Halskragen mit Lapislazuli und ihre Augen mit Bergkristallen. Dann bemalte er den Stein so lebensecht, dass er wirkt, als sei Nofretete lebendig aus der tiefsten Vergangenheit in die moderne Welt getreten.

Warum diese herrliche Arbeit unter Trümmern begraben lag, bleibt ein Geheimnis. In den dunklen Tagen nach Nofretetes Verschwinden aus der Geschichte und dem Zusammenbruch von Achetaton könnte der Besitz der Büste gefährlich gewesen sein. Auch gibt es Hinweise, dass die Büste nicht fertig war. Die fehlende Intarsie im linken Auge scheint nie eingepasst worden zu sein. Auch die Ankunft in Berlin, wo die Büste bis heute steht, ist Gegenstand der Kontroverse: Es scheint, als habe Borchardt gezielt den Wert des Fundes heruntergespielt oder gar verschleiert, um sicherzustellen, dass die ägyptische Altertumsbehörde die Erlaubnis zur Ausfuhr erteilte.

Ein weitaus größeres Geheimnis ist die Frau, die die Büste darstellt. Nofretete, deren Name „die Schöne ist gekommen" bedeutet, war die „große Gemahlin" des Ketzer-Pharaos Echnaton. Aber sie war weitaus mehr als nur Königin. Die Intimität in den Abbildungen Echnatons und Nofretetes deuten an, dass ihre Ehe mehr war als eine politische Heirat. Echnaton nannte seine Frau «die Süße der Liebe» und sagte, «sie stimmt Aton zufrieden mit ihrer süßen Stimme». In der prächtigen Umgebung der nördlichen Wohnräume des Palastes zog Nofretete ihre Kinder auf. In Reliefs sieht man sie hier in glücklichen Tagen – sie spielte mit ihren Kindern und küsste sie – und in tiefer Verzweiflung beim Begräbnis einer Tochter. Keine andere Königin der Antike scheint so real, so menschlich, und das Verschwinden keiner anderen Königin könnte geheimnisvoller sein.

Nach zwölf friedlichen Jahren schien in Achetaton alles gut zu stehen. Das zwölfte Jahr selbst sollte in der Stadt feierlich begangen werden. Der Staatsbesuch der Mutter des Pharaos, Königin Teje, einer noch immer bedeutenden Persönlichkeit des Landes, wurde erwartet, und eine internationale Festparade war geplant. Botschafter aus aller Welt trafen ein und gaben Achetaton die Gewissheit, dass Ägypten noch immer eine internationale Macht war. Gesandte aus Afrika brachten Gold, Elfenbein, Leoparden und Affen. Aus dem antiken afrikanischen Königreich Punt kam Weihrauch, Moschus und Sandelholz. Syrer brachten Streitwagen mit Goldgravierungen, Antilopen, einen Löwen und eine Onyxantilope, während die Minoer mit Reihen dekorierter Amphoren paradierten. Die Nubier waren da, die Libyer und Abgesandte aus Mittani – und Nofretete. Sie saß nicht mehr als „große Gemahlin" neben ihrem Mann, sondern als ihm gleichgestellte Mitregentin. Eine Beziehung wie diese hatte es nie zuvor gegeben.

Dann, irgendwann im zwölften Jahr, auf der Höhe ihrer Macht, verschwand Nofretete plötzlich aus der Geschichte. Die Aton-Religion brach zusammen, die Stadt versank, und die Büste der schönen Nofretete lag, mit dem Gesicht nach unten, vergessen in der Abfallgrube eines Bildhauers.

DAS FEHLENDE BINDEGLIED

Eugène Dubois trifft den Javamenschen, 1890

Charles Darwin lieferte mit seinem 1859 veröffentlichten Werk „Die Entstehung der Arten durch natürliche Auslese" für die Biologie das, was zuvor Geologen und Archäologen, die überzeugt waren, dass die Erde wesentlich älter sei, als die Bibel angab, für ihre Fächer formuliert hatten. Es bot den Biologen außerdem eine neue Perspektive: Wenn Menschen und Menschenaffen wirklich gemeinsame Vorfahren hatten, müsste dann nicht eine Fossilie dieser frühen menschenähnlichen Kreatur, ein Bindeglied zwischen beiden Arten, zu finden sein?

Obwohl man in Europa bereits Überreste früher Menschen gefunden hatte, waren diese, anatomisch betrachtet, moderne Menschen (sofern sie damals als solche identifizierbar waren): *Homo sapiens* – oder Neandertaler (deren genaues Verhältnis zum modernen Menschen immer noch diskutiert wird). Eugène Dubois (1858–1940), ein junger niederländischer Anatom, war überzeugt, dass, wenn es ein „fehlendes Bindeglied" gab, es kaum im kühlen, relativ feindlichen Klima Europas zu finden sein würde, sondern in den wärmeren Tropen. Also gab er 1887 seine Stelle als Anatomiedozent in Amsterdam auf und ging als Truppenarzt in die Kolonien nach Indonesien.

Dubois und seine junge Familie erreichten Sumatra im Dezember desselben Jahres. Wann immer er sich vom Hospital freimachen konnte, suchte er nach Fossilien und wurde so der erste Forscher, der systematisch nach menschlichen Vorfahren fahndete. Das schlecht kartographierte Sumatra mit seinem dichten Dschungel erwies sich als schwieriger Jagdgrund: Selbst als man ihm zwei Ingenieure und 50 Zwangsarbeiter zur Seite stellte, blieb die Ausbeute mager; einer seiner Ingenieure starb, und viele unwillige Arbeiter liefen fort.

Zwischen Mensch und Affe

1890 konzentrierte Dubois sich deshalb auf Java. Dort, so hörte er, hatte ein Bergwerksingenieur 1888 einen menschlichen Schädel gefunden. Er verpflichtete zwei Ingenieure und eine Gruppe von Strafgefangenen als Arbeiter und begann, die Gegend abzusuchen, wo der Schädel gefunden worden war. Bald entdeckte er kleine menschliche Überreste.

Im September stieß er am Bengawan Solo in Trinil auf eine reichere Fundstelle: Er fand die rechte Seite eines menschenähnlichen Unterkiefers mit drei Zähnen. Langsam und akribisch suchte er das Kiesufer des Bengawan Solo ab. Erst im August des nächsten Jahres wurde ein weiterer Backenzahn gefunden und zwei Monate später, nur rund einen Meter entfernt, die Schädeldecke, die später als Überrest des Javamenschen bekannt werden sollte. Es vergingen noch zehn Monate, bevor an derselben Stelle ein fast intakter Oberschenkelknochen ans Licht kam.

Eine Illustration dessen, was man nach der Entdeckung des Neandertalers 1856 für das fehlende Bindeglied hielt. Es war eine Spezies der Gattung Homo, *die vor 24 000 Jahren lebte.*

DER SOGENANNTE PILTDOWN-MENSCH

Die Suche nach dem „fehlenden Bindeglied" war eine direkte Folge von Darwins Veröffentlichung über seine Theorie der natürlichen Auslese – und sie führte zu einem der größten archäologischen Schwindel des 20. Jahrhunderts. Charles Dawson stellte 1912 bei einer Konferenz der *Geological Society* in London der Öffentlichkeit eine Fossilie des „Piltdown-Menschen" vor. Er gab an, ein Arbeiter im Piltdown-Steinbruch in der Nähe von Uckfield in Sussex im Südosten von England habe ihm 1908 das Fragment eines Schädels gebracht. Daraufhin habe er die Fundstätte besucht und weitere Objekte entdeckt; er habe sie dem Verwalter der geologischen Abteilung des Britischen Museums in London gezeigt. Die beiden Männer seien zur Fundstätte zurückgekehrt, wo sie mehrere Schädelfragmente gefunden hätten und eine Unterkieferhälfte.

Als man die Knochen im Museum zusammensetzte, habe man entdeckt, dass der – wenn auch bruchstückhafte – Schädel um ein Drittel kleiner war als der eines modernen Menschen. Der Kiefer aber ähnele, trotz menschenähnlicher Backenzähne, dem eines Schimpansen. Das hätte die Mitglieder der *Geological Society* und jeden, der sich für die menschliche Evolution interessierte, überraschen müssen, aber das tat es nicht. Die Fossilie war genau das, was sie zu finden erwartet hatten. Der damaligen Theorie nach wurde die menschliche Evolution durch höhere Gehirnaktivität vorangetrieben. Folglich erfüllte ein Lebewesen mit großem Gehirn, aber primitivem Kiefer die Rolle des „fehlenden Bindeglieds" perfekt.

Aber nicht jeder war über die Entdeckung glücklich. Viele wichtige Elemente des Schädels fehlten, etwa die Gelenkverbindung zwischen Schädelbasis und Kiefer. Ohne sie aber war es unmöglich, nachzuvollziehen, wie ein so „primitiver" Kiefer an einem großen Schädel befestigt war. Hinzu kam, dass eine Rekonstruktion des schwer beschädigten Schädelgehäuses durch das *Royal College of Surgeons* (die Königliche Hochschule für Chirurgie) einen Schädel hevorbrachte, der nicht zwei Drittel der Kapazität eines modernen Schädels aufwies, sondern von einem modernen Schädel fast nicht zu unterscheiden war. Dass die Diskussion über die Fossilien von Piltdown so lange wogte, war teils den unzulänglichen wissenschaftlichen Mitteln zur Zeit der Entdeckung geschuldet, teils aber auch dem Zögern der Öffentlichkeit, etwas aufzugeben, wonach sie so lange gesucht hatte.

Erst 1953 wurden Beweise veröffentlicht, dass der Fund ein Schwindel war. Es war aufgefallen, dass sich der Neigungswinkel eines Backenzahnes von dem der anderen unterschied; eine Untersuchung unter dem Mikroskop ergab, dass er abgefeilt worden war. Man hatte den Piltdown-Menschen nicht gefunden, man hatte ihn erschaffen. Eine Datierung mit der Radiokarbonmethode ergab, dass dies der Kiefer eines 500 Jahre alten Orang-Utan-Skeletts aus Sarawak von der Insel Borneo war. Der Zahn war eine Schimpansenfossilie, und der Schädel stammte von einem mittelalterlichen Menschen. Wo Einzelteile schlecht passten – etwa bei den Zähnen –, waren sie passend gefeilt worden. Entscheidende Bereiche, die man leicht als Fälschungen entlarvt hätte – wie die Gelenkverbindungen –, waren einfach abgeschlagen worden. Die ganze „Fossilie" hatte man dann in eine Eisenlösung und in Chromsäure getaucht, um ihr ein einheitliches Aussehen zu verleihen.

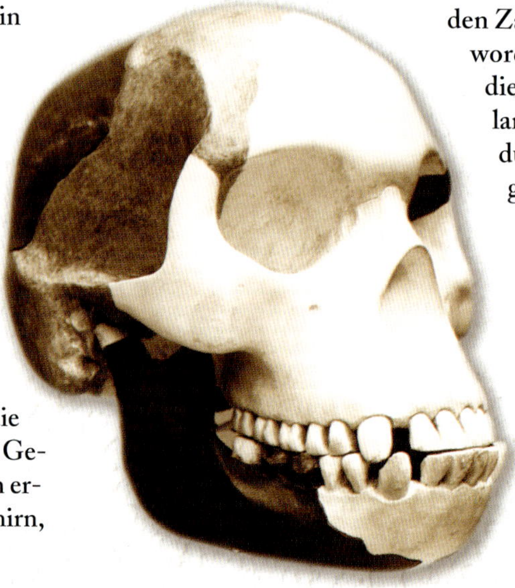

Eine Rekonstruktion des ganzen Schädels des Piltdown-Menschen. Die Authentizität von Dawsons „Fund" wurde fast von Anfang an infrage gestellt. Doch es dauerte noch 40 Jahre, bis man den Schwindel beweisen konnte.

Die Identität des Fälschers bleibt bis heute ein Geheimnis; niemand hat je die Verantwortung übernommen. Charles Dawson ist, wie einige seiner Mitarbeiter, ein Verdächtiger. Als 1970 im Lager des Naturhistorischen Museums in London eine Truhe des Paläontologen Martin Hinton (1883–1961) gefunden wurde, kam ein weiteres Stück des Puzzles ans Licht. Die Truhe enthielt Tierknochen, die ähnlich präpariert waren wie die Piltdown-Überreste. So ist auch Hinton unter Verdacht geraten. Warum der Schwindel überhaupt begangen wurde, ist noch rätselhafter. Es könnte ein gegen die etablierten Institutionen gerichteter Schabernack gewesen sein, der außer Kontrolle geriet.

Dubois erkannte, dass die – wenn auch fragmentarischen – Überreste, die er besaß, weder die eines neuzeitlichen Menschen noch die eines neuzeitlichen Affen waren, sondern in seinen Worten:

> *«eine Spezies zwischen Mensch und Menschenaffe».*

Er war bald davon überzeugt, dass er genau das gefunden hatte, wonach er gesucht hatte, sein „Bindeglied". Als er seine Ergebnisse 1894 veröffentlichte, gab er der Kreatur den lateinischen Namen *Pithecanthropus erectus:* „der aufrechte Affenmensch". Im folgenden Jahr kehrte er nach Europa zurück, um seine Entdeckung öffentlich vorzustellen, und hielt Vorträge über Fossilien. Aber er stieß auf ihm unbegreifliches Desinteresse. Viele Archäologen, Anthropologen und Anatomen in Europa hielten seine Funde für zu bruchstückhaft, um aussagekräftig zu sein. Manche argumentierten, sie seien eindeutig die Überreste einer großen Menschenaffenart, andere, sie seien offensichtlich menschlichen Ursprungs. Obwohl Dubois einwendete, dass die Meinungsverschiedenheiten seine Theorien eher stützten, blieben die Diskussionen. Seine Ideen fanden wenig Anklang. Vor allem konnte er nicht beweisen, dass die Knochenfunde aus dem Flusskies zu demselben Wesen gehörten. Selbst heute gibt es Kontroversen, wie viele Individuen oder Arten die Funde repräsentieren, die Dubois unter dem Begriff *Pithecanthropus* zusammenfasste.

Entdeckungen am Drachenknochenhügel

Ermüdet von der Debatte zog sich Dubois 1900 abrupt zurück. Er verschloss die Fossilien in seinem Haus und verweigerte den Zugang zu ihnen. Erst 1923 gewährte er der Öffentlichkeit widerwillig erneut einen Blick auf seinen Javamenschen, kurz bevor es zu einer neuen Reihe von Entdeckungen kam. Im selben Jahr wurden in China bei Grabungen in Kalksteinhöhlen am *Longgushan* („Drachenknochenhügel") in Zhoukoudian in der Nähe von Peking menschenähnliche Knochen freigelegt. Im Verlauf der nächsten 13 Jahre gelangen dort über 40 Funde, darunter sechs fast vollständig erhaltene Schädeldecken. Man gab dem „Pekingmenschen" den Namen *Sinanthropus pekinensis.* Die Besetzung Pekings durch die Japaner setzte 1937 der Grabung ein Ende. Im Jahr darauf entdeckte man auf Java einen weiteren Fund, der dem *Pithecanthropus* zugeordnet wurde.

Viele Archäologen und Anatomen fielen nun Ähnlichkeiten zwischen diesen neuen Funden und Dubois' Fossilien auf. Aber der weltverdrossene Dubois zögerte, die späte Anerkennung zu akzeptieren. Er bemühte sich sogar, zu beweisen, dass die neuen Funde aus China und Java nicht zum *Pithecanthropus* gehörten. Seinem Verständnis nach waren nur seine wertvollen Fossilien authentisch.

Eugène Dubois starb 1940, eisern überzeugt, dass ihm die verdiente offizielle Anerkennung verwehrt geblieben war. Inzwischen hat man seine Funde, ebenso wie die späteren Javafunde und die Fossilien vom Drachenknochenhügel, neu klassifiziert. Wie Dubois glaubte, gehören sie zum *Homo erectus,* einer ausgestorbenen Spezies der Gattung *Homo* zu der auch der moderne Mensch *(Homo sapiens)* gehört. Welche Rolle der *Homo erectus* in der menschlichen Evolution spielte, wird noch immer diskutiert.

ZEITLEISTE

1859 Charles Darwins Werk „Die Entstehung der Arten" revolutioniert die Vorstellungen von der menschlichen Evolution. Sein Werk legt nahe, dass Mensch und Affe gemeinsame primitive Vorfahren haben

1891 Eugène Dubois entdeckt in Trinil am Ufer des Bengawan Solo auf Java fossile Überreste eines frühen Hominiden, den er *Pithecanthropus erectus* nennt. Seine Entdeckung wird weitgehend ignoriert

1912 Die angebliche Entdeckung eines frühen Hominiden in Piltdown in Südengland scheint die Verbindung zwischen Mensch und Affe zu beweisen, wird aber später als Schwindel entlarvt

1923–1927 Grabungen in Zhoukoudian in China enthüllen ein weiteres Beispiel für die frühe hominide Spezies *Homo erectus.* Der Fund wird in der Öffentlichkeit bevorzugt als „Pekingmensch" bezeichnet. Anthropologen erkennen, dass der „Javamensch" ein früher Vorfahre des Menschen sein könnte

1924–1925 In Süd- und Ostafrika kommen Fossilien einer noch älteren Art unter den Vorfahren des modernen Menschen ans Licht: der *Australopithecus*

1959 Der Anthropologenfamilie Leakey (Louis, Mary, Richard und Meave, siehe Seite 197) gelingt im Großen Afrikanischen Grabenbruch in Kenia und Tansania eine bemerkenswerte Reihe von Entdeckungen von bis zu 1,75 Millionen Jahre alten hominiden Fossilien

1973 Die Überreste des *Australopithecus afarensis,* des bis heute ältesten Hominiden, werden in der Region Afar in Äthiopien freigelegt.

«DIE SCHÖNSTE FRAU DER WELT»

Die Dame von Elche, 1897

Um 11 Uhr 15 am Vormittag des 4. August 1897 traf Manuel Campello Esclápez' Spitzhacke auf etwas Hartes. Er hatte bereits einen Morgen mühevoller Arbeit in L'Alcúdia, südlich der Stadt Elche in Valencia in Ostspanien, hinter sich. Die Sonne stieg am Himmel, und die Aussicht, noch einen Felsblock aus dem Boden zu zerren, begeisterte Esclápez wenig. Aber als er weitergrub, kam nicht etwa ein Fels zum Vorschein, sondern ein Halbkreis von Steinen. Als er den Sand dazwischen entfernte, blickte er plötzlich in ein Gesicht.

Die Gegend, wo Esclápez und die anderen Landarbeiter an diesem Tag gruben, hatte eine archäologische Vergangenheit. Hier stand einmal die römische Siedlung *Illici Augusta Colonia Julia.* Gelegentlich kamen beim Pflügen kleine römische Artefakte ans Licht, die dem Finder beim örtlichen Antikenhändler ein paar Peseten einbrachten. Aber dies war etwas Besonderes, und Esclápez war begierig herauszufinden, auf was er da gestoßen war. Das Gesicht, eindeutig eine Steinskulptur, lag in einer halbkreisförmigen, mit Meersand aufgefüllten Steinumfriedung, die das Graben erleichterte und das Objekt wunderbar erhalten hatte. Aber als er die rund einen halben Meter hohe Büste schließlich aus dem Boden gezerrt hatte, entpuppte sie sich nicht als die römische Statue, auf die er gehofft hatte. Es war bedeutend mehr. Es war ein Gesicht aus einer früheren Zeit – dem 5. oder 4. Jahrhundert v. Chr. –, als diese Gegend bei den iberischen Stämmen, die hier siedelten, als Helike bekannt war.

Die Dame von Elche. Manche behaupten, dass es sich in Wirklichkeit um einen Mann handle, während andere darauf beharren, sie sei eine Fälschung der Art nouveau. Die vorherrschende Meinung aber ist, dass sie das Seltenste überhaupt ist: ein Gesicht aus Spaniens vorrömischer Vergangenheit.

Die Entdeckung dieser außergewöhnlich gut erhaltenen Büste war eine Sensation. Nur zwei Wochen nach ihrer Ausgrabung war sie für den fürstlichen Preis von 4000 französischen Francs an den französischen Sammler Pierre Paris gegangen, und zwölf Tage später befand sie sich bereits an Bord eines Dampfschiffes auf dem Weg nach Paris in den Louvre. Spanien sollte die „Dame von Elche", wie man die Büste inzwischen nannte, erst 44 Jahre später wiedersehen.

Der Zweite Weltkrieg brachte sie schließlich wieder zurück. Man hatte die Büste beim Einmarsch der Nazis in Paris aus der öffentlichen Sammlung des Louvre entfernt, nach Süden gebracht und im unbesetzten, von Vichy aus regierten Teil Frankreichs versteckt.

ZEITLEISTE

100 V. CHR. Der griechische Reisende Artemidorus besucht Spanien und beschreibt die vorrömische Kultur des Volkes

1897 N. CHR. Am 4. August legen Feldarbeiter eine wunderbar erhaltene und bemalte antike iberische Kalksteinbüste frei. Anfangs als *La Reina Mora* („Die maurische Königin") bezeichnet, tauft man sie später „Die Dame von Elche" *(La Dama de Elche)*

1897 Am 30. August führt Pierre Paris die Skulptur nach Frankreich aus, wo man sie im Louvre in Paris zeigt

1941 Am 27. Juni gibt die französische Regierung in Vichy die Dame von Elche an Spanien zurück. Sie wird im Prado in der Hauptstadt Madrid ausgestellt

1971 Die Büste erhält ihr endgültiges Zuhause im Archäologischen Nationalmuseum in Madrid

1995 John Moffitt hinterfragt die Echtheit der Büste in seinem Aufsatz „Art Forgery: The Case of the Lady of Elche" („Kunstfälschung: Der Fall der Dame von Elche")

2006 Die Dame von Elche wird von Mai bis November in der Stadt nahe ihrem Fundort gezeigt. Eine Kampagne fordert eine endgültige Rückgabe der Skulptur an Elx (Elche)

1941 beschloss die Regierung, die Dame im Austausch für einen Gobelin und zwei Gemälde, von Velázquez und El Greco an Spanien, zurückzugeben. Nach Elx (Elche) kehrte die Statue jedoch nicht zurück. Bis 1971 stand sie im Prado in Madrid, dann wurde sie dem Nationalen archäologischen Museum der Hauptstadt übergeben.

Priesterin oder Adlige?

Seit ihrer Entdeckung rätseln Gelehrte über die Identität der Dame von Elche. Da die Büste bei der Feldarbeit gefunden wurde und nicht bei einer Grabung, fehlen archäologische Indizien, die Hinweise geben könnten. Die kleine Asymmetrie in den Gesichtszügen, die einmal in intensiven Farben bemalt waren und von denen nur ein wenig Rot auf Lippen und Kleidung geblieben ist, lassen vermuten, dass die Büste ein Porträt ist. Vielleicht war sie eine Priesterin oder Mitglied einer Königsfamilie. In der Rückseite der Statue befindet sich eine runde Öffnung. Man nimmt an, dass sie für Opfergaben gedacht war oder gar die Asche der dargestellten Frau aufnehmen sollte. Das Bemerkenswerteste aber ist ihr Kopfschmuck. Er könnte ihre Identität verraten. Auf beide Seiten ihres Kopfes wurde ein Schmuck gemeißelt, der großen hohlen Trommeln ähnelt und wohl ihr geflochtenes und zu Schnecken gewundenes Haar enthielt. Als der römische Geograph Strabo (um 64 v. Chr. – 23 n. Chr.) Spanien beschrieb, erwähnte er eine Beobachtung des griechischen Reisenden Artemidorus, der das Land offensichtlich um 100 v. Chr. besucht hatte:

> *«Als barbarisch könnte man auch die Art des Schmucks mancher Frauen bezeichnen, von denen uns Artemidorus berichtet hat. Mancherorts tragen sie um ihren Hals Eisenkrägen mit gebogenen Stäben, die über ihren Kopf und bis weit vor ihre Stirn reichen; und nach Wunsch ziehen sie ihren Schleier über diese gebogenen Stäbe, so dass der Schleier, auf solche Art ausgebreitet, dem Gesicht als Sonnenschutz dient; und all dies erachten sie als Schmuck. An anderen Orten, sagt er, tragen die Frauen um ihren Kopf ein „tympanum"* [Handtrommel], *das zum Hinterkopf hin gerundet ist und bis zu den Ohrläppchen reicht; dabei umschließt es den Kopf fest und steht oben und an den Seiten leicht ab …»*

Das Spanien, das Artemidorus besucht hatte, war bereits Teil der römischen Welt, aber die Kultur, die er beschrieb, war deutlich älter. Es scheint, als trüge die Dame von Elche eine frühe Version des aufwendigen Kopfputzes, den er beschreibt. Man vermutet, sie stammt aus einer Ära, als die einzigen Besucher an Spaniens Küsten phönizische und karthagische Händler waren. Ihre kunstvolle Kleidung, der Schmuck und der filigrane Kopfputz (wahrscheinlich aus Metall) legen nahe, dass sie ein Mitglied der Elite eines keltiberischen Stammes war. Diese Völker waren aus der Vermischung der iberischen Ureinwohnerkulturen mit keltischen Eindringlingen hervorgegangen, die seit der Bronzezeit aus Frankreich zuwanderten. Im Mittelpunkt jeder Gruppe scheint eine aristokratische Kriegerelite gestanden zu haben, die von einem befestigten Gipfel aus, dem *castro,* ein bestimmtes Gebiet kontrollierte. Einige der Befestigungen entwickelten sich später zu größeren Städten, wie sie auch Artemidorus besuchte und wo ihm Nachfahrinnen der Dame von Elche begegnet sein könnten. Darüber hinaus bleibt ihre Identität ein Rätsel. Aber nur wenige Spanier würden der schlichten Einschätzung des surrealistischen Malers Salvador Dalí widersprechen: *«Sie ist die schönste Frau der Welt.»*

Wem gehört die Vergangenheit?

Der rasche Verkauf und die Ausfuhr der Dame von Elche aus Spanien werfen ein Schlaglicht auf eine der umstrittensten Fragen der Archäologie: Wem gehört die Vergangenheit? Die Dame von Elche wurde auf privatem Grund gefunden, und so durfte der Landbesitzer nach damals geltendem Recht den Fund verkaufen – an wen er wollte, ob in Spanien oder im Ausland. In diesem Fall einigten sich Frankreich und Spanien nach der Ausfuhr darauf, einige nationale Kulturschätze auszutauschen. Aber selbst heute denken viele in Elche, dass „ihre Dame" in ihrer Stadt ausgestellt werden sollte und nicht im Archäologischen Nationalmuseum in Madrid.

Streit darüber, wohin archäologische Artefakte gehören, gibt es allerdings nicht nur in Elche. Die Museen der Welt sind voll mit Artefakten aus anderen Ländern: Ankäufe, Schenkungen und Kriegsbeute. In einigen Fällen wären die Artefakte heute zerstört, wären sie an ihrem angestammten Ort geblieben. Oder sie wären gar nicht erst gefunden worden. Aber die Frage, wem sie gehören, wer sie kaufen oder verkaufen darf und wo ein Objekt eigentlich „hingehört", bleibt ein heißes Thema.

Der berühmteste Fall sind die Giebelstatuen, Metopen und Friese des Parthenon in Athen (manchmal auch als „Elgin Marbles" [Marmor] bezeichnet), die seit ihrer Überführung von Athen nach London durch Lord Elgin 1806 für Spannungen zwischen Griechenland und Großbritannien sorgen. Aus Elgins Sicht hatte er jedes Recht, sie zu nehmen, denn die – damals türkischen – Behörden in Griechenland hatten die Genehmigung erteilt. Aber selbst in England waren sie nicht allen willkommen. Der Dichter Lord Byron schrieb:

«Trüb ist das Auge, das nicht weint, wenn es sieht
Deine Wände entstellt, deine zerfallenden Schreine entfernt
Von britischen Händen, deren höchste Pflicht es wäre,
zu schützen die Relikte, die unwiederbringlich sind.»

George Gordon Lord Byron,
„Childe Harolds Pilgerfahrt" (1812–1818)

Der Streit ist nie einfach zu entscheiden. Aus der Sicht des Britischen Museums in London, wo die Elgin Marbles heute gezeigt werden, könnte ihre Rückgabe einen Präzedenzfall schaffen, demzufolge alle Artefakte, die aus anderen Ländern stammen, zurückgegeben werden müssten. Das wäre das Ende aller großen Sammlungen. In den Schaukästen des Britischen Museums blieben nur britische Artefakte; die ägyptischen Mumien, die Bronzen aus Benin, die griechischen Vasen und römischen Mosaiken, die eine der größten Sammlungen der Erde bilden, wären alle fort. Die Museumsbehörden sehen in ihren Beständen eine „Sammlung des Weltkulturerbes", eine Quelle, an der Werke vieler Länder studiert und verglichen werden können.

Eine Frage bleibt auch, was mit dem Elgin-Parthenonfries geschehen würde, wenn man ihn zurückgäbe oder was mit ihm geschehen wäre, wenn man ihn nicht ausgeführt hätte. Die Teile des Frieses, die Elgin zurückließ, sind durch die Luftverschmutzung in Athen heute schwer beschädigt – ein Schicksal, das den Friesen in London erspart blieb. Selbst wenn man sie heute zurückgäbe, würden sie nicht an ihren Ursprungsort gebracht, sondern in ein Museum in der Nähe des Parthenon – ein Fall, für den die griechische Regierung bereits plant. Außerdem verweist das Britische Museum auf seine Satzung, wonach es nichts zurückgeben darf, das sich derzeit in seinen Beständen befindet (mit Ausnahme menschlicher Überreste zur Überführung und Bestattung in ihrer Heimat). All dies muss man gegen Griechenlands starken moralischen Anspruch auf Kunstwerke abwägen, die in und für Griechenland entstanden.

Die Entscheidung über den Anspruch auf Artefakte, die in der Vergangenheit aus ihren Heimatländern entfernt wurden, liegt vielleicht in der Hand der Politiker; aber moderne Archäologen müssen sich mit den Besitzverhältnissen ihrer Funde auseinandersetzen. Das beste Beispiel wurde schon früh in der Geschichte der Archäologie gesetzt: 1875 einigten sich die griechischen und deutschen Behörden darauf, dass Griechenland die Funde der deutschen Ausgrabung in Olympia behalten würde, den deutschen Ausgräbern dafür das Veröffentlichungsrecht an ihren Funden bliebe. Heute kann man die Funde aus Olympia in einem eigens zu diesem Zweck errichteten Museum sehen, während die Ergebnisse der Grabungen in Bibliotheken in der ganzen Welt zugänglich sind. In diesem Fall würden wenige widersprechen, dass dies die beste Lösung ist.

DAS REICH DES MINOTAURUS

Arthur Evans in Knossos, 1899

«Pasiphae gebar Asterios, der Minotaurus genannt wurde. Er hatte das Gesicht eines Stieres und den Körper eines Menschen. Minos befolgte die Anweisungen eines Orakels und hielt ihn unter Bewachung im Labyrinth gefangen.»

APOLLODORUS, „Bibliothek" 3.8–11

HEINRICH SCHLIEMANNS (1822–1890) Ausgrabungen in Troja, Mykene und Tiryns hatten eine bislang unbekannte Kultur der späten Bronzezeit zutage gebracht, die dem klassischen Griechenland vorausgegangen war und als mykenisch (um 1600–1100 v. Chr.) bezeichnet wurde (siehe Seiten 78–83). Aber wie so oft in der Archäologie warf die Antwort auf eine Frage nur eine neue auf – in diesem Fall, woraus die mykenische Kultur sich entwickelt habe.

Der Schlüssel liegt auf Kreta

Schliemann selbst glaubte, die Antwort könnte auf der Insel Kreta liegen, der Heimat des legendären Königs Minos und des Minotaurus. Er interessierte sich besonders für eine Stätte bei Kephala, die 1878 entdeckt und von dem kretischen Kaufmann und Hobby-Archäologen Minos Kalokairinos teilweise freigelegt worden war. Dabei grub man einen langen Raum aus, der mit riesigen Vorratsgefäßen *(pithoi)* und Steinzeug ähnlich dem aus Mykene gefüllt war. Schliemann hatte zwar die Erlaubnis zu weiteren Ausgrabungen, wurde aber durch die vom Eigentümer des Geländes erhobenen exorbitanten Gebühren abgeschreckt. Und so war Kephala auch bei seinem Tod 1890 noch ein ungelöstes Rätsel.

Zu jener Zeit kämpfte Kreta um seine Befreiung von der osmanischen Herrschaft. Bevor Arthur Evans (1851–1941), damals Kurator am Ashmolean Museum in Oxford in England, 1899 in dem gerade unabhängig gewordenen Land ankam und an die Arbeit ging, waren acht Grabungsversuche fehlgeschlagen. Evans war fasziniert von einigen Siegelsteinen, die man in Kreta gefunden hatte und die eine unübersetzte Schrift trugen, die er für die Sprache der frühesten griechischen Zivilisation hielt. Er hoffte, in Kephala den Beweis für diese Kultur zu finden, und wurde nicht enttäuscht.

Evans' Ausgrabungen waren von Anfang an spektakulär. In den ersten neun Wochen legte er über 0,8 Hektar eines gewaltigen Palastkomplexes frei – das Zentrum einer fast völlig vergessenen Kultur. Die einzigen Hinweise darauf, wer jene Menschen waren, fanden sich in vage erinnerten Geschichten und Legenden des antiken Griechenland. Danach nannte Evans das von ihm entdeckte Bauwerk „den Palast des Minos".

Der Nordeingang zum Palast des Minos in Knossos auf Kreta. Dieser Teil des Komplexes ist ein extremes Beispiel für die spekulativen Rekonstruktionen, die Arthur Evans durchführte und die manchmal auf keiner originalen Grundlage beruhten.

Die Minoer

Trotz der seit über 100 Jahren andauernden archäologischen Nachforschungen weiß man nach wie vor nur wenig über die Minoer. Ihre Sprache ist noch nicht entschlüsselt, und es ist unbekannt, wie sie sich selbst nannten. Ausländische Aufzeichnungen und Funde minoischer Töpferei in Ägypten, Zypern, Syrien, auf dem griechischen Festland und in Spanien legen nahe, dass sie Kaufleute waren. Archäologische Nachforschungen auf der Insel haben gezeigt, dass ihre Kultur auf einer Reihe von „Palast"-Komplexen beruhte. Wer in diesen Palästen herrschte und ob, wie Evans glaubte, Knossos das Zentrum war, ist unbekannt.

Die minoische Kultur erreichte in der Ägäischen Bronzezeit (etwa 2800–1100 v. Chr.) ihren Höhepunkt. Sie kam durch den Handel mit Zinn (das mit Kupfer legiert Bronze ergibt) und anderen Luxusgütern wie Safran zu großem Reichtum.

Ein Fresko aus Knossos mit einer „Stiersprung"-Szene. Dieser gefährliche Akt, wohl Teil eines religiösen Rituals, könnte in den offenen Höfen des Palastkomplexes zelebriert worden sein.

In Knossos gefundene Fresken und Statuen zeigen minoische Männer in Lendenschurzen und kurzen Kilts, die Frauen in kurzärmeligen Roben mit Volantsäumen und eingearbeiteten Miedern mit bunten geometrischen Mustern. Kunst scheint im minoischen Leben wichtig gewesen zu sein, da Wände und Geschirr oft reich verziert waren. Frühe Muster zeigen Spiralen und Zickzacklinien, sie wurden aber später von naturalistischeren Abbildungen von Tieren, Pflanzen und Meereswesen wie Tintenfischen, Delfinen und Fischen verdrängt.

Die Gemälde enthalten auch Hinweise auf den Glauben der Minoer. Die berühmten „Stiersprung"-Fresken zeigen junge Männer und Frauen, wie sie über die Hörner eines Stieres springen. Trotz des guten Zustandes der Funde von Knossos kann man kein Gebäude sicher als Tempel bezeichnen. Stattdessen fand man viele Weihegaben in Höhlen überall auf der Insel. Die meisten der Statuen dort sind weiblich, weshalb man annimmt, dass die Minoer einer Muttergottheit oder ein Pantheon aus Göttinnen verehrten. Umstrittener ist die Entdeckung der Überreste von vier Menschen – einer davon offensichtlich gefesselt – im „Tempel" in Anemóspilia nahe Heraklion, die mitten in einem Ritual wohl bei einem Erdbeben umkamen, und die zu Spekulationen führte, ob die Minoer Menschen opferten. Die Knochen von vier Kindern aus dem Nordhaus in Knossos tragen zudem Schnittmarken, was als weiterer Beweis dafür angeführt wird, dass Menschen geopfert und verzehrt wurden. Es ist aber nicht nachzuweisen, dass das „Opfer" in Anemóspilia nicht auch ein Zelebrant wie die anderen war, der beim Einsturz des Gebäudes umkam, und das Fleisch der Kinder von Knossos könnte auch erst nach ihrem Tod als Teil des Begräbnisrituals entfernt worden sein.

Auch der Untergang der minoischen Kultur liegt im Dunkeln. Mehrmals in ihrer Geschichte wurden die Palastkomplexe auf Kreta zerstört – durch Erdbeben bei Ausbrüchen des Vulkans Thera oder von feindlichen Armeen –, aber sie wurden jedes Mal wieder aufgebaut. Um 1420 v. Chr. gibt es Hinweise auf einen mykenischen Einfluss auf Kreta. Sicher ist, dass von da an die Linearschrift A der Minoer anstelle der Linearschrift B – der mykenischen griechischen Sprache – verwendet wurde.

Im folgenden Jahrhundert verfiel die minoische Kultur endgültig, vielleicht aus wirtschaftlichen Gründen. Mit der Verbreitung der neuen Eisentechnologie im Mittelmeerraum verlor der minoische Zinnhandel an Bedeutung. Für eine Zivilisation, deren Aufstieg eng mit der Bronze zusammenhing, trug das Ende der Bronze- und der Beginn der Eisenzeit vermutlich mehr zum Untergang der Palast-Ära bei als jede Invasion oder Naturkatastrophe.

Als Evans 1901 erste Ergebnisse veröffentlichte, schien die Legende des Minotaurus wieder aufzuleben. Der antike griechische Mythos erzählte von einem Untier – halb Mensch, halb Stier –, das in einem von dem Architekten Daidalos gebauten Labyrinth unter dem Palast des Königs Minos hauste. Alljährlich (oder alle neun Jahre) mussten die Athener dem Minotaurus sieben Jungen und sieben Mädchen opfern, bis der Held Theseus auftrat und das Ungeheuer mit einem magischen Schwert tötete. Er entkam dem Labyrinth mithilfe eines Fadens, den ihm Minos' Tochter Ariadne gegeben hatte.

Das labyrinthische Heim des Minotaurus

Ein Palast in Knossos ist wirklich so groß und unübersichtlich, dass er einem Labyrinth gleicht. Die Bezeichnung ist auch deshalb angebracht, weil das Wort „Labyrinth" vom lydischen *labrys* – „zweischneidige Axt" – abstammt. Dieses Symbol findet sich häufig auf dem Wandputz des von Evans gefundenen Palastes. Es war nicht der einzige Wandschmuck.

Auf den mit Schutt übersäten Fußböden vieler Räume stieß Evans auf reich verzierte Putzfragmente. Mit der Hilfe des holländischen Künstlers Piet de Jong konnte man diese Stücke zu ganzen Szenen zusammensetzen. Evans' Verhalten in Knossos war nicht unumstritten, und sein leidenschaftliches, ehrgeiziges Vorgehen verärgerte manche Kollegen. Er zerstritt sich mit seinem Assistenten Duncan Mackenzie (1861–1934), den er schließlich entließ, womit er den traurigen Abstieg seines treuesten Unterstützers in die geistige Umnachtung beschleunigte. Als sein Kollege, der Archäologe Alan Wace (1879–1956), Evans' lineare Chronologie der Zivilisationen, die der klassischen griechischen Kultur vorausgingen, nicht anerkannte, nutzte Evans seinen Einfluss, um dessen Grabungskarriere in Griechenland zu beenden. Evans restaurierte nicht nur die Fresken, er bestand auch darauf, Teile der Stätte mit Betonbauten zu rekonstruieren, wo die Originale nicht mehr existierten. Damit verursachte er nicht nur viele Konservierungsprobleme, da der Beton verwittert; ihm wurde auch vorgeworfen, Knossos zu „disneyfizieren", indem er handfeste archäologische Beweise durch Fantasie ersetzte. Die akribisch geführten Tagebücher Mackenzies und Evans' zahlreiche eigene Veröffentlichungen über die Grabungsstätte erlauben es uns aber meist, Fakten von Fantasiegebilden zu trennen. Man kann es einem Mann, der sein Leben der Aufdeckung einer verlorenen Kultur widmete, vielleicht nachsehen, dass er es den Besuchern in Knossos ermöglichen wollte, sich vorzustellen, selbst durch das Labyrinth des Minotaurus zu wandern.

Trotz der zum Teil fantasievollen Rekonstruktionen gewähren die von Evans gefundenen Fresken einen faszinierenden Einblick in die Kultur der früheren Bewohner von Knossos. Einige Fresken zeigen beispielsweise junge Männer und Frauen beim „Stiersprung"-Ritual, bei dem sie einen Stier an den Hörnern packten und über seinen Rücken sprangen. War die Legende vom Minotaurus vielleicht eine Erinnerung an diesen merkwürdigen Stierkult?

Durch den auffallenden Bezug zur Legende von König Minos fand Evans' Werk sofort große Anerkennung und brachte der bis dato unbekannten Kultur ihren Namen ein – minoisch. Aber Knossos war mehr als nur der Schauplatz eines Mythos. Der sogenannte Große Palast war das Zentrum einer einzig-

ZEITLEISTE

UM **2800** V. CHR. Die minoische Zivilisation entsteht im Mittelmeerraum

UM **1600** V. CHR. Die minoische Kultur erreicht ihren Höhepunkt auf Kreta und den umliegenden Inseln im Ägäischen Meer

UM **1350** V. CHR. Die Ausbreitung des Eisenabbaus in der Region leitet den Untergang der Minoer ein, die mit dem Export von Zinn für die Bronzegewinnung reich geworden waren

1883 N. CHR. Der deutsche Archäologe Arthur Milchhöfer vermutet als Erster die Existenz einer hoch entwickelten bronzezeitlichen Zivilisation auf Kreta

1894 Minos Kalokairinos, der das Gelände in Knossos seit 1878 erkundete, legt zwei Lagerräume des Palastes frei. Arthur Evans reist erstmals nach Kreta und trifft Kalokairinos

1900 (23. März) Evans beginnt mit seinen Ausgrabungen der Palastruinen von Knossos und entdeckt dabei etwa 3000 Tontafeln mit Inschriften sowie viele andere Artefakte

1901 Evans veröffentlicht die ersten Ergebnisse seiner archäologischen Arbeit in Knossos in „Scripta Minoa" (Band 1)

1952 Michael Ventris entschlüsselt Linear B, die mykenische Schriftsprache

artigen Kultur mit einer langen Geschichte. Seine 1300 Räume auf 20 000 Quadratmetern waren zwischen 1700 und 1300 v. Chr. erbaut worden und zeugen von großer Kultiviertheit. Der gesamte Palastkomplex besaß ein Leitungs- und Abwassersystem aus Terrakotta sowie ein Theater, einen Raum mit einem exquisiten Alabasterstuhl, den Evans den „Thronsaal" nannte (der aber auch religiösen Zwecken gedient haben könnte), Getreidemühlen, Öl- und Weinpressen und riesige „Magazine" mit Vorratsgefäßen, den *pithoi.* Stellenweise waren die Gebäude fünfstöckig, gestützt von bemalten Säulen und ausgestattet mit Lüftungsschächten, durch die in den heißen Sommern der kühle Seewind bis ins Innere des Palastes wehte.

Eine matriarchalische Gesellschaft?

Fresken und weitere Funde in den Räumen gaben Einblick in das Leben der Bewohner von Knossos. In ihrer Kunst finden sich nur wenige Hinweise auf Kriege. Wände und Geschirr waren nicht – wie in vielen damaligen Kulturen des Nahen Ostens üblich – mit Militärprozessionen verziert, sondern mit Szenen von Meeresbewohnern, vom Fischen oder Blumensammeln. Ein Fresko von der ägäischen Insel Santorini (Thera), nördlich von Kreta, zeigt beispielsweise minoische Safransammler. Da Frauen in der minoischen Kunst häufiger abgebildet wurden als Männer und Evans eine weibliche Figur entdeckte, die zwei Schlangen hält (und die er als minoische Göttin identifizierte), nimmt man an, dass es sich um eine matriarchalische Gesellschaft handelte – zumindest um eine, in der Frauen wesentlich mehr galten als anderswo in der antiken Welt.

Die Minoer konnten, wie Evans vermutete, lesen und schreiben. Er grub über 3000 Tontafeln mit Inschriften aus, die denen auf den Siegelsteinen, die er zuerst gefunden hatte, ähnelten. Diese Inschriften waren in zwei verschiedenen Sprachen verfasst – Linear A und Linear B –, wovon letztere die frühe griechisch-mykenische Schrift war und erstere die Sprache der Minoer selbst. Leider erlebte Evans die Entzifferung von Linear B nicht mehr, so dass ihm die darin abgefassten Berichte über die mykenische Herrschaft in Knossos verborgen blieben. Linear A wurde bis heute nicht vollständig entschlüsselt.

Die Figur einer „Schlangengöttin", die Arthur Evans im Vorratshaus im zentralen Heiligtum des Palastes von Minos in Knossos fand. Dieses Fayence-Artefakt stammt aus der Zeit um 1600 v. Chr.

Evans ließ sich – im Gegensatz zu Schliemann – nicht von den hohen Kosten der Ausgrabungen in Knossos abschrecken. Er kaufte 1901 das gesamte Gelände, um dessen Erhalt zu sichern. Er selbst bewältigte acht volle Grabungsperioden, danach folgten viele kleinere Ausgrabungsprojekte. Am Ende seiner Arbeit auf Kreta hatte er für eine Zeitspanne von über 4000 Jahren Licht ins Dunkel der Vergangenheit von Knossos gebracht – von der Jungsteinzeit über den Aufstieg und Fall der bronzezeitlichen minoischen Kultur und deren mykenischer Nachfolgerin bis zur Besetzung durch die Römer. Er bewahrte eine Kultur vor dem Vergessen, die schon im antiken Griechenland zu einem Mythos geworden war, und nannte sie nach der Legende, die daran erinnerte, „minoisch".

1924 überschrieb Evans Knossos der britischen Schule in Athen, die er mitbegründet hatte. Seine Villa auf dem Gelände wurde zum Wohnsitz des Kurators. Zurück in Eng-

Michael Ventris und die Entschlüsselung von Linear B

Das Traurigste an Arthur Evans' Karriere war, dass er bis zu seinem Tod die fremden Zeichen nicht übersetzen konnte, die ihn nach Knossos geführt hatten und die er später dort auf Tausenden von Tontafeln fand. Während einem seiner Vorträge über dieses Mysterium beschloss ein 14-jähriger englischer Schuljunge, Michael Ventris (1922–1956), dieses Rätsel, das Evans Zeit seines Lebens nicht entschlüsseln konnte, zu lösen.

Ventris wollte allerdings nicht Archäologe oder Linguist werden, sondern betrieb die Entzifferung der Sprache, die Evans „Linear B" nannte, als Hobby. Vier Jahre nach Evans' Vortrag verfasste er mit nur 18 Jahren einen Artikel für das *American Journal of Archaeology*, in dem er die These vertrat, die Sprache könnte mit dem Etruskischen verwandt sein. Der Zweite Weltkrieg unterbrach jedoch seine Bemühungen, und nach seinem Dienst bei der *Royal Air Force* arbeitete er wieder als Architekt.

Doch vernachlässigte Ventris sein Hobby nicht. Er korrespondierte mit Gelehrten in aller Welt über Linear B und berichtete monatlich über seine eigene mühsame Arbeit an dieser Schrift. Im Jahr 1951 hatte Ventris mit der Veröffentlichung einer großen Anzahl von Tafeln mit Linear B, die im griechischen Pylos gefunden worden waren, wesentlich mehr Material zur Verfügung. Er entwickelte ein Raster, in das er die etwa 90 silbenbildenden Zeichen der Sprache eintrug, er suchte nach Verbindungen und zeigte, dass viele die gleichen Vokale hatten – obwohl er ihre Lautwerte nicht kannte. Es war eine mühselige Arbeit, aber mit den gefundenen Verbindungen brauchte Ventris nur die Bedeutung von wenigen Zeichen zu kennen – der Rest könnte dann mithilfe seines Verbindungsrasters erschlossen werden. Als Ventris schließlich eine Gruppe von Zeichen als Namen kretischer Orte identifizierte, hatte er den Schlüssel gefunden und konnte den Code knacken.

Es stellte sich heraus, dass Linear B nicht mit dem Etruskischen, sondern mit einer frühen Form des Griechischen verwandt war. Die Mykener, die die Sprache benutzten und die Homer beschrieben hatte, waren die Griechisch sprechenden Vorfahren der Antike. Nachdem er seine revolutionäre Entzifferung in einem privaten Brief im Juni 1952 zunächst angedeutete, machte er nur einen Monat später seine Theorie öffentlich.

Da er sehr bescheiden und sich seines Amateurstatus bewusst war, kontaktierte er umgehend professionelle Gräzisten und bat sie um Hilfe, darunter auch den jungen Akademiker John Chadwick (1920–1998) in Cambridge. Die beiden publizierten ihre Entschlüsselung im Jahr 1953. Zunächst stieß ihre Arbeit auf Skepsis, aber nachdem eine im folgenden Jahr veröffentlichte weitere Tafel mit Ventris' Technik sofort gelesen werden konnte, akzeptierte die akademische Welt, dass eines der größten Probleme antiker Studien gelöst worden war – noch dazu von einem Amateur, wenn auch von einem erstaunlich begabten und geduldigen.

Mit der Entzifferung der Sprache der Helden Homers brach für die Gräzistik eine neue Ära an. Die Lesbarkeit von Linear B führte dazu, dass das Verhältnis zwischen Kreta und dem griechischen Festland völlig neu interpretiert werden musste, und gewährte neue Einblicke in die Organisation mykenischer Paläste, in die Landwirtschaft und den Handel. Michael Ventris wurde der *Order of the British Empire* sowie die Ehrendoktorwürde verliehen. Leider lebte er aber nicht lange genug, um die Anerkennung genießen zu können. Er starb am Morgen des 6. September 1956 einsam außerhalb von Hatfield in Hertfordshire bei einem Autounfall. Er wurde nur 34 Jahre alt.

land erntete er für seine Entdeckungen viel Beifall. Mit ihm wurde die vierte Generation seiner Familie Mitglied der *Royal Society*. Er erhielt akademische Ehrentitel aus Dublin, Edinburgh sowie Berlin und wurde zum Ritter geschlagen. Nachdem er die meiste Zeit seines Lebens von Rastlosigkeit bestimmt war, musste er nach einer Operation 1938 seine Reisen einschränken, weswegen er sich fortan archäologischen Forschungen in der Nähe seines Zuhauses Youlbury nahe Oxford widmete. Dort starb er 1941, drei Tage nach seinem 90. Geburtstag.

UNIVERSUM ALS UHRWERK

Die Wiederentdeckung des Mechanismus von Antikythera, 1900

«Wenn irgendjemand den Globus nach Skythien oder Britannien brächte, den unser Freund Posidonius kürzlich konstruierte und dessen Umdrehungen die Bewegungen der Sonne, des Mondes und der fünf wandernden Sterne zeigen, wie sie tags und nachts am Himmel stattfinden, keiner in diesen barbarischen Ländern würde bezweifeln, dass dieses Räderwerk Globus das Ergebnis genauer Berechnungen ist.»

CICERO, „Vom Wesen der Götter" 2.34

SÜDLICH DES GRIECHISCHEN FESTLANDS, zwischen der Peloponnes und Kreta, liegen die Insel Kythera und ihr kleinerer Nachbar Antikythera. Antikythera ist im offenen Wasser des Ionischen Meers den heftigen Frühlingsstürmen, die hier wie aus dem Nichts auftauchen und die felsige Küste geformt haben, voll ausgeliefert.

Eine zufällige Entdeckung

Dennoch wird auch Antikythera bereist. Wenn die Frühlingsstürme wüten, bietet es den Schiffen in dieser Region den einzig sicheren Hafen. Deswegen suchten auch im Oktober 1900 Kapitän Dimitrios Kondos und seine Crew von Schwammtauchern auf ihrem Rückweg von Afrika hier Zuflucht. Als das Wetter aufklarte, machte die Mannschaft das Beste aus dem ungeplanten Aufenthalt und tauchte nach Schwämmen und den seltenen schwarzen Korallen. Das war riskant, denn sie tauchten bis zu einer Tiefe von 61 Metern, in altertümlichen Tauchanzügen mit Bronzehelmen und einer handbetriebenen Luftversorgung. Aber schon Aristoteles hatte zwei Jahrtausende zuvor bemerkt, dass die besten Schwämme in den tiefsten und gefährlichsten Gewässern zu finden sind. Der erste Taucher war Elias Stadiatos, ein erfahrenes Crewmitglied. Als er wieder auftauchte, berichtete er stammelnd von einem schrecklichen Anblick in der Tiefe – haufenweise tote Frauen lägen zerschmettert auf dem Meeresgrund. Da Stadiatos nicht an einem Taucherdelirium litt, sandte Kapitän Kondos einen anderen Mann hinunter, um nachzusehen. Dieser zweite Taucher berichtete, dass Stadiatos antike Statuen gesehen habe, die wertvolle Fracht eines jahrhundertealten Schiffes, das vor Antikythera untergegangen war.

Man weiß nicht, ob die Schwammtaucher einige der kleineren Beutestücke vom Wrack mitnahmen, allerdings tauchten im folgenden Frühjahr Bronzestatuen von bester Qualität auf dem Markt in Alexandria auf. Die bleiernen Anker des Schiffes wurden nie gefunden –

und Blei ist für Taucher wertvoll. Dennoch informierte Kapitän Kondos die griechischen Behörden über seinen Fund, sobald er am Festland anlegte. Dafür erhielt er von der Regierung die Lizenz, zum Wrack zurückzukehren und es für den griechischen Staat zu bergen.

Während des Sommers 1901 holte man erstaunliche Schätze aus dem Wrack vor Antikythera: Tausende von Münzen, Schmuckstücke, bemalte griechische Vasen und silberne Tischgedecke. Es fanden sich Vorratsgefäße vom antiken Rhodos, Kochutensilien und sogar eine Leier aus Bronze. Die großen Brocken um das Wrack herum erwiesen sich als Statuen aus Marmor und Bronze, die mit Muscheln und Algen verkrustet waren. Salzwasser und Meerestiere hatten ihre Oberflächen stark angegriffen.

Im Jahr 1902 wusste man durch Nachforschungen noch viel mehr über das Wrack vor Antikythera. Die Töpferware an Bord verriet, dass es ein Handelsschiff aus dem 1. Jahrhundert v. Chr. war, das mit seiner wertvollen Fracht griechischer Kunst von den Inseln Rhodos und Kos nach Rom fuhr. Vielleicht war diese Fracht Teil der Beute des römischen Generals Sulla, als dieser 86 v. Chr. Athen eroberte.

Der Antikythera-Mechanismus, der zuerst für einen formlosen Klumpen Bronze gehalten wurde, erwies sich als vielleicht außergewöhnlichstes Objekt aus der Antike.

Ein außergewöhnlicher Fund

Unter den Schätzen befand sich auch ein scheinbar formloser Klumpen Bronze. Dieses Objekt, an dessen korrodierter Oberfläche Holzstücke hingen, wurde beiseitegeworfen und vergessen. Schließlich untersuchte es Valerios Stais (1857–1923), ein Archäologe des Nationalmuseums von Griechenland. Mittlerweile war das hölzerne „Gehäuse" zerfallen. Übrig blieb eine Reihe von Metallplatten, die mit Schriftzeichen bedeckt waren. Ein Experte für griechische Inschriften bestätigte, dass die Schrift aus dem 1. Jahrhundert v. Chr. stammte. Alle lesbaren Wörter schienen Begriffe der Astronomie oder aus dem Tierkreis zu sein. Unter den beschrifteten Platten lag aber noch etwas Faszinierenderes. Als Stais hineinspähte, sah er ineinandergreifende Räder und Zahnräder. Dieses vergessene Stück Bronze war eine Art antiker Maschine.

Diese Nachricht rief anfangs meist nur Spott hervor. Kritiker vermuteten, dass das Gerät ein primitives Astrolabium sein könnte – ein seit dem 7. Jahrhundert v. Chr. verwendetes Hilfsmittel der astronomischen Navigation. Andere taten es als ein mittelalterliches Instrument von einem Schiff ab, das wesentlich später zufällig in der Nähe gesunken war. Aber nach dem, was Stais

ZEITLEISTE

UM 86 V. CHR. Ein römisches Frachtschiff sinkt vor der griechischen Insel Antikythera

1900 N. CHR. (Oktober) Dimitrios Kondos und seine Crew von Schwammtauchern entdecken ein antikes Wrack vor Antikythera

1901 Sie bergen haufenweise Artefakte, darunter Bronze- und Marmorstatuen sowie eine Bronzeleier

1902 (Mai) Valerios Stais bemerkt im Inneren eines bis dahin unidentifizierten Klumpens aus Bronze und Holz, der vom Schiff geborgen wurde, ein Zahnrad. Nach jahrzehntelanger Untersuchung wird der „Mechanismus von Antikythera" enthüllt

1951 Derek de Solla Price identifiziert in einem Aufsatz den Antikythera-Mechanismus als antiken Analogrechner

1974 De Solla Price veröffentlicht *„Gears from the Greeks"* („Geräte der Griechen"), in dem er ein Modell entwirft, wie der Mechanismus funktioniert haben könnte

1978 Der berühmte französische Meeresforscher Jacques Cousteau taucht zum Antikythera-Wrack, um noch mehr Teile des Mechanismus zu finden, bleibt aber erfolglos

2006 (30. November) Michael Wright veröffentlicht auf der Grundlage einer Röntgentomografie eine neue Rekonstruktion des Antikythera-Mechanismus. Diese bestätigt, dass mit dem Mechanismus die Positionen von Himmelskörpern berechnet werden konnten

Ein Taucher untersucht Gefäße auf einem Schiff, das vor der türkischen Küste gesunken ist. Im Mittelmeer finden sich viele archäologische Schätze von den Schiffen antiker Handelsnationen, die einst in den Gewässern der Region verkehrten.

erkennen konnte, war das Gerät für ein einfaches Astrolabium viel zu kompliziert, und die antiken griechischen Inschriften auf seiner Oberfläche stammten eindeutig nicht von einem mittelalterlichen Handwerker.

Nach weiteren 50 Jahren fand ein englischer Physiker – und nicht ein Archäologe – die Antwort. Derek de Solla Price (1922–1983) begann in den frühen 1950er-Jahren, den Mechanismus zu erforschen. Im Juni 1959 veröffentlichte er seine Ergebnisse in einem Aufsatz in *Scientific American*, der Historiker und Altphilologen maßlos erstaunte. Der Artikel trug die Überschrift: „Ein antiker griechischer Computer".

Sein Aufsatz war eine Sensation. De Solla Prices Rekonstruktion ergab, dass dieses Gerät eine Art Analogrechner war, der älteste weltweit bekannte, der die Bewegungen und Positionen von Sternen und Planeten berechnen konnte. Darüber hinaus konnte er den Auf- und Untergang bestimmter Konstellationen und Planeten sowie die Phasen und Bewegungen des Mondes ermitteln. Durch das Drehen eines Kurbelgriffs auf der Außenseite des Holzgehäuses konnte man die Uhrzeit, den Tag, den Monat, die Jahreszeit und das Jahr ausrechnen. Eine spezielle „Fehlerskala" auf dem Mechanismus korrigierte sogar den ägyptischen Kalender, der – ohne Schaltjahre – jedes Jahr einen Vierteltag verlor.

In den frühen 1970er-Jahren untersuchte de Solla Price mit Gamma- und Röntgenstrahlen den Mechanismus genauer, und seine ursprüngliche Annahme wurde bestätigt. Mittels weiterer Analysen von Michael Wright vom Imperial College in London konnte ein rechnergestütztes 3-D-Modell der Maschine konstruiert werden, das zeigte, dass sie sogar noch ausgeklügelter war, als von de Solla Price gedacht. Tatsächlich handelte es sich um ein voll funktionsfähiges mechanisches Modell des Sonnensystems.

Das Gerät war damit wertvoller als der Rest der Fracht zusammen. Es konnte exakte Daten und Zeiten berechnen und die Bewegungen der Gestirne darstellen, womit sein Besitzer selbst zum Herrn der Zeit wurde.

Meeresarchäologie

Meeresarchäologie ist eine relativ neue Disziplin, die sich aus dem uralten Geschäft der Wrackbergung entwickelte. Zur Zeit der Entdeckung des Antikythera-Wracks erforschte man die Überreste des Schiffs auf dem Meeresgrund kaum. Die Taucher bargen von der Fracht nur, was sie ergattern konnten. In der Zeit vor dem Gerätetauchen und unter riskanten Tauchbedingungen konnte man nur bergen, was sich mitnehmen ließ, bevor die Herbststürme kamen, wobei man nicht darauf achtete, wo jedes Objekt gefunden worden war oder in welcher Verbindung es zum Rest des Wracks stand.

An der Oberfläche warteten Archäologen der griechischen Behörde für Altertümer, um die Objekte zu identifizieren, zu katalogisieren und sie – wenn möglich – zu konservieren. Allerdings war die Wissenschaft der Konservierung noch sehr jung, und man konnte viele Stücke nicht mehr retten. In dieser Anfangszeit der Archäologie begann man erst mit Untersuchungen, nachdem lang vergrabene Objekte dem Licht und der Luft ausgesetzt waren; die ablaufenden chemischen Prozesse waren nahezu unbekannt.

Fundstätten unter Wasser waren noch problematischer. Meerwasser korrodiert viele Gegenstände sehr stark, und seine elektrolytischen Eigenschaften fressen Metalle einfach weg. Auch Flora und Fauna am Meeresboden fordern ihren Tribut. Pfahlwürmer können zentimeterbreite Löcher in die Planken von Schiffen bohren, und Bakterien verwandeln solides Holz rasch in einen nassen Schwamm aus leeren Zellen. Sogar die Marmorstatuen aus dem Antikythera-Wrack wurden angegriffen, nicht nur von Unterwasserverkrustungen, sondern auch von Schalentieren, die für ihre Gehäuse das Kalzium aus dem Stein lösten.

Seit dem Fund des Antikythera-Wracks hat sich die Meeresarchäologie weiterentwickelt. Schiffswracks unterscheiden sich von archäologischen Fundstätten in einem zentralen Punkt – sie sind das Produkt eines einzigen Moments und haben sich nicht über Jahre oder Jahrhunderte angesammelt. Deswegen gibt es bei der Fundstätte eines Wracks keine Schichtenkunde; dennoch kann man aber auch hier nützliche archäologische Informationen sammeln. Die Verteilung der Trümmer kann auf die Bauart des Schiffes hinweisen und – wie bei einer Unfalluntersuchung – sogar auf seine letzten Momente. Heute wird die Fundstätte eines antiken Schiffswracks erst erfasst, fotografiert und eventuell sogar als 3-D-Modell auf dem Computer nachgebaut, bevor ein Stück entfernt wird. Man bedeckt die Lagerstätte mit einem Raster aus Plastik, um die Fundstelle jedes Objekts kartieren zu können.

Moderne Meeresarchäologen müssen auch nicht an der Oberfläche warten, bis Taucher die Stücke nach oben bringen. Mit der Tauchausrüstung können sie selbst auf dem Meeresgrund graben, wobei sie mit Kompressoren Luftproben nehmen, mit Unterdruck Schlick entfernen, mit Metalldetektoren verschüttete Objekte finden und mit Luftkorridoren die Gegenstände und Bauteile sanft nach oben bringen. Bei sehr tiefen Wrackfundstätten, die Taucher nicht erreichen können, werden zur Erforschung bemannte oder ferngesteuerte Tauchfahrzeuge (ROVs) eingesetzt.

Auch die Konservierungsmethoden wurden revolutioniert. In den letzten Jahren ist es nicht nur möglich geworden, die Objekte von einem Wrack zu bergen und zu erhalten, sondern auch die Schiffe selbst, so wie die „Vasa“ in Stockholm und die „Mary Rose“ (siehe Seite 180–183) in Portsmouth, England. Kleine hölzerne Stücke kann man mit Gefriertrocknung erhalten– mit denselben Techniken, die bei der Produktion von getrockneten Lebensmitteln verwendet werden. Große Holzteile werden (wie bei der „Vasa“ und der „Mary Rose“) mit einer Lösung aus synthetischem Wachs, dem Polyethylenglykol, eingesprüht, das nach und nach das Wasser in jeder Zelle des vollgesogenen Holzes ersetzt und es stabilisiert.

Aber noch können wir nicht zufrieden sein, da bei jeder Hebung eines Wracks nach wie vor viele Informationen verloren gehen und keine moderne Konservierungstechnik unser Erbe so vollständig erhalten kann, wie man es sich erhofft.

AUS DEN EINGEWEIDEN DER ERDE

Maltas verborgene Frühgeschichte, 1902

Im Jahr 1902 hob ein Bautrupp eine Grube für eine neue Wohnanlage in Hal Saflieni in der Stadt Paola auf Malta aus. Malta und seine kleinere Nachbarinsel Gozo bestehen aus Kalkstein, der natürliche unterirdische Höhlen bildet. Als die Baugrube einstürzte, nahmen die Arbeiter an, sie seien auf eine solche Aushöhlung gestoßen.

Für die Bauarbeiter war das ein Glücksfall. Malta ist einer der am dichtesten besiedelten Teile Europas, und die Abfallbeseitigung war schon immer ein Problem. In einer Felshöhle unterhalb des Bauplatzes konnten sie ihren Schutt bequem loswerden. Allerdings tauchte ein neues Problem auf: Die „natürliche" Höhle war in Wahrheit von Menschen erschaffen.

Eine unterirdische Totenstadt

Erst nach fast drei Jahren sickerte die Nachricht von dem Fund durch, und der Ethnograph und Jesuitenpriester Vater Manuel Magri (1851–1907) wurde gebeten, für das maltesische Museumskomitee nachzuforschen. Er entdeckte eine der bemerkenswertesten prähistorischen Stätten der Welt. Unter Paola lag ein „Hypogäum", ein unterirdisches religiöses Zentrum und Gräberfeld. Es war nach dem Vorbild oberirdischer Tempel aus dem Fels geschlagen worden, komplett mit Türstürzen und Dachbalken. Man fand einen Komplex von 20 Kammern – einige waren geglättete natürliche Höhlen, andere waren aus dem Stein gehauen worden –, die sich auf drei Ebenen verteilten. Verwinkelte Gänge verbanden die Räume miteinander.

Die höchste Etage lag nur zehn Meter unter der Oberfläche und bestand aus einer Reihe von manuell erweiterten natürlichen Höhlen. In ferner Vorzeit waren diese irgendwann zu voll geworden (die Überreste von etwa 7000 Menschen fanden sich hier), weswegen man unterhalb des ersten Stockwerks ein zweites anlegte. Dies war eine bauliche Meisterleistung, ein einzigartiges Beispiel prähistorischer Architektur. Das Hauptmerkmal dieser zweiten Etage war eine zentrale Kammer, ein fast runder Raum, dessen Wände ursprünglich mit rotem Ocker gestrichen waren. Eine Reihe von Türen scheint von diesem Raum weggeführt zu haben; einige waren echt, andere nur in den Stein gemeißelt. Die Hauptkammer enthielt eine erstaunliche, auf einem Sofa liegende Figur, die „Schlafende Dame". Die Statuette zeigt eine Frau mit einem kleinen Kopf und einem sehr großen Körper und könnte eine unbekannte Göttin aus der Urgeschichte Maltas darstellen.

Die mittlere Kammer des Hypogäums von Hal Saflieni. Die Steinmetzarbeiten hier spiegeln architektonische Elemente oberirdischer prähistorischer Tempelstätten wider, die auf den Inseln Malta und Gozo gefunden wurden.

ZEITLEISTE

UM **4000** V.CHR. Bau der unterirdischen Begräbnisstätte in Hal Saflieni auf Malta

UM **3600** V.CHR. Errichtung des frühesten der jungsteinzeitlichen Tempel in Ggantija auf Gozo

1902 N.CHR. Bauarbeiter entdecken bei Grabungsarbeiten in der Stadt Paola das prähistorische Hypogäum

1907 Nach dem Tod von Pater Manuel Magri, der die Ausgrabung des Hypogäums von 1903–1906 leitete, führt Sir Temistocles Zammit die Arbeiten fort

1908 Das Hypogäum wird erstmals der Öffentlichkeit zugänglich gemacht. Seitdem ist es ein beliebtes Touristenziel

1980 Das Hypogäum von Hal Saflieni wird von der Unesco zum Weltkulturerbe erklärt

Die Räume, die von der Hauptkammer abgingen, benannte man nach ihrem mutmaßlichen Zweck. Es gibt einen rechteckigen „Orakelraum“, mit ockerfarbenen Spiralen verziert, an dem eine kleine Seitenkammer ein gespenstisches Echo im gesamten Hypogäum erzeugt – daher der Name. Der „Verzierte Raum“ trägt weitere Spiralmuster, das Abbild einer menschlichen Hand ist in den Fels gehauen. Im „Allerheiligsten“ wurde ein kreisförmiges Loch im Stein als Ort für Trankopfer gedeutet, während in der „Schlangengrube“ Stufen zu einer dritten Etage von glattwandigen Höhlen führten.

Ein solcher Fund wäre aus jeder Epoche beeindruckend genug, was aber das Hypogäum in Hal Saflieni so wichtig macht, ist sein Alter. Zur Zeit seiner Entdeckung galt unter Archäologen die Ansicht, dass alle Kulturen eine gemeinsame Herkunft hätten – vielleicht aus Ägypten oder dem Vorderen Orient. Das Hypogäum von Hal Saflieni gehört jedoch zu einem Komplex von Bauwerken auf Malta, die diese Theorie widerlegten.

Uralte neolithische Tempel

Auf Malta und Gozo wurden auch 23 überirdische antike Tempelstätten gefunden. Diese riesigen Steinbauten bilden zusammen ein „Kleeblatt“ und scheinen rituellen Zwecken gedient zu haben. Sie bestehen aus Steinblöcken von bis zu 50 Tonnen Gewicht und komplexen architektonischen Merkmalen wie steinernen Eingängen, aus dem Stein gehauenen „Fenstern“ und – in Tarxien – den Überresten einer weiblichen Statue, die einst über drei Meter groß gewesen sein muss. Das Problem war nur, dass niemand ihr Alter kannte. Natürlich waren sie antik, aber zeugten sie von einer „primitiven“ Kultur der Eisenzeit oder den ersten architektonischen Versuchen, die Malta vom Orient aus erreichten? Die Radiokarbonmethode lieferte eine Antwort, die unsere Vorstellungen von der Frühgeschichte veränderte. Die Tempel auf Malta und das Hypogäum stammen nicht aus der Bronze- oder der Eisen-, sondern aus der Jungsteinzeit. Ihre Geschichte beginnt 1000 Jahre vor der ägyptischen Cheopspyramide.

Die Erkenntnis, dass die Zivilisation der kleinen Mittelmeerinsel älter war als die von Ägypten oder anderswo im Nahen Osten, zwang zu einem radikalen Umdenken über die Ausbreitung von Kulturen. Bevor das Alte Reich in Ägypten überhaupt begonnen hatte, gab es hier bereits eine einheitliche Religion und eine Kultur, die mit anderen Völkern des Mittelmeerraums Handel getrieben haben muss.

Diese kleine Terrakotta-Skulptur, die „Schlafende Dame“, wurde in der Hauptkammer der zweiten Ebene im Hypogäum gefunden und zeigt eine liegende Figur mit abnorm großen Gliedmaßen.

RADIOKARBON- UND JAHRESRINGMETHODE

Die Radiokarbonmethode, mit der man die maltesischen Tempel und viele andere archäologische Stätten datierte, wurde 1949 von Willard Frank Libby (1908–1980) erfunden, der dafür den Nobelpreis in Chemie erhielt.

Kohlenstoff kommt in der Biosphäre gewöhnlich in der stabilen Form des C-12 vor. Kosmische Strahlen produzieren mit Stickstoff in der oberen Atmosphäre allerdings eine winzige, aber stabile Menge an radioaktivem C-14. Alle Pflanzen und Tiere nehmen während ihres Lebens Kohlenstoff auf, so dass der Kohlenstoff in ihren Körpern immer im gleichen Verhältnis von C-12 zu C-14 bleibt. Sowie ein Organismus stirbt, nimmt er keinen Kohlenstoff mehr auf, und das radioaktive C-14 zerfällt wieder. Das passiert mit einer stabilen exponentiellen Rate. Die Halbwertszeit beim C-14 (die Zeit, die eine bestimmte Menge eines radioaktiven Elements braucht, um zur Hälfte zu zerfallen), beträgt 5730 Jahre. Indem man das Verhältnis von C-12 zu C-14 in einer toten Pflanze oder einem toten Tier misst, sieht man, wie viel C-14 sich bereits zersetzt hat, woraus man den Todeszeitpunkt errechnen kann.

Aber bald nach der Einführung der C-14-Methode wurde klar, dass das System nicht so einfach war. Abgesehen von den immanenten statistischen Fehlern, die bei der Messung der C-14-Menge auftreten können, erwies sich bei einigen mit anderen Mitteln genau zu datierenden Objekten die Datierung auf Basis der C-14-Werte als falsch. Das Verhältnis von C-12 zu C-14 in der Biosphäre war also nicht immer gleich gewesen, und man brauchte eine Kalibrierung.

Die Antwort lieferte die Analyse von Baumringen – die Dendrochronologie. Viele Bäume bilden einen Ring pro Jahr, so dass man das Alter eines Baumes an der Zahl der Ringe zwischen dem Splintholz und der Mitte des Baumstammes ablesen kann. Da die Breite eines Ringes je nach dem Wetter in einem bestimmten Jahr und regional variiert, ergibt sich ein einzigartiges Muster, das man mit ähnlichen Mustern in den Überresten älterer Bäume vergleichen kann. Baumringe können so länger zurückverfolgt werden, als ein einzelner Baum selbst gelebt hat. Von der kalifornischen Borstenkiefer lebt ein einzelner Baum bis zu 5000 Jahre, während die Baumring-Chronologie für diese Pflanze auf bis zu 10 000 Jahre verlängert werden kann. Indem man Holzproben von den Ringen dieser Bäume nahm und diese mit der C-14-Methode datierte, glich man die Zerfallsrate ab.

Heute führt man die Radiokarbonmethode oft mit Teilchenbeschleunigern durch, die das Verhältnis von C-14-Atomen in einer Probe messen und nicht deren Anzahl aus dem radioaktiven Verfall schätzen. Damit ergibt sich ein grobes „Datum", das als „Radiokarbonjahre BP" (*before present* – vor unserer Zeit) angegeben wird, wobei die „Gegenwart" beim Jahr 1950 festgesetzt wurde (um Kontinuität zu gewährleisten). Nach der Kalibrierung eines Datums kann es auch als „wirkliche Jahre vor unserer Zeit" (calBP) oder als calAD (n. Chr.) bzw. calBC (v. Chr.) ausgedrückt werden.

Der Wert der C-14-Methode ist kaum zu überschätzen. Sie ist inzwischen nicht nur eine Standardmethode zur Datierung von organischen Überresten, sie hat auch unsere Vorstellungen von der Vergangenheit revolutioniert und völlig neue Chronologien geliefert. Die Radiokarbonmethode hat gezeigt, dass sich die Kultur nicht von einem Punkt im Vorderen Orient aus in der Welt verbreitete. Sie hat Fälschungen wie den Piltdown-Menschen entlarvt und das Alter spektakulärer Funde wie der Schriftrollen vom Toten Meer bestätigt. Mehr als jede andere Erfindung hat die C-14-Methode die Unmenge ausgegrabener archäologischer Belege entwirrt.

Die Tempel und Höhlen wurden mit aus Knochen und Geweihen gefertigten Hacken aus dem Stein gehauen, aber auch mit Äxten aus Feuer- und Grünstein, die beide nicht auf der Insel vorkommen. Die hier errichtete Architektur muss entweder einer lokalen Tradition gefolgt oder woanders entstanden sein. Die meisten Archäologen denken mittlerweile, dass Zivilisation in Form von komplexen Gebäuden, von Sprache und einer zentralisierten Verwaltung nicht aus einer einzigen Quelle stammt, sondern viele Male in vielen Teilen der Welt entstand. Menschen sind überall erfinderisch und anpassungsfähig, und das Werk der mysteriösen prähistorischen Tempelbauer von Malta muss keineswegs von außenstehenden Helfern stammen. Die Menschen auf Malta waren imstande, eine eigene komplexe Zivilisation zu entwickeln.

DER ZAUBER DES DSCHUNGELS

Machu Picchu, Außenposten der Inka, 1911

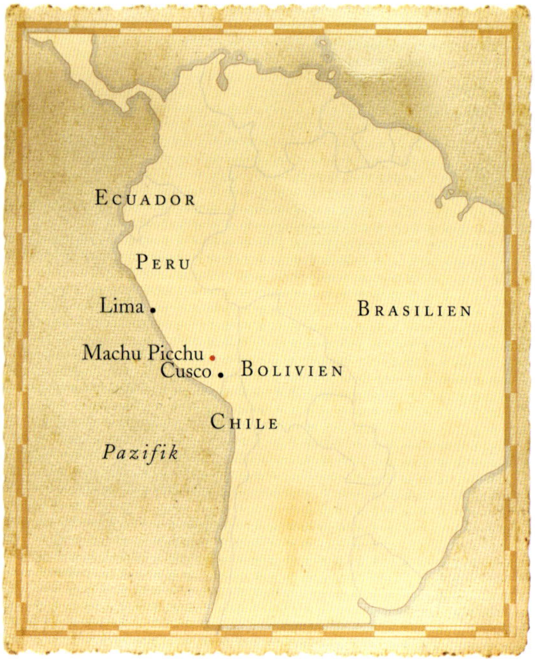

«Es ist faszinierend, unter schaukelnden Kletterpflanzen oder auf einer vorspringenden Felsspitze das robuste Mauerwerk eines vergangenen Volkes zu finden. Und man möchte nur zu gern versuchen, die verwirrende Romantik jener antiken Baumeister zu verstehen, die – vor ewigen Zeiten – in einer Region Schutz suchten, die die Natur scheinbar als Zufluchtsstätte für die Unterdrückten geschaffen hat, an einem Platz, wo sie furchtlos und geduldig ihre Leidenschaft für Mauerwerk von dauerhafter Schönheit ausdrücken konnten.»

HIRAM BINGHAM, „Lost City of the Incas" (1948)

ENDE DES JAHRES 1908 wurde der 33-jährige Akademiker Hiram Bingham III. (1875–1956) von der Yale University zum ersten Panamerikanischen Wissenschaftskongress nach Santiago, Chile, geschickt. Bingham eignete sich ideal dafür: Er war als Sohn von Missionaren auf Hawaii geboren worden und liebte das Abenteuer, verfügte aber auch über die nötige akademische Bildung, um das Beste aus einer so langen, vielleicht gefährlichen Reise zu machen.

Ein Mann mit einer Mission

Nachdem er seine Arbeit in Santiago beendet hatte, entschloss sich Bingham gegen eine direkte Heimkehr. Er nahm die alte spanische Handelsroute von Buenos Aires und gelangte so nach Lima, der Hauptstadt von Peru, und von dort zur uralten Stadt Cusco, der Hauptstadt des Inkareiches vor der Ankunft der Europäer in Südamerika. Als Dozent für südamerikanische Geschichte war Bingham von der präkolumbianischen Vergangenheit dieses Landes fasziniert, und eine Bemerkung des regionalen Präfekten, diejenigen, die eine anstrengende Bergbesteigung in Kauf nähmen, könnten die Inkastätte Choquekirao sehen, inspirierte ihn. Bingham glaubte, es könnte sich dabei um die berühmte „letzte Zuflucht der Inka" – Vilcabamba – handeln, die in den Anden versteckte Stadt, in die sich die Inka nach der spanischen Eroberung Cuscos flüchteten. Im Juli 1911 kehrte er mit einer voll finanzierten Expedition und klarem Auftrag nach Cusco zurück. Die spanischen Chroniken von Fernando de Montesinos und Antonio de la Calancha aus dem 17. Jahrhundert hatten zwei „verlorene" Inkastädte in dieser Region erwähnt – Vilcabamba und Vitcos –, die beide hoch in den Bergen verborgen sein sollen. Bingham sollte sie finden.

Die terrassenförmige Siedlung von Machu Picchu liegt hoch auf einem Berg über dem Urubamba-Tal in Peru. Vermutlich hat seine abgeschiedene Lage es vor der Entdeckung und Zerstörung durch die spanischen Eroberer bewahrt, als diese das Inkareich Mitte des 16. Jahrhunderts überrannten.

ZEITLEISTE

SPÄTES 12. JAHRHUNDERT Die Inka treten mit einem Stadtstaat in Cusco in Erscheinung.

UM 1460 Bau der Bergfestung der Inka in Machu Picchu

1533 Spanische Eroberer überrennen unter der Führung von Pizarro das Inkareich, das schon intern geschwächt war, und erobern die Stadt Cusco. Der Herrscher Atahualpa wird gefangen und hingerichtet

1572 Europäer erobern die letzte Inkafestung

1911 (24. Juli) Hiram Bingham „entdeckt" Machu Picchu wieder

1948 Bingham veröffentlicht seinen Bestseller „Lost City of the Incas", in dem er über seine Reise von 1911 berichtet

1983 Die Unesco ernennt Machu Picchu zum Weltkulturerbe

2006 Bedenken werden laut angesichts des Baus einer neuen Straßenbrücke über das Flusstal nur 16 Kilometer von Machu Picchu entfernt. Man fürchtet, dass noch viel mehr Besucher zu dem einst abgelegenen Ort kommen

Von Cusco – 3350 Meter über dem Meeresspiegel gelegen – reiste er mit Maultieren und zu Fuß höher in die Anden ins Urubamba-Tal. In der Nacht des 23. Juli lagerte die Expedition am Ufer eines Flusses auf dem Land des Bauern Melchior Arteaga. Mithilfe seiner Polizeieskorte und seines Übersetzers fragte Bingham den Einheimischen, ob es in der Umgebung alte Ruinen gebe. Arteaga fiel nichts in der Art ein, wonach Bingham suchte, meinte aber, er habe zwei Freunde, die auf dem „Alten Berg" wohnten und dort antike Terrassen bestellten. Wenn Bingham diese alten Mauern besichtigen wollte, würde er ihn am nächsten Tag dorthin bringen. Der nächste Morgen war allerdings grau, kalt und nass, weshalb Arteaga zögerte, sein Versprechen vom Vorabend einzulösen. Bingham schrieb:

> *«Ich bot ihm gute Bezahlung dafür, dass er mir die Ruinen zeigte. Er hatte Einwände und meinte, dass der Aufstieg an so einem nassen Tag zu schwierig sei. Aber als er sah, dass ich bereit war, einen Sol zu bezahlen – das Drei- oder Vierfache des normalen Tageslohns –, stimmte er schließlich zu. Gefragt, wo genau die Ruinen sich befänden, zeigte er hoch zum Gipfel des Berges. Niemand nahm an, dass sie sonderlich interessant seien, und keiner kam gerne mit mir.»*

Schließlich machten sich nur Bingham, seine Polizeieskorte und Arteaga auf in den dichten Nebel, überquerten verfallene Hängebrücken und kletterten auf steile Felsen, bis sie schließlich erschöpft bei den Hütten von Melquiades Richarte und Anacleto Alvarez auf dem „Alten Berg" ankamen, der bei den Einheimischen auch „Machu Picchu" hieß. Bei einem Umtrunk erklärten die zwei Bauern, wie sie etwa vier Jahre zuvor hierhergekommen waren und unter dem Gestrüpp eine Reihe von Steinterrassen entdeckt hatten, die sie dann freilegten und beackerten.

Das war keine sehr außergewöhnliche Geschichte in einer bergigen Region, wo immer schon Terrassen in die Berghänge geschlagen und wieder verlassen worden waren, wenn sie verwilderten oder auslaugten; aber Bingham bestand darauf, die Felder selbst zu sehen. Da ihnen die eigene Zeit zu schade dafür war, ließen die Bauern einen von Richartes kleinen Söhnen die Besucher auf den Berggipfel führen.

Die Wiederentdeckung einer verlorenen Welt

Ohne den Fleiß der einheimischen Bauern hätte vielleicht weder Bingham noch irgendein anderer Archäologe oder Historiker je entdeckt, was vor diesen Hütten lag. Richarte und Alvarez aber hatten hart gearbeitet, und als Bingham den Berg hochschaute, sah er über 100 freigelegte und renovierte Terrassen, die zum immer noch bewaldeten Gipfel führten. Richartes Junge tauchte plötzlich in den Wald ein, um ihnen etwas zu zeigen, das ihn mehr reizte als die Terrassen. Hier im Unterholz war sein „Spielplatz" aus verfallenen Gebäuden und akkuraten Steinmauern, alles seit Jahrhunderten überwuchert. Richarte und Alvarez hatten vielleicht einen alten Bauernhof entdeckt, aber ihre Kinder eine ganze verlorene Stadt – eine Inkastadt.

Bingham konnte nicht lange in Machu Picchu bleiben, denn er suchte immer noch nach Vilcabamba. Aber nach seiner Weiterreise sandte er ein Vermessungsteam zurück, um Zeichnungen der Stadt anzufertigen. Begeistert von

Aufstieg und Fall der Inka

Die Inka traten das erste Mal im späten 12. Jahrhundert mit einem kleinen Stadtstaat in Cusco, Peru, hervor. Für die nächsten 150 Jahre blieben sie in der Region. 1438 jedoch begannen die Inka unter ihrem Anführer Sapa Inca Pachacútec – was „Welterschütterer" bedeutet – eine aggressive Expansion. Er ließ wohl auch Machu Picchu erbauen.

Mit der Eroberung des heutigen Peru und Ecuador baute Pachacútec den Inkastaat zu einem föderalistischen Reich mit vier Teilen um. Die Ausläufer der Territorien trafen sich alle in der Hauptstadt Cusco (was in der Quechua-Sprache „Nabel der Welt" bedeutet). Auch wenn unter den Nachfolgern von Pachacútec das Reich durch militärische Eroberungen weiter wuchs, erfolgte der meiste Landgewinn kampflos. Üblicherweise benachrichtigte der Inkaherrscher die Gebieter jener Länder, die er begehrte, bot ihnen großzügige Bestechungen an und betonte den finanziellen Profit einer Mitgliedschaft im Handels- und Tauschsystem der Inka. Herrscher, die sich dem Reich anschlossen, sandten dann ihre Kinder nach Cusco, die dort zu Inka erzogen und „indoktriniert" wurden, ähnlich wie die Söhne örtlicher Potentaten im britischen Kolonialreich, die man zur Ausbildung an englische Privatschulen schickte. Für diejenigen, die sich weigerten, der Inkafamilie beizutreten, blieb immer noch das Mittel der Invasion.

Unter Pachacútecs Sohn und Enkel wuchs das Reich, bis es große Teile des heutigen Ecuador, Bolivien, Argentinien, Peru und Chile umschloss, womit es zum größten Reich in der südamerikanischen Geschichte und zu seiner Zeit zu einem der größten weltweit wurde. Es verfiel jedoch noch schneller, als es aufstieg. 1526 gelangten die spanischen Eroberer unter Francisco Pizarro (um 1475–1541) zum Inkagebiet und bemerkten seinen Reichtum und seine Kultiviertheit. Als er 1532 zurückkehrte, erkannte er seine Chance. Die Urenkel von Pachacútec waren in einen internen Machtkampf verstrickt, der die zentrale Kontrolle des Reiches empfindlich schwächte, während die aus Mittelamerika eingeschleppten Pocken Bevölkerung und Wirtschaft dezimiert hatten. Mit nur 180 Männern, 27 Pferden und einer Kanone fiel Pizarro in das Inkareich ein und führte nach einem Scharmützel Friedensverhandlungen mit dem neuen Herrscher Atahualpa, dessen Armee 80 000 Mann stark war.

Der Lockruf des Goldes zog die spanischen Eroberer in die Anden. Die Spanier schmolzen die meisten der Goldobjekte, die sie fanden, zu Barren ein. Dieses Figürchen ist eine der wenigen Inka-Artefakte, die erhalten geblieben sind.

Das Treffen war eines der verwirrendsten der Geschichte, einerseits wegen der Verständigungsprobleme, andererseits wegen der unklaren Absichten auf beiden Seiten. Pizarro forderte zunächst die sofortige Unterwerfung des Inkareiches unter Spanien. Dann kam es während einer Diskussion über das Christentum zu einem Handgemenge, in dessen Verlauf Atahualpa gefangen genommen wurde. Das könnte allerdings auch die ganze Zeit Pizarros Absicht gewesen sein. Atahualpa wollte sich mit einem Raum voll Gold freikaufen, was wohl die Legenden von El Dorado inspirierte. Seine Gefängniszelle wurde auch wie vereinbart mit Gold aufgefüllt, allerdings brachen die Spanier ihr Wort und richteten Atahualpa hin, anstatt ihn freizulassen.

Manco Inka Yupanqui wurde rasch als Marionette Spaniens auf den Thron gesetzt, er rebellierte aber später während interner Machtkämpfe in Spanien. Nach einer kurzen Rückeroberung Cuscos musste er sich jedoch in das legendäre Vilcabamba zurückziehen, wo er und sein Sohn für weitere 36 Jahre herrschten. 1572 entdeckten die Spanier diese letzte „versteckte" Stadt der Inka und inhaftierten und exekutierten deren letzten Herrscher. Das Inkareich war Geschichte.

Hiram Bingham III.

Hiram Bingham III. war das Vorbild für Hollywoods Filmarchäologen Indiana Jones. Und sicherlich war sein Leben nicht das eines normalen Akademikers. Bingham wurde 1875 als Sohn zweier Missionare in Honolulu auf Hawaii geboren. Nach seinem Schulabschluss reiste er in die USA, wo er mehrere Abschlüsse in Yale, Berkeley und Harvard erlangte; dort lehrte er später auch Geschichte und Politik. Während dieser Zeit traf und heiratete er auch Alfreda Mitchell (1874–1967), die Erbin des Tiffany-Vermögens, wodurch er Zugang zum amerikanischen Establishment fand. 1907 wurde er zum Professor für südamerikanische Geschichte in Yale ernannt – ein Posten, der zu seinen berühmten Expeditionen auf der Suche nach den verlorenen Inkastädten führte.

Die Veröffentlichung über seine „Entdeckung" von Machu Picchu (die mögliche frühere Besucher der Stätte überging) im Magazin NATIONAL GEOGRAPHIC im Jahr 1913 machte Bingham allgemein bekannt. Als sich der Krieg in Europa abzeichnete, trat Bingham 1916 der Nationalgarde in Connecticut bei, allerdings trieb ihn seine Abenteuerlust zur relativ neuen militärischen Luftfahrt. Im folgenden Jahr trat er der Luftfahrtabteilung der Fernmeldetruppe der US-Armee bei, leitete dann die Flugschule in Issoudun, Frankreich, und gründete die *United States Schools of Military Aeronautics.*

Nach dem Krieg wandte sich Bingham der Politik zu, wurde 1922 zum Vizegouverneur von Connecticut gewählt und 1924 zum Gouverneur. Da er im selben Jahr als Republikaner in den Senat gewählt wurde, übte er das Gouverneursamt nur für einen Tag aus, bevor er seinen Platz im Senat einnahm. Er führte ein turbulentes politisches Leben und wurde 1929 gerügt, da er einen Lobbyisten in eine geschlossene Komiteesitzung eingeschleust hatte. 1932 verlor er seinen Sitz durch die demokratischen Stimmengewinne im Gefolge der Großen Depression.

Im Zweiten Weltkrieg unterrichtete er an verschiedenen Schulen der Marine, während er das Material für sein berühmtestes Buch „Lost City of the Incas" zusammenstellte, in dem er über seine Entdeckung von Machu Picchu schrieb. Er starb am 6. Juni 1956 und wurde auf dem Nationalfriedhof Arlington beigesetzt. Zu seinen Ehren wurde die Straße, die heute Tausende von Touristen vom Urubamba-Tal zur Inkastadt bringt, in *Hiram Bingham Highway* umbenannt.

den ausgedehnten Grundrissen des größtenteils versteckten Ortes, arrangierte er für das folgende Jahr eine weitere von der Yale University und der *National Geographic Society* finanzierte Expedition. Bei dieser wurde der größte Teil des Berggipfels freigelegt und der Anblick, den wir heute kennen, enthüllt. Es fanden sich Straßen und Wasserläufe, Bäder, Schreine, Tempel und die Quartiere der königlichen Familie sowie von deren Gefolgsleuten – alles aus perfekt zugeschnittenen Granitblöcken. Mit der Entdeckung machte sich Bingham einen Namen, auch weil das Magazin NATIONAL GEOGRAPHIC seine Entdeckung als «eine der bemerkenswertesten Erforschungsgeschichten im Südamerika der letzten 50 Jahre» feierte.

Allerdings konnte Bingham nie genau bestimmen, was er gefunden hatte. Machu Picchu war sicherlich eine Inkastätte und vermutlich auch die bis dahin spektakulärste, aber es stellte sich heraus, dass es sich nicht um das legendäre Vilcabamba handelte (das in den 1960er-Jahren als ein anderer von Bingham besuchter Ort identifiziert wurde). Tatsächlich war Machu Picchu nicht mehr als ein königliches Anwesen der Inka, verborgen in den Bergen, weitab von den Problemen des Reiches. Unzweifelhaft ist es eines der besten Beispiele der Inka-Architektur und vielleicht ein Hinweis darauf,

Die Inkahauptstadt Cusco auf einem deutschen Stich von 1576. Diese Stadt war das Zentrum eines hoch organisierten Reiches, das von 1438 an rasch expandierte.

was anderswo verloren gegangen ist. Seine wahre Faszination rührt von seiner Lage her – wie Bingham schrieb:

> *«Ich kenne keinen anderen Ort auf der Erde, der sich in der Vielfalt und der Kraft seines Zaubers mit ihm messen kann. Es gibt nicht nur die erhabenen, schneebedeckten Gipfel, die mehr als zwei Meilen über die Wolken aufragen; gigantische Felshänge aus buntem Granit erheben sich viele tausend Fuß über die schäumenden, gleißenden, donnernden Stromschnellen. Es gibt aber auch – als Kontrast dazu – Orchideen und Baumfarne, die Schönheit einer üppigen Vegetation und den mysteriösen Zauber des Dschungels.»*

IM LANDE ABRAHAM DES BIBLISCHEN PATRIARCHEN

Die Todesgrube von Ur, 1922

«Unser Anliegen war die Geschichte selbst – und nicht, Museumsvitrinen mit diversen Kuriositäten zu füllen; wahre Geschichte ließ sich nur entdecken, wenn wir und unsere Leute ausreichend geschult waren.»

Sir Leonard Woolley

Als der britische Archäologe Charles Leonard Woolley (1880–1960) in den 1920er-Jahren in Mesopotamien ankam, waren die antiken Kulturen der Assyrer und Babylonier, die einst hier gediehen, bereits allgemein bekannt. Ausgrabungen in Babylon, Ninive und Nimrud hatten den Museen Europas monumentale Tore, dramatische Reliefs und Tausende von Tontafeln mit der Keilschrift dieser Völker beschert.

Wie aber die Zivilisationen zwischen Euphrat und Tigris entstanden waren, blieb meist unbeachtet. Keilschrift-Experten bemerkten, dass diese Schrift sich aus einer früheren Quelle entwickelt haben musste und in einer älteren Sprache geschrieben worden war – aber wer die Menschen waren und wie sie lebten, blieb unbekannt.

Die Stadt zwischen den Flüssen

Der Ort, den Woolley erforschen wollte, lag nahe der Stadt Nasirija südlich von Bagdad und befand sich im Altertum an der Mündung von Tigris und Euphrat. Tell Mukajir war eine jener künstlichen Erhebungen, die oft die Lage einer antiken Stadt anzeigen. Man wusste seit dem 17. Jahrhundert von ihr, seit der italienische Reisende Pietro della Valle (1586–1652) die Stätte besucht und antikes Mauerwerk mit einer seltsamen Schrift entdeckt hatte. 1854 führte der britische Konsul dort kleinere Ausgrabungen durch, die enthüllten, dass der mittlere Hügel eigentlich eine riesige Zikkurat – eine Art stufenförmiger Pyramide – war, woraus man schloss, dass dort viele Antiquitäten zu finden sein und eine groß angelegte Ausgrabung sich lohnen müsste. Allerdings musste diese bis 1922 warten, als Leonard Woolley dort seine zwölfjährige Arbeit begann.

Zum Glück für Ur und für unser Wissen über die Sumerer, die die Stadt erbauten, war die Stätte relativ unberührt. Woolley gehörte einem neuen Schlag von Archäologen an, die in der schichtenkundlichen Ausgrabung geschult und mit der Geduld ausgestattet waren, jedes Stückchen Information aus jeder Schicht Erde zu sammeln, anstatt sich auf der Suche nach Schätzen einfach tiefer durchzuwühlen. Und die Geschichte, die er in Ur freilegte, ist eine der längsten und seltsamsten in der Archäologie.

Die Ausgrabungen legten die Überreste einer Stadt frei, deren Ursprünge fast 7000 Jahre zurückreichen. Das zeigt sich an den unter einer gewaltigen Sedimentschicht begrabenen Resten von mit Schilf gedeckten Häusern. Woolley hielt diese Schicht für einen Hinweis auf die biblische Flut. Darüber lagen die Ruinen vieler Städte, von denen er ganze Viertel ausgrub, die von den Anfängen der mesopotamischen Kultur datierten und über die Zeit, als die Stadt den biblischen Patriarchen Abraham beheimatete, bis zu ihrem Umbau zur Zeit Nebukadnezars und ihrem endgültigen Niedergang in den Jahren vor der Geburt Christi reichten. Aber es war die frühe Geschichte von Ur, die seine Fantasie beflügelte, und in einem Schutthügel neben der großen Zikkurat nahm seine Vorstellung Gestalt an.

Dieser Schuttplatz war fast als Erstes ausgegraben worden, wobei die Entdeckung von zartem Blattgold und wertvollen Steinen (die Ausgräber sprachen von der „Goldgrube") ihm Sorgen machte. Seine Mitarbeiter waren unerfahren, und er war sich bewusst, dass

Ur wird in der Bibel – in der Genesis – als die Heimat des alttestamentarischen Erzvaters Abraham erwähnt. Die Lage des uralten Stadtstaates blieb bis Mitte des 19. Jahrhunderts unbekannt. Auf diesem Bild, einem Blick über die Königsgräber, kann man die 4000 Jahre alte große Zikkurat in der Ferne sehen.

sie in diesem frühen Stadium mehr zerstören als finden konnten. Trotz der Proteste seines Teams ließ er die Grube schließen und grub an anderen Stellen weiter.

Erst fünf Jahre später erlaubte Woolley weitere Ausgrabungen um die „Goldgrube“ herum. Dieser Schutthaufen war später als Friedhof genutzt worden, und so fand er 1850 Grabstellen: bescheidene mit ein wenig Geschirr, einige aber auch mit Schmuck und wertvollen Steinen, die vom Reichtum der Verstorbenen zeugten. Nur in einem Teil der Grube verhielt es sich anders. Hier waren die Grabstellen nicht bloß Gruben, sondern Ganggräber mit einer oder mehreren Kammern und einer hinabführenden Rampe. Hier waren, wie Woolley vermutete, die Herrscher des alten Ur bestattet, die Könige und Königinnen der Sumerer, die er gesucht hatte.

Man fand insgesamt 16 „Königsgräber“, und obwohl Grabräuber die meisten bereits in der Antike geplündert hatten, war das, was sie zurückgelassen hatten, immer noch sehr wertvoll. In einem Grab mit vier Kammern, nahe den Überresten eines Mannes, der eine mit Perlen verzierte Haube getragen hatte, entdeckte man einen Haufen kleiner Lapislazuli- und Muschelstücke. Woolley erkannte, dass dies der Inhalt eines Holzbehältnisses gewesen sein musste, das vor langer Zeit verrottet war. Er ließ die Stücke mit Bienenwachs bedecken, auf das Stoff gelegt wurde. Als man den Stoff abnahm, lagen die Stückchen genauso wie auf dem Boden des Grabes, und man konnte sie zur Rekonstruktion in Woolleys Arbeitsraum bringen.

Eine der beiden Haupttafeln der königlichen Standarte von Ur, die aus der Zeit um 2600 v. Chr. stammt. Die dargestellte „Friedensszene" zeigt Diener, die den festlichen Würdenträgern Tiere und andere Gaben darbieten. Eine entsprechende „Kriegsszene" befindet sich auf der anderen Seite der Standarte.

Sir Charles Leonard Woolley

Charles Leonard Woolley ist einer der wichtigsten Archäologen. Obwohl er eigentlich seinem Vater in den Kirchendienst folgen wollte, wurde er an der Universität von Oxford dazu überredet, sich für die Archäologie zu entscheiden. Nach zwei Abschlüssen und einem Studium moderner Sprachen im Ausland ernannte ihn das Ashmolean Museum zum Assistenten von Arthur Evans (1851–1941), dem Ausgrabungsleiter in Knossos (siehe Seiten 108–113).

Woolley grub in Ägypten und Italien aus, bevor er die Hauptstätte von Karkemisch in Syrien übernahm. Hier stieß ein neuer Assistent, T. E. Lawrence (1888–1935), zu ihm – der später legendäre „Lawrence von Arabien". Zusammen begutachteten sie das Gebiet südlich des Toten Meers als Teil der vom *Egypt Exploration Fund* geplanten Kartierung des Heiligen Landes. Diese Arbeit sollte für die Briten während des Ersten Weltkriegs sehr nützlich sein. Im Krieg trat Woolley dem Geheimdienst in Kairo bei, bevor er nach dem Untergang seines Schiffes im östlichen Mittelmeer von den Türken gefangen genommen wurde. Im Gefängnis scheint er das Erzählen der Geschichten antiker Kulturen für sich entdeckt zu haben.

Nach Jahren der Unschlüssigkeit kam das Britische Museum mit der Universität von Pennsylvania 1922 überein, mit den Ausgrabungen in Ur zu beginnen, und ernannte Woolley zum Leiter. Er war seiner Zeit weit voraus, indem er nie drängte, einen Schatz zu finden, und nie ein vielversprechendes Gebiet anging, bevor er und seine Mannschaft nicht geübt genug waren. Auch bestand er auf der sofortigen Veröffentlichung seiner Entdeckungen. Nur sein Einsatz von Einheimischen anstelle von qualifizierten Archäologen brachte ihm viel Kritik ein.

Wenn er nicht ausgrub, setzte sich Woolley unermüdlich für die Archäologie ein und schrieb, ergänzend zu seinen akademischen Publikationen, populäre Berichte über seine Arbeit. Sein Werk wurde so bekannt, dass es Agatha Christie zum Krimi „Mord in Mesopotamien" inspirierte, der auf seinen Arbeiten in Ur basierte. Später heiratete die Autorin seinen jungen Assistenten Max Mallowan.

In den 1930er-Jahren unternahm Woolley Ausgrabungen in Syrien und Indien. Nach dem Zweiten Weltkrieg legte er an der syrischen Bronzezeit-Stätte Tell Atchana (Alalach) viele Paläste und Tempel frei. Seine archäologischen Ergebnisse und ein volkstümlicher Bericht darüber („Ein vergessenes Königreich") wurden ein Publikationsrekord. Er schrieb und lehrte bis ins hohe Alter und starb am 20. Februar 1960.

ZEITLEISTE

UM **4300** V. CHR. In Mesopotamien entstehen die ersten Stadtstaaten der Welt

UM **2900** V. CHR. Während der Frühdynastischen Epoche rivalisieren die Städte Kisch, Uruk und Ur in Sumer um die Macht

UM **2600** V. CHR. Die mächtige Erste Dynastie von Ur, darunter auch Königin Puabi, herrscht über Ur

UM **1950** V. CHR. Die Elamiten stürzen die Dritte Dynastie, das letzte Herrscherhaus von Ur

1625 N. CHR. Pietro della Valle besucht und berichtet über Ur am Tell Mukajjar

1854 Der britische Konsul von Basra, J. E. Taylor, beginnt mit den Ausgrabungen der dem Mondgott Nanna geweihten Zikkurat von Ur

1922 Das Britische Museum und die Universität von Pennsylvania finanzieren Ausgrabungen unter der Leitung von Leonard Woolley. Die Arbeiten dauern bis 1934 und fördern viele bedeutende Artefakte aus dem Königsfriedhof zutage

2003 Während der amerikanischen Invasion im Irak sorgt man sich über eine mögliche Beschädigung von Ur, da in der Nähe eine große Militärbasis Saddam Husseins liegt

Seine Ahnung war richtig. Unter den am Wachs haftenden Stückchen lag die Rückseite des Gehäuses, die man auch abnahm. Nach der Rekonstruktion sollte sie eines der wichtigsten erhaltenen Artefakte Sumers werden – die „Standarte von Ur". Das rechteckige Gebilde, 22 Zentimeter hoch und 50 Zentimeter breit, das einst als Standarte an einem Stab befestigt gewesen sein konnte, zeigte die Bewohner Urs in Bankettszenen, Prozessionen, als Soldaten in Reih und Glied, mit Streitwagen und Kolonnen von Gefangenen – Gesichter von vor 4500 Jahren.

Die Opfer in der Todesgrube

Aber die königliche Standarte war nicht der einzige bedeutende Fund. Ein seltsamerweise unberührtes Grab einer Frau – vielleicht einer Königin – trug Siegel mit dem Namen Puabi. Sie lag immer noch auf ihrer Bahre am anderen Ende des Grabes. Um sie herum fanden sich zehn Ringe aus Gold und Lapislazuli, seltsame Amulette und Perlenstränge. Im Grab waren auch Metall- und Steingefäße, goldene Meißel, ein Trinkhalm aus Gold und Lapislazuli sowie eine Leier. Fast in der Mitte entdeckte Woolley in der Erde etwas Schockierendes: die Reste eines Holzschlittens, der einst den Leichnam der Verstorbenen getragen hatte. Er war von zwei Ochsen gezogen worden, deren Knochen noch auf beiden Seiten lagen. Daneben befanden sich aber noch andere Knochen – menschliche. Offensichtlich die Skelette der beiden Stallknechte, die die Ochsen in das Grab geführt hatten. Und das waren nicht die einzigen. Man entdeckte noch die reich geschmückten Überreste von zwölf Frauen, die alle in der gleichen Pose – wie schlafend – beieinanderlagen.

Während Woolley angesichts dessen nun über die düsteren Begräbnisriten der Sumerer spekulierte, bestätigte ihn der Inhalt des „Privatgrabes 1237" darin. Dieses Grab war schwer beschädigt, und die Grabkammer des Besitzers wurde nicht gefunden, aber der Hauptraum enthielt – neben den Resten von zwei Leiern – noch eine seltsame Widderstatue aus Blattgold und Lapislazuli, die aufrecht mit den Vorderhufen in einem Dickicht stand. Das eigentlich Interessante aber waren die Überreste von 74 Menschen zwischen diesen Objekten. 68 davon waren Frauen, die alle in einer Reihe auf der Seite lagen und einen kleinen Becher bei sich hatten, der wohl einst das Gift enthielt, das sie freiwillig (oder auch nicht) tranken, als das Grab hinter ihnen verschlossen wurde. Woolley nannte das Grab die „Große Todesgrube von Ur" und schloss:

> *«Das Begräbnis des Königs wurde von zahlreichen Menschenopfern begleitet. Der Boden des Grabes war mit den Leichen von Männern und Frauen bedeckt, die hier herunter geführt und wohl an Ort und Stelle umgebracht wurden.»*

Das merkwürdige Nebeneinander von feinem Schmuck und einer offenbar grausamen Massenhinrichtung in den sumerischen Königsgräbern beunruhigte Woolley sehr. Die Herrscher dieses hoch entwickelten Staates schienen viele ihrer Diener mit in den Tod genommen zu haben, aber ob diese freiwillig oder zwangsweise folgten, konnte er nicht sagen. Sicher ist, dass mit der Öffnung dieser Gräber ein neues Kapitel in der Geschichte Mesopotamiens aufgeschlagen wurde – das einer prägenden Ära, in der Schönheit und Brutalität nah beieinander lagen.

Die Sumerer von Ur

Die Kultur der Sumerer war die erste in der Mesopotamien genannten Region zwischen Tigris und Euphrat und die erste städtische Zivilisation weltweit. Die Sumerer, die ihr Land *ki-en-gir* („das Land der kultivierten Herren") nannten, hatten das im heutigen Südirak gelegene Gebiet im 6. Jahrtausend v. Chr. besiedelt. Sie wussten um die künstliche Bewässerung – die sumerische Sprache kennt viele Begriffe für Damm, Reservoir und Kanal – und konnten so mit dem Wasser der beiden großen Flüsse Ackerbau in einer Wüstenlandschaft betreiben.

Trotz ihrer landwirtschaftlichen Basis waren die meisten Sumerer Stadtbewohner, die in einem der rund zwölf Stadtstaaten lebten. Jeder hatte seinen eigenen Gott, der an einem zentralen Ort, oft in einer Zikkurat – einer stufenförmigen „Pyramide", auf deren Spitze ein Tempel stand –, angebetet wurde. Um diesen herum lagen die Paläste der Herrscher und die Häuser der Bürger. Alles war aus Lehmziegeln erbaut, da es in der Ebene zwischen Tigris und Euphrat keine Steine und nur sehr wenig Holz gab. Wegen der Weichheit des Baumaterials mussten die Häuser auf ihren früheren Fundamenten oft wieder neu errichtet werden – so wurden aus den Städten mit der Zeit von Menschen geschaffene Hügel, die sogenannten Tell.

Objekte wie die Standarte von Ur und die sumerischen Inschriften legen nahe, dass sich die rivalisierenden Dynastien der Sumerer oft bekriegten. Aus Abgaben finanzierte Armeen belagerten oft die Städte. Für die, die im Kampf – oder auch irgendwo anders – starben, hielt die sumerische Mythologie nur ein bedrückendes Leben nach dem Tod bereit: Als *Giddim* – Geist – in einer düsteren Unterwelt.

Die hoch entwickelte Landwirtschaft Sumers und die Lage der Städte erlaubten es den Bewohnern, ihre Überschüsse zu verkaufen. Die Sumerer gehörten zu den ersten internationalen Händlern. Funde weisen auf Handelsverbindungen nach Afghanistan und in das Industal hin, nach Bahrain, zum Persischen Golf und an die Mittelmeerküste. Dass wir so viel über diese Kultur wissen, liegt wohl ebenfalls am Handel, da das Sumerische – die erste bekannte Schriftsprache – vermutlich für die Buchführung entwickelt wurde. Aber die sumerische Literatur, die in Keilschrift auf Tontafeln verewigt ist, bietet mehr als nur finanzielle Informationen. Das berühmte Gilgameschepos, das von einem (möglicherweise realen) König von Uruk im 26. Jahrhundert v. Chr. erzählt, ist die älteste überlieferte niedergeschriebene Geschichte und vielleicht die Quelle für den Sintflut-Mythos in der Bibel.

Der kunstvolle, aus Gold und Lapislazuli gefertigte Kopf- und Halsschmuck einer Dame des sumerischen Hofes, gefunden von Leonard Woolley an einer der Leichen in der „Todesgrube von Ur".

Der Handel regte neue Technologien an, und die sumerische Zivilisation gilt als sehr innovativ. Sie verwendete als Erste Räder, schrieb ihre Sprache nieder, legte ein Rechtssystem (mit Gerichtsakten, Gerichten und Gefängnissen) fest und entwickelte ein arithmetisches System. Ihr Sexagesimalsystem (mit dem Stellenwert 60), das für die ersten Zeitmesser verwendet wurde, ist noch heute in Gebrauch: Eine Minute besteht aus 60 Sekunden, eine Stunde aus 60 Minuten und ein Jahr aus zwölf Monaten.

Die sumerische Zivilisation währte länger als 1000 Jahre, war aber zu Ende, als Hammurabi um 1780 v. Chr. das babylonische Reich gründete. Sie verfiel nach und nach, da jahrhundertelang semitische Völker in die Region gezogen waren, wodurch sich die Kultur in einigen Städten veränderte. Zudem wurde das Gebiet mehrmals überfallen. König Sargon von Akkad verleibte Sumer seinem Reich ein, das anschließend an die Gutäer fiel. Nach deren Vertreibung folgte eine kurze sumerische Renaissance unter der Dritten Dynastie von Ur, aber Kultur und Sprache der Sumerer verfielen bereits. Als ein anderes semitisches Volk, die Elamiten, die Dritte Dynastie zerstörten, bewahrte nur eine kleine Priesterkaste die sumerische Kultur und verwendete die alte Sprache weiter, ähnlich wie Latein im mittelalterlichen Europa überlebte.

EINE VERSIEGELTE TÜR

Howard Carter im Grab des Tutanchamun, 1922

«Ein versiegelter Eingang – es war also wirklich wahr! Die Jahre der geduldigen Arbeit sollten schließlich doch belohnt werden …»

Horward Carter, „Das Grab des Tut-ench-Amun" (1923)

Howard Carter (1874–1939) kam am 28. Oktober 1922 in Luxor an und begann sofort, Arbeiter anzuwerben. Es sollte seine letzte Grabungssaison im Tal der Könige sein, das Ende einer sechsjährigen Suche im Gräberfeld der Pharaonen nach etwas, von dem kaum ein anderer Archäologe in Ägypten glaubte, dass es sich dort befände. Nun versiegte auch seine Finanzquelle, obwohl sein Förderer, Lord Carnarvon (1866–1923), widerwillig einer letzten Grabung zugestimmt hatte. Carter verlor keine Zeit. Bis zum 1. November hatte er alle Männer beisammen, und die Arbeiten begannen nahe dem Grab von Ramses VI. Drei Tage später fand er seine Arbeiter schweigend um die Ausschachtung stehen. Dort zeichnete sich im Schotter unter einigen alten Baracken eine Treppenstufe ab.

Ein Traum ging in Erfüllung

Wonach Carter und seine Ausgräber so lange gesucht hatten, war ein Grab – das eines Kindpharaos der 18. Dynastie, der rund 3300 Jahre zuvor gestorben war. Man wusste nur sehr wenig über diesen kurzlebigen König, aber ein paar Jahre früher hatte man im Tal an drei Orten Inschriften mit seinem Namen entdeckt – auf einem Becher, versteckt in einer Spalte, auf Blattgold in einer Grube und auf den Siegeln einiger Krüge, die Blumenkränze und andere Materialien für antike ägyptische Bestattungen enthielten. Für Carter bedeuteten diese Funde, dass irgendwo in der Nähe dieser Pharao begraben war, den bislang noch kein Archäologe gefunden hatte. Ob nun das Grab bereits ausgeraubt worden war oder nicht – noch niemand hatte es in der Neuzeit gesehen, und Carter wollte der Erste sein. Nun stand er auf der obersten Stufe zu, wie er hoffte, dem Eingang zu seinem Traum – dem Grab des Tutanchamun.

Den ganzen nächsten Tag arbeiteten sich die Ausgräber fieberhaft durch den Schutt, legten Stufe um Stufe frei und – an der zwölften Stufe – die Oberkante einer Tür. Hier hielt Carter inne, da er vermutete, dass das Grab nie fertiggestellt worden und deswegen leer wäre. Er hatte das schon vorher erlebt.

Nach der Freilegung des Bodens im Treppenschacht entdeckten sie nicht ein leeres Grab, sondern eine versiegelte Tür. Carter kletterte hinunter, um sie zu inspizieren. Dort, über

Die spektakuläre Totenmaske, die man auf Tutanchamuns Mumie fand, wurde zum Symbol der Epoche der Pharaonen im alten Ägypten. Die Maske besteht aus Gold mit Intarsien aus Glas und Halbedelsteinen. Auf dem Kopfschmuck finden sich Abbildungen des Geiers und der Kobra, der Wappentiere von Ober- und Unterägypten.

der Oberkante der Tür, war – eingedrückt in den sie verschließenden feuchten Lehm – das Siegel der Aufseher der Totenstadt von Theben, der antiken Wächter der Pharaonengräber. Carter schrieb in derselben Nacht in sein Tagebuch:

«Es war ein aufregender Moment für einen Ausgräber. Ich fand mich, nach Jahren relativ unergiebiger Bemühungen, selbst allein – abgesehen von meinen einheimischen Arbeitern – auf der Türschwelle dessen, was sich als großartige Entdeckung erweisen könnte.»

Dennoch konnte die Arbeit nicht sofort weitergehen. Erst musste Carter Lord Carnarvon informieren, der zwei Wochen für die Reise von England benötigen würde. In der Zwischenzeit füllte man die Stätte zum Schutz vor Grabräubern wieder auf. Carter konnte in dieser Zeit nur abwarten, und währenddessen begann er zu zweifeln. Die einzigen Siegel, die er gesehen hatte, waren die der Totenstadt von Theben – und keine königlichen Siegel dessen, der hier begraben sein konnte. Auch war der Eingang, den man gefunden hatte, ungewöhnlich klein und passte nicht zu einem Pharaonengrab. Wahrscheinlicher war, dass es sich nur um ein Lager wie viele andere im Tal handelte, mit Überresten von Begräbnissen und zerbrochenen Fragmenten von Grabbeigaben aus ausgeraubten Gräbern. Und sogar dieses Lager, sagte er sich selbst, war vermutlich schon geplündert worden.

Hinweise auf Grabräuber

Am 23. November 1922 kam Carnarvon zusammen mit seiner Tochter, Lady Evelyn Herbert, in Luxor an. Bis zum Nachmittag des nächsten Tages war der Treppenschacht erneut freigelegt – 16 Stufen insgesamt – und der gesamte versiegelte Eingang sichtbar. Als Carter und Carnarvon vor der Tür standen und sie zum ersten Mal besichtigten, freuten und fürchteten sie sich zugleich. Aber, oh Wunder – direkt unter den zuerst von Carter freigelegten thebanischen Siegeln fanden sich andere Abdrücke mit dem unverkennbaren Namen Tutanchamuns. Leider gab es aber auch Anzeichen, dass die Wächter der Nekropole den Eingang zweimal neu versiegelt hatten, was nur heißen konnte, dass das Grab dahinter ausgeraubt worden war.

Als man die Siegel fotografiert und abgezeichnet hatte, öffnete man am nächsten Tag den Eingang. Dahinter fand sich ein Gang, den Carter bereits zwei Wochen früher erspähen konnte, als er ein kleines Guckloch in die Tür geschnitten hatte, um zu sehen, was dahinter lag. Ein weiterer Tag verstrich, bis das Geröll und das zerbrochene Steinzeug weggeräumt war. Über den folgenden Tag schrieb Carter später:

«Der nächste Tag war der Tag der Tage, der wundervollste, den ich je erlebt habe, und sicherlich werde ich nie wieder einen ähnlichen erleben.»

Bis in den Nachmittag musste der Durchgang freigeräumt werden. Ungefähr neun Meter unterhalb der ersten Tür stießen sie auf eine weitere, die ebenfalls versiegelt und mit den Markierungen der thebanischen Totenstadt sowie des Pharaos Tutanchamun versehen war. Auch diesen Durchgang hatte man neu versiegelt. Die Grabräuber waren wohl auch hier unten gewesen; aber es

ZEITLEISTE

UM 1342 V. CHR. Tutanchamun wird geboren (möglicherweise als Sohn des häretischen Pharaos Echnaton). Ursprünglich heißt er Tutanchaton, das „lebende Abbild des Aton“

UM 1333 V. CHR. Mit neun Jahren wird Tutanchaton unter der Regentschaft von Wesir Eje Pharao. Er schafft den Aton-Kult ab und ändert seinen Namen zu Ehren der alten ägyptischen Religion in Tutanchamun

1324 V. CHR. Pharao Tutanchamun stirbt unter ungeklärten Umständen und wird im Tal der Könige begraben, das von der königlichen Stadt von Luxor (Theben) aus gesehen auf der anderen Seite des Nils liegt

1922 N. CHR. (4. November) Howard Carter entdeckt bei einer von Lord Carnarvon finanzierten Ausgrabung eine unbekannte Grabkammer in der Nähe des Grabs von Ramses VI.

1923 (17. Februar) Carter öffnet die Grabkammer und findet den Schrein mit dem Sarkophag des Tutanchamun. Später in diesem Jahr stirbt Carnarvon

1972–1979 Die Schätze Tutanchamuns wandern in einer Ausstellung um die Welt, die Rekordzahlen von Besuchern anzieht. Über acht Millionen sehen sie im Metropolitan Museum of Art in New York

Dieses Foto, aufgenommen im November 1922, zeigt die Südseite der Vorkammer, die von Howard Carter entdeckt wurde. Dieser Lagerraum enthielt ein Durcheinander von 171 Objekten, darunter auch demontierte Streitwagen, Möbelstücke, Jagdausrüstung und Spiele.

musste noch etwas vorhanden sein, da die Wächter der Totenstadt die Tür repariert und neu verschlossen hatten. War es nur ein Lager oder ein Grab?

Nachdem der Durchgang freigelegt und fotografiert war, konnte man nachsehen, was dahinter lag. Carter nahm einen Meißel und:

> *«Mit zitternden Händen schlug ich ein kleines Loch in die obere linke Ecke. Dunkelheit und leerer Raum, so weit man mit einem eisernen Stab reichte – was auch immer dahinter lag, es war leer, und nicht gefüllt wie der Gang, den wir gerade geräumt hatten. Kerzentests dienten als Vorsorge gegen mögliche Faulgase, und dann, nachdem ich das Loch ein wenig erweitert hatte, streckte ich die Kerze hindurch und spähte hinein. Lord Carnarvon, Lady Evelyn und Callender* [Carters Assistent] *standen ängstlich neben mir und warteten. Zuerst konnte ich nichts sehen, da die aus der Kammer herausströmende Luft die Flamme flackern ließ, aber als sich meine Augen an die Dunkelheit gewöhnt hatten, konnte ich Details des Raumes ausmachen, seltsame Tiere, Statuen und Gold. Überall das Glitzern von Gold. Einen Moment lang – er muss den anderen neben mir ewig erschienen sein – war ich vor Staunen wie gelähmt, und als Lord Carnarvon, der es nicht mehr aushielt, ängstlich fragte, ‹Können Sie etwas sehen?›, brachte ich nur heraus: ‹Ja, wundervolle Dinge.› Dann erweiterten wir das Loch noch einmal, so dass wir beide etwas sehen konnten, und hielten eine Taschenlampe hinein.»*

Carter sah eine Vorkammer, gefüllt mit der erstaunlichsten Sammlung antiker ägyptischer Artefakte, die man je entdeckt hatte. Bemalte Kisten, anmutige Statuen, vergoldete

Howard Carter

Howard Carter wurde am 9. Mai 1874 in Brompton, London, geboren. Er war ein kränkliches Kind, weshalb ihn sein Vater, ein Künstler, zu zwei unverheirateten Tanten nach Swaffham, Norfolk, in Ostengland schickte. Auf dem Land erhielt Carter eine private Ausbildung, ergänzt durch Mal- und Zeichenstunden seines Vaters bei dessen Besuchen. Mit 15 fing Carter an, sein Geld mit Aquarell- und Kreideporträts der Haustiere reicher Leute zu verdienen. Während dieser Zeit fragte ein britischer Archäologe, P. F. Newberry, der im ägyptischen Beni Hasan arbeitete, einige Freunde in Norfolk, ob ihnen ein Künstler bekannt sei, der ihm in Ägypten helfen könnte, Tausende von Bleistiftzeichnungen, die er angefertigt hatte, nachzuzeichnen. So kam Carters Name ins Gespräch.

Bald wurde er als Nachwuchszeichner vom Britischen Museum angestellt. Dann finanzierte der *Egypt Exploration Fund* seine erste Reise, um Newberry zu assistieren. In Ägypten machte er sich mit seiner akkuraten Arbeit bald einen Namen. 1892 wurde einer der größten Pioniere der modernen Archäologie, Sir Flinders Petrie (1853–1942), auf ihn aufmerksam. Carter sollte Petrie in Amarna in Mittelägypten bei Ausgrabungen helfen (siehe Seite 97) – obwohl Petrie nicht glaubte, dass er es könnte. Aber Petrie gab später zu, dass Carter schnell ein geschickter Ausgräber wurde.

Danach wurden ihm viele Stellen angeboten, und Carter kehrte zunächst als Zeichner für die archäologische Gutachtenabteilung des *Egypt Exploration Fund* nach Beni Hasan zurück, bevor er für sechs Jahre am Tempel der Hatschepsut in Deir el-Bahri arbeitete, nahe dem Tal der Könige. Hier lernte er auch Alltagsarabisch, und so konnte er sich während der langen Suche nach Tutanchamun gut mit seinen Arbeitern verständigen.

Carters rasanter Aufstieg kam dem Generaldirektor für Altertümer zu Ohren, und 1899 wurde er zum Chefinspektor der Monumente von Oberägypten und Nubien ernannt, mit Sitz in Luxor (dem antiken Theben). So konnte er erstmals das Tal der Könige auf der anderen Seite des Nils erkunden. Sein Erfolg führte 1903 zur Ernennung zum Inspektor von Unter- und Mittelägypten, dann aber kam seine Karriere zum Erliegen. Während eines Streits zwischen seinen Wachleuten und einer Gruppe betrunkener französischer Touristen im Serapeum von Sakkara wurde einer der Franzosen bei einem Handgemenge verletzt. Der britische Generalkonsul wies Carter an, sich zu entschuldigen, was dieser verweigerte. Daraufhin wurde er auf einen geringeren Posten abgeschoben, den er sofort kündigte.

Nachdem er sich als Künstler eher mäßig durchgeschlagen hatte, kehrte Carter drei Jahre später ins Tal der Könige zurück, um mit Theodore M. Davis (1837–1915) zu arbeiten, einem amerikanischen Rechtsanwalt und Archäologen. In dieser Zeit stieß er erstmals auf Artefakte mit dem Namen des mysteriösen Pharao Tutanchamun. Folglich vermutete er dessen unentdecktes Grab in der Nähe. Nun begegnete er auch dem reichen George Herbert, dem fünften Grafen von Carnarvon, einem eifrigen Amateurarchäologen, der seitdem sein enger Freund und Förderer wurde.

Nach acht Jahren Grabungsarbeiten an verschiedenen Stätten konnte Carter 1915 schließlich den Generaldirektor der Altertümer überreden, ihm eine Konzession für Grabungen im Tal der Könige zu geben. Diese einst sehr teuren Konzessionen waren nun leichter zu erlangen, da die meisten Archäologen in Ägypten glaubten, das Tal der Könige sei aufgearbeitet. Nur Carter war anderer Meinung.

Dennoch folgte eine Enttäuschung auf die andere, und 1922 warnte Carters Förderer ihn, dass die magere Rendite eine Fortsetzung der Arbeiten nicht rechtfertige. Als Carter anbot, die nächste Grabungssaison selbst zu bezahlen – was er sich kaum leisten konnte –, gab Carnarvon nach, aber nur noch für eine letzte Saison.

Dieser Herbst veränderte das Leben von Carter und Carnarvon. Die Entdeckung des fast intakten Grabes des Kindkönigs machte die Männer berühmt. Es sollte aber auch für beide die letzte Ausgrabung sein. Carnarvon starb 1923 an Lungenentzündung, während Carter die nächsten zehn Jahre die vielen Funde aus dem Grab katalogisierte und Nachforschungen für sein Buch anstellte. Danach zog er sich – auch aufgrund seiner nachlassenden Gesundheit – aus der Archäologie zurück und verlegte sich aufs Sammeln und Dozieren. Er starb am 2. März 1939 in London.

Betten, Stühle mit Intarsien, Fayence-Halsketten und schwere Goldringe – die Ausstattung für einen ägyptischen König. Dieses Grab mochte zwar geplündert worden sein, aber die Diebe hatten offenbar nicht viel Wertvolles rauben können. Die Luft, die nun Carters Kerze umwehte und die die Schatten in der Kammer tanzen ließ, war zuletzt vor mehr als 3000 Jahren eingeatmet worden.

Sie öffneten nun vorsichtig die Tür, damit die Forscher in die Vorkammer gelangen konnten. Für Carter war es der Moment seines Lebens – aufregend, beklemmend, Ehrfurcht einflößend. Er schrieb später:

> *«Drei-, vielleicht viertausend Jahre sind vergangen, seit das letzte Mal ein Mensch seinen Fuß auf den Boden setzte, wo du selbst stehst, und doch, wenn du die Zeichen des Lebens um dich siehst – die rußgeschwärzte Lampe, den Fingerabdruck auf der frisch gestrichenen Oberfläche – fühlt es sich an, als sei es gestern gewesen. Die Luft, die du atmest, unverändert über die Jahrhunderte, teilst du mit denen, die die Mumie zur letzten Ruhe betteten. Die Zeit wird aufgehoben durch kleine vertrauliche Details wie diese, und du fühlst dich wie ein Eindringling.»*

Selbst wenn dieser Raum der einzige des Grabes gewesen wäre, hätte er dennoch die größte archäologische Entdeckung in der ägyptischen Geschichte dargestellt; aber es sollte noch mehr kommen. Fast sofort, als Carter den Raum betrat, bemerkte er an den Seiten eines anderen versiegelten Durchgangs zwei lebensgroße Statuen mit vergoldeten Lendenschurzen. Aber das musste warten. Carter war Archäologe, kein Grabräuber, und er wusste, dass viele Wochen mühsamer Arbeit vor ihnen lagen, in denen alle Objekte in diesem Raum sorgfältig gezeichnet, fotografiert, konserviert und verpackt werden mussten, bevor man daran denken konnte, die nächste Kammer zu erkunden.

Die Vorfreude wächst

Erst Mitte Februar 1923 war die Vorkammer endgültig erschlossen. Während der Arbeiten war ein anderer Raum, der Annex, aufgetaucht. Auch diesen hatten Grabräuber geplündert. Diese Räume aufzuarbeiten war für Carter wie ein riesiges Mikadospiel, nur dass jedes Stück einzigartig und unbezahlbar war, und einige – wie die Begräbniskränze – so zerbrechlich, dass ein Atemhauch sie zu Staub zerfallen lassen konnte.

Howard Carter (kniend), sein Assistent A. R. Callender und ein ägyptischer Arbeiter öffnen im Februar 1923 vorsichtig die Tür zur Grabkammer von Tutanchamuns Grabstätte. Carter rückte dieses Ereignis ins volle Licht der Öffentlichkeit.

Am Freitag, dem 17. Februar, wurde der nächste Raum geöffnet – die Grabkammer selbst –, und Carter bereitete sich sorgfältig darauf vor. Zu diesem Zeitpunkt hatte sich die Kunde der Entdeckung um die Welt verbreitet, und Tutanchamun sowie Howard Carter waren in aller Munde. Für die Öffnung hatte Carter ein kleines Podium errichtet, damit er an das Oberteil der Tür herankäme. Stühle standen für die vielen ägyptischen und englischen Würdenträger und Reporter bereit, die dem Ereignis beiwohnen sollten. Auch elektrisches Licht war installiert worden.

Carter begann, die Tür am Oberteil sehr langsam zu entfernen, damit keine Stücke in den Raum dahinter fallen und etwas beschädigen konnten. Nach ungefähr zehn Minuten

hielt er es nicht mehr aus und leuchtete mit der Fackel durch das kleine Loch:

«Ihr Licht enthüllte eine erstaunliche Ansicht, denn dort, nur wenige Meter hinter dem Eingang, erstreckte sich, so weit man sehen konnte, etwas, das offenbar eine Wand aus purem Gold war, die den Eingang zur Kammer versperrte.»

Carters Traum hatte sich endgültig erfüllt. Das hier war nicht nur ein Lager. Dort, im Licht seiner Fackel, stand ein vergoldeter Schrein, der fast den gesamten Raum ausfüllte, und in einem anderen Raum an der Seite lag die Schatzkammer – mit Kostbarkeiten, die die Funde in den äußeren Kammern fast banal wirken ließen. Innen fand sich ein blendendes Aufgebot an Gegenständen für das Nachleben des verstorbenen Pharaos. Darunter auch vergoldete Boote und Figuren sowie die Kanopentruhe mit einigen einbalsamierten inneren Organen des toten Herrschers. Die vergoldeten Figuren von vier Göttinnen behüteten die Lade, während ein Abbild des schakalköpfigen Gottes Anubis den Eingang zum Raum bewachte.

Auge in Auge mit dem Kindpharao

Nun blieb nur noch eine Frage offen. War der Schrein intakt? Enthielt er die Überreste des Tutanchamun? Nach dem Entfernen aller Sperren entriegelte und öffnete man langsam die äußeren Türen des Schreins. Im Inneren waren noch einmal Türen mit einem intakten Siegel auf den Bolzen. Die Räuber waren nie so weit vorgedrungen. Irgendwo dahinter befand sich der Leichnam des Pharaos.

Wie die meisten der im Grab gefundenen Schätze ist auch Tutanchamuns Thron im Ägyptischen Museum in Kairo ausgestellt. Die Verzierung auf der Rückenlehne, die die Sonnenscheibe Atons zeigt, deutet darauf hin, dass dieses Stück hergestellt wurde, als der Pharao noch sehr jung war und bevor der Aton-Kult in Ungnade fiel.

Wieder dauerte es viele Monate, bevor der Schrein selbst geöffnet werden konnte. Alle entdeckten Artefakte mussten zuerst gezeichnet, fotografiert und konserviert werden, damit keine Information verloren ging. Vor Carter hatten zuletzt Ägypter der Antike diesen Raum betreten.

In der nächsten Grabungssaison konnte Carter endlich das Band mit dem Siegel auf den Schreintüren durchschneiden. Er entdeckte im Inneren einen weiteren Schrein. Insgesamt waren es vier Schreine, und hinter den versiegelten Türen des vierten befand sich ein riesiger gelber Quarzitsarkophag mit einem Deckel aus rotem Granit. Nach der Installation von Klötzen und eines Flaschenzuges hob man den Deckel an, in der letzten großen Öffnungszeremonie, die Carter durchführen sollte:

«Ich gab das Zeichen. Unter gespanntem Schweigen hob sich die in zwei Teile gebrochene, eineinviertel Tonnen schwere Platte aus ihrem Bett. Das Licht schien in den Sarkophag … ein Laut der Verwunderung entrang sich uns angesichts des herrlichen Anblicks: ein goldenes Abbild des jungen Kindkönigs, prächtig gearbeitet, füllte das gesamte Innere des Sarkophags.»

Howard Carter sah den Menschen von Angesicht zu Angesicht, den er so viele Jahre gesucht hatte. Er hielt seine Fackel über den Sarg und blickte in die Intarsien-Augen von Tutanchamun.

Das Geheimnis des Tutanchamun

Trotz der erstaunlichen Funde in Tutanchamuns Grab (32 000 Objekte) ist uns nur wenig über den Pharao selbst bekannt. Wir wissen, dass er in einer turbulenten Zeit in Ägypten lebte. Sein Vorgänger – und vielleicht auch sein Vater – war der häretische Pharao Echnaton, der die jahrtausendealte ägyptische Religion durch den Sonnenkult des Aton, dessen Zentrum in der neuen Hauptstadt Amarna lag, ersetzt hatte.

Hier hatte Tutanchamun als Tutanchaton seine Kindheit verbracht. Irgendwann nach dem mysteriösen Tod Echnatons bestieg er den Thron und nannte sich fortan Tutanchamun, um das Ende des Aton-Kults zu bekräftigen.

Das Land befand sich im Chaos und brauchte eine starke Führung, aber der König war erst neun Jahre alt. So konnte der einflussreichste Mann des Königreichs, der Wesir Eje, ein langjähriger Berater Echnatons, sich zum Regenten und damit zum „Vater des Gottes" machen. Eje löschte jeden Rest des Aton-Kults aus – Echnaton, Nofretete und Amarna gerieten in Vergessenheit, während Amun und Theben wieder auflebten. Als Tutanchamun 19 Jahre alt und regierungsfähig war, schien alles wieder normal zu sein.

Genau in diesem Jahr starb der Kindkönig. Echnaton war nicht mehr als eine ferne und schmerzliche Erinnerung, so dass vielleicht auch der einst als Tutanchaton geborene Junge zu unbequem an eine Zeit erinnerte, die man lieber vergaß. Nun würde ein neuer Pharao regieren – Eje selbst.

Vielleicht lag es an Tutanchamuns merkwürdigem und tragischem Leben, dass Howard Carter das Grab und dessen Inhalt als so aufwühlend empfand. Kein Archäologe hatte sich je mehr gefreut als Carter, der dieses Grab fand, aber etwas daran ergab keinen Sinn. Von Anfang an war er beunruhigt, weil das Grab einfach zu klein für einen Pharao war. Am großen Schrein hatte Carter zudem einen Haufen Ablagerungen gefunden, die darauf hinwiesen, dass man die inneren Sarkophage zurechtgeschnitten hatte, damit sie hineinpassten – also waren sie ursprünglich für jemand anderen gedacht. Darüber hinaus wirkten viele der Gegenstände im Grab deplatziert. Einige zeigten Aton, den zur Regierungszeit Tutanchamuns völlig diskreditierten Gott, und über 80 Prozent der Sammlung hatten mit dem Kindkönig wenig zu tun. Sogar die berühmte Totenmaske hat eine Lötlinie auf der Rückseite, weshalb auch sie wohl für jemand anderen gedacht war und Tutanchamuns Gesicht nachträglich eingearbeitet wurde. Carter schloss daraus, dass Tutanchamun mit einem „Restposten" aus den Besitztümern anderer Leute begraben worden war. Für einen Pharao undenkbar!

Es war ein Grundsatz des ägyptischen Glaubens, dass ein Pharao mit seinen eigenen Besitztümern im eigens für ihn vorbereiteten Grab beigesetzt werden musste. Die Ägypter glaubten, dass all diese Dinge für das Glück des Königs in seinem nächsten Leben nötig waren, und viele Herrscher – und auch viele Bürger – verbrachten einen Großteil ihres Lebens mit den Vorbereitungen. Aber Tutanchamun, der jung gestorben war, konnte nicht jahrzehntelang ein aufwendiges Grab bauen, geschweige denn all die Objekte sammeln, mit denen er es ausstatten wollte. Das brachte den Wesir Eje in Verlegenheit. Um die Thronfolge wie beabsichtigt antreten zu können, musste er die vorgeschriebenen Begräbnisriten für seinen Vorgänger abschließen, aber nichts war fertig. Eje wird improvisiert haben.

Er nahm ein anderes, kleineres und bescheideneres Grab – vielleicht das eines Adligen – und ließ es schnell zum Königsgrab umbauen. Für die Grabbeigaben griff er auf den einzig vollständigen Vorrat zurück – den für Echnaton und seine Familie in Amarna. Der Leichnam des Königs wurde dann unter einer wiederverwendeten Maske platziert und in einen Sarkophag mit dem falschen Deckel versenkt. Drum herum packte man die Gegenstände aus Amarna, bevor alles versiegelt wurde. Kurz danach stahlen Grabräuber einige der kleineren Grabbeigaben, aber der Raub wurde entdeckt und das Grab neu versiegelt. Einige Jahre später errichtete man beim Bau eines anderen Grabes die Behausungen der Arbeiter über dem unscheinbaren Eingang zu Tutanchamuns letzter Ruhestätte und vergaß das Grab.

Bis 1923, als Howard Carter als Erster nach 3300 Jahren die Schätze des Pharaos erblickte – eine bunte Mischung aus Grabbeigaben rund um einen wiederverwendeten Sarkophag. Erstaunlicherweise ist diese eilig zusammengetragene und schlecht sortierte Sammlung für einen relativ unwichtigen und kurzlebigen Pharao immer noch einer der größten und wundervollsten Schatzfunde der Welt.

DER HÜGEL DER TOTEN

Die Entdeckung der frühen Hochkultur am Indus, 1924

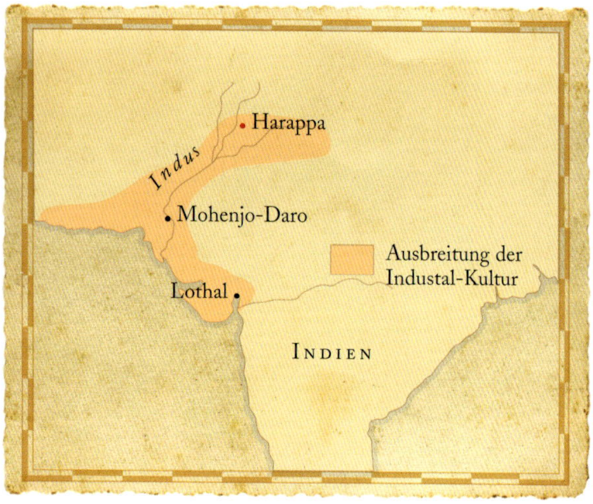

Europäische und amerikanische Archäologen meinten zu Beginn des 20. Jahrhunderts, dass es zwei Zentren prähistorischer Kulturen gegeben habe – Europa und den Vorderen Orient. Sogar im britisch verwalteten Indien, einem Land mit einer langen und vielfältigen Geschichte, beklagte der Generaldirektor des *Archaeological Survey,* Sir John Marshall (1876–1958), im Jahr 1922, dass es keinen Hinweis auf die Frühgeschichte des Subkontinents gebe. Zwei Jahre später sollte sich das ändern.

In Wahrheit hatte es immer Anzeichen früher Kulturen Indiens gegeben, sie waren nur nie als solche erkannt worden. Als er durch das Pandschab reiste, berichtete Charles Masson (1800–1853) in „Narrative of Various Journeys in Balochistan, Afghanistan and The Panjab, 1826–38", dass er «... *in Harappa auf eine verfallene Burg aus Backsteinen mit sehr hohen Mauern und Türmen, erbaut auf einem Hügel*» gestoßen sei.

Der Legende nach hatte die „Burg" einem bösen Radscha gehört, den die Götter bestraft und dessen Haus sie niedergebrannt hatten. Die Überreste dienten den Kindern als Spielplatz. Was von Harappa noch vorhanden war, als Masson es besuchte, wissen wir nicht, denn 1857 nutzten die Erbauer der Ostindischen Eisenbahn die Ziegelsteine der Stätte für ein 160 Kilometer langes Schotterbett, auf das sie die Schienen setzten. Allerdings war Marshalls Vorgänger, Sir Alexander Cunningham (1814–1893) auf die Stätte aufmerksam geworden. Er führte 1873 einige kleinere Ausgrabungen durch und legte seltsame Steinsiegel mit einer antiken Schrift frei. Diese schickte er ans Britische Museum nach London, aber bis 1921 wurde nichts unternommen. Erst dann engagierte die britische Regierung den indischen Archäologen Daya Ram Sahni für Nachforschungen.

Eine Stadt unter dem Hügel

Als er einen Graben durch den „Burghügel" zog, stieß Daya Ram Sahni auf mehr Steinsiegel mit der seltsamen Inschrift. Und er entdeckte, dass es sich hier nicht nur um ein großes Gebäude handelte, sondern um die Überreste Hunderter von Häusern, die in sieben oder acht Schichten übereinanderlagen. Er schrieb an den *Archaeological Survey,* dass Harappa nicht nur eine Burg, sondern eine ganze Stadt einer bislang unbekannten Kultur sei, mit einer längeren Geschichte als jede andere bisher bekannte. Zur selben Zeit hatte ein anderer indischer Archäologe, R. D. Banerji, 640 Kilometer weiter südlich mit Grabungen am Mohenjo-Daro – dem „Hügel der Toten“ – begonnen, von dem die Einheimischen glaubten, dass er ein altes Gräberfeld sei. Nachdem er sich durch spätere historische Epochen gegraben hatte, stieß Banerji auf eine große Zahl von Häusern, einige davon mit nahezu identischen Steinsiegeln wie denen von Harappa. Hier war also eine weitere Stadt aus einer Zeit vor den frühesten indischen Texten, einem Indien, das man für nicht existent gehalten hatte.

Unter den in Mohenjo-Daro und Harappa gefundenen Artefakten sind zahlreiche Steinsiegel, die mit Tierfiguren und einer bis heute nicht entzifferten Schrift verziert sind.

So konnte Sir John Marshall 1924, nur zwei Jahre nach seiner Klage von der „fehlenden“ indischen Frühgeschichte, einen Artikel für *The Illustrated London News* schreiben, mit dem Titel: „Erstes Licht fällt auf eine lang vergessene Zivilisation“. Er kündigte hierin eine so bedeutende Entdeckung wie die Trojas an. Die Frühgeschichte des indischen Subkontinents war wiederentdeckt worden, und eine gänzlich unbekannte Zivilisation tauchte auf.

Die Industal-Kultur

Die Induskultur erreichte ihren Höhepunkt um das Jahr 2000 v. Chr. mit über 100 Siedlungen, verteilt über das ganze Industal. Die spektakulären Überreste in Mohenjo-Daro legen nahe, dass hier das Zentrum dieser Zivilisation war – 40 000 Menschen lebten in dieser Stadt mit fünf Kilometer Umfang.

Es war eine geordnete Stadt, erbaut nach einem Gittermuster, ähnlich wie viele moderne Städte – und vielleicht die erste, die je geplant wurde. Entlang der geraden Straßen standen Reihen von fensterlosen Häusern, deren blanke Wände die Bewohner vor der glühenden Sommersonne schützten. In jedem Haus gab es – um einen zentralen Innenhof – Wohn- und Essräume sowie ein an die öffentliche Kanalisation angeschlossenes Badezimmer.

Anhand der Funde wissen wir, dass die Menschen hier Bauern und Händler waren. Im Industal ausgegrabenes verkohltes Saatgut und Knochenreste erzählen uns von der Nahrung der Menschen und den Tieren, die sie hielten. Sie bauten Gerste, Weizen, Reis, Datteln und Baumwolle an und hielten Rinder, Schafe, Büffel, Schweine, Hunde, Kamele sowie Elefanten. Metallfunde zeigen, dass sie Bronze- und Steinwerkzeuge verwendeten und Schmuck aus Gold,

ZEITLEISTE

UM 5000 V. CHR. Gemeinschaften von Menschen besiedeln das Industal

UM 2000 V. CHR. Die Industal-Kultur erreicht mit über 100 Siedlungen im Flachland ihren Höhepunkt

UM 1700 V. CHR. Die Industal-Kultur bricht zusammen, ihre Städte und Schrift werden aufgegeben

UM 1826 N. CHR. Auf seiner Reise durch das Pandschab stößt Charles Masson auf die Ruinen einer Burg in Harappa

1857 Bauarbeiter der Ostindischen Eisenbahn demontieren den größten Teil der Anlage und verwenden die Backsteine als Schotterbett für die Eisenbahnschienen

1873 Alexander Cunningham legt in Harappa Steinsiegel mit einer alten Schrift frei

1921 Daya Ram Sahi entdeckt bei weiteren Ausgrabungen Hunderte von Häusern aus sieben oder acht archäologischen Phasen. Zu gleichen Zeit stößt R. D. Banerji in Mohenjo-Daro auf eine andere antike Stadt

1924 John Marshall berichtet in seinem Artikel „Erstes Licht fällt auf eine lang vergessene Zivilisation“ über die ersten Funde in Mohenjo-Daro und Harappa

1925–1931 Marshall leitet umfangreiche Ausgrabungen in Mohenjo-Daro, die zeigen, dass katastrophale Überschwemmungen um 1700 v. Chr. die Industal-Kultur zerstörten

Silber, Elfenbein und Edelsteinen wie Karneol herstellten, wovon vieles von weither gebracht worden sein muss. Ihre Handelsverbindungen scheinen sich bis nach Afghanistan und über den Indischen Ozean hinweg bis nach Mesopotamien erstreckt zu haben.

Die öffentlichen Gebäude in Städten wie Mohenjo-Daro bleiben rätselhaft, weshalb man nichts über die politische Organisation dieser Gesellschaft weiß. Man entdeckte öffentliche Kornspeicher und im Zentrum der Stadt eine erhöhte Zitadelle mit öffentlichen Bädern. Diese riesige Anlage, die von zellenartigen Räumen umgeben war, hatte wohl eine religiöse Funktion, aber niemand weiß, woran die Menschen im Industal glaubten.

Seltsamerweise gibt es in der Zitadelle keinen Palast und keinen Hinweis auf einen Herrscher. Ebenso wenig existieren Belege für einen Besitzunterschied zwischen den Menschen, da fast alle Häuser ungefähr gleich groß und ähnlich ausgestattet waren. Die kleinen Zellen an den Ecken der Hauptstraßen könnten Polizeistellen gewesen sein, sofern es Ordnungshüter in der Stadt gab, aber das Ganze bleibt unklar. Auch gibt es nur sehr wenige Hinweise auf Waffen. Es scheinen ruhige und freundliche Menschen gewesen zu sein.

Eine schwer fassbare Sprache

Ihre Sprache ist ebenso rätselhaft. Seit ihrer Entdeckung auf den Steinsiegeln im 19. Jahrhundert fand man über 4000 Gegenstände mit dieser Schrift und identifizierte mindestens 400 Hauptsymbole. Trotzdem lässt sich die Sprache nicht übersetzen. Man entdeckte nie einen zweisprachigen Text (wie den Rosetta-Stein – siehe Seiten 44–47 –, mit dem die ägyptischen Hieroglyphen übersetzt werden konnten), noch konnte man die Sprache oder wenigstens die Sprachgruppe der Schriftzeichen bestimmen. Erschwerend kommt hinzu, dass die meisten Inschriften weniger als fünf Symbole lang sind und die längste nur 26 Symbole beinhaltet; es handelt sich wohl nur um eine chiffrierte, gekürzte Schrift und nicht um eine voll ausgebildete Schriftsprache.

Wir wissen, dass diese Menschen gerne reisten. Bei der Küstenstadt Lothal fanden Archäologen einen riesigen ausgekiesten Kanal und Anlegestellen für seetaugliche Schiffe. Artefakte aus dem Industal, darunter Beispiele der rätselhaften Schrift, wurden sogar in Mesopotamien entdeckt. Immerhin erzählen die entzifferten Keilschrift-Texte der alten Sumerer von den Menschen aus Meluhha (vermutlich dem Industal), die wertvollen indischen Türkis und afghanischen Lapislazuli verkauften und mit dem fernen China Jade handelten. Ihre Schiffe waren in Dilmun (dem heutigen Bahrain) bekannt, wo sie Pfauen, Affen, Weihrauch, Elfenbein, Edelsteine und seltene Gewürze mit den Sumerern tauschten. Diese routinierten Händler entwickelten auch das vermutlich früheste genaue Gewichts- und Maßsystem.

Was aus den Bewohnern des Industals wurde, bleibt ein Rätsel. Welche sozialen Strukturen sie auch hatten, sie scheinen 1700 v. Chr. untergegangen zu sein, als man die meisten der Städte aufgab und niemand mehr ihre Schrift verwendete.

Der Untergang einer Kultur

Im Industal im heutigen Pakistan blühte einst eine der größten, ältesten und rätselhaftesten Kulturen der antiken Welt. 5000 v. Chr. – fast 2500 Jahre vor dem Bau der ersten ägyptischen Pyramide – hatten sich Menschen in Gemeinschaften im Industal angesiedelt; sie blieben dort fast 3500 Jahre lang.

Auf dem Höhepunkt ihrer Kultur planten sie Städte von Grund auf – etwas, das erst wieder im 19. Jahrhundert gelang – und schufen das erste Kanalisationssystem der Welt. Um das Jahr 1700 v. Chr. herum verschwanden sie aber wieder. Mysteriös bis zuletzt, hinterließen sie wenige Spuren – nur einige Artefakte, Hinweise auf Handelsbeziehungen mit dem weit entfernten Sumer und ihre eigenartige Schrift. Wir wissen nicht einmal, wie sie sich selbst nannten.

Die Industal-Kultur verschwand schnell – sie wurde einfach von der Karte der antiken Welt gewischt. Was genau passierte, blieb lange rätselhaft, aber die Hinweise auf ihr Schicksal liegen in Mohenjo-Daro begraben.

Der Schlüssel zu Mohenjo-Daros Untergang ist gerade der Faktor, der die Stadt überhaupt möglich machte – der Indus. Er ist, wie die Hydrologen sagen, ein „exotischer" Fluss, weil er in einer gut bewässerten Gegend entspringt, dann aber durch sehr trockenes Land fließt. Der Indus konnte Leben in das trockene Tal bringen – aber auch den Tod.

Schwere Regenfälle im entfernten Himalaja konnten sich katastrophal auf die Städte flussabwärts auswirken. Ausgrabungen haben in einigen Gegenden meterdicken Schlick freigelegt, der binnen Minuten durch die Straßen gespült worden sein muss und alles Leben erstickte. 1700 v. Chr. gab es solche Überflutungen häufiger. Sie wurden noch durch Erdbeben verschlimmert, die entstanden, wenn sich der indische Subkontinent gegen Asien schob. Offenbar ereigneten sich um das Jahr 1700 v. Chr. herum besonders schwere Regenfälle. Als die Milliarden Tonnen Wasser durch das Vorgebirge des Himalaja rasten, lenkte eine Serie von Erdbeben den Lauf des Indus ab. Sie stauten das Wasser auf, das erst das Tal überflutete und dann hindurchraste.

Für das Volk, das für über 3000 Jahre im Tal gelebt hatte, war das die finale Katastrophe. Ihre Felder wurden verschluckt und ihre Städte verschlungen. Erzählungen der Tragödie könnten Sumer erreicht haben, wo die Legende von Gilgamesch von einer schrecklichen Flut berichtet, die die Welt zerstörte. Der gleiche Mythos findet sich später als Noahs Flut in der Bibel wieder. Für einige der Völker im Industal jedoch war es kein Märchen. Es war das Ende.

Mohenjo-Daro war die größte Stadt der Industal-Kultur und vermutlich ihre Hauptstadt. Hier sieht man die Ruinen des Wohnviertels, das zur Zitadelle mit den öffentlichen Bädern hinaufführte. Man glaubt, dass diese eine religiöse Bedeutung hatten.

ZEITMASCHINE INS MITTELALTER

Unter den Straßen von Nowgorod, 1929

Der Name Nowgorod bedeutet auf Russisch „neue Stadt“, aber Weliki Nowgorod („große neue Stadt“) im nordwestlichen Russland ist eigentlich die älteste slawische Stadt der russischen Geschichte. Während des Aufbaus des sowjetischen Staates war sie deswegen für marxistische Archäologen besonders interessant. Diese hofften, mehr über das Leben der Menschen im frühen Russland herauszufinden.

Die offiziellen Ausgrabungen begannen im Jahr 1929 unter der Leitung von Artemi Artsikhovski, und fast sofort stieß man auf einen Schatz. Die Anlage der Stadt innerhalb ihrer begrenzten Mauern und geteilt vom Fluss Wolchow ließ eine acht Meter dicke Schicht von feuchtem Lehm entstehen, in der der geringe Sauerstoffgehalt Zerfallsprozesse verhinderte, so dass auch kleinste Details des täglichen Lebens erhalten blieben.

Nowgorod war mindestens seit dem 9. Jahrhundert ein wichtiges Handelszentrum und kontrollierte Handelsrouten zwischen dem byzantinischen Reich des östlichen Mittelmeerraumes, dem arabischen Kalifat von Bagdad sowie den Königreichen der Germanen und Wikinger in Nordeuropa. Seine Geschichte ist dank der vielen russischen Chroniken, die in der Stadt geschrieben wurden, relativ gut belegt, aber über das alltägliche Leben der Menschen, die man für analphabetische Bauern hielt, wusste man fast nichts. Als Artsikhovskis Ausgrabung sich zur größten in Russland ausweitete, legte er mehr und mehr der „gewöhnlichen“ Stadt frei und fand viel Überraschendes.

Die erste Feste zur Verteidigung von Nowgorod war aus Holz und wurde im frühen 11. Jahrhundert errichtet. Sie wurde mehrere Male umgebaut und im späten 15. Jahrhundert durch den wehrhafteren Kreml aus roten Ziegeln ersetzt, der traditionell Detinec *genannt wird und heute noch steht. Die Mauern zogen sich ursprünglich 2,4 Kilometer um die Stadt und hatten 13 Türme.*

Eine durchdacht geplante und gut erhaltene Stadt

Nowgorod entsprach nicht der Vorstellung von einer schmutzigen mittelalterlichen Stadt. Man grub Reihen von Häusern und Werkstätten aus, alle aus Holz, das nach Aussage der Jahresringmethode aus dem Mittelalter stammt. Die Häuser waren individuell und geräumig geschnitten und hatten bis zu drei Stockwerke. Jedes Haus stand auf einem eigenen eingezäunten Grundstück, das meist 15 auf 30 Meter maß, und wurde durch einen Windfang sowie eine Diele betreten, um den kalten Winterwind auszuschließen. Kerzen, Öllampen und auch die kleinen Fenster, die mit durchsichtigem Glimmer (Mikanit) oder mit geölten Fischdärmen verschlossen waren, spendeten Licht. Die Straßen waren keine schmutzigen Moraste, sondern sorgfältig mit Holzbohlen gebaut. In einigen Vierteln wurden sie offensichtlich jahrhundertelang erhalten und instand gesetzt.

ZEITLEISTE

SPÄTES 9. JAHRHUNDERT N. CHR. Nowgorod ist ein wichtiges Handelszentrum zwischen der Ostsee und dem byzantinischen Reich

MITTE DES 10. JAHRHUNDERTS Nowgorod ist eine etablierte Stadt, die das gesamte Mittelalter hindurch prosperiert. Bis zum 13. Jahrhundert bleibt es die zweitmächtigste Stadt in Russland nach Kiew

14. JAHRHUNDERT Nowgorod herrscht über ein Gebiet vom Eismeer bis zum Ural und darüber hinaus

1929 Um mehr über die Lebensweise der Russen früherer Zeiten herauszufinden, beginnen in Nowgorod offizielle Ausgrabungen unter der Leitung von Artemi Artsikhovski. Man findet Hunderte von Alltagsgegenständen

1951 Archäologen legen zahlreiche Rollen aus Rindenbirken frei, die zeigen, dass die Bevölkerung sehr gebildet war

Im Inneren der Häuser sind sogar alltägliche Gebrauchsgegenstände erhalten geblieben. Tiere schien man im Erdgeschoss gehalten zu haben, während die Menschen weiter oben wohnten, so dass im Winter keine Wärme verloren ging. Möbelreste zeigen, dass Tische, Bänke, Schlafkojen, Truhen und Anrichten oft kunstvoll mit stilisierten Tiermustern verziert waren. Das Essen wurde in Lehmöfen zubereitet, und Abfallgruben zeigen, dass die Nahrung Fleisch von Rind, Schwein, Hammel, Ziege und Ente beinhaltete, serviert in Holz- oder Tonschüsseln.

In den Werkstätten der mittelalterlichen Stadt wurden unter anderem Leder und Schmuck verarbeitet sowie Werkzeuge und Fässer hergstellt. Die Funde umfassen alles von „Funkenschlägern" (um ein Feuer zu entzünden) und Scheren bis hin zu Vorhängeschlössern und Glasperlen. In einer Straße entdeckte man das Haus eines Ikonenmalers aus dem 13. Jahrhundert, in dem sich noch Gefäße mit Farbstoffen und Olivenöl, vorbereitete Holztafeln und Bronzerahmen befanden.

Spiele und Unterhaltung

Die relativ hoch entwickelte Industrie scheint zumindest den reicheren Bürgern etwas Freizeit beschert zu haben. Zahlreiche Spielfiguren für Schach-, Dame- und Würfelspiele wurden zusammen mit Tamburinen, Schellen, Flöten und *Gusli* genannten Saiteninstrumenten gefunden, die solche Vergnügungen musikalisch untermalten. Auch die Kinder nahmen am kultivierten Leben

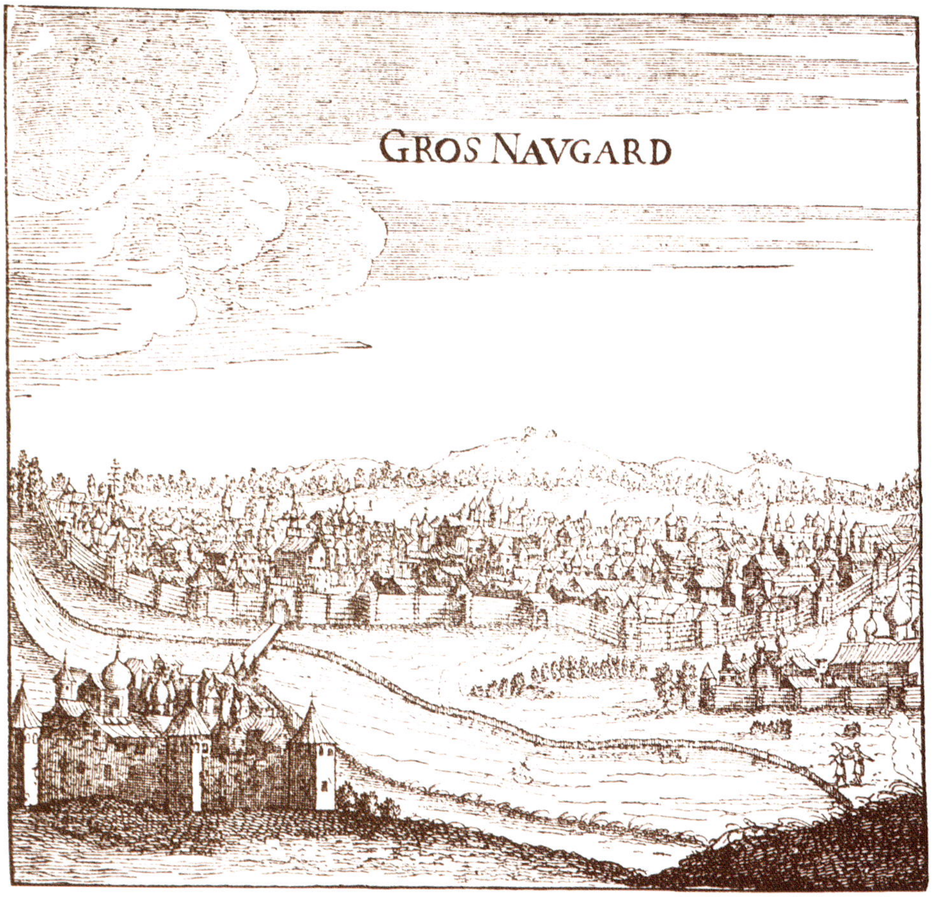

„Groß-Nowgorod" wurde zuerst in Chroniken aus dem Jahr 859 n. Chr. erwähnt. Diese frühe Zeichnung der Stadt fertigte ein Reisender namens Arnold von Brand an (Jahr unbekannt).

Schriften auf Birkenrinde

Die mittelalterlichen gekochten Birkenrinden-Dokumente, von denen man seit 1951 fast 1000 Stück in Nowgorod fand, veränderten unser Bild von der Stadtbevölkerung des Mittelalters radikal. Bis dahin glaubte man, dass das Schreiben nur dem Klerus und den herrschenden Schichten vorbehalten war, während die meisten gewöhnlichen Menschen Analphabeten waren. Nach der Übersetzung der ersten Birkenrinden-Dokumente aber wurde klar, dass es um alltägliche Transaktionen der Menschen in Nowgorod ging.

Die meisten Dokumente sind private oder geschäftliche Briefe im örtlichen Dialekt. Einige wurden auch im alten Kirchenslawisch (das im 9. Jahrhundert von byzantinischen Missionaren entwickelt wurde) und sogar in Altnordisch, der Sprache der Wikinger, verfasst. Es fanden sich die Bitte an einen Nachbarn, Geld zu verleihen, Liebesbriefe, Wahlbekanntmachungen, Verträge, rechtliche Aussagen und sogar die Notiz eines Ehemannes, der seine Frau um saubere Unterwäsche bat.

Nicht jede der Schriften stammt von Erwachsenen. Brief 210 scheint die Schreibübung eines etwa Siebenjährigen mit Namen Onfim zu sein. Onfim langweilte sich nach der sorgfältigen Ausführung der ersten elf Buchstaben des Alphabets offenbar und begann zu kritzeln und ein Bild von sich selbst als erwachsenem Krieger auf einem Pferd zu malen, der einen Feind aufspießt. Damit jeder wusste, wer dieser große Krieger war, schrieb er seinen Namen darunter.

Onfim zeichnete auf anderen Rindenstücken seine Mutter und seinen Vater, zwei Kinder, die um einen Baum herumtollen, seinen Vater als Krieger, einige Kampfszenen und ein wildes Tier. Dieses hält ein Schild, auf dem steht: «Grüße von Onfim an Danilo» (vermutlich ein Schulkamerad); unter das Bild schrieb er, vielleicht unsicher in Bezug auf seine Zeichenkünste: «Ich bin ein wildes Tier» – um alle Zweifel auszuräumen.

Auch wenn uns keiner dieser Briefe viel über die größere Geschichte von Nowgorod erzählt, sind sie doch genauso wichtig wie die Chroniken dieser Zeit, da sie einen Einblick in das tägliche Leben geben und zeigen, dass die Bewohner der Stadt keine anonymen Bauern waren. Solche Schriften sind selten – hinterlassen von gewöhnlichen Menschen, die weder einen Platz in der Geschichte erwarteten noch erhielten. Ihre Nachrichten füreinander scheinen vielleicht profan, verglichen mit den Gedanken von Philosophen und den politischen Erörterungen von Königen, aber sie zeigen, wie eine mittelalterliche Gesellschaft wirklich lebte, sie verraten ihre Hoffnungen und Ängste. Dies sind die Stimmen der Menschen des wirklichen Russland.

teil – man grub Hunderte von Spielsachen aus, darunter hölzerne Steckenpferde, Puppen, geschnitzte Tiere, Spielzeugschwerter und Bögen, Lederbälle sowie Kreisel.

Die größte Überraschung waren aber Rollen aus Holzfasern, die man am 26. Juli 1951 aus dem Schlamm grub. Es waren Birkenrindestücke, die man gekocht hatte, um die äußeren Schichten zu entfernen und das innere Mark aufzuweichen. Auf die so behandelte Rinde wurde dann mit einem Metallgriffel geschrieben. Hunderte beschrifteter Rindenstücke wurden bereits gefunden, aber noch nicht identifiziert. Diese in die Rinde eingekratzten Impressionen beweisen, dass die Menschen in Nowgorod bei Weitem nicht ungebildet, sondern Mitglieder einer lese- und schreibkundigen Gesellschaft waren, die sich auch als prozesssüchtig zeigte.

Trotz der enormen Menge an Material, die man in Nowgorod fand, sind erst etwa zwei Prozent der alten Stadt erforscht. Nowgorod ist eine Zeitmaschine ins Mittelalter, die anfängt, ihre Geheimnisse preiszugeben.

KRIEG UND FRIEDEN

Die Wiederherstellung der Ara Pacis, 1938

«Als ich nach erfolgreichen Operationen in diesen Provinzen … aus Spanien und Gallien zurückkehrte, beschloss der Senat zu Ehren meiner Heimkehr die Einweihung eines Altars der Pax Augusta [Augusteischer Frieden] *auf dem Marsfeld, auf dem dann die Magistrate, Priester und Vestalinnen ein jährliches Opfer darbringen sollten.»*

AUGUSTUS, „Res Gestae Divi Augusti" II.12

AM 30. JANUAR IM JAHR 9 V. CHR. weihten der erste römische Kaiser, Augustus (63 v. Chr. – 14 n. Chr.), und die Priester Roms einen neuen Altar ein. Dies symbolisierte mehr als nur Ergebenheit, es war eine politische Geste, die den Beginn einer neuen Ära markieren sollte. Augustus soll sich gerühmt haben, dass er Rom aus Ziegelsteinen erbaut vorgefunden und mit Marmor verkleidet hinterlassen habe. Als Beweis dafür hätte er Besuchern nur die *Ara Pacis Augustae* zeigen müssen – den „Altar des Augusteischen Friedens".

Dies war das schönste Beispiel der Marmorkunst in Rom – vielleicht das exquisiteste in der ganzen römischen Welt –, und es stand im Zentrum der Stadt als Denkmal einer neuen Ära des Friedens und des Wohlstands. Der Senat beschloss dessen Bau am 4. Juli 13 v. Chr. zu Ehren der Siege des Kaisers über Gallien und Spanien. Für den feinsten Marmor und die besten Bildhauer wurden keine Kosten gescheut.

Ein Spiegel des römischen Staates

Die wundervollen Reliefs auf den Blenden rund um den Altar zeigen den römischen Staat, wie er sich selbst sah. Man erkennt Verkörperungen des Friedens und des Überflusses in Gestalt von Tellus (Mutter Erde) sowie Bilder des römischen Gründungsmythos. Es finden sich auch die Römer selbst – Soldaten, Senatoren und Kinder – sowie die kaiserliche Familie, angeführt von Augustus als Oberpriester, die an einer feierlichen Opferprozession teilnehmen. Der Senatserlass sah vor, dass in Zukunft die Magistrate der Stadt, Priester und Vestalinnen einmal im Jahr an Stelle von Augustus Opfer für den römischen Frieden darbringen sollten.

Detail des Reliefrieses der Ara Pacis *mit der kaiserlichen Prozession. Zu sehen sind Mitglieder der Familie Augustus', darunter auch Kinder, bei der Opferzeremonie zur Einweihung des Altars.*

Ursprünglich stand das Denkmal auf der Westseite der Via Flaminia und war ein symbolischer Teil einer riesigen öffentlichen Sonnenuhr, des *Horologiums*. In den Jahren nach dem Untergang des römischen Reiches jedoch verfielen das *Horologium* und die *Ara Pacis* und wurden schließlich in Hunderten von Jahren unter mittelalterlichen Gebäuden begraben. Aber man vergaß das Denkmal und seine Lage nicht. 1568 fand man während der Bauarbeiten zum Palazzo Fiano zehn Marmorfragmente. Seitdem haben kleinere

Ausgrabungen unterhalb des Palazzo noch mehr enthüllt, so dass man 1902 eine Rekonstruktion versuchen konnte – zunächst aber nur auf dem Papier, da die Fragmente des Reliefs damals in Museen in ganz Europa verstreut waren.

Glorifizierung des faschistischen Regimes unter Mussolini

Unter Mussolinis Diktatur plante man erstmals umfassende Ausgrabungen und eine Rekonstruktion der *Ara Pacis*. Benito Mussolini (1883–1945) wollte die Italiener an ihre römische Vergangenheit erinnern und sich selbst mit Augustus gleichsetzen. Die Faschisten gestalteten Rom um, befreiten antike Stätten von modernen Gebäuden und errichteten eigene Denkmäler des – wie sie hofften – Beginns eines neuen faschistischen Reiches. Wichtig dabei war die Rekonstruktion der *Ara Pacis*, wofür man den Archäologen Giuseppe Moretti (1876–1945) verpflichtete.

Morettis Aufgabe war nicht leicht. Der Renaissancepalast, der über dem Denkmal stand, war instabil, so dass er durch Ausgrabungen im weichen Sand zusammenbrechen konnte. Deswegen stabilisierte Moretti ihn zuerst mit hydraulischen Winden und ließ dann eine Betonbrücke darunter gießen, um den Altar zu entlasten. Er hoffte, dass er so die *Ara Pacis* einfach unterhalb des Betonfundaments ausgraben könnte. Aber das funktionierte nicht, da der Sand unter dem Palast durchnässt war und jede ausgegrabene Stelle sich sofort mit Wasser füllte. Wäre dieses einfach abgepumpt worden, hätte die Austrocknung des Sandes die Fundamente umliegender Gebäude schwächen können.

Moretti war aber nicht nur Archäologe, sondern auch Ingenieur, weswegen er auf eine einzigartige Lösung kam. Vom faschistischen Staat mit beträchtlichen Ressourcen ausgestattet, umgab er den Palazzo mit Stahlrohren, die er mit Kühlflüssigkeit füllte. Die Rohre schloss er an einen industriellen Wärmetauscher an und verwandelte den gesamten Platz in einen Gefrierschrank, so dass aus dem gefrorenen gesättigten Sand kein Grundwasser mehr einströmen konnte. Danach setzte er die Ausgrabungen unter dem Betonfundament fort und konnte die Tafeln der *Ara Pacis* bergen.

Natürlich konnte man das Monument nicht wieder an seinem ursprünglichen Platz errichten, weshalb Mussolini es in der Nähe des Mausoleums von Augustus rekonstruieren ließ, eines riesigen runden Ziegelgebäudes, dessen einstiger Außenschmuck geraubt und das bis vor Kurzem als Oper genutzt worden war. Dann erbat man Gipsabdrücke von Altarteilen in anderen europäischen Museen, und am 23. September 1938 – Augustus' 2000. Geburtstag – wurde die *Ara Pacis Augustae* wiedereröffnet.

Die Rekonstruktion der *Ara Pacis* bedeutete allerdings nicht den Beginn eines neuen Goldenen Zeitalters für Italien. Mussolini hatte das Denkmal an einem nach ihm benannten Platz aufbauen lassen, hauptsächlich als Monument für sich selbst. Der Krieg war nur Monate entfernt, und die Restaurierung des Friedensaltars durch die Faschisten markierte den Abstieg Italiens in Jahre des Blutvergießens. Der Frieden konnte nur durch den Untergang dieses Regimes wiederhergestellt werden.

ZEITLEISTE

UM 30 V. CHR. Nach der Eroberung Ägyptens ließ Augustus mehrere Obelisken nach Rom bringen, von denen einer im 7. Jahrhundert v. Chr. dem Pharao Psammetich II. gewidmet worden war und nun das Mittelstück einer riesigen Sonnenuhr auf dem Marsfeld bildete

13 V. CHR. (4. Juli) Der römische Senat beschließt den Bau eines Marmoraltars zur Feier der römischen Siege über Gallien und Spanien, die eine neue Epoche des Friedens einläuteten

9 V. CHR. (30. Januar) Augustus und die römischen Priester weihen die *Ara Pacis Augustae* auf dem Marsfeld ein. Sie stand auf der Westseite der Via Flaminia und war Teil des symbolischen *Horologium Augusti*

14 N. CHR. Augustus stirbt

1512 Der Obelisk wird wiederentdeckt

1568 Man findet beim Bau des Palazzo Fiano zehn Marmorfragmente der *Ara Pacis*

1748 Man beginnt, den Obelisken auszugraben

1789 Der Obelisk wird auf der Piazza di Montecitorio aufgestellt

1902 Die *Ara Pacis* wird auf dem Papier rekonstruiert

1938 Giuseppe Moretti beginnt mit den Ausgrabungen unter dem Renaissancegebäude, das über der *Ara Pacis* steht. Er nutzt zur Freilegung der Überreste innovative Kältetechniken. Am 23. September, dem 2000. Geburtstag von Augustus, ist die Rekonstruktion der *Ara Pacis Augustae* fertig

Das Horologium Augusti

«Augustus nutzte den Obelisk auf dem Marsfeld auf bemerkenswerte Weise dazu, um einen Schatten zu werfen und damit die Länge von Tagen und Nächten anzuzeigen. Ein gepflasterter Bereich wurde entsprechend der Länge des Monoliths angelegt, so dass der Schatten am Mittag des kürzesten Tages sich bis zum Ende des Pflasters erstreckte. Den nach und nach kürzer und wieder länger werdenden Schatten maß man mit im Pflaster eingelassenen Bronzestäben.»

Plinius der Ältere, „Naturgeschichte" 36.72f.

Die Zeitmessung der Römer war immer schon umstritten. Wir wissen, dass sie den Tag in zwölf gleiche Teile an Tageslicht zerlegten, so dass mit dem Wechsel der Jahreszeiten die Stunden länger oder kürzer wurden. Aber wie das geschah und wie ein riesiges Reich mit einer derart dehnbaren Zeiteinteilung regiert werden konnte, bleibt ein Rätsel. Moderne Archäologen gehen mit neueren Ausgrabungen und am Computer erstellten 3-D-Modellen dieser Frage nach.

Wir wissen, dass es im Zentrum Roms eine große „Sonnenuhr" gab, die nicht nur die Zeit maß, sondern im Laufe jedes Jahres auch die für die kaiserliche Familie günstigen Daten angab. Dieses Instrument, das *Horologium Augusti,* war riesig. Die Skala war so groß, dass kein Stück Metall lang genug für den Schattenanzeiger *(Gnomon)* war. Dafür musste man einen fast 22 Meter hohen ägyptischen Obelisken aus rotem Granit aus Alexandria holen.

Um in den verschiedenen Jahreszeiten die Mittagszeit anzuzeigen, legte man ein Steinpflaster von 160 mal 75 Metern an, in das man bronzene Stundenmarkierungen einließ. Jüngere Ausgrabungen in Rom legten schließlich den Ort des *Gnomon* und Teile des Pflasters frei.

Aber das *Horologium* sollte mehr als nur die Zeit messen. Man arrangierte die Gebäude darum herum, darunter auch die *Ara Pacis,* so, dass der Schatten des Obelisken sie an bedeutsamen Tagen berührte. An einem Tag des Jahres zog die Spitze des Schattens über die Stelle, an dem verstorbene Mitglieder der Familie des Augustus eingeäschert wurden. An einem anderen berührte er den Mittelpunkt von Augustus' Mausoleum. Und am 23. September, dem Geburtstag des Kaisers, erreichte der Schatten die unterste Stufe der *Ara Pacis* selbst. So sollten die Bürger Roms an die materiellen und politischen Wohltaten des Kaisers erinnert werden und sehen, dass die Welt und der Himmel einer göttlichen Ordnung folgten, in der die kaiserliche Familie über den gewöhnlichen Menschen stand.

Diese Darstellung von Giuseppe Vasi zeigt die Ausgrabung des Obelisken im Jahr 1748. Er ist unter Ruinen begraben und in mehrere Teile zerbrochen.

Das *Horologium* selbst blieb aber nicht vom Lauf der Zeit verschont. Plinius der Ältere bemerkt, dass es zu seiner Zeit nicht mehr genau ging:

«Diese Messungen jedoch stimmen seit etwa 30 Jahren nicht mehr mit dem Kalender überein. Entweder haben sich die Phasen der Sonne verschoben, oder sie selbst wurde durch irgendeinen Wandel der Himmelskonstellationen verändert, oder die ganze Erde hat sich leicht von der Mitte entfernt. Dieses Phänomen soll auch an anderen Orten beobachtet worden sein.»

Wie sich dieser Fehler einschlich, ist nicht überliefert, der *Gnomon* könnte sich während eines Erdbebens verschoben haben. Er blieb bis zum 8. Jahrhundert stehen; nach dieser Zeit schweigen die Aufzeichnungen, und später fiel der Obelisk.

Er wurde 1512 wiederentdeckt und erst nach fast 300 Jahren 1789 an seinem jetzigen Ort auf der Piazza Montecitorio wieder errichtet, wo man seinen vorherigen Zweck aber vergaß. Erst in den letzten Jahren begann das *Horologium,* seine Geheimnisse preiszugeben.

DUNKLES ZEITALTER

Das Bootsgrab von Sutton Hoo, 1939

«Ich fragte sie, welches ich öffnen sollte, und sie zeigte auf … den größten Hügel dieser Gruppe und fragte: ‹Wie wär's damit?›. Ich antwortete, das fände ich in Ordnung.»

Basil Brown, „Diary of the Excavations at Sutton Hoo" 1938–1939

Es gibt vielerlei Geschichten, die erklären sollten, warum Edith Pretty (1883–1942) Archäologen in ihrem Garten graben ließ. Edith war eine stille Frau, die sich aus dem öffentlichen Leben zurückgezogen hatte, nachdem ihr Mann 1934 verstorben und sie mit ihrem vierjährigen Sohn in einem Haus mit 15 Zimmern in Sutton Hoo in Suffolk, Ostengland, zurückgeblieben war. In den nun folgenden einsamen Jahren interessierte sie sich immer mehr für das Jenseits, und deshalb wandte sie sich vielleicht auch den großen Grashügeln in ihrem Garten zu.

Von den Fenstern auf der Südseite ihres Hauses konnte sie die vielen Erdhügel auf dem sandigen Heideland gleich unterhalb eines Wäldchens, des sogenannten *Top Hat Wood* („Zylinderhutwald"), sehen. Sie erhoben sich auf dem Hochufer über dem Flusstal des Deben und wurden für Grabhügel oder „Hünengräber" gehalten, vielleicht aus der Bronzezeit, ähnlich vielen anderen in dieser Gegend.

Eine folgenschwere Entscheidung

Edith Pretty wollte die Hügel unbedingt aufgraben lassen, was sie damals als Besitzerin des 160 Hektar großen Grundstücks ohne behördliche Genehmigung tun konnte. Dennoch wandte sie sich zunächst an das Ipswich Museum, das sie an einen Amateurarchäologen – Basil Brown (1888–1977) – vermittelte. Brown sagte zu, für einen Wochenlohn von 30 Schillingen, ein Zimmer im Häuschen des Chauffeurs und die Mithilfe von zwei von Prettys Arbeitern. Die Arbeiten begannen am 20. Juni 1938.

Die erste Probegrabung an Hügel 1, dem größten Erdwall, scheiterte an einer Gesteinsschicht. Edith ließ Brown an einem anderen Hügel weitermachen. Man grub ein Probeloch in Hügel 3, um die frühere Erdoberfläche zu finden, dann grub man auf dieser Höhe einen Schacht genau durch die Mitte des Hügels – in der Hoffnung, auf die unverwechselbaren rechteckigen Markierungen in der Erde zu stoßen, die die Ecken einer Grabkammer anzeigen. Diese seit dem 19. Jahrhundert angewandte Technik war riskant – glücklicherweise war Basil Brown ein sehr umsichtiger Archäologe.

Aber auch Hügel 3 war eine Enttäuschung, denn die Stätte war in ferner Vergangenheit ausgeraubt worden, und in der Grabkammer befand sich nur noch eine kleine, bei der ersten Berührung zerfallende Holzwanne, auf der die eingeäscherten Überreste eines

Menschen und eines Pferdes lagen. Darum herum fand man zerbrochenes Geschirr, einen Klumpen Eisen (eigentlich ein Axtkeil), Knochen aus einer verrotteten Kiste und den Deckel eines Kruges, der wohl aus dem Mittelmeerraum stammte.

1938 öffnete man noch zwei weitere Hügel. Auch diese waren ausgeraubt worden, enthielten aber noch genug, damit Brown feststellen konnte, dass Sutton Hoo kein bronzezeitliches Gräberfeld war, sondern ein angelsächsisches aus der Zeit zwischen dem Ende der römischen Herrschaft und der Einführung des Christentums in Britannien. Da man nur sehr wenig über diese Epoche der britischen Geschichte wusste, beschlossen Brown und Pretty trotz der dürftigen Funde eine weitere Grabungssaison für 1939.

Und so widmete sich Basil Brown am 8. Mai 1939 – dem Wunsch Prettys entsprechend – wieder dem Hügel 1. Am vierten Tag stieß einer seiner Arbeiter auf einen verrosteten Klumpen Eisen. Brown ließ die Schaufeln beiseitelegen und untersuchte die sandige Erde rund um den „Klumpen“, den er als eine Art Niete für die Verbindung von Schiffsplanken identifizierte. Bald tauchten fünf weitere Nieten auf, und Brown sah sofort, dass diese noch an ihrem ursprünglichen Platz waren. Das Holz hatte sich in der sauren Heideerde längst aufgelöst, aber die Nieten markierten deutlich die Form eines Schiffsbugs.

Als schließlich ein Team des Britischen Museums und der Universität von Cambridge eintraf, waren – dank der fleißigen Arbeit Browns – durch die herausstehenden Nietenköpfe die Abdrücke eines großen Schiffes zu sehen. Brown hatte auch den unverwechsel-

Die Grabungsstätte in Sutton Hoo mit den sichtbaren Linien des Bootsgrabes. In dem von Charles Philips zusammengestellten Team waren einige der größten zukünftigen Archäologen vertreten – Stuart Piggott, späterer Professor der Archäologie in Edinburgh, Graham Clark, der Professor in Cambridge wurde, O. G. S. Crawford, der Gründer des Journals Antiquity, *sowie W. F. Grimes, späterer Direktor des Instituts für Archäologie in London.*

ZEITLEISTE

UM **600–642** Raedwald ist König der Ostangeln

FRÜHES **7.** JAHRHUNDERT Heidnische angelsächsische Anführer werden in Sutton Hoo begraben

1938 (20. Juni) Basil Brown beginnt mit Ausgrabungen an den Grabhügeln von Sutton Hoo

1939 (8. Mai) Brown legt im Haupthügel, dem Hügel 1, die Konturen eines Schiffes frei

1942 Edith Pretty, die Eigentümerin des Geländes und Auftraggeberin der Ausgrabungen, schenkt den Fund dem Britischen Museum

1982–1983 Professor Martin Carver von der Universität York untersucht Sutton Hoo aufs Neue. Hinweise tauchen auf, dass hier ein angelsächsischer König begraben worden sein könnte

baren Fleck einer Grabkammer in der Mitte des Schiffes unberührt gelassen. Angesichts des drohenden Krieges waren im Sommer 1939 in England erfahrene Archäologen kaum zu finden, aber man konnte eine Handvoll begabter jüngerer Archäologen überreden. Charles Philips (1901–1985) von der Cambridge University übernahm die Leitung, und Brown assistierte ihm.

Prächtige Grabbeigaben

Damit die jetzt durch die Medien bekannt gewordene Stätte nicht ausgeraubt würde, begann man sofort, den geschwärzten Sand vom mittleren Schiffskörper zu entfernen. Am 21. Juli rief Philips angesichts des Fundes eines kleinen goldenen, pyramidenförmigen Knopfes mit Einlegearbeiten aus Granat aus: «Du lieber Gott!» Am nächsten Tag entdeckte man den goldenen Bügel einer Geldbörse, dekoriert mit angelsächsischen mythischen Tieren und einem Haufen Goldmünzen in der Mitte. Dann tauchten Gold- und Granatschnallen auf und zum Schluss eine riesige goldene, filigran gearbeitete Schnalle mit einem geflochtenen Tiermuster sowie Scharnieren auf der Rückseite. Man zog den Kurator für britische und mittelalterliche Antiquitäten am Britischen Museum zurate, der die Objekte sofort dem frühen 7. Jahrhundert zuordnete.

Die nächsten paar Tage brachten einen Schleifstein mit einer seltsamen Hirschverzierung an einem Ende – vielleicht eine Art Zepter – ans Licht sowie einen Schild und eine Schüssel aus dem koptischen Ägypten. Was wie ein anderer Schild aussah, stellte sich als riesige Silberschale heraus, während ein Haufen verrottenden Purpurs in der Sommersonne zerfiel und zehn perfekt erhaltene Silberschalen enthüllte. Man fand Hängekessel und Waffen, zusammen mit noch mehr Schmuck, darunter auch die berühmen Schulterspangen aus Gold und Granat. Es gab ein Kettenhemd, Spielsteine, Löffel, Messer, Trinkhörner, Speere, Kellen, Kämme und sogar eine Eisenlampe mit Bienenwachs. In einer Ecke fand sich zudem – zersprungen in Hunderte von Stücken – das berühmteste Stück dieser Fundstätte – der Helm.

Am 31. Juli war die Kammer leer, und man widmete sich wieder dem Schiff selbst. Dieses hatte eine Klinkerbeplankung und war 27 Meter lang. Es musste erst vom Fluss Deben hochgeschafft worden sein, bevor man es im Ganzen vergraben hatte. Nunmehr untersuchte man, ob der Fund – der sogar 1939 schon als «der Millionen Pfund schwere Schatz» galt – der englischen Krone oder Mrs. Pretty gehörte. Das Urteil ließ nicht lange auf sich warten. Obwohl es keine menschlichen Überreste in der Erde gab, vermutete man, dass diese sich im sauren Boden aufgelöst hatten. Die Objekte im Hügel waren eindeutig nicht vergraben worden, um später wieder gefunden zu werden (in diesem Fall hätte sie die Krone für sich beanspruchen können), sondern sie sollten ihren Besitzer mit seinem prächtigen Schiff ins Jenseits begleiten. Deswegen sprach der Richter die Funde Edith Pretty zu.

Mittlerweile war der Krieg nur noch Tage entfernt, und Mrs. Pretty ließ die Überreste der Ausgrabung zum Schutz mit abgestorbenem Farnkraut bedecken. Großzügigerweise schenkte sie den gesamten Schatz dem Britischen Museum. Dies war die größte Spende, die je einem Museum von einem Stifter zu dessen Lebzeiten gemacht worden war. Deshalb sollte Edith Pretty in den Adelsstand erhoben werden – eine Ehre, die sie aber bescheiden ablehnte.

Wer wurde in Hügel I begraben?

«Sie legten den geliebten Führer, den Geber der Ringe, auf dem Schiffe am Hauptmast nieder. Man legte Geschmeide und fein gearbeitete Kleinode aus fernen Ländern bei ihm nieder. Nie hat ein Volk ein Schiff herrlicher ausgestattet, mit Kriegswaffen und Kampfgewändern, Schwertern und Harnischen. Auf seiner Brust funkelte gar mancher Edelstein, der mit ihm reisen sollte, wenn Flut und Strömung ihn hinaustrugen.»

BEOWULF („I – Das Leben und Sterben des Scyld")

Die Frage, wer in Hügel 1 begraben wurde, wird vielleicht nie beantwortet werden können, da keines der 263 gefundenen Objekte einen definitiven Hinweis auf den Besitzer gibt. Aber es finden sich einige Spuren.

Der Stil der Verzierungen auf manchen der Stücke deutet auf den Anfang des 7. Jahrhunderts hin. Mithilfe der im Bügel der Geldbörse entdeckten Münzen lässt sich die Datierung noch enger eingrenzen. Die 37 Goldmünzen, die zusammen mit drei Rohlingen gefunden wurden, könnten als Bezahlung für die 40 Geisterruderer gedacht gewesen sein, die das Schiff in die Nachwelt bringen sollten. Die zwei kleinen Goldbarren waren vielleicht für den Steuermann und den Kapitän bestimmt. Die jüngste dieser Münzen, die alle aus dem merowingischen Frankreich stammten, war für Theodebert II. um 625 n.Chr. geprägt worden.

Allein die Menge und die Qualität der Grabbeigaben lieferte weitere Hinweise. Viele Stücke sind aus Gold und kunstvoll gearbeitet. Nur eine Person höchsten Ranges hatte Zugang zu solchen Rohstoffen und Künstlern. Aufgrund der Menge des Goldes und Silbers musste der Tote zu den damaligen Königen gehört haben. Einige Stücke kamen auch von weither, also muss ihr Besitzer Zugang zu fernen Handelswegen gehabt haben – die große Silberschale beispielsweise stammt aus Byzanz. Einige Teile des Schatzes haben eine symbolische Bedeutung. Es gibt „Insignien": Der Schleifstein mit dem Hirschornament auf der Spitze – viel zu kunstvoll, um ein Gebrauchsgegenstand zu sein – wurde als eine Art Zepter interpretiert, das den Rang seines Besitzers anzeigt, während ein eiserner Sockel ein Emblem der angelsächsischen Könige gewesen sein könnte. Dann gibt es noch religiöse Artefakte. Bootsbestattungen mit Grabbeigaben sind Teil des damals in Südengland und Skandinavien verbreiteten Glaubens der Germanen. Aber zwei Löffel im Grab, von denen einer mit „Saulos" und der andere mit „Paulos" – Saulus und Paulus – beschriftet war, könnten christlichen Ursprungs sein. Vielleicht wusste ihr Besitzer nichts von ihrer Symbolik, aber er könnte sich auch nach allen Seiten abgesichert und deswegen ein paar christliche Objekte mit sich genommen haben.

Der Helm von Sutton Hoo. Die verschwenderischen Grabbeigaben zeigen, dass dies das Grab eines sehr wichtigen Angelsachsen gewesen sein muss, vielleicht sogar das eines Königs.

Auf wen also passt diese Beschreibung? Damals war England in eine Vielzahl kleiner Königreiche unterteilt, und Sutton Hoo lag im Gebiet des damaligen East Anglia. Zwischen dem späten 6. und dem frühen 7. Jahrhundert regierte hier eine Gruppe heidnischer Könige. Sutton Hoo könnte ihre Begräbnisstätte gewesen sein. Falls ja, war der Besitzer von Hügel 1 ein bedeutendes Mitglied dieser Dynastie.

Die historische Figur, die am besten passt, ist König Raedwald. Beda Venerabilis zufolge (der über 100 Jahre später schrieb) war Raedwald ein Oberherrscher – der „Bretwalda" – über die anderen Könige des angelsächsischen Englands. Wir wissen auch, dass er zum Christentum konvertiert war, sich später aber wieder dem Heidentum zuwandte.

Das könnte die christlichen Löffel erklären. Beda berichtet auch, dass Raedwald den König von Northumbrien in einer Schlacht besiegte. Der Helm, das Schwert, der Schild und andere Waffen in Hügel 1 scheinen einem großen Krieger gehört zu haben. Aber obwohl Raedwald gewiss ein plausibler Kandidat – neben anderen – für die Begräbnisstätte von Sutton Hoo ist, fehlt nach wie vor ein endgültiger Beweis für die Identität des Besitzers.

RÄTSEL IM SAND

Die Decodierung der Nazca-Linien, 1946

Die größte Errungenschaft der Nazca-Kultur in Peru war nicht die Eroberung anderer Völker und auch nicht ihre Kunst oder Architektur, sondern ihre Landwirtschaft, mit der sie die Wüste begrünten. Zwischen 300 v.Chr. und 800 n.Chr. siedelten sich diese Menschen im Nazca-Tal und an der südlichen peruanischen Küste an und verwandelten riesige Wüstengebiete in fruchtbares Ackerland.

Die Nazca-Kultur baute künstliche Bewässerungsanlagen und Aquädukte. Der durch den Ackerbau erwirtschaftete Wohlstand ließ eine reiche materielle Kultur entstehen. Die Nazca-Keramik ist verziert mit Motiven aus Flora und Fauna – Kolibris, Wale, Haie und Kakteen. In den trockenen Wüstengräbern haben sich die ursprünglichen leuchtenden Farben der Gewänder aus Lama- und Alpakawolle gut erhalten.

„Pfade" in der Wüste

Aber die Nazca-Menschen verzierten nicht nur Keramik und Kleidung, sondern auch die Wüste selbst. 1926 bemerkte Alfred Kroeber (1876–1960), ein amerikanischer Anthropologe, dass sich in der Nazca-Wüste seltsame Linien und Muster fanden, die der peruanische Archäologe Toribo Mejía Xesspe als „Straßen" bezeichnete. Der amerikanische Archäologe und Wissenschaftshistoriker Paul Kosok (gestorben 1959) dokumentierte als Erster das schiere Ausmaß der Linien aus der Luft, und entschloss sich in den 1930er-Jahren zu weiteren Nachforschungen. Bei einer Bodenuntersuchung entdeckte er, dass die Linien in Wirklichkeit künstlich angelegte „Pfade" waren: Man hatte einfach die roten Wüstenkiesel entfernt und so den darunterliegenden helleren Boden freigelegt. Die Nazca-Wüste ist einer der trockensten Orte der Welt und klimatisch außerordentlich stabil. Die Temperatur liegt das ganze Jahr über um die 25° C, und magels Wind blieben die vor Jahrhunderten – oder sogar Jahrtausenden – geschaffenen Markierungen unversehrt.

Eine Geoglyphe in Form eines „Kandelaberkaktus", die in den Boden der Nazca-Wüste bei Paracas, Peru, gescharrt wurde. Man hat viel über die Bedeutung der Nazca-Linien spekuliert. Da die meisten Tierfiguren aus einer einzelnen durchgehenden Linie bestehen, vermutet man, dass sie „gehend" in den Boden gescharrt wurden, vielleicht als Teil eines religiösen Ritus.

Kosok bemerkte aufgrund der Ähnlichkeit mit den markanten Mustern und Farben der Nazca-Kultur auf Keramikscherben, dass diese Linien sehr alt sein mussten. Während der Sommersonnenwende 1941 fiel ihm auf, dass eine dieser Linien direkt auf den Punkt am westlichen Horizont zeigte, an dem die Sonne an jenem Tag unterging.

Aber erst nach dem Ende des Zweiten Weltkriegs konnte Kosok eine Assistentin für die Aufzeichnung der, wie er glaubte, astronomischen Anordnung dieser Linien finden. Er engagierte Maria Reiche (1903–1998), eine deutsche Mathematikerin, die in Peru als

Luftaufnahmen

Seit der Erfindung des Flugzeugs Anfang des 20. Jahrhunderts haben Beobachtungen und Aufnahmen aus der Luft die Entdeckung und Interpretation archäologischer Stätten revolutioniert. Mit den ersten bemannten Ballonflügen erlangte man aus der Vogelperspektive einen neuen Blick auf die Dinge; aber es war das Militär, das die Luftfotografie wirklich voranbrachte. Viele der Pioniere der Luftaufnahmen wie O. G. S. Crawford (1886–1957) flogen als Aufklärer während des Ersten Weltkriegs und erkannten, dass die Perspektive aus der Luft einzigartige Einsichten gewährte.

Von oben konnte man den vollen Umfang bestimmter Orte und ihre Positionierung in der sie umgebenden Landschaft erkennen. Durch die stereoskopische Fotografie und die Luftbildmessung konnten diese Informationen irgendwann von den Fotos auf Karten übertragen werden, wodurch die ersten Pläne ganzer Zivilisationen in großem Maßstab entstanden. Im Fall der Nazca-Linien konnte man erst aus der Luft erkennen, um was für Formen es sich handelte. Man untersuchte diese leere Wüstenregion auch anhand von Luftaufnahmen, um Nazca-Ansiedlungen rund um riesige Lehmzitadellen zu lokalisieren. Vom Boden aus sahen sie wegen der starken Verwitterung lediglich wie natürliche Gebirgszüge aus.

Mit aus der Luft erkennbaren Farbunterschieden der Erde kann man Stätten identifizieren, die vom Boden aus nur schwer auszumachen sind. Gräben sind manchmal mit Erde gefüllt, die sich farblich von der Umgebung unterscheidet, aber das fällt oft nur beim Betrachten von Luftaufnahmen auf. Man bezeichnet diese Farbabweichungen auch als „Bodenmerkmale“, die von einem leichten Unterschied bis zu den Überresten lange zerfallener Strukturen variieren können, die als verstreute Materialien in der obersten Erdschicht liegen.

Die Luftfotografie kann aber auch große Landschaftsmerkmale in den richtigen Kontext setzen und vom Boden aus komplett unsichtbare Begräbnisstätten sichtbar machen. Das Wachstum von Getreide auf einem Feld wird davon beeinflusst, was im Untergrund liegt. Korn, das über einer vergrabenen Mauer wächst, wurzelt in trockenem Mörtel oder Steinen und gedeiht nicht so gut wie die Pflanzen in der Umgebung. Umgekehrt wurzeln Pflanzen, die über einem verschütteten Wassergraben wachsen, in einer tieferen, reicheren Erde, wodurch sie besser gedeihen als die anderen in ihrer Umgebung. Dieses unterschiedliche Wachstum formt, aus der Luft und damit im Großen betrachtet, sogenannte Schnittmarken. Sehr trockene Sommer können die Sichtbarkeit der Muster steigern, wenn nur die im tiefen Boden mit den verschütteten Furchen wachsenden Pflanzen überleben, oder im Winter, wenn die Wärme, die in solchen Gräben gespeichert wird, den Reif darüber eher schmelzen lässt als in der Umgebung. In der Morgen- oder Abenddämmerung treten die Unterschiede noch deutlicher hervor, da das schräg einfallende Licht kleinste Differenzen in der Topografie betont.

Seit der Einführung dieser Technik in die Archäologie entdeckte man mit der Luftfotografie Hunderttausende von Stätten – von prähistorischen Steinkreisen bis hin zu ganzen römischen Städten. Kurioserweise ermöglichte somit eine für militärische Zwecke entwickelte Technologie eine friedliche Nutzung, nämlich die Identifizierung archäologischer Überreste. Sie ist vielleicht die erfolgreichste Technik der modernen Archäologie.

Kindermädchen in der Familie des deutschen Konsuls arbeitete. Bei Ausbruch des Krieges war sie nicht nach Deutschland zurückgekehrt, und nun, nach Kriegsende, begann sie mit ihrem zukünftigen Lebenswerk.

Ihre erste Entdeckung machte sie 1946, als sie begann, die Nazca-Linien abzugehen. Die erste Figur war nicht nur eine einfache Linie, sondern eine riesige geometrische Form im Wüstenboden. Reiche kartographierte die Linie und bemerkte, dass sie eine Spinne darstellte. Und aus der Nähe erwies sich eine große Spirale als Schwanz eines gigantischen

Affen. Die Nazca-Linien waren also nicht nur Pfade durch die Wüste, sondern richtige Bilder im Boden („Geoglyphen"). Bald entdeckte man andere Figuren, wie einen Kolibri, einen Hund und eine Eidechse.

Nach wie vor rätselhaft

Auch heute noch bleiben die Linien mysteriös. Viele der Figuren sind gigantisch – die größte ist über 270 Meter lang –, und sie konnten vom Boden aus nie richtig gesehen werden. Maria Reiche ließ das Gebiet durch die peruanische Luftwaffe von oben fotografieren, damit sie die Vielzahl an Figuren und Linien aufzeichnen konnte. Auf dem Boden fand sie hölzerne Pfähle in den Endmarkierungen mancher Figuren, die auf einen Zeitraum zwischen 100 und 500 n.Chr. datiert wurden und nahelegen, dass die Muster lange vor jeder Flugmöglichkeit geschaffen wurden.

Seit der Veröffentlichung von Reiches Ergebnissen schossen Theorien ins Kraut, wie und warum die Linien entstanden sein könnten. Der Schweizer Schriftsteller Erich von Däniken (geboren 1935) behauptete gar, dass es sich um Landepisten für außerirdische Raumschiffe handle. Andere meinten, dass die Nazcan-Menschen Heißluftballons bauen konnten; es wurde sogar eine „Replik" erstellt, obwohl nie ein Beweis für eine solche Technologie in einer so frühen Epoche gefunden wurde.

Das gut erhaltene Exemplar einer Nazca-Textilie mit Tiermotiv. Die Nazca-Menschen gehörten zu den ersten amerikanischen Ureinwohnern, die Lama- und Alpakawolle nutzten.

Archäologen vermuten, dass die Linien mehrere Funktionen erfüllten. Laut Reiche scheinen einige astronomisch ausgerichtet zu sein, wie auch ihr Mentor Kosok glaubte. Sie dachte, dass die Tiere Sternkonstellationen symbolisieren könnten. Neuere Forschungen von Archäoastronomen, die versuchten, antike Ausrichtungen an bekannte Positionen von Sternen und Planeten zu bestimmten Zeitpunkten anzupassen, sprechen aber nicht dafür. Manche vermuten auch, dass die Figuren auf Grundwasser hindeuten könnten, das die Nazcan-Menschen in ihren Bewässerungssystemen nutzten.

Auch wenn noch niemand den genauen Zweck dieser Linien kennt, haben Experimentalarchäologen mittlerweile belegt, dass die Nazcan-Kultur diese Linien auch ohne die Vogelperspektive graben konnte. Es zeugt von ihrer monumentalen Leistung, dass spätere Generationen darüber spekulieren, ob sie dabei Hilfe von Außerirdischen bekamen.

ZEITLEISTE

UM **300** V.CHR. Beginn der Nazca-Kultur an der Südküste Perus

UM **800** N.CHR. Ende der Nazca-Kultur

1926 Alfred Kroeber entdeckt als Erster die seltsamen Linien in der Wüste im Süden Perus wieder

1939 Paul Kosok startet seine langwierigen Untersuchungen der Linien

1946–1947 Maria Reiche beginnt ihr lebenslanges Studium der Nazca-Linien und arbeitet zunächst mit ihrem Mentor Kosok zusammen. Gemeinsam veröffentlichen sie den Artikel „The Markings of Nazca"

1968 In seinem Buch „Erinnerungen an die Zukunft" postuliert Erich von Däniken, dass die Nazca-Linien Landebahnen für die Raumschiffe Außerirdischer waren. Im selben Jahr veröffentlicht Reiche ihren wissenschaftlichen Bericht über die Nazca-Linien, „Geheimnis der Wüste"

1983 Experimentalarchäologen bilden einige der Figuren mit einer auch schon bei den Nazca-Menschen möglichen Technik nach

2006 Bei der Auswertung von Satellitenbildern des Nazca-Plateaus entdecken japanische Forscher die bisher unbekannte Geoglyphe eines gehörnten Tieres.

„DER WOLF“ IN DER HÖHLE

Die Schriftrollen von Qumran, 1947

Die Entdeckung der Schriftrollen vom Toten Meer ist ebenso rätselhaft wie das Leben der Menschen, denen sie einst gehörten. Man kann nicht sagen, was an der Geschichte ihrer Entdeckung wahr ist und was von Antiquitätenhändlern ausgeschmückte Mythen sind. Unzweifelhaft jedoch ist diese Entdeckung einer der größten Manuskriptfunde aller Zeiten.

Ende 1947 machten unter Wissenschaftlern und Sammlern Gerüchte die Runde, dass eine Reihe extrem seltener Manuskripte in Bethlehem auf den Markt gekommen seien. Vier davon waren vom Erzbischof der syrisch-orthodoxen Kirche in Jerusalem gekauft worden, drei andere von einem Wissenschaftler der Hebräischen Universität. Den Käufern wurde erzählt, die Schriftrollen seien Anfang des Jahres, vielleicht im Februar, von einem Ziegenhirten in der Gegend von Qumran gefunden worden. Der Beduine Mohammed Ahmed el-Hamed, genannt edh-Dhib („Wolf“), hatte eines seiner Tiere verloren und glaubte, es habe sich in einer der vielen Höhlen in den Felswänden der Gegend verirrt. Um das Tier herauszuscheuchen, warf edh-Dhib Steine in die Eingänge einiger Höhlen. In einer hörte er aber nicht das erwartete Geräusch von Stein auf Stein, sondern das von zerbrechenden Tontöpfen. Er kletterte in die Felsspalte und entdeckte darin eine Sammlung von sehr alten Tongefäßen, die in Leinen eingehüllte Schriftrollen enthielten. Edh-Dhib griff sich ein paar der besterhaltenen Exemplare und suchte dann weiter nach seiner verlorenen Ziege. Der Beduine zeigte die Schriftrollen dann den Antiquitätenhändlern in Bethlehem, die sie, nachdem sie sichergestellt hatten, dass diese nicht aus einer Synagoge gestohlen worden waren, auf den freien Markt brachten.

Ein Schatz für Bibelforscher

Anfang 1948 bekamen erstmals Archäologen die Schriftrollen zu sehen. Im Februar zeigte ein syrisch-orthodoxer Mönch eine der Rollen seinem Erzbischof John Trevor (1916–2006) von den *American Schools of Oriental Research* in Jerusalem. Dieser und seine Kollegen bestätigten schnell die Vermutungen der orthodoxen Gemeinde. Die Rolle war ein Exemplar des Buches des Propheten Jesaja in der Bibel und wahrscheinlich das älteste bekannte Exemplar dieses Buches. Tatsächlich war es die älteste jemals entdeckte hebräische Handschrift. Trevor gab den Fund der Rollen im Mai 1948 in der Zeitschrift *Biblical Archaeologist* bekannt und sorgte damit für eine Sensation. Neben der Jesaja-Schrift hatten Wissenschaftler noch weitere Rollen identifiziert: eine Genesis-Apokryphe, ein „Regelwerk“ der Gemeinde, die scheinbar die Rollen versteckt hatte, einen Text über militärische Organisation, bekannt als „Kriegsrolle“, einige Erntedank-Loblieder sowie ein weiteres Fragment des Buches Jesaja. Die Schriftrollen stammten alle aus den beiden letzten Jahrhunderten v. Chr. und dem ersten Jahrhundert n. Chr., bis zum ersten jüdischen Aufstand gegen die Römer im Jahr 66 n. Chr., als sie vermutlich versteckt wurden. Die Texte gehörten einer Gemeinde, die die frühesten jüdischen religiösen Schriften aufbewahrt hatte – aber wie würde der Vergleich mit den späteren „offiziell kanonisierten" heiligen Schriften des Judentums ausfallen? Auch christliche Gelehrte interessierten sich für die Schriftrollen. Denn diese enthielten ja nicht nur Texte des Alten Testaments, sondern sie stammten auch aus einer Zeit, als eine bekannte radikale Gruppe von Juden in Palästina agierte – angeführt von Jesus von Nazareth.

Zum Zeitpunkt der Entdeckung verschärfte sich die Gewalt im Nahen Osten. Im Monat der Veröffentlichung der Funde endete das britische Mandat über Palästina, und der Staat Israel wurde gegründet, was zu Kämpfen zwischen Arabern und Juden führte. Sicherheitshalber brachte man die gefundenen Rollen nach Beirut. Den genauen Fundort kannten nur der Wüstenbeduine und vielleicht ein paar Antiquitätenhändler in Bethlehem. Laut den immer noch kursierenden Gerüchten warteten aber noch viele weitere Rollen auf ihre Entdeckung.

Ein Fragment der „Gemeinderegeln" oder des „Handbuchs der Disziplin". Dieses Manuskript enthielt die Verhaltensregeln einer religiösen Sekte, die vielleicht in Khirbet Qumran siedelte.

Ende 1948 startete – trotz der wachsenden Gewalt in Palästina – der britische Leiter der Antikenbehörde in Jordanien, G. L. Harding (1901–1979), eine Suche nach den anderen Schriftrollen. Im Februar 1949 wurde er fündig und begann mit den Ausgrabungen in Höhle 1, dem geheimen Fundort der sieben mysteriösen Schriftrollen. Sein Team entdeckte hier weitere 600 Manuskripte, zusammen mit Fragmenten von Kleidung und Holz, die alle in der unbewegten heißen Luft der Höhle erhalten geblieben waren. Verhandlungen mit den ansässigen Beduinen förderten viele weitere Stücke zutage.

In den nächsten paar Jahren wimmelten die Qumran-Felsen vor Einheimischen und Wissenschaftlern, die Tausende von Höhlen nach weiteren Geheimlagern absuchten. 1952 wurden die Höhlen 2, 3, 4, 5 und 6 entdeckt, einige von Archäologen, andere von Teams, die für Antiquitätenhändler arbeiteten. Zusammen mit weiteren biblischen Texten fand man auch eine Rolle aus Kupfer mit einer Liste geheimer Verstecke von Gold- und Silbergerät, vermutlich dem Tempelschatz von Jerusalem, den man während des jüdischen Aufstandes vor den Römern versteckt hatte.

ZEITLEISTE

UM 21 V. CHR – 61 N. CHR. Die fast 900 Schriftrollen vom Toten Meer werden geschrieben, darunter auch die einzig bekannten Exemplare biblischer Schriften aus der Zeit vor 100 n. Chr.

UM 66 N. CHR. Die Rollen werden zur Zeit des ersten jüdischen Aufstands in den Höhlen von Qumran versteckt.

1947 (Februar) Ein beduinischer Ziegenhirte findet sieben Schriftrollen in Khirbet Qumran. John Trevor identifiziert die Jesaja-Rolle als das älteste bekannte hebräische Manuskript.

1948 G. L. Harding veranlasst eine Suche nach den verbleibenden Schriftrollen von Qumran.

1949 Hardings Team entdeckt 600 weitere Manuskripte in Höhle 1, zudem Kleidungs- und Holzfragmente

1952 Archäologen und einheimische Antiquitätenhändler finden in fünf weiteren Höhlen biblische Texte sowie eine Kupferrolle mit Hinweisen auf das angebliche Versteck der während des ersten jüdischen Aufstandes fortgeschafften Schätze

1955 Archäologen entdecken die Höhlen 7–10, in denen aber nur bescheidene Funde warten

1956 Neben anderen Texten und Psalmen finden einheimische Beduinen in Höhle 11 das Buch „Levitikus" (3. Buch Mose)

Allerdings fand sich bislang an keinem der erwähnten Orte einer dieser Schätze. 1955 entdeckten Archäologen die Höhlen 7, 8, 9 und 10, von denen eine das einzige Fragment in griechischer Sprache enthielt, allerdings waren die Funde ansonsten eher bescheiden. Die letzte große Entdeckung, Höhle 11, gelang wieder dem einheimischen Beduinen. Hier fanden sich über zwei Dutzend Texte, darunter das Buch „Levitikus" (3. Buch Mose) und ein Buch der Psalmen.

Vielleicht die Ruinen der Essener-Siedlung in Khirbet Qumran in Jordanien. Mitglieder der halb klösterlichen jüdischen Sekte der Essener führten ein asketisches Leben und sahen sich selbst als letzte Generation vor der Ankunft des Messias.

Mühsame Konservierung

Insgesamt entdeckte man bislang fast 900 Dokumente in den Qumran-Bergen, darunter Teile aller Bücher der hebräischen Bibel, mit Ausnahme der Bücher Esther und Nehemia, dafür mit einer Reihe von Büchern, die nicht im modernen Kanon enthalten sind, wie das Buch Enoch und das Buch der Jubiläen. Daneben gibt es einige Texte einer jüdischen religiösen Sekte, der Essener, deren Mitglieder entweder die Rollen geschrieben oder sie gesammelt und versteckt haben könnten. Darunter ist auch das „Handbuch der

Wer schrieb die Qumran-Rollen?

Die Entdeckung des bedeutendsten Verstecks antiker Bibeltexte in der Gegend des Wadi Qumran nahe dem Toten Meer führte zu heftigen Diskussionen darüber, wie die Rollen dort hingekommen waren, wer sie geschrieben hatte und wem sie gehörten.

Als man die ersten Exemplare fand, dachten Archäologen, dass die Essener, eine jüdische Sekte, die Sammlung verfasst und versteckt hätten. Der zeitgenössische Historiker Josephus Flavius (um 37–100 n.Chr.) beschrieb um das Jahr 75 n.Chr. die Essener in seiner „Geschichte des Jüdischen Krieges". 1951 und 1958 grub man nahe den Höhlen die mutmaßliche Siedlung dieser Gruppe aus. Sie enthielt rituelle Bäder, eine Zisterne, einen Versammlungsraum sowie ein Skriptorium, in dem die Rollen geschrieben worden sein könnten. Der Ort war ungefähr von 150 v.Chr. bis zu seiner Zerstörung durch die Römer im Jahr 68 n.Chr. besiedelt.

Als man aber mehr Schriftrollen konserviert und übersetzt hatte, begann man daran zu zweifeln. Der riesige Korpus an Schriften ist in Glaubensfragen nicht einheitlich, und einige Texte sind mit dem, was wir aus anderen Quellen über die Lehre der Essener wissen, nicht vereinbar. Die These, dass die Rollen das Werk einer den Essenern ähnlichen Gruppe – der Sadduzäer – gewesen sei, krankt ebenfalls an der mangelnden Einheitlichkeit der Inhalte sowie an der fehlenden Vereinbarkeit zwischen diesen und dem sadduzäischen Glauben.

Auch die archäologische Stätte in Qumran wird seit Kurzem weniger als religiöses Zentrum betrachtet, sondern eher als Handelspunkt, als private Villa oder als Keramikfabrik. Im letzten Falle wären die „rituellen Bäder" eigentlich Wassertanks für die Keramikproduktion gewesen. Es ist eben problematisch, wenn man mit vorgefassten Ideen an eine Ausgrabung herangeht.

Neuerdings vermutet man, dass die Schriftrollen Überreste aus verschiedenen Bibliotheken Jerusalems sind, die während der römischen Belagerung von 68 bis 70 n.Chr. aus der Stadt geschmuggelt und versteckt wurden. Das könnte neben der eklektischen Zusammenstellung der Texte auch die Kupferrolle erklären, die eine Liste so umfassender Reichtümer enthält, dass diese eigentlich nur aus dem Tempel stammen konnten. Es würde auch erklären, warum nur Exemplare literarischer Texte gefunden wurden, keine lokale Korrespondenz oder administrativen Berichte, die man erwarten könnte, wenn es das geheime Lager einer einheimischen Sekte gewesen wäre. Manche vermuteten sogar, dass die Schriftrollen vom Toten Meer die Bibliothek aus dem Großen Tempel von Jerusalem selbst seien, obwohl sie aufgrund der fehlenden Einheitlichkeit der Texte vielleicht eher aus verschiedenen Bibliotheken stammen könnten. So oder so wird der Fund dadurch nur noch interessanter, da die Rollen dann nicht nur den Glauben einer einzelnen Sekte reflektieren würde, sondern das intellektuelle Leben der Menschen in Judäa im 1. Jahrhundert n.Chr.

Disziplin" mit den Regeln dieser Sekte sowie die „Kriegsrolle", die eigentlich „Der Krieg der Söhne des Lichts gegen die Söhne der Finsternis" heißt und eine apokalyptische Prophezeiung beschreibt.

Die meisten Schriftrollen bestehen aus Leder oder Papyrus, ausgenommen die Kupferrolle und ein Fragment auf einer Tonscherbe, das *Ostrakon* (altgriechisch „Tonscherbe") genannt wird. Ihre Fragilität und die unschätzbaren Informationen, die sie beinhalten, führten zu vielen Diskussionen um die Konservierung der Rollen. Es dauerte viele Jahre, um die fragmentarischen Texte zusammenzusetzen, von denen 15 Prozent nach wie vor unidentifiziert sind. Lange jedoch waren die restaurierten Texte nur einer Handvoll Wissenschaftlern zugänglich, die aber ihre Ergebnisse nicht veröffentlichen durften, was zu Verschwörungstheorien führte. Nun sind sie größtenteils einsehbar; Archäologen sowie Historiker können das Leben eines Volkes erforschen, das in einer entscheidenden Epoche der Geschichte der jüdischen und christlichen Religion lebte.

EIN SCHIFF FÜR EINE MILLION JAHRE

Die Barke des Cheops, 1950

Man sagt, dass Kamal el-Mallakh (1918–1987) einem Pharao ähnelte, hochgewachsen und aufrecht wie er war, mit einer hohen Stirn und Geheimratsecken. Er wurde am 26. Oktober 1918 als Sohn einer koptisch-christlichen Familie in Assiut in Oberägypten geboren. Er absolvierte zuerst eine Ausbildung als Architekt, bevor er an der *School of Archaeology* der Universität Kairo Ägyptologie studierte.

Seine Karriere hätte jedem Pharao zur Ehre gereicht: Er reiste durch das Land und nutzte seine architektonischen Fähigkeiten zur Freilegung und Restaurierung alter Monumente, weswegen er 1936 von der Antikenbehörde für eine Aufgabe auf dem Giseh-Plateau engagiert wurde, im Schatten der Großen Pyramide. El-Mallakh arbeitete hier 14 Jahre lang und versuchte, die komplexe Anordnung von Pyramiden und Tempeln zu entschlüsseln. Im April 1950 leitete er dann den Bau einer neuen Zufahrtsstraße für Touristen rund um die Stätte.

Ein Land voll archäologischer Reichtümer

Das Giseh-Plateau wimmelt von pharaonischen Denkmälern, und jeder Bauabschnitt musste sorgfältig überwacht werden, damit man wichtige Funde nicht zerstörte. Während dieser Arbeiten bemerkte el-Mallakh das erste Mal eine Schicht Kalksteinpulver über einem Abschnitt des Geländes, mit einer Lage rosafarbenen Mörtels darunter. Es stellte sich heraus, dass diese rund um die Ecken zweier Schächte verliefen, von denen der größte 32,50 Meter lang war. Jeder Schacht war mit über 40 riesigen Kalksteinplatten bedeckt, die jeweils zwischen 17 und 20 Tonnen wogen und Kartuschen mit dem Namen Djedefres trugen, des Nachfolgers von Cheops, dem Erbauer der Großen Pyramide.

Das Giseh-Plateau liegt außerhalb von Kairo und beherbergt viele antike ägyptische Monumente. Hier im Hintergrund ist die zweitgrößte Pyramide in Giseh zu sehen, das Grab des Pharaos Chephren aus der 4. Dynastie.

In einem anderen Land hätte man deswegen vielleicht alle anderen Arbeiten gestoppt, aber in einem archäologisch so reichen Land wie Ägypten vermutete man, dass es sich nur um einfache Sockelplatten rund um die Pyramide handelte, die nicht weiter interessierten.

El-Mallakh allerdings war anderer Meinung. Er hatte bemerkt, dass man im Altertum neben einigen der kleineren Pyramiden bootsförmige Gruben angelegt hatte. Man hatte niemals etwas in diesen Schächten gefunden – aber was wäre, wenn die freigelegten Platten nicht nur als Fundament dienten, sondern als Abdecksteine über einer weiteren

ungeöffneten Grube, die zur Großen Pyramide selbst gehören könnte? Vier Jahre brauchte er, bis seine Vorgesetzten ihm die Freilegung der Schächte erlaubten. 1954 durfte er endlich mit den Arbeiten beginnen.

Nachdem die Stelle vom Sand befreit worden war, entdeckte el-Mallakhs Team zwei herausstehende Platten. Am 26. Mai 1954 entfernte el-Mallakh den Mörtel zwischen diesen und gelangte dabei immer tiefer, bis er kopfüber nach unten in die geschaffene Aushöhlung herabgelassen werden musste. Dabei drückte er sich gegen die Steine auf der einen Seite, damit ein wenig Licht von oben einfallen konnte.

Das in der Roten Kapelle von Königin Hatschepsut im Karnak-Tempel nahe Luxor gefundene Relief zeigt eine ägyptische Begräbnisprozession, komplett mit einem Beerdigungsschiff, das von Dienern getragen wird.

Der süße Duft des Erfolges

Dann verschwand seine Hand auf einmal in einem Hohlraum. Er schloss seine Augen, um sie ans Dunkel zu gewöhnen, bevor er in das Loch hinabspähte. Als er das tat, stieg ein seltsamer Geruch zu ihm auf – süß und staubig. Für einen Moment fürchtete er, es sei nur der Geruch des Zerfalls, das einzige Überbleibsel dessen, was einst in der Grube unter ihm gelegen hatte. Tatsächlich aber war es 4500 Jahre alte Luft, angefüllt mit dem unverwechselbaren Geruch von Zedernholz.

El-Mallakh ließ sich von seinem Team an der Oberfläche einen kleinen Rasierspiegel geben. Dann drehte und wendete er, kopfüber in der Lücke zwischen den Steinen

Pharao Cheops

Pharao Cheops, auch Chufu genannt, herrschte im Ägypten der 1. Dynastie, dem „Alten Reich", zwischen 2589 und 2566 v. Chr.

Man erinnert sich heute an ihn als den Erbauer des einzigen Weltwunders der antiken Welt, das noch steht: der Großen Pyramide von Giseh, die bis ins 19. Jahrhundert hinein das größte von Menschen erschaffene Bauwerk weltweit blieb. Aber abgesehen davon weiß man nur wenig über sein Leben. Undeutliche Inschriften auf der Halbinsel Sinai und in Assuan berichten von Ägyptern in diesen Gegenden – Soldaten sicherten die Grenzen des Sinai, und Arbeiter holten roten Granit für seinen Sarkophag und seinen Tempel in Assuan.

Er soll ein grausamer und unbarmherziger Herrscher gewesen sein – ein Ruf, der auf die Griechen zurückgeht. Bei seinem Besuch des Giseh-Plateaus wurde dem griechischen Historiker Herodot (um 484–425 v. Chr.) erzählt, dass eine der kleinen Pyramiden von einer Tochter des Cheops erbaut worden sei, die dieser zur Finanzierung seines Grabmals in die Prostitution gezwungen habe. Sie soll von ihren Kunden nicht nur Geld, sondern auch jeweils einen Steinblock gefordert haben, aus denen sie dann ihre eigene Pyramide baute. Solche Märchen waren für die antiken Schriftsteller zwar sicher interessant, sind aber spätere Erfindungen.

Was die Analyse von Cheops' Regierungszeit erschwert, ist, dass ihm fast nichts (außer seinem Boot und seiner Pyramide) zugeordnet werden kann. Die Objekte, die ihm gehört haben könnten, tragen nur selten eine Inschrift. Die einzige Statue, von der wir sicher wissen, dass sie den Erbauer von Ägyptens größtem Denkmal darstellt, ist eine winzige, nur 7,5 Zentimeter große Elfenbeinfigur mit seinem Namen.

Sogar seine Pyramide ist rätselhaft, da man in ihr nie etwas gefunden hat, das mit Cheops in Verbindung gebracht werden konnte. Der große Sarkophag in der Königskammer, tief im Inneren der Pyramide, ist leer und vielleicht nie benutzt worden. Weder die Mumie des Pharaos noch prächtige Grabbeigaben, die man in einem so aufwendigen Grab erwarten würde, wurden je entdeckt. Falls irgendetwas von den Grabbeigaben die Verwüstungen der Zeiten und der Grabräuber überstanden hat, harrt es noch seiner Entdeckung.

hängend, den Spiegel hin und her, um einen Sonnenstrahl in das Loch unter ihm zu lenken. Er drückte sich so flach wie möglich an die Steine und fing endlich einen Lichtschimmer auf, der eine glatte Oberfläche beleuchtete. Im Dunkel erkannte er ein Ruderblatt, offenbar eines von vielen, und schrie:

«Es ist das Schiff! Es ist das Schiff!»

Ein vollständig erhaltenes Boot

El-Mallakhs Ahnung war richtig gewesen. Die schiffsförmigen Aushöhlungen in Giseh hatten einst richtige Boote enthalten, die man auseinandergenommen und dann in tiefe Gruben eingeschlossen hatte, damit sie den Pharao auf der Reise in sein nächstes Leben begleiteten. Die meisten dieser Schiffe waren bereits im Altertum geplündert worden oder verrottet, aber dieses eine, eines von Cheops' Booten, war erhalten geblieben, abgeschlossen von der Luft und 4500 Jahre lang von der Außenwelt vergessen. Hier fand sich, vorsichtig zerlegt, ein komplettes Schiff – das Deck, die Kabine, Schilfmatten, der Bootsrumpf, Ruder, Feuersteinwerkzeuge, sogar die Taue, alles gut erhalten und hingelegt, als ob es nur aufs Zusammensetzen warten würde.

Eine ehrenvolle Narbe

Als man el-Mallakh endlich wieder an die Oberfläche zog, war sein Team schockiert über sein Aussehen. Da er sich beim Hin- und Herdrehen in der Lücke zwischen den Platten den Kopf aufgeschlagen hatte, war sein Gesicht blutüberströmt. Aber er war so überglücklich, dass er sich gar nicht darum kümmerte und das Blut mit seinem Taschentuch einfach nur abwischte, während er von den Schätzen weiter unten berichtete. Ihm sollte von dieser Wunde eine weiße Narbe auf seiner Stirn bleiben, die er seine „Ehrennarbe" nannte.

ZEITLEISTE

UM 2589 V.CHR. Cheops wird Pharao von Ägypten

UM 2566 V.CHR. Cheops stirbt und wird vermutlich in der Großen Pyramide von Giseh beigesetzt

UM 400 V.CHR. Dem griechischen Historiker Herodot wird bei seinem Besuch der Pyramiden von Cheops erzählt

1936 Kamal el-Mallakh beginnt für die Antikenverwaltung von Ägypten Ausgrabungen auf dem Giseh-Plateau

1950 Während des Baus einer Zufahrtsstraße nahe der Großen Pyramide entdeckt el-Mallakh zwei tiefe, mit Kalksteinplatten verschlossene Schächte

1954 Nach vier Jahren wird el-Mallakh die Ausgrabung einer der Gruben erlaubt. Am 26. Mai entdeckt er die sorgfältig zerlegte Barke des Cheops

1987 Eine nicht-invasive Erforschung des zweiten Schachts mittels Fotografien zeigt Teile eines weiteren zerlegten Schiffes, das noch ausgegraben werden muss.

Das in Einzelteile zerlegte Boot, das Kamal el-Mallakh 1954 entdeckte, wurde zusammengesetzt und ist heute in einem speziell erbauten Museum ausgestellt, wenige Meter von seiner Fundstelle entfernt, wo es für über 4000 Jahre vergraben war.

Cheops' Barke

Das Schiff, das Kamal el-Mallakh 1954 in Giseh entdeckte, grub man schnell aus. Einmal der Luft ausgesetzt, hätten sich sonst das Holz, das Schilfgras und die Taue, die das Boot zusammenhielten, zersetzt. Also entfernte man die Abdeckplatten und fotografierte den Fund, bevor man ihn barg. Nun musste das Schiff noch rekonstruiert werden.

Es bestand aus 1224 Einzelteilen, aber jedes Stück war, in einer Reihe von 13 sorgfältig angeordneten Schichten, so platziert worden, dass man das Boot leicht wieder zusammensetzen konnte. Ganz oben lagen Schilfmatten und die Taue, die das Schiff zusammenhielten (größtenteils verband man dessen Holzteile mit Tauen und nicht mit Holzdübeln oder Nägeln). Darunter lagen 58 Stangen, aus denen die Deckstruktur geformt wurde, zusammen mit fünf Türen und zwölf Rudern. Darunter kamen das Deck und dann die Planken des Schiffsrumpfes. Am westlichen Ende befand sich der Schiffsschnabel, eine lange hölzerne Säule in Form eines Papyrusstängels, verbunden mit zwei langen Holzleisten, die über das ganze Schiff bis zum Heckpfosten liefen, ebenfalls in Papyrusform.

Die Rekonstruktion des über 43 Meter langen und 45 Tonnen verdrängenden Schiffes dauerte über zehn Jahre. Es bestand fast ganz aus Zedernholz, das zu dieser Zeit sehr selten war und aus dem fernen Libanon importiert wurde. Auf dem Achterdeck stand eine Kabine (oder vielleicht auch ein Schrein) aus Holzstangen und Schilfmatten, weiter vorn auf dem Deck befand sich eine weitere Kabine, vielleicht für den Kapitän. Es gab weder Masten noch Segel, die Barke wurde nur mit ihren zehn Rudern bewegt und mit zwei großen Steuerrudern am Heck gelenkt.

Über den genauen Zweck des Schiffes wird nach wie vor viel spekuliert. Es ist eindeutig ein Flussschiff für den Nil und kein seetüchtiges Boot. Auf dem Schiffsrumpf finden sich aber keine Wasserflecken von regelmäßigem Gebrauch. Zudem fand man es ja in einer von fünf Bootsgruben, die zur Großen Pyramide von Giseh gehören. Man vermutet, dass vier dieser Schächte einst rituelle Schiffe enthielten, die die Seele des Pharao in die Nachwelt bringen sollten (in jede Himmelsrichtung), während das fünfte Schiff während der Beerdigung von Cheops verwendet worden war.

Objekte, die an königlichen Bestattungen beteiligt waren, wurden als „gefährlich" betrachtet, da sie quasi „durchtränkt" waren von der Magie der letzten Reise des Königs in die nächste Welt. Deswegen könnte Cheops' Barke mit seinem Leichnam den Nil hinuntergesegelt sein, bevor man sie rituell neben ihm „begrub". Andere vermuten, dass es sich um eine „Sonnenbarke" handelt, die die Seele des Pharaos über den himmlischen Ozean bringen sollte, wobei sie dem Sonnengott Re in seinem „Schiff für eine Million Jahre" folgte.

Wozu es auch immer diente, das Boot des Cheops ist eine einzigartige Entdeckung – eines der ältesten und sicherlich auch der größten vollständigen Schiffe, die uns erhalten geblieben sind. Auch wenn es nie auf dem Nil fuhr, war es dazu doch in der Lage. Als Pharaonen 2500 Jahre vor der Entstehung des römischen Imperiums durch ihre Königreiche reisten, taten sie das auf Schiffen wie diesem.

Wir könnten noch weitere Einblicke in dieses außergewöhnliche Gefährt erhalten. Denn Kamal el-Mallakh legte 1954 zwei Bootsschächte nebeneinander frei, grub aber nur einen davon aus. 1987 gestattete man eine nicht-invasive Erforschung der anderen Grube: Man bohrte ein kleines Loch in den Mörtel, durch das man eine kleine Kamerasonde schob. Auf den Fotografien ist ein weiteres zerlegtes Boot zu sehen, das darauf wartet, seine Geheimnisse preiszugeben. Fürs Erste versiegelte man den Schacht aber wieder, um das Schiff vor dem Verfall zu schützen. Eines Tages wird es vielleicht ausgegraben und rekonstruiert werden – und ein weiteres Kapitel über das Leben der Pharaonen geschrieben.

DIE ERSTE SIEDLUNG

Die seltsame Welt von Çatalhöyük, 1958

Der englische Archäologe James Mellaart (geboren 1925) verbrachte den größten Teil der 1950er-Jahre in der Ebene von Konya in Anatolien. Er suchte nach Stätten aus der Jungsteinzeit, als die Menschen erstmals ihre Nahrung aus der Landwirtschaft bezogen und weniger durch Jagen und Sammeln. Obwohl die Türkei vor archäologischen Stätten wimmelt, wusste man nur wenig über diese frühe Epoche jener Gegend, da man annahm, die wichtigsten Entwicklungen im Neolithikum hätten im fernen Mesopotamien stattgefunden.

Im November 1958 fanden Mellaart und zwei seiner Kollegen zwei Erdhügel auf der Ebene, an einem Ort namens Çatalhöyük. Es waren eindeutig keine natürlichen Erhebungen, sondern Spuren jahrhundertelanger Bauarbeiten und Wiedererrichtungen. Das Team suchte deswegen an der Spitze und am Grund des Hügels nach Artefakten, um herauszufinden, wo er begann und endete. Eigentlich erwartete man in dieser Region, dass eine solche Stätte von der Frühgeschichte an bis zur Zeit griechischer und römischer Kolonien besiedelt gewesen wäre; aber hier war es anders. Mellaart fand am Boden des Hügels einige Tonscherben und rief seinen Kollegen zu: *«Ich habe etwas Neolithisches, und ihr?»* Zu seinem Erstaunen antworteten sie: *«Wir auch!»* Der gesamte Erdwall von 15 Metern Höhe schien von der Besiedlung in einer Epoche zu stammen, nach der Mellaart gesucht hatte. Dies war eine dauerhafte Siedlung aus einer Zeit, als die Sesshaftigkeit noch völlig neu war.

Zwischen 1961 und 1965 legten Mellaart und sein Team Çatalhöyük frei und gruben dabei mehr als 160 Gebäude aus. Ab September 1993 wurden die Ausgrabungen dann unter Ian Hodder (geboren 1948) von der Universität Cambridge (mittlerweile Stanford) fortgesetzt. Man entdeckte eine der ältesten festen Siedlungen weltweit, einen Ort, der vor 9400 bis 8000 Jahren seine Blütezeit erreichte.

Çatalhöyük ist nicht so spektakulär wie die sumerischen Städte der Ebene zwischen Tigris und Euphrat, und es besitzt auch keine beeindruckenden öffentlichen Bauten oder üppig ausgestatteten Gräber. Aber es ist nicht minder wichtig, denn diese Überreste geben uns Einblick in eine entscheidende Zeit der menschlichen Geschichte. Mellaart und Hodder gruben eine kleine Stadt (oder eher ein großes Dorf) aus, in dem zu verschiedenen Zeiten zwischen 3000 und 8000 Menschen lebten. Sie gehörten zu den ersten Bauern, betrieben also Ackerbau und hielten Haustiere. Obwohl sie nach wie vor wilde

Pflanzen sammelten und wilde Schweine, Pferde und Stiere jagten, mussten sie wegen ihrer Ernte und ihrer Herden an einem Ort bleiben, im Gegensatz zu früheren Jägern und Sammlern, die nomadisch lebten. Dies war eine neue Lebensweise, in der die Menschen feste Häuser bauten und in großen Gruppen zusammenlebten.

Eine eng verbundene Gemeinschaft

Die Siedlung von Çatalhöyük besteht aus Hunderten einzelner Familienhäuser, die eng beieinander standen, ohne Straßen oder Gassen dazwischen. Stattdessen gelangte man durch eine Luke im flachen Dach in die Häuser, folglich muss sich der größte Teil des öffentlichen Lebens auf den Dächern abgespielt haben. Die Häuser selbst waren im Inneren einfach geschnitten, mit einem fensterlosen Hauptraum, der einen Ofen, die Stiege zum Dach sowie verschiedene Zwischenplattformen enthielt, darunter auch eine mit Matten bedeckte, unter denen die Toten begraben wurden. Schmale Durchgänge führten in kleine Lager- und Wirtschaftsräume.

Aber die freigelegten Gebäude waren keine schmucklosen Würfel. Viele waren üppig verziert mit Malereien, Gipsskulpturen und Figuren, die das komplexe Glaubenssystem der Menschen hier widerspiegelten. Außer direkt um den Ofen herum, wo offenbar auch Steinwerkzeuge hergestellt und andere „schmutzige" Arbeiten wie das Gewinnen von Fett aus Knochen durchgeführt wurden, waren die Wände glatt verputzt und oft auch gestrichen. Manchmal hatte man sie mit geometrischen Mustern verziert, die an moderne türkische Teppiche erinnern, manchmal aber auch mit Jagdszenen und – in einem Fall – mit der Abbildung einer Siedlung, vielleicht sogar Çatalhöyüks selbst, in deren Hintergrund gerade ein Vulkan ausbricht. Es gibt auch eindeutig symbolische Szenen,

Çatalhöyük ist die früheste bislang bekannte Gemeinschaft, die Ackerbau betrieb. Man fand über 300 Häuser aus Lehmziegeln und Gips, die dicht an dicht standen, ohne Wege oder Gassen dazwischen. In die einzelnen Gebäude gelangte man über das Dach.

ZEITLEISTE

ETWA 9400–8000 JAHRE VOR UNSERER ZEIT Çatalhöyük ist eine der ersten festen Siedlungen auf der ganzen Erde

19. JAHRHUNDERT N. CHR. Archäologen ordnen mittels der Philosophie der „Geschichte der Kulturen" ähnliche Objekte spezifischen Orten und Epochen zu

1958 James Mellaart und sein Team entdecken zwei künstliche Hügel in Çatalhöyük auf der türkischen Hochebene Konyas

1950ER- BIS 1960ER-JAHRE Die Theorie des Prozessualismus (Neue Archäologie) formuliert Hypothesen über den ursprünglichen Zweck von Artefakten (und testet diese anschließend). Prozessualisten glauben, dass die Archäologie Fragen nach dem Leben der Menschen stellen und beantworten sollte

1961–1965 Mellaarts Team legt beim größeren Hügel mehr als 160 Gebäude frei

1980ER-JAHRE Die Post-Prozessualisten meinen, dass jede archäologische Interpretation subjektiv sei. Deswegen lässt man in Çatalhöyük nicht nur eine einzige Interpretation der Funde, sondern verschiedene Auslegungen zu

1933–GEGENWART Bei den immer noch andauernden Ausgrabungen gewinnt man weitere wertvolle Informationen über das Leben der frühen Siedler von Çatalhöyük

deren Bedeutung wir nur erraten können, zum Beispiel Aasgeier, die über kopflosen menschlichen Leichen kreisen. Die Entdeckung von menschlichen Skeletten ohne Kopf und von Schädeln, auf denen mit Gips das Gesicht des Verstorbenen nachgebildet war, lassen vermuten, dass der Kopf eines Verstorbenen für diese Menschen eine besondere Macht hatte.

Da die Siedlung lange vor jeder schriftlichen Aufzeichnung existierte, kann man kaum etwas über den Glauben der Menschen von Çatalhöyük erfahren. In einigen Häusern identifizierte Mellaart spezielle Bereiche als Schreine, an deren Wänden die Hörner wilder Bullen in Gipsköpfe eingelassen waren. Überall in der Siedlung fand man auch kleine, beleibte Frauenfiguren, die man als Weihegaben in Getreidespeicher und neue Häuser stellte, um den Wohlstand zu sichern.

Soziale Gleichheit und familiäre Einheit

Obwohl eine dieser Figuren eine Frau zeigt, die zwischen zwei Leoparden „thront", gibt es keinen Hinweis auf eine soziale Hierarchie in Çatalhöyük. Wenn diese Gemeinschaft eine herrschende Elite hatte, dann lebte diese fast so wie die anderen. Man hat keine öffentlichen Plätze oder Gebäude gefunden, und keines der Häuser ist größer oder schöner verziert als die anderen. Die soziale Struktur dieser Siedlung basierte vielmehr auf den einzelnen Haushalten. Es gibt keine Wege zwischen den Häusern, und diese sind auch nicht abgestuft angelegt – jedes ist eine abgeschlossene Einheit und vom Haus des Nachbarn nur durch einen kleinen Spalt getrennt. Jedes Haus war sein eigener Mittelpunkt. Ein fester Wohnsitz war zu dieser Zeit etwas Neues und scheint auch der wichtigste Baustein der Gesellschaft in Çatalhöyük gewesen zu sein.

In Çatalhöyük grub man viele Artefakte aus, darunter auch diese Steinfigur einer zwischen zwei Leoparden sitzenden Frau. Die symbolische Bedeutung dieser Statuette ist unbekannt.

Die Bewohner bauten ihre Häuser auf besondere Weise ab und wieder auf, weshalb dieser Ort so reich an archäologischen Fundstücken ist. Vor dem Einriss reinigte man das Haus und schabte die Wände ab. Dann entfernte man das Dach und trug die Wände bis zu einer Höhe von einem Meter ab. Der verbleibende Raum wurde mit Baumaterial aufgefüllt, oft sparte man dabei bestehende Elemente wie den Ofen aus. Diese Plattform bildete das Fundament für das neue Haus – und so wuchs der Hügel von Çatalhöyük langsam empor.

Bislang hat man erst etwa fünf Prozent der Siedlung freigelegt, wobei die kleinere der beiden Erhebungen bislang kaum angerührt wurde. Die Enthüllung des Lebens dieser frühen Dorfbewohner ist aber eine der wichtigsten Geschichten in der Archäologie: Wie die Menschen erstmals darauf kamen, sich ein „Zuhause" zu schaffen.

Theoretische Archäologie

Archäologie gräbt nicht nur die Vergangenheit aus. Die Grabungsarbeiten sind Teil eines größeren Ganzen. Während des 20. und frühen 21. Jahrhunderts hat sich die Archäologie zunehmend damit beschäftigt, was wir über die freigelegten Objekte sagen können und wie sehr unsere Schlussfolgerungen davon beeinflusst sind, wer wir heute sind und welche Fragen wir stellen.

Während des 19. Jahrhunderts herrschte in weiten Teilen der Archäologie die Philosophie der „Geschichte der Kulturen" vor: Die Archäologen analysierten Korpusse von Objekten und Strukturen verschiedener Fundorte und suchten nach Ähnlichkeiten, die sie dann gewissen „Kulturen" zuordneten. Wenn sie Elemente aus einer Sammlung in einem anderen Gebiet fanden, schlossen sie daraus, dass diese durch eine Invasion der „Elternkultur", durch Handel, soziale Vernetzungen oder Migration dorthin gelangt seien. Die Archäologen interpretierten die menschliche Entwicklung linear: Jede Phase begann, so die Meinung, an einem Ort und breitete sich von dort aus.

In den späten 1950er- und 1960er-Jahren stellte eine neue Strömung innerhalb der Archäologie dies infrage. Die Vertreter der sogenannten Neuen Archäologie (oder des Prozessualismus) fragten, wie die menschlichen Gesellschaften funktioniert hatten; deshalb mussten sie die Bedeutung des ausgegrabenen Materials für dessen ursprünglichen Besitzer verstehen lernen. Vorher hatte man gedacht, dass mit der archäologischen Erfassung eines Objektes alle derartigen Informationen verloren seien und dass man zwar Hypothesen aufstellen, ein Archäologe aber nur dokumentieren, protokollieren und Zeitreihen erstellen könne. Die Prozessualisten wiederum meinten, dass Veränderungen in einer Gesellschaft durch vorhersagbare und damit verstehbare evolutionäre Prozesse bedingt seien. Über das Aufstellen und Testen von Hypothesen (wie in den Naturwissenschaften) könnten sie mehr über die Menschen erfahren, die die Objekte einst verwendeten.

Diese Sicht wurde in den 1980er-Jahren von den „Post-Prozessualisten" unter der Federführung von Ian Hodder erneut infrage gestellt. Die Post-Prozessualisten hielten die Vorhersagbarkeit kultureller Veränderungen und die Anwendbarkeit der „naturwissenschaftlichen" Methode von Hypothese und Experiment für falsch. Sie dachten, dass – da es in der Archäologie keine richtigen oder falschen Antworten gäbe – alles subjektiv und jede archäologische Interpretation voreingenommen sei. Archäologen könnten demnach nicht objektiv fragen, und deshalb stellten sie zwangsläufig Hypothesen auf, die sie zu den gewünschten Antworten führen.

Das klingt alles sehr theoretisch, hatte aber direkte Auswirkungen auf die Ausgrabung von Stätten wie Çatalhöyük. Unter Mellaart legte man viele Häuser frei und versuchte, eine wissenschaftliche Arbeitsmethode zu finden, nach der jeder Ausgräber vorging, um eine durchgehende Linie in den Überresten auszumachen. Unter Ian Hodders Leitung soll, auch wenn man viele der wissenschaftlichen Ausgrabungstechniken beibehielt, der einzelne Ausgräber das von ihm bearbeitete Gebiet und die Stätte als Ganzes auch selbst interpretieren. Jede Idee gilt dabei gleich viel.

Die Arbeiten in Çatalhöyük sollen also nicht mehr länger eine „wahre" Geschichte des Ortes aufdecken, sondern viele verschiedene Interpretationen hervorbringen, von denen jede von den Erfahrungen der einzelnen Ausgräber beeinflusst ist. Zusammengenommen ergeben diese eine Sichtweise des 21. Jahrhunderts darauf, wie die Menschen vor 9000 Jahren gelebt haben.

Die Diskussion um die archäologischen Theorien ist noch nicht beendet, vielmehr sollten Archäologen nie aufhören, die Hypothesen, die sie bei ihrer Arbeit aufstellen, zu hinterfragen. Auch in Zukunft wird es neue Interpretationen und Philosophien geben, die unsere jetzigen Ideen veraltet erscheinen lassen. Die wichtigste Aufgabe eines Archäologen ist es deswegen, jede Ausgrabung nach dem höchstmöglichen Standard aufzuzeichnen, um nachfolgende Generationen mit den nötigen Rohdaten für deren eigene Theorien zu versorgen.

DER MISTHAUFEN DES UNIVERSUMS

Die versunkene Stadt Port Royal, 1966

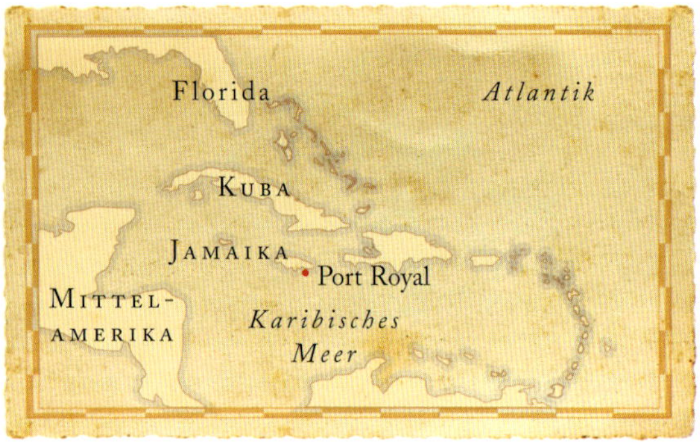

Port Royal in der Nähe von Kingston, Jamaika, trägt – für einen kleinen Fischerort mit 2000 Bewohnern – einen hochtrabenden Namen. Aber es war nicht immer ein Fischerdorf, und die Verbindung seiner bewegten Geschichte mit dem einen Moment, der eingefroren in seinem Hafen ruht, macht es zu einer der wichtigsten archäologischen Stätten in der Karibik.

Port Royal wurde aus Verlegenheit gegründet. Die britischen Streitkräfte, die 1655 hier landeten, sollten den Spaniern die Insel Hispaniola abnehmen; aber Krankheiten und eine schlechte Führung zwangen sie zu einem chaotischen Rückzug. Auf der Suche nach einem Trostpreis nahmen die Männer die kaum bewohnte Insel Jamaika für Cromwells *Commonwealth of England* in Besitz. Innerhalb weniger Wochen entstand hier die erste britische Siedlung, Point Cagway, auf einem Sandstreifen, einer 29 Kilometer langen Halbinsel, Palisadoes genannt. Sie schirmte den Hafen von Kingston ab, der bis zu 500 Schiffe aufnehmen kann. Nach der Wiederherstellung der Monarchie in England 1660 wurde Jamaika eine königliche Kolonie und die kleine Stadt Point Cagway in Port Royal umbenannt.

Der Hafen bot auch großen Flotten Schutz; im tiefen Wasser nahe dem Ufer konnten Freibeuter ihre Schiffe überholen. An den spanischen Handelsrouten zwischen Panama und Spanien gelegen, lockte er bald einige der berüchtigtsten Piraten der Karibik an, und die britischen Behörden hatten nichts dagegen. Da sie weder Strafverfolgung noch den Schutz der Stadt gewährleisten konnten, hießen sie Seeräuber willkommen, die spanische und französische Handelsflotten angriffen. Der Gewinn aus dieser lukrativen Piraterie floss in die Stadt, so dass diese schnell als zügel- und gesetzlos galt.

> *«Wein und Frauen ließen ihren Reichtum derart schnell zerrinnen, dass … einige von ihnen zu Bettlern wurden. Sie waren bekannt dafür, 2000 oder 3000 Silbermünzen in einer Nacht auszugeben, und einer gab einer Hure 500, nur um sie nackt zu sehen. Sie pflegten einen Schlauch Wein zu kaufen, mit auf die Straße zu nehmen, und jeden, der vorbeikam, zu zwingen, davon zu trinken.»*

Charles Leslie „A New History of Jamaica from the Earliest Accounts to the Taking of Porto Bello by Vice-Admiral Vernon“ (1740)

Diese Karte der Westindischen Inseln entstand 1570 im belgischen Antwerpen. Sie zeigt die Inseln und Meere dieser Region. Kuba liegt in der Mitte und Jamaika darunter.

Freundlich gesinnte Menschen nannten Port Royal die «reichste und verdorbenste Stadt auf Erden», weniger höfliche «das Sodom der Westindischen Inseln» oder «den Misthaufen des Universums». Die Bewohner schien das nicht zu kümmern, und die nur 21 Hektar kleine Stadt wuchs rasch zur wichtigsten in der Neuen Welt nach Boston an. Die Straßen waren bald so bevölkert wie die Londons im 17. Jahrhundert

Die Katastrophe folgt auf dem Fuß

Viele ahnten aber, dass die Stadt eines Tages schrecklich bestraft werden würde, und am 7. Juni 1692 schlug das Schicksal zu. Kurz vor Mittag begann die Erde zu beben. Als die Erdstöße zunahmen, begann sich der Sandstreifen, auf dem die Stadt erbaut war, aufzulösen, und binnen Minuten versanken zwei Drittel von Port Royal in den Wellen. Nach dem Erdbeben zerstörte ein Tsunami den Rest und tötete viele derjenigen, die das Beben selbst überlebt hatten. Die Stadt sollte sich nie wieder erholen. Zwar wurde der auf festem Boden verbliebene Teil wieder aufgebaut, aber Feuer und Hurrikane zerstörten ihn erneut. Als die Kaufleute und Seefahrer sicherere Gefilde suchten, schrumpfte Port Royal zu einem Fischerdorf. Doch unter Wasser warten immer noch die Überreste der einst reichsten Stadt der Westindischen Inseln.

Seit 1966 führte man fünf archäologische Untersuchungen der versunkenen Stadt durch, die 15 Meter tief im Wasser liegt. Es gibt zwar andere genauso alte Städte; sie wurden aber im Laufe der Zeit oft umgebaut und verändert.

ZEITLEISTE

1655 Nach ihrem Angriff auf die Insel Hispaniola landen britische Streitkräfte auf Jamaika. Bald entsteht die erste britische Siedlung in Point Cagway

1660 Anschließend an die Restaurierung der britischen Monarchie unter König Karl II. nach dem englischen Bürgerkrieg wird Jamaika zu einer königlichen Kolonie, Point Cagway wird in Port Royal umbenannt

1660ER-JAHRE Anfangs ist Port Royal ein Hafen für Piraten und Freibeuter. Sie gilt als reichste, aber auch verruchteste Stadt der Welt

1670ER- BIS 1680ER-JAHRE Mit der Ausbreitung der Zuckerrohrplantagen auf Jamaika duldet man die Piraterie nicht länger. Port Royal ist das größte Handelszentrum in der Karibik, exportiert Zucker und Sklaven nach Europa und in die Neue Welt und importiert exotische Güter aus China sowie Europa

1692 (7. Juni) Drei Erdbeben und ein Tsunami treffen Port Royal. Zwei Drittel der Stadt versinken, und bis zu 5000 Menschen verlieren ihr Leben

1966 Taucher beginnen mit der Erkundung der versunkenen Stadt

1981–1990 Das *Institute of Nautical Archaeology*, das *Nautical Archaeology Program* der Texas A & M University und des *Jamaica National Heritage Trust* beginnen umfassende Ausgrabungen

Einzigartig an Port Royal ist, dass es durch seine Zerstörung binnen weniger Minuten einen Moment in der Geschichte für immer festhält. Kaum irgendwo anders findet man so komplette Gebäude und Straßenzüge, gefüllt mit den Besitztümern ihrer Bewohner aus dem 17. Jahrhundert.

Der berüchtigte holländische Pirat Rock „de Braziliaan" landete in den 1670er Jahren auf Jamaika. Er hatte nach der Eroberung der niederländischen Kolonien durch die Portugiesen Brasilien verlassen.

Unterwasserarchäologen standen vor einer neuen Herausforderung. Normalerweise untersuchen sie Schiffswracks; hier sind es ganze Straßen mit Häuserzeilen. Bislang wurden über zwei Millionen Artefakte geborgen. Untersuchungen brachten die Wahrheit über Port Royal zutage. Erst kürzlich wurde eine Häuserreihe entlang der Lime Street ausgegraben, die das organisierte Chaos in der Stadt zeigt und ihren dramatischen Zusammenbruch. Port Royal war eine nicht sonderlich schöne Arbeiterstadt. Viele Gebäude waren einfach nur in die Erde gerammte Holzgerüste. Es war aber auch eine reiche Stadt (während seiner kurzen Blütezeit vielleicht die reichste der Neuen Welt), mit kunstvollen Ziegelhäusern und verglasten Fenstern. Man fand viele Geschäfte wie Pfeifenläden, Schuster, Waren- und Gasthäuser. Auf zehn Bewohner kam ein Lokal. Hier tranken einst Freibeuter und Piraten wie Captain John „Henry" Morgan, Rock „de Braziliaan" und John David.

Güter- und Sklavenhandel

Die Artefakte belegen Port Royals Bedeutung als Handelszentrum. Man fand glasierte Keramik aus England und Zinnbestecke für den Alltag, exotische und teure Importe wie chinesisches Porzellan, europäischen Goldschmuck und Delfter Teller. Als sich die Zuckerplantagen auf Jamaika ausbreiteten, tolerierte man die Piraten immer weniger. Zwei der berüchtigtsten Seeräuber, „Calico-Jack" Jack Rackam und Charles Vane, wurden später nahe der Stadt am Gallows Point gehenkt. Ihr spanisches Gold wurde durch etwas Wertvolleres ersetzt – die Sklaverei. Die in der Stadt gefundenen Fesseln der Sklaven beweisen es.

Außerhalb der Häuser 4 und 5 in der Lime Street legte man eine zusammengebrochene Wand mit den Überresten eines Kleinkindes darunter frei; im Inneren der Häuser fand man die Leichen weiterer Kinder. Man stieß auch auf zwischen den Gebäuden eingeklemmte oder im Sand verschüttete Leichen. Das deckt sich mit einem zeitgenössischen Bericht:

> *«Wir liefen sofort aus dem Haus und sahen alle Menschen mit zum Himmel erhobenen Händen, die um Gottes Beistand flehten. Wir rannten weiter die Straße hoch, während auf beiden Seiten Häuser versanken und andere zu Schutthaufen zerfielen. Der Sand in den Straßen türmte sich auf wie Wellen auf dem Meer, hob alle Menschen auf ihm hoch und brach auf einmal trichterförmig ein. Im selben Moment brach eine Wasserwelle herein und warf diese armen Seelen hin und her. Einige konnten sich an Häuserbalken und Dachsparren festhalten, andere wurden später – nachdem das Wasser abgelaufen war – mit abgerissenen Armen und Beinen im Sand gefunden.»*

Das Gebäude 4 in der Lime Street belegt auch eine andere zeitgenössische Erzählung. Archäologen fanden hier die Überreste eines Schiffes quer vor der Hauswand. Es war in die sinkende Stadt geschwemmt worden und auf das Haus geprallt. Historische Berichte behaupten, dass das Kriegsschiff HMS „Swan", das zu dieser Zeit im Trockendock der Stadt zum Abschleifen des Rumpfs lag, weggespült und in „Lord Pike's House" gelandet sei.

Konservierung

Viele archäologische Artefakte, besonders von Fundorten unter Wasser, müssen konserviert werden. Frühe Archäologen berichten von wundervollen Objekten, die ihnen nach ihrer Ausgrabung in den Händen zu Staub zerfielen. Heute ist die archäologische Konservierung eine Wissenschaft für sich.

Manche Gegenstände überstehen das lange Vergrabensein gut, insbesondere Steingeräte, manche Keramikteile und nicht rostende Metalle wie Gold. Hier beschränkt sich die archäologische Konservierung auf das Restaurieren und Wiederherstellen der ursprünglichen Form und weniger darauf, den Verfall aufzuhalten. Aber viele andere Materialien zersetzen sich rasch, sobald sie geborgen werden.

Einige archäologische Bedingungen, wie das Vollsaugen mit Wasser, Huminsäuren (in Torfmooren zum Beispiel) und das Überdauern in Lehm, können Artefakte erhalten: entweder durch den Ausschluss von Sauerstoff, so dass das Objekt nicht oxidieren kann, oder indem Mikroben, die es andernfalls zerstören würden, sich nicht gut entwickeln können. Sobald man solche Gegenstände aber freilegt, setzt der Zerfallsprozess wieder ein. Um sie zu konservieren, muss man sie stabilisieren und ihre weitere Zersetzung aufhalten.

Bei im Meer gelegenen Fundstätten ist der Sauerstoffgehalt niedrig, weshalb organische Materialien wie Holz und Leder, die trockene Orte kaum überstehen, hier oft erhalten bleiben. Sie sind dann aber extrem fragil und sehr weich, da sie sich mit Wasser vollgesogen haben. Der Archäologe muss als Erstes das Objekt unter Bedingungen aufbewahren, die denen am Fundort entsprechen: Nasse Gegenstände werden nass gehalten, trockene Fundstücke trocken. Konservierungswissenschaftler müssen dann die beste Methode finden, um das Objekt langfristig zu erhalten.

Kleine organische Gegenstände werden oft gefriergetrocknet, um das Wasser aus ihnen zu entfernen: Das Objekt wird in einer Niedrigdruckkammer tiefgekühlt, wodurch das gefrorene Wasser als Gas entweichen kann (Sublimation). Dadurch können Bakterien, die nur im Feuchten überleben, das Material nicht angreifen. Wenn das Objekt dann mit einem synthetischen Wachs versiegelt wird, verträgt es normale Raumtemperatur. Bei größeren Gegenständen ist mehr Aufwand nötig. Das Holz von Schiffsbalken wird mit Frischwasser besprüht – oft mehrere Jahre lang –, um das Salz zu entfernen, das sonst kristallisieren und die Struktur des Holzes beschädigen würde. Danach wird es mit synthetischem Wachs in immer geringerer Verdünnung behandelt, das das Wasser in den Zellen ersetzt.

Bei Metallobjekten ist der durch die Oxidation entstehende Rost das Problem. Die Korrosion kann die Oberfläche des Gegenstandes beschädigen, eintrüben und ihn am Ende sogar zerstören. Münzen trocknet man oft mit einem Bad aus Azeton, das das Wasser bindet. Danach kann der Rost mit Ultraschall entfernt werden. Da Metallobjekte aus archäologischen Stätten oft stark korrodiert sind, sollte man sie erst röntgen, um zu sehen, wie viel des Metalls – wenn überhaupt – unter dem Rost noch vorhanden ist.

Trotz der Fortschritte in der Konservierung gibt es noch keinen Grund zur Zufriedenheit. Zwar mögen neue Techniken zum Schutz der Artefakte entstehen, allerdings wissen wir nur wenig darüber, wie sich konservierte Objekte auf lange Sicht halten und ob die Konservierungstechniken nicht vielleicht Nebenwirkungen haben. Die Konservierung ist ein stetiger Kampf gegen die Elemente, und alle Archäologen können nur versuchen, die jeweils bestmöglichen Praktiken anzuwenden. Zukünftige Generationen werden sich dann mit den dadurch entstehenden Fehlern auseinandersetzen müssen.

Insgesamt starben rund 5000 Menschen während der Katastrophe und der folgenden Nachbeben, Überflutungen und Epidemien. Die Reste vieler Leichen liegen noch im Wasser des Hafenbeckens von Kingston. Auch nach 40 Jahren der Ausgrabungen ist erst ein kleiner Teil der versunkenen Stadt erforscht, und die Ruinen wurden zu einer der wertvollsten archäologischen Quellen für die Zeit nach dem Mittelalter: eine Stadt des 17. Jahrhunderts.

DER STOLZ HEINRICHS VIII.

Die Entdeckung der Mary Rose, 1967

«Euer gutes Schiff ist, wie mir deucht, die Blume aller Schiffe.»

Sir Edward Howard
„Brief an Heinrich VIII. von Bord der *Mary Rose*" (1513)

Am 19. Juli 1545 herrschte in den Gewässern des Solent zwischen der Isle of Wight und der Südküste Englands Flaute. Das kam der englischen Flotte, die vor Portsmouth ankerte, angesichts des nahenden Feindes nicht gelegen.

Die französische Flotte war mit Stoßtrupps auf der Isle of Wight und an der Südostküste Englands gelandet und bereitete sich auf die Zerstörung der englischen Seemacht vor. Die Franzosen konnten ihre Galeeren auch ohne Wind in Position bringen. Wenn aber ein Windhauch aufkam, hatten die Engländer ein As im Ärmel: Die *Mary Rose* war ein spezielles Kriegsschiff, eines der ersten, das eine verheerende Breitseite aus 91 Kanonen abfeuern und aus einem feindlichen Schiff Kleinholz machen konnte. Als gegen Abend endlich eine Brise aufkam, wurden auf der 700 Tonnen schweren *Mary Rose* die Segel für den Angriff auf die Franzosen gehisst. Nur Augenblicke später bekam sie Schlagseite, kenterte und sank. Nur um die 30 Mann von insgesamt 500 überlebten.

Der Verlust der *Mary Rose* war für Heinrich VIII. (1491–1547) ein Desaster, auch wenn die Franzosen keinen Nutzen daraus ziehen konnten. Der König hatte eines seiner prächtigsten Schiffe sowie fast die ganze Besatzung verloren, zudem ein Vermögen an Waffen und Ausstattung. Man versuchte umgehend, das Wrack zu heben und davon zu retten, was noch zu retten war, aber sie war bereits im dicken Lehmschlick versunken.

Die ersten Besucher des Wracks

Und so verschwand die *Mary Rose* auf dem Meeresboden vor dem Hafen von Portsmouth bis zum 16. Juni 1836, als ein Fischer mit seinen Netzen an etwas hängen blieb. Zufällig war ein Taucher am nahe gelegenen Wrack der *Royal George* beschäftigt, und für die Hälfte dessen, was immer da unten zu finden wäre, forschte er nach. Er fand ein Geschütz aus Bronze und ein aus dem Schlamm ragendes Schiffsgerippe.

Die 1836 verfügbare Technologie erlaubte keine gründliche Bergung des Wracks: Das Wasser war tief und trüb, so dass man oft nur wenige Meter weit sehen konnte. Nach ein paar Tauchgängen wurde die Bergung abgebrochen und das Wrack bis 1965 vergessen. In diesem Jahr initiierte Alexander McKee (1918–1992) zusammen mit dem lokalen Unterwasserverein ein Projekt, um Wracks im Solent zu finden, insbesondere die Überreste der *Mary Rose.* McKee konnte – im Gegensatz zu seinen Vorgängern – von der Oberfläche aus nach den versunkenen Schiffen suchen, denn er nutzte das neu

entwickelte Side-Scan-Sonar, das Anomalien auf dem Meeresboden registrierte. Aber auch so dauerte es bis 1967, bevor eine besondere Abweichung McKees Aufmerksamkeit erregte. Er schrieb an Professor Harold Edgerton (1903–1990), der die Technologie entwickelt hatte:

> «… *das Merkmal scheint eine Art Unregelmäßigkeit oder einen ‹Bruch› in der geologischen Schicht zu bilden, und da dies nicht das Ergebnis eines Erdbebens sein kann, ist die Hypothese, dass es vom Einschlag eines 700 Tonnen schweren Kriegsschiffes herrührt, wahrscheinlich, zumal die Ergebnisse … mit dem Wrack der* Mary Rose *voll und ganz übereinstimmen.*»

Zwischen 1968 und 1971 führte man mehrere Tauchperioden durch, wenn auch fast ohne behördliche Unterstützung und auf einheimische Sponsoren und Taucher angewiesen. Man entdeckte verschiedene Holzbruchstücke, und als man mit Stangen in den Schlick stach, wurde klar, dass etwas Großes darunter lag. Am 5. Mai 1971 ging einer

Ein Gemälde aus dem 20. Jahrhundert (von William Bishop), das die Mary Rose *zeigt. Das mächtigste Kriegsschiff von Heinrich VIII. und dessen ganzer Stolz wurde vermutlich nach seiner Schwester Mary und dem Symbol der Tudors, der Rose, benannt.*

der Taucher nach einem schweren Frühjahrssturm nach unten. Große Mengen Sediment waren vom Wasser aufgewühlt worden, und nun tauchte aus der Dunkelheit ein ganzes Schiffsgerippe auf: Die *Mary Rose* war wieder da.

Unter den auf der Mary Rose *gefundenen Objekten sind auch Navigationsinstrumente wie dieser Zirkel (unten), eine Taschensonnenuhr (Mitte) und ein Schieferkompass (oben).*

Ein perfekter Querschnitt

Die Ausgrabung der *Mary Rose* war sehr wichtig für die Unterwasserarchäologie. Das Schiff war so schnell gesunken, dass fast alles und jeder an Bord mit im weichen Schlamm am Meeresboden versank, wo sich ein Moment in der Geschichte der Tudorzeit erhalten hat. Das Schiff lag auf seiner Steuerbordseite, in einem Winkel von etwa 60 Grad. Alles über dem Schlick war verrottet, aber das, was darunter lag, bildet einen perfekten Querschnitt durch dieses Kriegsschiff Heinrichs VIII., mit der gesamten Ausstattung an Ort und Stelle.

Durch das wachsende Interesse standen mehr finanzielle Mittel zur Verfügung, so dass 1979 der neu gegründete *Mary Rose Trust* ein richtiges Bergungsschiff, die *Sleipner*, und ein Team von Tauchern, Sachverständigen, Archäologen und Konservatoren anheuern konnte, um alles aufzuzeichnen und zu bergen. Man unterteilte den Lageplatz zuerst mithilfe gelber Gasschläuche in Planquadrate, danach grub man jede Zelle einzeln mit Kellen aus, oft in völliger Dunkelheit. Jeder gefundene Gegenstand wurde – wenn möglich – in situ gezeichnet und fotografiert, bevor man ihn zur Konservierung und Analyse nach oben brachte. Mittlerweile wollte man versuchen, das ganze Wrack zu heben. Dazu musste man erst jeden Gegenstand und alle Planken jeder Kajütenleiter und Kabine finden, aufzeichnen und entfernen. In insgesamt 27 831 Tauchgängen legte man 20 571 Artefakte frei – den größten je entdeckten Fund aus der Tudorzeit.

Das Leben an Bord

Die Kabine des Barbiers und Schiffsarztes, der für die Gesundheit der Seeleute zu sorgen hatte, war noch fast intakt. Hier fand man einen Medizinschrank aus Walnussholz, gefüllt mit Instrumenten und verkorkten Medizinflaschen. Es gab Schüsseln für den Aderlass, Rasiermesser und sogar einen Samthut. Auch in der Kabine des Schiffszimmermanns fanden sich Werkzeuge, während über das ganze Schiff verteilt die sterblichen Überreste der Crew lagen, deren Kleidung und Schuhe, Münzen aus ihren Taschen, ihre Teller und Trinkkrüge.

Man entdeckte auch viel militärisches Material: von Kanonen aus Bronze und Eisen bis zu Kisten voller Bögen, Köchern voller Pfeile und sogar hölzernen Zündeisen – Stangen mit den Lunten zur Zündung der Kanonen. Man fand auch Hinweise auf den Zeitvertreib der Seeleute: Eine Schalmei (ein Vorläufer

ZEITLEISTE

1545 (19. Juli) Während eines Angriffs auf die französische Flotte in der Meerenge des Solent geht die *Mary Rose* unter, wobei fast die gesamte Crew umkommt. Bergungsversuche sind aussichtslos, da der größte Teil des Schiffs im schlammigen Grund des Solent versinkt

1836 Das Netz eines einheimischen Fischers verfängt sich an einem Wrack im Solent. Er überredet einen am nahe gelegenen Wrack der *Royal George* arbeitenden Taucher nachzusehen; sie brechen die Suche aber nach ein paar Tauchgängen ab

1967 Mit dem von Harold Edgerton entwickelten Side-Scan-Sonar entdeckt Alexander McKee eine Anomalität im Meeresboden des Solent und hält sie für das Wrack der *Mary Rose*

1968–1971 Erste Tauchgänge folgen

1971 (5. Mai) Ein Taucher entdeckt ein Schiffsgerippe, nachdem ein Sturm den Schlick aufgewirbelt hat

1979 Durch mehr finanzielle Mittel kann der *Mary Rose Trust* ein Bergungsteam beauftragen. Es dauert Jahre, bevor alle Gegenstände und der Schiffsrumpf selbst geborgen werden können

1982 (11. Oktober) Die *Mary Rose* kehrt nach 437 Jahren in den Hafen von Portsmouth zurück

Die Bergung der Mary Rose

Nachdem die Funde aufgezeichnet und entfernt worden waren und das meiste der inneren Struktur freigelegt war, unternahm der *Mary Rose Trust* eine der ehrgeizigsten Ausgrabungen in der Geschichte der Archäologie – die Bergung des Schiffsrumpfes selbst.

Das Heben eines hölzernen Kriegsschiffes nach über 430 Jahren auf dem Meeresgrund war extrem schwierig. Während die Balken nahezu des halben Schiffs noch intakt und miteinander verbunden waren, hatte der Rost die Metallbolzen, die die wichtigsten Teile zusammengehalten hatten, weggefressen. Das Holz hatte sich im Schlick erhalten, war aber nach all den Jahren im Wasser aufgeweicht. Dann war da noch der Sog – wie sollte man das zerbrechliche Wrack aus dem klebrigen Schlamm ziehen, ohne dass es zerbrach?

Die Schwierigkeit wird deutlich, wenn man die Größe des Schiffes bedenkt. Als die *Mary Rose* sank, war sie zweimal nachgerüstet worden und wog 700 Tonnen. Sie war 45 Meter lang, der Rumpf 11,70 Meter breit. Aber nach dem Sinken ging eine Seite des Schiffes komplett verloren, wodurch der Rumpf instabil wurde. Wenn man sie wie üblich heben wollte, indem man Taue unter den Balken anbrachte und sie in einer Schlinge hochzog, konnte der restliche Schiffskörper unter seinem eigenen Gewicht kollabieren.

Die Lösung des Problems war ein Triumph für die beteiligten Ingenieure, Schiffsbauer, Bergungsleute und Archäologen. Man platzierte einen Metallrahmen auf im Meeresgrund verankerten, hydraulischen Hebeböcken über dem Rumpf. Dann spannte man Stahlseile zwischen Bolzen, die man in tragende Stellen im Schiffskörper und in den Rahmen gebohrt hatte. Jeder Bolzen musste durch das Holz getrieben und in einem Spreizblech auf der Unterseite gesichert werden. Dazu gruben Taucher Tunnel in den Schlamm unter dem Schiff, krochen hinein, erfühlten den Bolzen und befestigten ihn an der Platte. Das Ganze wurde 67-mal wiederholt. Da jeder Bolzen mit dem Stahlseil verbunden war, konnte man die Tunnel bis zum nächsten Befestigungspunkt weitergraben, ohne dass der Schiffsrumpf über dem Taucher zusammenbrach.

Nachdem alle Seile gespannt waren, hob man mit den zwölf hydraulischen Hebeböcken den Schiffskörper – sehr langsam – ein paar Zentimeter vom Boden, um den Sog des Schlammes zu überwinden. Danach bewegte man mit einem Kranschiff den Rumpf und den Rahmen – immer noch unter Wasser – weg von der Ausgrabungsstelle und in ein eigens angefertigtes stählernes Hängegerüst, das auf Luftkissen ruhte. Dann verband man den Heberahmen und das Gerüst, die zusammen den Hebekäfig bildeten, und die Taucher verstärkten den Rumpf für den Transport zur Oberfläche. Man brachte weitere 103 Bolzen an den Schwachstellen im Holz an, die nach der relativen Gewichtslosigkeit unter Wasser an der Luft extrem belastet würden.

Dann hievte der Kran den Rumpf in seinem Käfig langsam aus dem Wasser und auf den Lastkahn. Am 11. Oktober 1982 segelte die *Mary Rose* an Bord des Frachtkahns zurück in den Hafen von Portsmouth – 437 Jahre, nachdem sie ihn verlassen hatte. Es wartete zwar noch eine jahrelange Konservierung und Restauration auf die *Mary Rose*, aber das Kriegsschiff von Heinrich VIII. war endlich daheim und nicht länger ein Schlachtschiff, sondern ein Fenster in eine verlorene Welt.

der heutigen Oboe), Brett- und Würfelspiele. Es gab sogar einige Taschensonnenuhren aus Holz, an denen man die Zeit ablesen konnte.

Die von der *Mary Rose* geborgenen Objekte sind aus zwei Gründen einzigartig: Zum einen bewahrte das Sediment auf dem Meeresgrund einige der seltensten Funde der Archäologie – organische Objekte aus Holz, Knochen und Leder, die sonst rasch verrotten. Zum anderen geben sie Einblick in eine Seite des Lebens zur Tudorzeit, von der man bislang nur wenig wusste. Dies ist nicht das England, das wir im Hampton Court Palace sehen oder in den Gemälden von Hans Holbein, sondern ein viel seltenerer Schatz: das Alltagsleben an Bord eines Schiffes.

DAS VOLK VOM LAKE MUNGO

Die ersten Australier, 1968

Die menschliche Frühgeschichte in Australien ist ein Schlüssel zur Verbreitung des Menschen auf der ganzen Erde. Australien war seit der Entstehung des Menschen nie mit einem anderen Kontinent verbunden. Sogar in Zeiten mit sehr niedrigem Meeresspiegel mussten die ersten Australier mindestens 50 Kilometer Wasser überqueren. Das heißt, dass sie technologisch und kulturell hoch entwickelt sein mussten, dennoch wurden die Ursprünge der Aborigines von der Archäologie bis ins 20. Jahrhundert hinein meist ignoriert. Europäische Siedler hatten das Land als „unberührtes" Territorium gesehen, trotz der Anwesenheit von Ureinwohnern, deren Geschichte und Kultur meist als „primitiv" und irrelevant galt. Diese Sicht wurde erst in den 1960er-Jahren überwunden.

Die Region um die Willandra Lakes in Neusüdwales in Australien ist selbst ein Fossil aus einer längst vergangenen Zeit. Heute gibt es hier kein Wasser mehr, denn alle 17 Seen in dieser Weltkulturerbe-Stätte sind schon vor Jahrtausenden ausgetrocknet. Während der letzten Eiszeit war es in dieser Wüstenlandschaft 6 bis 10° C kälter. Ein System an Wasserwegen und Seen, die vom Regenwasser der ostaustralischen Küstengebirgskette, der Great Dividing Range, gespeist wurden, ermöglichte eine üppige, exotische Flora und Fauna. Zu verschiedenen Zeiten lebten hier drei Meter große Riesenkängurus, Beutellöwen und flugunfähige Vögel von einer halben Tonne.

Die sogenannten Walls of China sind ein beeindruckendes Landschaftsmerkmal im Lake-Mungo-Nationalpark. Diese sichelförmige Sanddüne, die vom hier gelegentlich fallenden Regen geformt wurde, liegt am Ostufer des ausgetrockneten Sees.

Die ältesten menschlichen Überreste

1968 bemerkte Jim Bowler, ein Geomorphologe, der das Klima im prähistorischen Australien untersuchte, etwas Ungewöhnliches, das durch die Erosion aus dem Kamm der 26 Kilometer langen Sanddünen hervortrat, die entlang des Ostufers des einstigen Lake Mungo verlaufen. In einem Klumpen mineralischer Ablagerungen fanden sich rußgeschwärzte Knochenstücke. Knochenfunde aus dieser Zeit waren hier zwar nicht ungewöhnlich, wohl aber deren schwarze Färbung. Bowler ließ den Felsblock an die

ZEITLEISTE

VOR ETWA 50 000 JAHREN Die ersten Siedler ziehen – vielleicht von Asien – nach Australien

VOR ETWA 40 000 – 25 000 JAHREN Die „Mungo Lady" lebt in der Gegend der Willandra-Seen

1968 Jim Bowler entdeckt die Überreste der „Mungo Lady". Alan Thorne schätzt sie auf ein Alter zwischen 25 000 und 40 000 Jahren und interpretiert sie als Hinweis auf die früheste bekannte Einäscherung

1974 Die Entdeckung der Gebeine des „Mungo Man" bestätigen Bowlers erste Funde. Sie sind 40 000 Jahre alt und stammen von dem – soviel man weiß – weltweit ersten rituellen Begräbnis: ein weiterer Beleg für die bereits weit entwickelte Kultur der Menschen, die in ferner Vergangenheit in Australien lebten

1991 Die sterblichen Überreste der „Mungo Lady" kehren in die Aborigine-Gemeinde im Lake-Mungo-Nationalpark zurück

Australian National University transportieren, wo ein Doktorand namens Alan Thorne ein Jahr lang die Knochen vom Gestein befreite und die Stücke rekonstruierte. Das Ergebnis sollte die australische Archäologie revolutionieren.

Die Knochen gehörten einer Frau, die vor 25 000 bis 40 000 Jahren gestorben und damit einer der frühesten Menschen in Australien war. Das war an sich schon außergewöhnlich genug, demnach gab es bereits wesentlich länger als angenommen Menschen auf diesem Kontinent. Die Schwärzung ihrer Knochen aber bedeutete, dass die sogenannte Mungo Lady zu einer hoch entwickelten Gesellschaft gehörte. Nach ihrem Tod hatte man ihren Leichnam eingeäschert, in kleine Stücke zerschlagen und erneut verbrannt, bevor man sie in einer kleinen Grube beisetzte. Der Lake Mungo sollte noch mehr Geheimnisse bergen.

Im Februar 1974 machte Bowler wieder einen sensationellen Fund. Nach anhaltenden Regenfällen im Jahr zuvor stieß er – nur 500 Meter vom Fundort der „Mungo Lady" entfernt – auf einen menschlichen Schädel. Diese Überreste hatte man im Ganzen bestattet. Der „Mungo Man", wie er getauft wurde, war nach seinem Tod vor 40 000 Jahren auf seinem Rücken und mit den Händen im Schoß ins Grab gelegt worden. Dann hatte man den Leichnam mit rotem Ocker bestreut und die Grube wieder zugeschaufelt. Die Uraustralier gehörten damals eindeutig zu den kulturell am weitesten entwickelten Menschen auf der Erde.

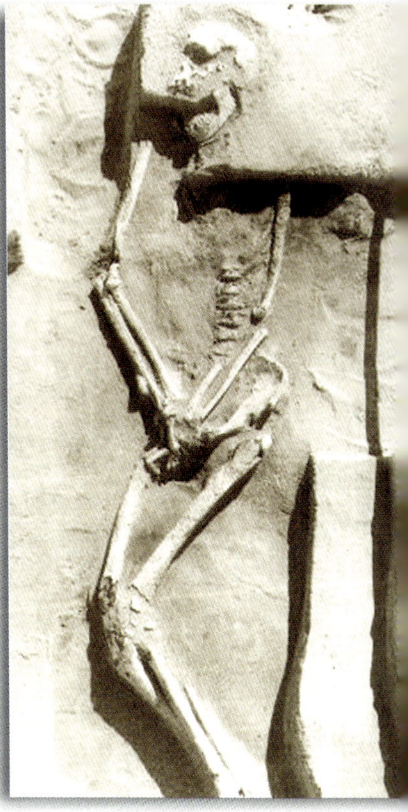

Die 1974 entdeckten Gebeine des „Mungo Man" wurden während einer Begräbniszeremonie mit rotem Ocker bedeckt. Die Hände faltete man ihm im Schoß.

Ein vielfältiger Speiseplan

Rund um den See fanden sich auch Hinweise auf das Leben dieser Menschen: Scherben von Steinwerkzeugen, Reste von Feuerstellen und Knochen der gejagten Tiere. Diese Uraustralier jagten Wallabys, Kängurus und sogar Tasmanische Tiger. Man tötete diese mit Steinwerkzeugen und garte sie auf Lagerfeuern am Seeufer. Auch der See selbst bot Nahrung, und den relativ vielen Barschgräten zufolge fischten die Menschen vom Lake Mungo offenbar mit Netzen. Muscheln, Krebse und Frösche ergänzten den Speiseplan.

Seit der Entdeckung von „Mungo Lady" und „Mungo Man" hat man über die exakte Datierung der Knochen diskutiert. Aber selbst bei den spätesten möglichen Schätzungen gehören sie immer noch zu den frühesten Funden einer hoch entwickelten Kultur: Diese Menschen stammten von den Reisenden ab, die als Erste das offene Meer von Asien aus überquerten und den neuen Kontinent besiedelten. Sie bestatteten ihre Toten mit einem Ritual. „Mungo Lady" und „Mungo Man" haben auch ihren Nachfahren, den

Die Ausgrabung von Tieren

Die Knochen von Tieren an archäologischen Fundstätten sagen uns viel über das Leben unserer Vorfahren. Bei der Rekonstruktion der Lebensweise von Menschen aus einer so frühen Zeit wie der von „Mungo Lady" und „Mungo Man" sind die Überreste von Tieren für die Archäologen eine der wenigen Quellen.

Bei vergrabenen oder versteinerten Tierresten bestimmt man zunächst die Spezies und erfährt mittels Proben aus einem größeren Gebiet, welche Tiere hier einst lebten. Aus der Artenvielfalt und deren Verteilung kann man auf Klima und Landschaftstyp schließen. Die Existenz von Löwen beispielsweise lässt eine warme, savannenartige Umwelt vermuten, die Präsenz von Nilpferden oder Krokodilen ein nahe gelegenes Gewässer, Affenüberreste hingegen bewaldetes Gebiet. Verschiedene Tierarten in unterschiedlichen archäologischen Schichten können demnach zeigen, wie sich das Klima und die Umwelt einer Region im Laufe der Zeit veränderten.

Auch die Knochen selbst enthalten Hinweise auf die Nutzung durch die Urmenschen. Unter dem Mikroskop findet man oft kleine Kratzer, sogenannte Schlachtmerkmale, wo mit Werkzeugen das Fleisch von den Knochen gelöst wurde. Diese Spuren verraten etwas über die benutzten Instrumente und die angewendeten Schlachttechniken. Brüche in langen Knochen zeigen, wo das Knochenmark herausgekratzt wurde.

Spezialisten der tierischen „Taphonomie" (Fossilisationslehre) untersuchen, was mit Knochen und ihrer Verteilung nach dem Tod passiert. Wenn nur ein Knochentyp gefunden wird, heißt das wohl, dass das Tier an dieser Stelle nicht getötet, sondern zerlegt und das herausgeschnittene Fleisch mitgenommen wurde. Die Lage der Knochen kann zeigen, wie das Tier gestorben ist. Ein komplett erhaltenes Skelett legt einen natürlichen Tod und eine anschließende schnelle Überlagerung nahe, denn Raubtiere hätten die Knochen beim Zerreißen des Kadavers zerbrochen. Bissspuren von Tieren wie Hyänen auf Knochen nahe an menschlichen Siedlungsstätten bedeuten, dass auch die Menschen Aasfresser gewesen sein könnten – wenn sie das Tier selbst getötet hätten, hätten sie keine Aasfresser an ihre Beute gelassen.

Die Überreste von Tieren können auch etwas über die Aktivität der Menschen erzählen. Angesichts der am Lake Mungo gefundenen Fischgräten, die alle eine bestimmte Mindestgröße haben, fischten die Menschen wohl mit Netzen, durch dessen Maschen die kleineren Fische entkommen konnten. Brandzeichen und Bruchstellen auf den Knochen können auf das Kochen von Fleisch verweisen. Bei einem umfangreichen Knochenfund bestimmt man Alter und Geschlecht der Tiere, woraus man schließen kann, ob es sich um erlegte Wild- oder domestizierte Haustiere handelte. In Haustierherden überwiegen nämlich oft die Weibchen, da man für die Aufzucht der Jungtiere mehr weibliche als männliche Tiere benötigt. Hirten töten wohl auch kaum sehr junge Tiere, die noch wachsen sollen; auf der anderen Seite werden sie keine sehr alten halten, die nicht mehr von Nutzen sind.

Und zu guter Letzt kann man aus allen an einer Stätte gefundenen Tierüberresten auf den menschlichen Speiseplan schließen, denn sie zeigen die von Wildtieren und Haustieren (falls vorhanden) stammenden Anteile ebenso wie die Menge des verzehrten Fleisches. Zusammen geben uns alle diese Informationen einen Einblick in das Leben an Orten wie dem Lake Mungo, gewonnen aus den Abfällen der australischen Pioniere.

heutigen Aborigines, zu ihrem rechtmäßigen Platz als wahre Entdecker Australiens verholfen. Die Überreste der „Mungo Lady" wurden in die Obhut der Aborigine-Gemeinden im Lake-Mungo-Nationalpark gegeben. Im Gegenzug hoben diese ein für 20 Jahre geltendes Moratorium für Ausgrabungen in dieser Gegend auf (1968 bzw. 1974 waren sie gar nicht erst um Erlaubnis gefragt worden). Nun können Archäologen und Ureinwohner gemeinsam die Geschichte der ersten Australier ergründen.

BRIEFE VOM HADRIANSWALL

Die Tafeln von Vindolanda, 1973

Eines Tages im Jahr 105 n. Chr. ließ Flavius Cerialis ein großes Feuer entzünden. Er war der kommandierende Offizier einer römischen Unterstützungseinheit, die ursprünglich in den Niederlanden stationiert war und dann in das Fort von Vindolanda nach Britannien versetzt wurde, südlich der Linie des zukünftigen Hadrianswalls. Seine Männer – die neunte Kohorte der Bataver – waren bereits seit dem Jahr 92 n. Chr. dort gewesen. Nun sollten sie aber von einem Ende des Römischen Reiches ans andere ziehen, um dort zu kämpfen – nach Dacia im heutigen Rumänien.

Flavius Cerialis war offenbar mit Aufräumen beschäftigt. Es gab viel Material aus der Verwaltung des Lagers, das er nicht mitnehmen konnte, aber auch nicht zurücklassen wollte. Insbesondere seine Korrespondenz, geschrieben mit schwarzer Rußtinte auf postkartengroßen Stücken von Erlen- und Birkenholz mit nicht mehr als einem Millimeter Dicke. Die Aufzeichnungen umfassten jeden Aspekt des Lagerlebens; deshalb wollte Cerialis sie zerstören lassen – im Feuer. Aber anstatt den Flammen, überließ er sie unwissentlich der Nachwelt.

Brandzeichen

1870 Jahre später erreichten Cerialis' Gedanken die moderne Welt. Am früheren Lageplatz des Forts von Vindolanda führte man seit der Zeit vor dem Zweiten Weltkrieg archäologische Grabungen durch. Zu dieser Zeit hatte der britische Archäologe

Eric Birley (1906–1995) die Stätte gekauft und dort mit Ausgrabungen begonnen. Später halfen ihm dabei seine Söhne Robin und Anthony. Robin Birley leitete die Arbeiten in den 1970er-Jahren, als man auf eine verbrannte Stelle auf der einstigen Straße vor dem Haus des Kommandanten stieß. Zwischen den Kohle- und Rußresten tauchten auch Holzstücke auf – Hunderte von dünnen Birken- und Erlenscheiben, die, wenn auch verkohlt, die Flammen überstanden hatten.

Nachdem das Feuer vor fast 2000 Jahren verloschen war, hatten die Römer das Gebiet verlassen. Bei ihrer Rückkehr bedeckten sie das gesamte Gelände von Flavius Cerialis mit Lehm und Torf, bevor sie darauf ein neues Lager erbauten. Diese Deckschicht hatte einen unerwarteten Effekt. Sie versiegelte alles, was vom früheren Fort übrig geblieben war, in einer feuchten, sauerstofffreien Schicht.

Der Hadrianswall wurde zwischen 122 und 130 n. Chr. erbaut, um die Römer vor den „Barbaren" im Norden Britanniens zu schützen. Er erstreckt sich über 117 Kilometer durch Nordengland, von Wallsend-on-Tyne im Osten bis nach Bowness im Westen.

ZEITLEISTE

55 V.CHR. Julius Cäsar führt die erste römische Expedition an die Südküste Britanniens

43 N.CHR. Kaiser Claudius lässt Britannien unter der Führung von Senator Aulus Plautius erobern

92 Die neunte Kohorte der Bataver rückt unter dem Kommando von Flavius Cerialis in das Kastell von Vindolanda in Nordengland ein

105 Cerialis erhält den Befehl zum Abzug und zur Verlegung nach Dacia, weswegen er alle wichtigen Aufzeichnungen über die Verwaltung des Lagers verbrennen lässt

UM 410 Die römische Regierung verliert ihre Macht über Britannien

1972 Während archäologischer Ausgrabungen entdeckt Robin Birley auf der am Haus des Kommandeurs vorbeiführenden Straße Anzeichen einer alten Grabstätte

1973 Man gräbt hier die erste der sogenannten Vindolanda-Tafeln aus. Bislang fand man 1900 Stück

Eines der großen Probleme der Archäologie ist, dass meist nur widerstandsfähige Objekte überdauern. Wir graben Backsteine und Werkzeuge, Keramik und Metall aus, aber was wir finden, ist nur ein Teil einer Geschichtsepoche, denn Holz und Kleidung, Knochen und Leder, Essen und Trinken fehlen. In Ausnahmefällen verhindern sauerstofffreie Bedingungen in Lagerstätten wie Vindolanda, dass Insekten und Bakterien im Boden diese organischen Substanzen zersetzen. So blieben sie erhalten. Darunter waren auch die Überreste aus Flavius Cerialis' Feuer.

Mysteriöse Briefe

Als die Birleys unter der Deckschicht das frühere Lager freilegten, öffneten sie eine Zeitkapsel. Die gefundenen hölzernen Täfelchen waren anfangs rätselhaft. Viele schienen paarweise zusammenzugehören, wie wenn ein einzelnes Stück Holz in der Mitte eingekerbt und dann wie ein Brief gefaltet worden wäre. Und in der Tat waren es Briefe. Wenn man die beiden Seiten auseinanderfaltete, fand man eine seltsame, spinnenartige Schrift auf den Innenseiten, die keiner anderen Inschrift in Vindolanda ähnelte. Die Täfelchen waren extrem empfindlich; kaum der Luft und dem Licht ausgesetzt, begannen die Worte auf den „Seiten“ binnen Minuten zu verblassen.

Zum Glück ließen sich die Aufzeichnungen auf Infrarotfotografien wieder sichtbar machen; so fotografierte man die Täfelchen und schickte sie an Experten für römische Handschriften. Die entdeckten Erstaunliches. Es handelte sich tatsächlich um Latein, allerdings in einer kursiven Handschrift – mit der man Briefe und Notizen rasch niederschreibt. Die Übersetzung öffnete ein neues Kapitel in der römisch-britischen Geschichte. Vor Vindolanda wussten wir nur aus römischen Geschichtswerken, offiziellen Schriften und dem geborgenen archäologischen Material etwas über das Alltagsleben in Britannien. Aber genauso wie die überdauernden archäologischen Funde nur die halbe Geschichte erzählen, zeichnen auch die offiziellen Schriften aus der Zeit der Römer kein vollständiges Bild.

Das alltägliche Leben im römischen Britannien

Die Briefe von Vindolanda enthielten die ganz normale Korrespondenz römischer Briten. Dies waren keine historischen Aufzeichnungen oder Tagebücher, die mit Blick auf die Nachwelt verfasst wurden, sondern Briefe und Notizen, Einladungen und Listen für den raschen Gebrauch, die danach weggeworfen wurden. Man entdeckte über 1900 solcher Täfelchen in Vindolanda, von offizieller Korrespondenz über Dienstpläne und Aufzeichnungen finanzieller Transaktionen bis hin zu persönlichen Briefen und Grußnachrichten, die uns insgesamt in eine Seite des römischen Lebens einen Einblick geben, den wir nie zu gewinnen glaubten: Alltägliches aus dem Leben gewöhnlicher Menschen.

Deswegen sind die Tafeln aus Vindolanda vielleicht der größte Schatz des römischen Britannien. Auf ihnen berichten uns die Römer selbst über ihr Leben: ein Schatz aus feuchtem Holz und Ruß, im Gegensatz zum Gold und Silber berühmterer Funde aus der Römerzeit. Aber sie sind seltener und für die Archäologie wesentlich kostbarer als jeder noch so wertvolle und kunstfertig hergestellte Gegenstand.

Was uns die Tafeln erzählen

Die Vindolanda-Tafeln enthalten alltägliche Notizen und Berichte der Menschen im Fort und derjenigen, die mit ihnen korrespondierten. Da gab es die Briefe, die Flavius Cerialis verbrannt haben wollte: die offizielle Korrespondenz eines römischen Kommandanten. Darunter Empfehlungsschreiben wichtiger Römer und Verteilungslisten über die Verpflegung und Ausstattung der Männer. Auf der Rückseite eines dieser Briefe findet sich auch der Entwurf für ein Gnadengesuch.

Dann gab es Aufstellungen und Abrechnungen wie den „Octavius-Brief", in dem angesichts der Ankunft neuer Legionäre in der Gegend genügend Versorgungsgüter gesucht werden sollten. Cerialis ordnet den Kauf von Korn, Ochsenhäuten und -sehnen an und beschwerte sich über die einheimischen Händler, die die entstehenden Engpässe für Preiserhöhungen nutzten.

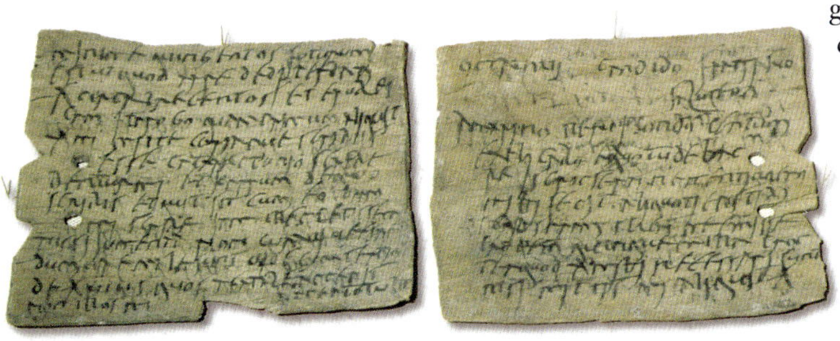

Die postkartengroßen Briefe von Vindolanda bestehen aus Birken- oder Erlenholz und sind mit sogenannter Rußtinte beschrieben, einer Tinte aus Kohle, Wasser und Klebstoff.

Eine Aufstellung um das Jahr 90 n. Chr. dokumentiert die personelle Besetzung des Lagers und zeigt, dass von geschätzten 751 Mann 470 abwesend waren, einige davon in London, andere in einem anderen Fort. Von den in Vindolanda Verbliebenen konnten 30 nicht am Dienst teilnehmen. Neben Dienstanweisungen und Abrechnungen finden sich auch Geheimdienstberichte, die uns etwas über die Einheimischen verraten:

«Die Briten haben keine Brustpanzer … Die Kavallerie verwendet keine Schwerter, und die Briten halten auch keine festen Positionen ein, um ihre Speere zu werfen.»

Ob sich das auf die Briten außerhalb des Lagers oder vielleicht auch auf neue Rekruten der Armee bezog, wissen wir nicht, aber es sagt uns eines: Der Spitzname der römischen Soldaten für die Briten war *Brittunculi* – „elende" oder „kleine" Briten.

Im Gegensatz dazu gibt es aber auch einige sehr persönliche Briefe der Menschen, von denen viele weit weg von zu Hause waren. Der erste Brief, den man 1973 fand, war an einen gewöhnlichen Soldaten gerichtet: «Ich habe dir … Socken, zwei Paar Sandalen und zwei Unterhosen geschickt …». Das ist die erste Erwähnung von Socken oder Unterwäsche in den nördlichen Provinzen, die wir kennen. Offenbar fand der Empfänger es an seinem Dienstposten ein wenig kühl.

Ein anderer Brief wurde von einem Sklaven an einen anderen geschrieben und fragt nach dessen Geschenk zu den Saturnalien (ein römisches Fest). Es gab in Vindolanda also auch Sklaven, und die konnten sogar lesen und schreiben. Man fand Hinweise darauf, in welchem Alter Römer das Schreiben lernten. Auf einem Stück war ein Teil aus Vergils „Aeneis" abgeschrieben. Wie Schulkinder zu allen Zeiten war der Verfasser der mühsam geformten Buchstaben von seinem Text abgeschweift und hatte das Ende weggelassen. Darunter hatte jemand, vermutlich der Lehrer, «*seg*» geschrieben, kurz für *segnis* – schlampig!

Auch eine Reihe von Grüßen und Einladungen hat die Zeiten überdauert. Ein Brief von Cerialis beginnt mit den Worten «Gutes Neues Jahr». Einer von Claudia Severa ist in einer Hinsicht einzigartig:

«Claudia Severa sendet ihrer Lepidina Grüße. Ich lade dich herzlich ein, zu meiner Geburtstagsfeier am 11. September zu kommen, was mich sehr freuen würde … Grüße mir deinen Cerialis. Aelius sendet dir und deinen Söhnen Grüße. Ich erwarte dich, Schwester. Lebewohl, meine Teure, wie ich hoffe, glücklich, und sei gegrüßt.»

Dies ist nicht nur Britanniens erste Partyeinladung. Denn während der größte Teil des Textes von einem beauftragten Schreiber stammt, hat Claudia Severa den Abschiedsgruß in ihrer eigenen wackligen Schrift geschrieben. Diese Einladung aus dem Jahr 100 n. Chr. ist somit die erste bekannte lateinische Handschrift einer Frau.

EIN MÄDCHEN NAMENS LUCY

Ursprung der Menschheit? 1974

«Wir sind eine beispiellose und unerwartete Spezies, und hoffentlich wird uns das Bewusstsein unserer tiefen biologischen Wurzeln, die wir miteinander und mit dem Rest der Natur teilen, zu unseren kühnsten Träumen führen und nicht zu unseren schlimmsten Alpträumen.»

DONALD JOHANSON

DONALD JOHANSON (geboren 1943) wachte am 30. November 1974 im Morgengrauen auf und wusste, dass dies ein besonderer Tag werden sollte. Warum, wusste er nicht – nichts unterschied diesen Tag von anderen, nichts wies auf etwas Ungewöhnliches hin. Er wusste es einfach. Der Ort, an dem er aufwachte, war seltsam. Er trat aus seinem alten Armeezelt am Ufer eines kleinen, schlammigen Flusses – des Awash – circa 160 Kilometer nördlich von Addis Abeba in Äthiopien, im Gebiet Hadar. Eine Wüstenlandschaft aus Felsen, Schotter und Sand wartete auf ihn, ausgebleicht von der Sonne und ausgewaschen von sturzflutartigen Regenfällen. Aber gerade deswegen war Hadar wichtig.

Auf der Suche nach den ersten Menschen

Johanson war als Expeditionsleiter hier, um herauszufinden, wie es in der Frühzeit ausgesehen und vor allem, wer und was hier gelebt hatte. Die Afar-Wüste, in der Hadar liegt, ist ein seit Langem ausgetrockneter See, der sich im Laufe der Zeit mit Asche, Sand und geologischen Ablagerungen füllte. Bei Unwettern wirbelten die Regenfälle in Sturzbächen umher, gruben tiefe Rinnen in diesen erdgeschichtlichen Schichtkuchen, legten Querschnitte durch die Millionen Jahre alte Vergangenheit Hadars frei und wuschen die Fossilien von Tieren und Pflanzen aus. Deswegen war Johansons Team hier.

Aber heute schien nicht der richtige Tag für die Fossiliensuche zu sein. Schon bei Sonnenaufgang war es im Schatten des Zelts für Fundstücke bereits über 27° C heiß, weswegen die Gelegenheit günstig schien, erst einmal die vielen bereits gefundenen Tierfossilien zu katalogisieren und zu kartieren. In diesem Moment betrat Tom Gray, ein amerikanischer Universitätsabsolvent, das Zelt. Er war in Hadar, um die Tier- und Pflanzenfossilien dieser Region zu studieren, und markierte gerade deren Fundstätten auf einer großen Karte. Johanson warf einen Blick auf die Karte und fragte beiläufig:

«Wann tragen Sie den Fundort 162 ein?»

Gray antwortete, dass er sich nicht einmal sicher sei, wo 162 liege, woraufhin Johanson entschied, an diesem Tag doch nicht im Lager zu bleiben, sondern mit Gray nach Fossilien zu suchen. Er trank seinen Kaffee aus, drehte sich zu Gray um und sagte:

Äthiopien liegt im Nordosten Afrikas und ist landschaftlich beeindruckend. Der größte Teil des Gebietes besteht aus einer riesigen Hochebene, die von Norden nach Süden von einer Erdbebenbruchlinie geteilt wird, dem Great Rift Valley.

Wer war Lucy?

Der Ursprung der modernen Menschen ist nach wie vor umstritten. Leider findet man nur relativ selten Fossilien von möglichen menschlichen Vorfahren – und wenn, dann meist nur Bruchstücke. Ohne sichere Datierung, aussagekräftige Belege und eine mögliche DNA-Analyse bleibt der menschliche Familienstammbaum offen für Spekulationen.

So vollständige Funde wie das Skelett von Lucy erlauben es uns aber, etwas über unsere gemeinsame Vergangenheit zu sagen. Aufgrund ihres Beckens, ihrer Hüft- und Kniegelenke wissen wir, dass sie aufrecht stand wie wir, was sie zu einem Mitglied der Hominiden macht, die schlicht als meist aufrecht gehende Primaten definiert sind. Aber auch wenn die heutigen Menschen Hominiden sind, war Lucy sicherlich kein Mensch.

Lucy war klein. Im Stehen war sie gerade mal einen Meter groß. Allerdings war sie voll ausgewachsen, wie man an ihren Weisheitszähnen und an deren Abnutzung erkennen kann. Ihre Zähne ähnelten nicht denen heutiger Affen, sondern in Größe und Form eher denen von Menschen, trotz ihrer winzigen Statur. Ihr Gehirn war viel kleiner als unseres, zwischen 375 und 500 Kubikzentimeter, im Gegensatz zum Gehirn eines heutigen Menschen, das um die 1600 Kubikzentimeter umfasst. Die Form ihres Beckens bestätigt, dass Lucy weiblich war, und an ihrer Wirbelsäule ist eine beginnende Arthritis zu erkennen.

Das fast vollständige Skelett erzählt uns auch etwas über ihren Tod. Lucy starb friedlich. An ihren Knochen fanden sich keine Zahnabdrücke oder Brüche infolge eines Angriffs von Säbelzahnkatzen oder Löwen, die das offene Waldland, in dem Lucy lebte, durchstreiften. Ihre Überreste lagen noch beieinander, so dass ihre Leiche auch nicht von Aasfressern auseinandergerissen wurde. Offenbar hat sich Lucy eines Tages am Ufer eines Sees oder Flusses hingelegt und ist unbemerkt gestorben. Ihre Leiche wurde rasch von Sediment überlagert, das – durch immer mehr Schichten zusammengepresst – ebenso wie ihre Knochen versteinerte. Millionen Jahre später lief dieser Prozess rückwärts ab, als Sturzfluten in der heutigen Afar-Wüste den Stein wegwuschen und damit Lucys Überreste wieder an die Oberfläche brachten.

Gehört Lucy also zu unseren Vorfahren? Auf diese Frage gibt es noch keine endgültige Antwort. Während wir als *Homo sapiens* bezeichnet werden, gehört sie zu einer anderen Art und zu einer anderen Gattung: *Australopithecus afarensis*. Aber ihr Skelett zeigt seltsam menschliche Merkmale – ihre Zähne und den aufrechten Gang beispielsweise –, die bei anderen, heutigen Primaten nicht vorkommen.

Es könnte sein, dass sie eine entfernte Cousine von uns ist und dass ihr Stammbaum zu einem bislang unentdeckten, vor langer Zeit abgestorbenen Ende führt. Aber auch wenn dem so ist, scheint es dennoch, als habe sie in der Zeit vor Hadar mit uns einen gemeinsamen Ahnen geteilt. Genauso gut könnte sie aber auch wirklich einer unserer Vorfahren gewesen sein, den wir vielleicht mit den Schimpansen gemeinsam haben. Nicht direkt menschlich, aber eine weitere Stufe auf der evolutionären Leiter zum *Homo sapiens*.

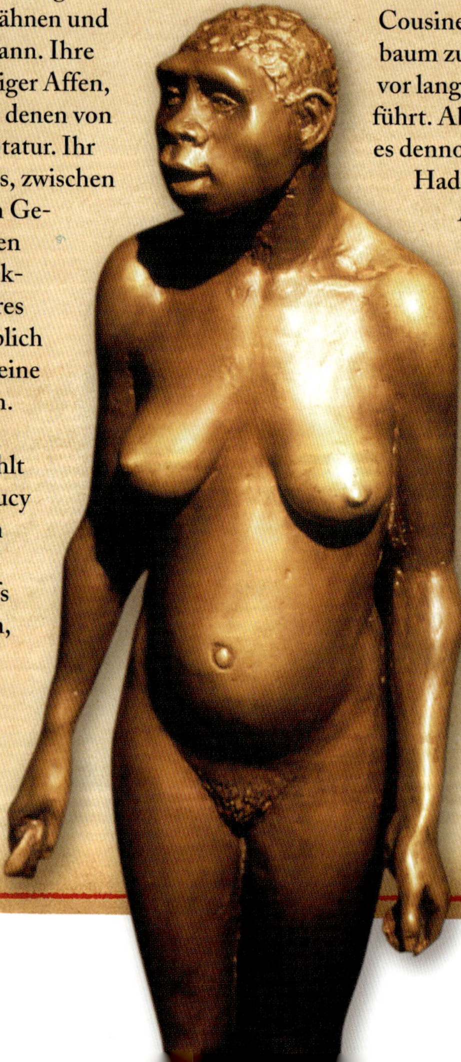

Eine Rekonstruktion, wie Lucy ausgesehen haben könnte. Wissenschaftler glauben, dass sie vor etwa 3,2 Millionen Jahren lebte. Ihre Entdeckung war entscheidend für unser Verständnis der menschlichen Evolution.

Der amerikanische Paläo-anthropologe Donald Johanson mit einem Gipsabguss von Lucys Schädel. Johanson hat den größten Teil seiner wissenschaftlichen Laufbahn der Suche nach dem Ursprung der menschlichen Spezies gewidmet.

«Dann muss ich es Ihnen wohl zeigen.»

Bevor sie im alten Landrover der Expedition aufbrachen, notierte Johanson noch in sein Tagebuch: «30. November 1974, zusammen mit Gray zum Fundort 162 in A.M. Gutes Gefühl.» Ein «gutes Gefühl» mag zwar nicht gerade wissenschaftlich sein, aber die Suche nach Fossilien in Hadar verlangte neben Erfahrung auch Glück. Ein erfahrenes Team konnte eine Wasserrinne ein Dutzend Mal absuchen und nichts entdecken, aber dann stieß man, durch einen leichten Lichtwechsel, plötzlich auf eine ganze Schicht Fossilien. Johanson war ein guter Fossilienjäger, wenn auch nicht so gut wie mancher der Afar-Männer und -Frauen, die er beschäftigte. Aber er hatte Glück.

An der Fundstätte 162 begannen Johanson und Gray gleich zu suchen, doch die Temperatur in der Wüste stieg weiter. Nach ein paar Stunden waren es über 43° C, und der einzige Lohn waren bislang ein paar Zähne einer ausgestorbenen Pferdeart, ein Schädelstück eines ausgestorbenen Schweins, einige Antilopenzähne und ein Teil eines Affenkiefers

Gray schlug vor zurückzukehren, und Johanson stimmte zu. Aber damit der Morgen nicht gänzlich verschwendet wäre, gingen sie durch eine kleine Wasserrinne zurück, die Fundstätte 288. Diese Wasserrinne war bereits vorher erforscht worden, mehrere Male sogar, aber Johanson versuchte sein Glück. Fast sofort entdeckte er etwas auf dem Boden:

«Das ist ein Teil eines menschlichen Armes», rief er aus.

Aber Gray war nicht überzeugt:

«Kann nicht sein. Dafür ist es zu klein. Muss irgendeine Art Affe sein.»

Beide knieten sich hin und untersuchten den Fund. Er war winzig. Viel zu klein. Gray blieb skeptisch:

«Was macht Sie so sicher?»

Johanson deutete:

«Dieses Stück rechts neben deiner Hand. Das ist auch menschlich.»

Gray drehte sich um: *«Ach, du lieber Himmel!»*

Als sie die Böschung weiter absuchten, fanden sie immer mehr Knochenstücke – einen Oberschenkelknochen, eine Rippe, einen Wirbel. Konnten sie alle zu einem Skelett gehören? Das schien unglaublich. Bislang hatte man von menschlichen Vorfahren, zumindest aus der Zeit vor den Neandertalern, nie mehr als Fragmente gefunden – einen seltsamen Zahn, ein Stück Schädel –, aber hier war fast die Hälfte eines frühen, menschenähnlichen Skeletts, von einem Angehörigen unseres Stammbaums, der vor über drei Millionen Jahren in Hadar lebte.

Johanson und Gray rannten zurück zum Landrover und rasten durch das unwegsame Gelände ins Camp. Johanson versuchte, seine Vorfreude zu zügeln – was, wenn sie sich irrten? Aber beide wussten, dass sie recht hatten, und als sie das Lager erreichten, hupte Gray so wild, dass die anderen aus ihren Zelten rannten. Mehr als drei Wochen intensiver Suche lagen noch vor ihnen – und Jahre des Streits darüber, wer und was genau dieses kleine Wesen war. Aber an diesem Abend wurde gefeiert.

Lucy bekommt ihren Namen

Keiner konnte schlafen. Die ganze Nacht lang tranken sie Bier und hörten eines der wenigen Tonbänder, das sie dabei hatten. Ein Lied tönte in voller Lautstärke wieder und wieder in die dunkle Wüste – „Lucy in the Sky with Diamonds“ von den Beatles. Und so erhielt der älteste jemals gefundene Hominide einen neuen Namen anstelle der offiziellen Bezeichnung AL 288-1: Lucy.

ZEITLEISTE

3,75 MILLIONEN JAHRE VOR UNSERER ZEIT Ein Vulkan in Ostafrika, in Laetoli im heutigen Tansania, bricht aus und begräbt die Umgebung unter einer Ascheschicht. Regen verwandelt die Asche in Zement, den die Sonne aushärtet. Fußabdrücke von Tieren erhalten sich in diesem Zement, auf den sich eine weitere Schicht Asche legt

3,2 MILLIONEN JAHRE VOR UNSERER ZEIT Der *Australopithecus afarensis*, bekannt als „Lucy“, lebt im Afar-Gebiet im heutigen Äthiopien

1974 (30. November) Donald Johanson und Tom Gray finden die Überreste eines weiblichen Hominiden an der Fundstätte 288 in Hadar, Äthiopien. Das Skelett wird „Lucy“ getauft

1976 Ein Mitglied von Mary Leakeys Team entdeckt in Laetoli Fußabdrücke in einem ausgetrockneten Flussbett

1977 Nach dem Fund von offensichtlich menschlichen Fußabdrücken überredet man Leakey zu Ausgrabungen. Sie stößt auf über 50 Fußabdrücke von drei aufrecht gehenden Kreaturen

1978 Nach vier Jahren Analyse stellt Johanson fest, dass Lucy zu einer bislang unbekannten Spezies gehört, die er *Australopithecus afarensis* nennt. Vermutlich gehören die von Leakey in Laetoli gefundenen Fußabdrücke und Fossilien zur gleichen Art

Mary Leakey in Laetoli

Mary Leakey zeigt den Gipsabdruck eines 3,75 Millionen Jahre alten Fußabdruckes. Neben den Fußabdrücken grub sie auch Skelettüberreste von Australopithecus afarensis *in Laetoli aus.*

Der Fund von Lucy war ein Volltreffer, aber zwei Jahre später tauchten noch beachtlichere Spuren ihrer Spezies auf. In grauer Vorzeit brach in Ostafrika – in Laetoli im heutigen Tansania – ein Vulkan aus. Der Vulkan Sandiman deckte seine Umgebung nicht mit Lava zu, sondern spie Aschewolken aus. Die feine graue Asche legte sich in einer einen Zentimeter dicken Schicht über die Umgebung. Dann begann es zu regnen. Das Wasser verwandelte die feine Asche in eine Art nassen Zement, in dem die in dieser Zeit lebenden Tiere ihre Fußabdrücke hinterließen. Die Sonne härtete den Zement anschließend aus. Dann spuckte Sandiman wieder, füllte die Fußabdrücke mit einer weiteren Schicht feiner Asche und versiegelte sie damit. Insgesamt legten sich 20 Zentimeter Asche auf die Umgebung, bevor der Vulkan wieder ruhte.

Laetoli wurde erst wieder interessant, als die berühmte Anthropologin Mary Leakey (1913–1996) dort nach Fossilien früher Menschen suchte. In dieser einsamen Gegend gibt es nur wenig Ablenkung, und so bewarfen sich Leute von Leakeys Team eines heißen Nachmittags im Jahr 1976 mit getrocknetem Elefantendung. Während dieser afrikanischen „Schneeballschlacht" duckte sich ein junger Anthropologe in ein ausgetrocknetes Flussbett. Als er sich nach geeigneter Munition umsah, bemerkte er im Gestein unter ihm so etwas wie Fußabdrücke eines Tieres.

Man protokollierte die Abdrücke, und im nächsten Jahr legte das Team noch mehr frei, darunter die Spuren eines Elefanten neben menschenähnlichen Fußabdrücken. Man stritt lange darüber, wer wohl diese unklaren Spuren hinterlassen habe, was Mary Leakey langsam auf die Nerven ging. Als ein junger Wissenschaftler ihres Teams, Paul Abell, auf einen neuen, viel deutlicheren Abdruck an einer anderen Stelle dieses Gebiets hinwies, identifizierte man diesen zunächst als den eines Huftieres, worauf Mary weitere Ausgrabungen dort untersagte. Nach vielem Bitten und Betteln erlaubte sie aber schließlich, dass jemand, der gerade nichts Besseres zu tun hatte, nachsah. Die Wahl fiel auf den Mechaniker des Teams, Ndibo.

Als er am nächsten Tag von der Stelle zurückkehrte, verkündete Ndibo die Entdeckung von zwei Fußabdrücken. Einer davon war 25 Zentimeter lang. Mary gab nach und man begann mit umfassenden Ausgrabungen.

Was durch die Dungschlacht und die späteren Funde sichtbar wurde, war die vom Vulkan Sandiman vor so langer Zeit darübergelegte Ascheschicht. Mittlerweile war ein Teil der oberhalb liegenden Schichten verwittert, wodurch die zementartige Lage, in der die vorgeschichtlichen Kreaturen Laetolis einst herumgewandert waren, zum Vorschein kam. Aber was für Lebewesen waren das?

Jeder fragile Abdruck, den man entdeckte, musste erst mit einem chemischen Härtungsmittel gefestigt werden, bevor man das nächste Stück Boden abtragen konnte. Man fand insgesamt über 50 Fußabdrücke auf einer Strecke von mehr als 23 Metern. Diese Spuren stammten von einem bestimmten Tag vor 3,75 Millionen Jahren und von drei Wesen, die alle aufrecht gingen. Eine Reihe großer Abdrücke in der Mitte des Grabungsgebietes, kleinere auf der linken Seite und eine dritte Spur, die in den Abdrücken der größeren verlief. Ob die Wesen miteinander gegangen waren, kann man nicht sagen, aber die Schrittanalyse zeigt, dass sie nicht auf der Flucht vor dem Vulkan waren, sondern langsam spazierten. Das hier waren die Abdrücke einiger der ersten aufrecht gehenden Hominiden, – die auf ihren Hinterbeinen standen und über die afrikanische Ebene schauten. Lebewesen wie Lucy, die die ersten Schritte auf dem Weg zum Menschsein unternahmen.

WÄCHTER DER EWIGKEIT

Die Terrakotta-Armee, 1974

In den frühen 1920er-Jahren begann ein Bauer im Vorgebirge der Qinling-Berge in der chinesischen Provinz Shaanxi damit, einen Brunnen für die Bewässerung seiner Felder auszuheben. Beim Graben sah er, wie sich der Brunnen langsam mit Wasser füllte. Als er auf etwas Hartes stieß, dachte er, es wäre ein Stein. Er trieb seinen Spaten fest hinunter, woraufhin er einen Gegenstand zerbrechen hörte. Da floss das Wasser im Brunnen wie durch Zauberei ab und der zerbrochene Kopf eines Mannes tauchte auf dem Boden des Lochs auf. Der Bauer verlor keine Zeit. Dieser Teil von Shaanxi, nahe der Stadt Xi'an, war bekannt für Geschichten über Vorfahren, die aus der Erde auftauchten. Dies war sicher ein böser Geist, der das Wasser aus dem Brunnen getrunken hatte. Hastig schüttete der Bauer das Loch wieder zu und grub woanders.

Und so ging das Leben rund um die antike Stadt Xi'an weiter. Man bestellte die Äcker, grub Brunnen und erzählte sich Märchen über begrabene Vorfahren. Bis 1974, das ein hartes Jahr in Shaanxi war. Wegen einer langen Dürre mussten die Bauern immer tiefere Brunnen in ihren Feldern graben, um an den rasch absinkenden Grundwasserpegel zu gelangen. Schließlich gruben die Landwirte in Gruppen nach den Grundwasservorräten, bevor diese ganz versiegten. So schaufelten Yang Zhifa und seine Nachbarn auf einem Feld, das etwa 64 Kilometer von Xi'an und 1200 Meter von dem eigenartigen, künstlichen Hügel entfernt lag, der als Lishan bekannt war und in dem der erste Kaiser von China, Shi Huangdi (um 259–210 v. Chr), begraben sein sollte.

Die Gesichter der Terrakotta-Soldaten, von denen keines dem anderen gleicht, wurden wohl nach realen Vorbildern modelliert. Die lebensgroßen Figuren bestehen aus einem massiven Unterteil und einem hohlen Oberkörper. Ursprünglich waren sie in leuchtenden Farben bemalt.

Ein vergrabener Schatz?

Sie hatten sich vier Meter tief in die Erde gegraben, ohne auf Wasser gestoßen zu sein, als Yangs Schaufel auf etwas Hartes stieß, was einen roten Tonstreifen in der Erde hinterließ. Irritiert beugte sich Yang hinunter und entfernte die Erde um das Hindernis. Nach und nach legte er immer mehr von dem seltsamen Objekt frei, das mehr nach Keramik als nach Gestein aussah. Aber warum sollte jemand ein Tongefäß vier Meter tief in einem Feld in China vergraben? Die drei Männer hofften auf einen Schatz und vergrößerten das Loch, um ihren Fund besser sehen zu können. Erstaunlicherweise wartete in der Grube kein Tontopf auf sie, sondern ein menschlicher Kopf.

Ein Mausoleum für einen Kaiser

Die Terrakotta-Armee war ursprünglich nur ein kleiner Teil der Wunder im Mausoleum des Ersten Kaisers Shi Huangdi in Shaanxi. Heute liegt die Begräbnisstätte selbst unter einem riesigen künstlich aufgeschütteten Hügel, der archäologisch erst noch freigelegt werden muss. Das Einzige, was wir über dessen Inneres wissen, stammt aus den Aufzeichnungen des großen Historikers Sima Qian (um 145–90 v.Chr.).

Das „Shiji" (im Westen als „Die Aufzeichnungen des Großen Historikers" bekannt) erzählt die Geschichte Chinas von den Tagen des legendären Gelben Kaisers bis zu Sima Qians eigener Zeit unter der Han-Dynastie, die nach dem Zusammenbruch des ersten Kaiserhauses die dynastische Kontrolle über China wiederherstellte. Sima Qians Bericht enthält das Wenige, was wir über den Tod des Ersten Kaisers und das anschließende Begräbnis nahe Xi'an wissen. Er beschreibt auch das Mausoleum selbst:

«Sobald der Erste Kaiser König von Qin wurde, begannen die Ausschachtungen und Bauarbeiten am Berg Li. Nachdem er den Kaisertitel erlangt hatte, arbeiteten mehr als 700 000 Dienstverpflichtete aus allen Teilen des Landes dort. Sie gruben drei unterirdische Flussbetten und gossen geschmolzenes Kupfer für den äußeren Sarg. Das Grab wurde mit Modellen von Palästen, Pavillons und Ämtern gefüllt, ebenso mit fein gearbeiteten Gefäßen, Edelsteinen und anderen Kostbarkeiten … Die großen Flüsse des Landes, den Gelben Fluss und den Jangtse, bildete man mit Quecksilber nach und ließ sie mit mechanischen Hilfsmitteln in einen Miniaturozean fließen. Oben befand sich der Sternenhimmel und unten lagen die Erdteile. Die Kerzen bestanden aus Walöl, damit sie möglichst lange brannten.»

Das Grab des Kaisers sollte also ein mit Juwelen geschmücktes Modell des ganzen Reiches sein, in einem Meer aus fließendem Quecksilber (von dem der Kaiser glaubte, dass es ihn unsterblich machen würde) und unter einem Himmelsgewölbe aus Edelsteinen.

Dies war natürlich eine Verlockung für jeden Dieb, der sich in das durch Quecksilberdämpfe verseuchte Grab wagte, so dass der Kaiser Schutzvorkehrungen traf. Kurz bevor man das Grab versiegelte, lud man die Architekten, Ingenieure und Handwerker in das innerste Heiligtum ein. Dann verriegelte man die Türen von außen. All die, die von der Anlage und den Inhalten des Grabes wussten, begleiteten die Hunderte von Konkubinen des Kaisers, die ebenfalls im Grabmal kauerten, ins Jenseits. Keine Seele, die von dem Grab wusste, durfte überleben.

Dem „Shiji" zufolge traf der Kaiser auch praktische Vorkehrungen gegen mögliche Grabräuber:

«Handwerker sollten gespannte Armbrüste anbringen, so dass jeder einbrechende Dieb getroffen würde.»

Das war wohl die früheste automatische Diebstahlsicherung in der Geschichte.

Wie effektiv der Kaiser sein Grab und seine Reichtümer schützen konnte, ist nicht bekannt, da die chinesischen Behörden das Innere bislang nicht ausgraben ließen. Archäologische Arbeiten rund um das Grab haben aber bislang über 180 andere Gruben freigelegt, in denen man von Terrakotta-Tänzern, Akrobaten und Musikern (vermutlich zur Unterhaltung des Kaisers im Jenseits) bis zu über 200 steinernen Rüstungen (die vielleicht die zornigen Geister von Soldaten, die in der Armee des Kaisers starben, besänftigen sollten) alles fand.

Der Grabhügel selbst wurde bislang nur mit einigen Stichproben, nichtinvasiven Radaruntersuchungen sowie mit Analysen zum Leitungswiderstand untersucht. Deren Ergebnisse sind allerdings verlockend. Fernerkundung hat gezeigt, dass der gesamte Hügel der verwitterte Überrest einer zusammengebrochenen Pyramide ist – ursprünglich größer als die Große Pyramide von Giseh –, in der ein Grab mit sehr vielen Münzen liegt. Bodenproben haben zudem einen ungewöhnlich hohen Anteil an Quecksilberablagerungen in der Erde um das Grab ergeben. Ist das der Beweis für das erstaunliche Mausoleum, das Siam Qian beschrieb, mit seinen Flüssen und Meeren aus Quecksilber? Bis Archäologen diese einzigartige Stätte ausgraben und erhalten können, wird der Erste Kaiser sein letztes großes Geheimnis wohl bewahren.

Der Kopf setzte sich in einen Hals fort, und die Figur war so groß, wie die Bauern graben konnten. Hier, in ihrem Feld, lag eine lebensgroße Terrakotta-Figur eines Soldaten verborgen, ein Kämpfer aus Chinas ferner Vergangenheit.

Yang Zhifa war nicht so abergläubisch wie die anderen Bauern, die bislang so etwas gefunden hatten. Er schaufelte das Loch nicht wieder zu, um woanders einen Brunnen zu graben. Stattdessen meldete er seinen Fund den Behörden in Xi'an, woraufhin die ganze Gegend bald von Archäologen wimmelte. Die Archäologen wussten, dass der künstlich angelegte Hügel nahe Yangs Bauernhof tatsächlich die letzte Ruhestätte des ersten Kaisers war. Aber noch hatte man das volle Ausmaß der Grabstätte nicht untersucht. War dieser Soldat ein einzelner Vorposten, ein abseits positionierter Geist, der den Zugang zum Grab überwachte? Oder war die ganze Grabanlage größer als gedacht?

Leibwächter für das Jenseits

Nur umfassende Ausgrabungen in der gesamten Gegend konnten das Rätsel lösen. Über 30 Jahre später enthüllen die noch andauernden Arbeiten immer mehr von einem der Weltwunder. Yangs Soldat war kein einsamer Wächter, sondern stand mitten unter Tausenden seiner Kameraden – 8099 solcher Figuren fand man bislang. Um die letzte Ruhestätte des Kaisers war eine ganze Terrakotta-Armee vergraben. Jede Figur ist einzigartig, etwas größer als lebensgroß, von Hand aus Ton geformt, gebrannt und prächtig bemalt. Dann wurden die Soldaten Reihe für Reihe vergraben.

Grube 1 beinhaltete die Hauptarmee des Kaisers mit 6000 Pferden und Kriegern. Von diesen Infanteristen mit leichtem Marschgepäck bildeten 204 die Vorhut, gefolgt von 30 Reihen Streitwagen, im Wechsel mit noch mehr Infanterie. Rechts und links dieser Formation standen zwei Reihen von zum Schutz der Abteilung nach außen gerichteten Infanteristen. Grube 2 schien nach dem Vorbild der kaiserlichen Leibgarde modelliert worden zu sein und enthielt 1400 Bogenschützen, Infanteristen und Streitwagen, während sich in Grube 3 die 68 hochrangigen Befehlshaber der Armee rund um einen

Reihen von Fußsoldaten und Kavallerie schützen in Schlachtformation das Grab des Ersten Kaisers. Nachbildungen von Streitwagen, Pferden und Armbrustschützen sind auch darunter.

Der erste Kaiser

Der Erste Kaiser war einer der außergewöhnlichsten Herrscher in der Geschichte. Er entstammte der Herrscherfamilie des Staates Qin und wurde in der „Zeit der streitenden Reiche" geboren. Man nannte ihn nach seinem Geburtsmonat „Zheng".

Zheng gelangte mit zwölf Jahren auf den Thron von Qin, allerdings unter einem Regenten. Es gab damals viele Konflikte, sowohl zwischen den rivalisierenden Staaten, die später China bilden sollten, als auch in den Staaten selbst zwischen den um die Macht konkurrierenden Familien. Mit 21 konnte Zheng durch eine Palastrevolte den Regenten von der Macht verdrängen. Sofort machte er sich daran, die unaufhörlichen Kämpfe durch gewagte militärische Aktionen zu beenden, in denen er die benachbarten chinesischen Staaten unterwarf und unter seiner Herrschaft vereinte.

221 v. Chr. unterlag der seit 800 Jahren bestehende Staat Qi als letzter Zhengs riesiger und unbarmherziger Armee. China gehörte nun ihm, und im selben Jahr ernannte sich der mittlerweile 38 Jahre alte Zheng zum „Shi Huangdi" – zum Ersten Kaiser. Sein Nachfolger würde dann der Zweite Kaiser sein und so weiter, für – wie er meinte – 10 000 Generationen.

Die zerstrittenen Staaten Chinas zu vereinen war eine Herkulesarbeit, die der Kaiser und sein Premierminister Li Si mutig und selbstbewusst angingen. Sie schafften den Jahrhunderte währenden Feudalismus ab und teilten das Reich in Regionen, von denen jede von einem zivilen Statthalter und einem diesem untergeordneten militärischen Kommandanten geführt wurde. Beide ernannte (oder entließ) der Kaiser selbst.

Die Trennung von ziviler und militärischer Kontrolle verhinderte, dass ein kaiserlicher Bediensteter zu viel Macht ansammeln konnte. Unabhängige Inspektoren in jeder Region berichteten dem Kaiser zudem über das Verhalten seiner Statthalter. Durch die Rotation jedes Kommandos konnten die Statthalter keine Machtbasis in einem bestimmten Gebiet aufbauen.

Der Kaiser initiierte auch ein umfangreiches Straßen- und Kanalbauprogramm, das nicht nur den Handel erleichterte, sondern seiner Armee auch die schnelle Niederschlagung eventueller Aufstände in jeder Provinz ermöglichte. Um seine Herrschaft weiter zu festigen, ließ er die chinesische Schrift und alle Gewichte und Maßeinheiten vereinheitlichen und setzte ein kodifiziertes Rechtssystem ein. Der Bau eines Prototyps der Chinesischen Mauer sollte Chinas Grenzen schützen.

Die Herrschaft des Kaisers war revolutionär, aber sehr autokratisch. Abweichende Meinungen wurden nicht zugelassen. Bücher, darunter auch viele der frühesten chinesischen Schriften, wurden systematisch verbrannt, Gelehrte, die seine Methoden missbilligten, hingerichtet. Mit zunehmendem Alter schien der Kaiser auch immer paranoider geworden zu sein. Er entwickelte eine obsessive Angst vor dem Tod und verbrachte die letzten Jahre seines Lebens mit der Suche nach der legendären „Insel der Unsterblichen", die vor Chinas Ostküste liegen und auf der das Geheimnis ewigen Lebens warten sollte. Zu diesem Zeitpunkt begann der Kaiser auch, so berichten Historiker, Quecksilberpillen zu nehmen, im Glauben, dass diese ihm Unsterblichkeit schenken würden. Die Giftigkeit des Quecksilbers könnte zu seinem sich verschlechternden Geisteszustand beigetragen haben.

Zheng starb im September des Jahres 210 v. Chr. in einem Provinzpalast, und sein Rücktransport in die Hauptstadt dauerte zwei Monate. Da er eine Rebellion fürchtete, verheimlichte Li Si den Tod des Kaisers und bestieg während der Heimreise jeden Tag den kaiserlichen Wagen, vorgeblich, um mit dem Herrscher zu sprechen. Damit die Entourage keinen Verdacht schöpfte, ließ er mit Fisch beladene Wagen vor und hinter der Kutsche des Kaisers fahren, um den Geruch der rasch verwesenden Leiche zu überdecken.

Li Sis Ängste waren begründet. Zhengs Reich wurde von seinem Charisma zusammengehalten. Binnen vier Jahren verstarb sein Sohn, der Zweite Kaiser, und China verfiel wieder dem Chaos. Der Traum des Ersten Kaisers von der Unsterblichkeit in einem ewigen Reich war ausgeträumt, und er musste sich mit der Unsterblichkeit begnügen, die ihm Historiker und sein ungewöhnlicher, heimlich in seinem Mausoleum vergrabener Schatz bescherten.

prächtigen, von vier Pferden gezogenen Streitwagen fanden. All diese Figuren hatten über 2000 Jahre lang geduldig Wache gestanden, verborgen vor der Welt und unerwähnt in irgendwelchen Berichten – eine geheime Armee, die zuletzt im Jahr 210 v.Chr. das Tageslicht gesehen hatte.

Die genaue Bestimmung dieser Armee wird noch diskutiert, aber vermutlich sollte die Geisterarmee den abergläubischen Kaiser im Jenseits beschützen. Die Herstellung der Armee muss viel Zeit und Geld gekostet haben und geschah offenbar heimlich, denn sie ist in keiner Aufzeichnung aus dieser Zeit erwähnt. Die Soldaten wurden offenbar in einer Fertigungsanlage geschaffen, in der man erst die einzelnen Teile erst formte und brannte, bevor man sie zusammensetzte.

Ein zeitgenössisches Bildnis von Shi Huangdi, dem Herrscher, der die streitenden Klans im antiken China vereinte und dadurch zum Ersten Kaiser wurde.

Akribische Detailarbeit

Es wurde großen Wert darauf gelegt, dass die Soldaten sich alle unterschieden, und jeder wurde mit den exakten Rangabzeichen und der dem Status entsprechenden Haartracht modelliert. Dann lackierte und bemalte man die fertigen Figuren. Leider sind nur Spuren der Farbe erhalten geblieben. Die Soldaten sind mit echten Waffen ausgerüstet, von denen einige bis auf das Jahr 228 v.Chr. zurückgehen und aus den vom Kaiser geführten Kriegen zur Vereinigung Chinas stammen könnten. Die Terrakotta-Armee wurde dann in drei großen Gräben in Schlachtordnung aufgestellt und vergraben, um niemals wieder gesehen zu werden (das war zumindest die Absicht des Kaisers). Nach Schätzungen chinesischer Archäologen müssen etwa 700 000 Handwerker und Arbeiter 38 Jahre lang an der Geisterarmee gearbeitet haben.

Die Totenstadt des Kaisers selbst blieb nur für fünf Jahre unangetastet, bevor der Kriegsherr Xiang Yu sie brandschatzte. Den fast zeitgleich entstandenen Berichten des großen Historikers Sima Qian zufolge plünderte und verbrannte Xiang Yus Armee die Stätte, er könnte aber genau dadurch das größte Erbe des ersten Kaisers bewahrt haben. Bald beachtete man nämlich die zerstörte Nekropole nicht mehr und nutzte deren Umgebung wieder zum Ackerbau. An der Oberfläche verblieb nichts außer dem seltsamen künstlichen Hügel. So konnte die Terrakotta-Armee 2000 Jahre lang in der Erde schlummern.

ZEITLEISTE

259 V. CHR. Zheng wird als Sohn der Herrscherfamilie von Qin in China geboren

247 V. CHR. Mit zwölf Jahren folgt Zheng auf den Thron, allerdings herrscht ein Regent für ihn

221 V. CHR. Zheng erlangt mit einer Palastrevolte die Macht und mit einer Reihe von Kriegen die Kontrolle über das ganze Land. Er erklärt sich selbst zum „Shi Huangdi" (Ersten Kaiser) von China und befiehlt den Bau eines Mausoleums am Berg Li

210 V. CHR. Der Kaiser stirbt, und seine Leiche wird heimlich zurück in die Hauptstadt gebracht. Dem Historiker Sima Qian zufolge wird er in dem Mausoleum beigesetzt und alle, die den Bau kannten, werden zusammen mit Hunderten kaiserlicher Konkubinen mit dem Kaiser begraben. Eine riesige Terrakotta-Armee bewacht das innere Grab

1920ER JAHRE N. CHR. Ein Bauer findet den zerbrochenen Kopf eines Mannes in einem Brunnenschacht in der Provinz Shaanxi. Aus Angst vor dem „bösen Geist" gräbt er den Kopf wieder ein

1974 Während einer Dürre gräbt Yang Zhifa nach Wasser und stößt auf eine lebensgroße Keramikfigur eines Soldaten. Er meldet den Fund den Behörden, woraufhin man mit Ausgrabungen nahe der Stelle beginnt, an der der Erste Kaiser begraben sein soll

BLUTIGER KULT

Die Freilegung des aztekischen Templo Mayor, 1978

Im Jahr 1978 grub ein Team des örtlichen Energieversorgers im Zentrum von Mexiko-Stadt nahe der Kathedrale Stromkabel aus, als sie auf Stein stießen. Nach dem Entfernen von Erde und Geröll wurde schnell klar, dass dies kein normaler Bauschutt war, sondern ein kreisförmiges Relief mit drei Metern Durchmesser. Darauf war ein Abbild aus einer anderen Zeit zu sehen, aus einer anderen Stadt, die einst hier lag.

Der antike Ort unter Mexiko-Stadt war keineswegs unbekannt. Die Spanier hatten ihn als eines der Weltwunder und als eine der größten Städte auf Erden beschrieben – Tenochtitlán. Ursprünglich auf einer Insel im Texcoco-See erbaut, hatte sich Tenochtitlán seit der Gründung 1325 über das Marschland des Sees ausgebreitet.

Während ihrer Blütezeit war sie zwischen acht und 13 Quadratkilometer groß und über Dämme nach Norden, Süden und Westen mit dem Festland verbunden. Diese Dämme hatten Brücken, die man bei einem Angriff hochziehen konnte. Die Stadt bestand aus vier Vierteln, diese wiederum aus 20 durch Kanäle getrennten Bezirken. Jeder Bezirk gehörte einem bestimmten Handwerk und hatte einen eigenen Markt. Im Zentrum der Stadt lagen die öffentlichen Gebäude, darunter Tempel, Plätze für Ballsport und Schulen sowie der Palast des Herrschers. Dieser hatte unter dem aztekischen Kaiser Moctezuma 100 Räume, jeder davon mit einem eigenen Bad. Zwei tönerne Aquädukte brachten frisches Wasser in die Stadt, da das Seewasser nicht genießbar war. Einige Konquistadoren behaupteten, die Stadt sei so groß wie jede europäische. Die Bevölkerungszahl lag damals wohl bei über 200 000.

Die spanischen Invasoren

Aber die gleichen Besucher, die ihre Größe und Komplexität bewunderten, sollten sie auch zerstören. Am 13. August 1521 stürmten Hernán Cortés und seine Verbündeten nach einer langen Belagerung die Stadt, zerstörten sie und errichteten auf den Ruinen eine neue Hauptstadt. Nun, im Jahr 1978, neben der Stelle, an der die Spanier eine Kathedrale für ihren christlichen Gott errichtet hatten, wurde der Haupttempel dieser früheren Kultur freigelegt.

Ausgrabungen im Zentrum einer modernen Stadt sind normalerweise nur eingeschränkt möglich, aber die mexikanische Regierung wollte die präkolumbianische Geschichte unbedingt wiederentdecken und ordnete eine umfassende Ausgrabung an. Sie ließ ganze

Häuserblocks rund um die Fundstelle versetzen, damit die Überreste eines der verblüffendsten und bedeutsamsten Gebäude in der Neuen Welt freigelegt werden konnten.

Die Elektriker waren auf den Templo Mayor, den Haupttempel Tenochtitláns, gestoßen. Dieser war für die aztekischen Herrscher so wichtig wie die große Kathedrale für die Konquistadoren. Er war nicht nur ein religiöser Ort, sondern auch ein aztekisches Macht- und Glaubenssymbol. Die Ausgrabungen brachten ein Gebäude ans Licht, das den frühen spanischen Beschreibungen des Zentrums von Tenochtitlán auffallend ähnelte. Der Tempel hatte zwei Heiligtümer auf dem Plateau einer Stufenpyramide: Eines für den Kriegsgott Huitzilopochtli und das andere für den Regen- und Landwirtschaftsgott Tlaloc. Der riesige Komplex war kurz nach der Gründung der Stadt erbaut und danach noch mindestens fünfmal umgebaut und erweitert worden. Obwohl nicht viel mehr als das Fundament des

Die aztekische Hauptstadt Tenochtitlán, die auf einer Insel und künstlich aufgeschüttetem Marschland im Texcoco-See erbaut wurde, war einst eine der größten Städte der Erde. In ihrem Zentrum standen ein riesiger Tempelkomplex und der königliche Palast. Zahlreiche Kanäle durchqueren die Metropole.

letzten Tempels erhalten blieb, da ihn die Eroberer komplett niederrissen, fanden sich frühere Überreste, wie lebensgroße Keramikskulpturen, auf Steinmauern gemalte Reliefs und Lager mit exotischen Luxusgütern, die als Tribut an die Azteken geschickt worden waren.

Ein Ort der Menschenopfer

Der Fund der Elektrizitätsarbeiter ließ aber auch ahnen, warum diese beeindruckende Anlage so vollständig zerstört und vergessen wurde. Die kreisförmige Steinplatte, die man am Fuß einer Treppe fand, zeigte eine nackte, auf dem Boden liegende Frau, verstümmelt und blutend. Sie stellte die Mondgöttin Coyolxauhqui dar, die – nach der aztekischen Mythologie – vom Kriegsgott Huitzilopochtli getötet wurde.

Dieser Mythos war ein Eckpfeiler der aztekischen Herrschaft. Huitzilopochtli war der Schutzgott der Azteken, ein Eroberer, der nur durch ständige Opfer beruhigt werden konnte und so das Wohlergehen des aztekischen Staates gewährleistete. Vor seinem Schrein fand man einen keilförmigen Stein für die Menschenopfer. Hier schnitt man ihnen die Brust auf und riss das noch schlagende Herz heraus, bevor man sie köpfte und vierteilte, genauso wie es der Göttin Coyolxauhqui ergangen war. Die Leichenteile warf man dann die Stufen hinunter, vielleicht direkt auf das kreisförmige Relief von Coyolxauhqui selbst. An einer anderen Stelle des Tempels fand man ein *tzompantli* – ein vertikales Gerüst, dekoriert mit Stuckschädeln, wo man einst die echten Köpfe geopferter Gefangener ausstellte.

Die „Wand der Totenköpfe" oder tzompantli *im Templo Mayor, an der die Schädel von Menschenopfern ausgestellt waren.*

Menschenopfer waren ein zentraler Bestandteil der aztekischen Kultur. So konnten die martialischen Werte der regierenden Elite, die ihre Macht und ihr Prestige durch Eroberungen erlangte, ritualisiert und öffentlich bekräftigt werden. Das stieß viele der spanischen Eroberer ab, weshalb sie wohl derart gründlich die letzte Version des Tempels zerstörten. Auf der anderen Seite gehörten die Konquistadoren selbst einer martialischen Kultur an, die ihren Reichtum und ihr Prestige Eroberungen verdankte, und viele hatten nichts gegen das massenhafte Abschlachten der einheimischen Bevölkerung. Die Entfernung des Templo Mayor mag von den Eroberern als frommer Akt dargestellt worden sein, tatsächlich verdeutlichte sie die Eroberung und Unterdrückung der Azteken selbst und die Verdrängung der zentralen aztekischen Ideologie durch eine spanische. Deren Symbol wurde direkt neben dem *templo* errichtet – eine christliche Kathedrale, die (zum Erstaunen vieler Azteken) einem Gott gewidmet war, der seinen eigenen Sohn geopfert hatte.

ZEITLEISTE

MITTE DES **13.** JAHRHUNDERTS Die Azteken erreichen von Norden her das Tal von Mexiko

1325 Als sie einen Adler auf einem Kaktus am Texcoco-See sitzen sehen – nach ihrer Mythologie ein Glückverheißendes Zeichen –, gründen sie ihre Hauptstadt Tenochtitlán auf einer Insel im See. Sie gewinnen Verbündete, und ihre Kultur expandiert.

1521 (13. August) Spanische Invasoren belagern unter Cortés die Stadt, bevor sie sie stürmen und zerstören. Danach errichten sie eine neue Hauptstadt

UM **1581** Die aztekische Zivilisation bricht, geschwächt durch bislang unbekannte europäische Krankheiten, zusammen

1978 Arbeiter eines Elektrizitätswerks stoßen bei Grabungsarbeiten in der Nähe der Kathedrale in Mexiko-Stadt auf eine drei Meter große kreisförmige Steinplatte. Die von den mexikanischen Behörden angeordneten Ausgrabungen legen den Templo Mayor frei, der Überreste von Menschenopfern an den Kriegsgott Huitzilopochtli enthält

Die Azteken

Die Azteken, die sich selbst „Mexikas" nannten, waren die größte präkolumbianische Kultur in Zentralmexiko. Die Spanier trafen erstmals im frühen 16. Jahrhundert auf sie. Ihre Ursprünge sind unklar, aber der „Aubin Codex" (eine Bilderhandschrift über und von den Azteken) behauptet, dass sie einem von sieben Stämmen aus Aztlán entstammten, das angeblich im Norden des Tales von Mexiko lag.

Eine in Tenochtitlán gefundene goldene Maske. Aztekische Rituale beinhalteten oft die Verwendung von Masken, um sich die Macht der Götter oder Ahnen zunutze zu machen.

Wo immer sie auch herkamen, die Azteken erreichten Mitte des 13. Jahrhunderts das Tal von Mexiko, in dem es allerdings schon viele kultivierte Stadtstaaten gab. Die Azteken schlossen daraufhin Allianzen oder vertrieben die anderen, um sich hier zu etablieren. Der Sage nach sollten sie ihre zukünftige Hauptstadt dort gründen, wo sie einen Adler auf einem Kaktus sitzen sahen, mit einer Schlange in seinen Fängen. Ein solcher Anblick bot sich am Texcoco-See, wo sie 1325 die Stadt Tenochtitlán errichteten.

Aber die Azteken waren noch nicht beherrschend, und nur in einer Dreierallianz aus ihnen selbst, den verbannten Herrschern von Texcoco und dem Stadtstaat Tlacopán erlangten sie Macht und Bedeutung. Mitte des 15. Jahrhunderts hatten sie ihre Verbündeten beiseitegedrängt und ihren Einflussbereich durch viele tributpflichtige Staaten von der Pazifikküste bis an den Golf von Mexiko ausgeweitet. Zu dieser Zeit reformierte der aztekische Herrscher Tlacaelel Staat und Religion und schrieb die frühe Geschichte der Azteken so um, als seien sie schon immer ein mächtiges und siegreiches Volk gewesen. Diese Mythologisierung beinhaltete auch die Erfindung der „Blumenkriege" – einer Reihe von Konflikten mit Nachbarstaaten, die für genügend Nachschub an Menschenopfern sorgte. Denn diese verlangte ihre Religion mittlerweile, damit die Sonne ihren Lauf fortsetze.

Das aztekische Reich hatte keine Zentralregierung, sondern lebte vom Tribut der eroberten Staaten. Dieser wurde auf einer der größten Errungenschaften der Azteken nach Tenochtitlán gebracht, einem Netz aus neuen Straßen, an denen es alle zehn bis 15 Kilometer Rasthäuser und Latrinen gab. Über dieses streng kontrollierte Netzwerk blieben die Herrscher in Tenochtitlán mit ihren Vasallenstaaten in Kontakt und bauten ein florierendes Handelssystem auf. Auf den Straßen transportierte man sowohl alltägliche Gebrauchsgüter wie Lebensmittel und Feuerholz als auch exotischere Luxusgüter (alles zu Fuß, da man hier zu dieser Zeit noch keine Wagen kannte).

Die Azteken vermittelten ihre zentrale Ideologie auch durch eine Schulpflicht für beide Geschlechter – eines der ersten obligatorischen Schulsysteme weltweit. Kinder wurden bis zum Alter von 14 Jahren daheim erzogen (unter der Aufsicht des lokalen Bezirks) und gingen dann ab 15 Jahren in die Schule, um praktische und militärische Fähigkeiten zu erlernen oder Theologie, Astronomie und Staatsführung. Das hohe Niveau des Schulsystems spiegelt sich im komplexen aztekischen Kalender wider, den man aufgrund intensiver astronomischer Studien entwickelte, ebenso wie in der in den aztekischen Schriften festgehaltenen Mythologie. Man erwartete sogar von Kriegern eine feingeistige Bildung, und Poesie galt für sie als angemessener Zeitvertreib, wenn keine Schlachten anstanden.

Den Untergang der aztekischen Kultur verursachten die Europäer sowie die einheimischen Widersacher der Azteken, die nicht mehr länger dominiert werden wollten. 1521 plünderten die Spanier mithilfe einiger regionaler Staaten Tenochtitlán, aber letztlich zwangen die von den Europäern eingeschleppten Krankheiten – Pocken und Typhus – die Stadt in die Knie. Vor dem Eintreffen der Spanier lag die Bevölkerungszahl wohl bei 15 Millionen. 1581 waren es weniger als zwei Millionen. Da sie gegen die Krankheiten nicht immun waren und sich kaum noch gegen ihre Angreifer verteidigen konnten, unterlagen die Azteken den Spaniern. Damit brach in der Geschichte Mittelamerikas eine Epoche der europäischen Vorherrschaft an.

WASSERWELT

Die Rituale von Flag Fen, 1982

Im Jahr 1982 hob ein Bagger im flachen Marschland südöstlich der Stadt Peterborough in Mittelengland einen Entwässerungsgraben aus. Die Maschine kratzte auf einer Seite des Grabens eine Reihe von Holzpfählen aus der torfigen Erde und lud sie auf dem Aushubhaufen ab. In diesem landwirtschaftlich geprägten Gebiet ist die Entdeckung von ein paar alten Zaunpfosten archäologisch kaum interessant. Allerdings bemerkte ein dortiger Archäologe, Francis Pryor (geboren 1945), der die Arbeiten überwachte, an ihnen etwas Seltsames. Die Pfosten waren zwar von Menschen hergestellt worden, allerdings nicht mit Sägen. Jeder Pfosten war von Hand mit einem Breitbeil, einer Art Axt, bearbeitet worden – eine seit Jahrhunderten nicht mehr verwendete Technik. Pryor ließ einige Holzproben mit der C-14-Methode analysieren, die sie auf das Jahr 1000 v. Chr. datierte.

Aber woher stammten diese Pfähle eigentlich und wozu gehörten sie einst? Pryor ging die Entwässerungsgräben zu Fuß ab und schaufelte deren Ränder mit einer Kelle frei. Schließlich wurde er fündig. Auf der gegenüberliegenden Böschung entdeckte er noch mehr Pfosten unter dem Torf. Die Gegend von Flag Fen war kein gewöhnliches Ackerland. Irgendjemand hatte vor 3000 Jahren mühsam etwas durch das damals offene Sumpfland gebaut. Aber um was handelte es sich? Die Antwort fand man erst nach fast 25 Jahren umfassender Ausgrabungen im dunklen, feuchten Torf, der nicht nur die größte prähistorische Holzkonstruktion Britanniens enthielt, sondern auch einen wahren Schatz bronzezeitlicher Artefakte.

Eine Brücke durch das Moor

Vor 3000 Jahren lag das Meer, das heute kilometerweit entfernt ist, viel näher. Flag Fen war eine sumpfige Bucht, mit Festland im Süden und Westen und dem offenen Meer im Norden. Östlich von Flag Fen lag noch mehr offenes Moor, gesäumt mit Schilfgras, Binsen und Schwertlilien. Dahinter erhob sich ein weiteres Stück Land – Northey Island – nur ein paar Fuß hoch über das Wasser. Aber auch hier gab es Menschen. Wo auch immer sich trockenes Land fand, gab es Bauernhöfe. Zwischen diesen lag ein ausgedehntes und ausgeklügeltes System an Feldbegrenzungen. Über das offene Sumpfland bis hinüber zu

Northey Island waren ein paar Rundhäuser in der ganzen Landschaft verteilt. Jedes dieser Häuser war durch einen Viehweg vom Nachbarhaus getrennt und von den ihm zugehörigen Feldern umgeben.

Auf Northey Island aber fand sich etwas Besonderes: Hier entdeckte man eine der größten baulichen Leistungen der britischen Frühgeschichte – eine lange Dammstraße aus 60 000 Holzpfosten, die in den Schlick des Marschlandes getrieben worden waren und so das offene Fenn zwischen dem Festland und der mehr als einen Kilometer entfernten Insel überbrückten.

Wäre diese Landschaft nicht, ähnlich wie Moore, später von einer Schicht Torf bedeckt worden, wüssten wir nichts von dieser Holzkonstruktion. Die steinernen Monumente aus vergangenen Zeiten haben sich viel besser erhalten als organische Überreste, auch wenn diese vielleicht die Nachfolger der früheren Steinkreise und Hinkelsteine gewesen sein mögen und es in England einst vielleicht Tausende von ihnen gegeben haben könnte. Dieses Denkmal und seine bemerkenswerte Entdeckung geben uns Einblick in eine neue und fremde Welt.

Die große Ausstellungsfläche in Flag Fen, die „Preservation Hall", umfasst einen zehn Meter langen Streifen ausgegrabener Pfosten, der aber nur ein Prozent der Gesamtlänge des bronzezeitlichen Dammes ausmacht. Die meisten Holzpfähle stammen aus einer Zeit zwischen 1350 und 950 v. Chr. und wurden genau da stehen gelassen, wo man sie auch fand.

ZEITLEISTE

UM 1350 V. CHR. Eine bronzezeitliche Gemeinschaft im Marschland des heutigen Northamptonshire in Mittelengland baut einen riesigen hölzernen Damm zwischen Northey Island und dem Festland

UM 950 V. CHR. Der Holzdamm wird nicht mehr repariert und kaum mehr benutzt, vielleicht wegen des ansteigenden Wasserpegels. Die rituelle Bedeutung der Stätte erhält sich aber bis in die Eisenzeit

1982 N. CHR. Ein Bagger zieht bei Arbeiten an einem Entwässerungsgraben in Flag Fen Holzpfähle aus der torfigen Erde. Mit der C-14-Methode werden sie auf ein Alter von 3000 Jahren geschätzt

1986 Weitere Ausgrabungen enthüllen einen aus Holzpfählen erbauten Fußweg über das Fenn. Auf der landeinwärts gelegenen Seite des Damms findet man Hunderte von absichtlich zerstörten Artefakten

1989 Ausgrabungen am Kraftwerk von Peterborough legen einen weiteren Abschnitt des Damms frei. Die gesamte Konstruktion besteht wohl aus 60 000 bis 80 000 Pfählen und vielleicht vier Millionen Balken. Die immer noch andauernden Forschungen gewähren neue Einsichten in das England der Bronzezeit

Dies war aber nicht nur eine einfache Brücke. Die lange Reihe der Pfosten, an manchen Stellen über sieben Meter breit, war mit weißem Sand bedeckt, damit man auf der schlüpfrigen Oberfläche nicht ausrutschte. Neben diesem Damm lag noch etwas Überraschenderes. Im einst von seichtem Wasser bedeckten Gebiet fanden Archäologen Hunderte von Artefakten – einige der seltensten Güter jener Zeit. Da gab es Bronzedegen und -dolche, schwarze Schieferarmreifen, Haken, um Fleisch aus kochenden Kesseln zu ziehen, einen Satz Bronzescheren, noch verpackt in einem Holzetui, und sogar ein hölzernes Rad (das erste bekannte in England).

Diese Gegenstände waren aber nicht einfach bei der Überquerung des Fenns verloren worden. In einer Welt, in der Bronze rar und wertvoll war, würde jemand, der einen Dolch verloren hatte, angehalten und ihn wieder aus dem Wasser geborgen haben. Zudem waren die Objekte nicht willkürlich unter den Pfählen verteilt. Die meisten fanden sich auf der landeinwärts gelegenen Seite der Trasse, was ein versehentliches Verlieren unwahrscheinlich macht. Die Schwerter waren beschädigt. Eines hatte man so lange gegen eine harte Ecke geschlagen, bis die Schneide kaputt war. Andere waren verbogen oder sogar zerbrochen, aber nicht, weil es sich um ausrangiertes Werkzeug gehandelt hätte. Einige scheinen fast gar nicht benutzt worden zu sein.

Absichtlich weggeworfen

Die Menschen, die über den Damm von Flag Fen gingen, warfen offenbar funktionsfähige und hochwertige Waren in einer Art Ritual absichtlich fort. Bevor man sich ihrer entledigte, machte man diese Objekte unbrauchbar und „tötete" sie. Laut Francis Pryor erzählt uns dies etwas über die Religion der Menschen aus dem Fenn. Demnach war dieser Fußweg nicht nur eine Brücke zwischen zwei Orten, sondern eine zwischen zwei Welten – zwischen Land und Wasser (die Luft, die uns Atem schenkt, und das Wasser, in dem wir ertrinken), Leben und Tod, Himmel und Hölle.

Zu den bemerkenswerten Funden in Flag Fen gehören auch diese Bronzescheren, die man in einem geschnitzten Holzetui fand. Sie beweisen, dass man in diesem Gebiet auch Vieh hielt, unter anderem Schafe.

Wir wissen, dass in Flag Fen hochwertige Gegenstände als eine Art Opfer absichtlich ins Wasser geworfen wurden, aber die genaue Bedeutung dieses Rituals bleibt ebenso rätselhaft wie die Sprache der dabei verwendeten rituellen Formeln. Wir wissen, dass die dem Wasser übergebenen Gegenstände teuer gewesen waren – seltene Objekte, die oft von weither kamen und sicherlich viel gekostet hatten, wie auch immer man die Dinge bezahlte. Diese Menschen warfen keine Groschen in einen Brunnen, sondern das Äquivalent von Diamantenringen und Sportwagen.

Geheimnisse des Erdbodens

Die moderne Archäologie findet nicht nur Gegenstände in der Erde, sondern untersucht auch den Boden selbst auf Spuren der Vergangenheit. Bei Stätten, die zur Zeit ihrer Besiedlung anders beschaffen waren als heute – wie im Fall von Flag Fen –, können diese Spuren genauso wichtig sein wie Artefakte und Bauten.

Erde ist ein komplexes Gemisch aus organischen Materialien und Mineralien. Die verschiedenen Erdschichten an einer archäologischen Stätte und die darin enthaltenen Objekte spiegeln die damalige Welt wider. Der Boden enthält oft Samen und Pflanzenfragmente, die man mithilfe von Wasser herauslöst. Sobald die Erde durch das Wasser gelockert wird, steigen die Samen an die Oberfläche, wo man sie abschöpfen und aussieben kann. Wenn man verschiedene Samen aus unterschiedlichen Bodenproben einer Stätte betrachtet, kann man oft sagen, ob in einem Gebiet früher Ackerbau betrieben wurde, und sogar spezifische Pflanzen bestimmen. Der Fund von Getreidekörnern kann Orte wie beispielsweise einen Getreidespeicher anzeigen (der große Mengen „groben" Korns enthält) oder auch eine Küche (wo das Getreide oft verkohlt ist).

Unter dem Mikroskop finden sich auch kleinere Spuren. Pollen halten sich zum Beispiel gut. Entnimmt man einem Gebiet verschiedene Bodenproben, kann man dessen Landschaft zu verschiedenen Zeiten rekonstruieren. Das Vorhandensein großer Mengen domestizierter Arten könnte auf Landwirtschaft hindeuten, wohingegen große Mengen von Baumpollen eher eine Waldlandschaft vermuten lassen. Viele Pflanzenarten können nur unter bestimmten Bedingungen leben und bevorzugen entweder Trockenheit oder Nässe, Salz- oder Süßwasser, Wärme oder Kälte. Vergleicht man deren jeweilige Anteile, ergibt sich die Zusammensetzung der lokalen Flora und damit die jeweilige Landschaftsform.

Natürlich können die leichten Pollen vom Wind weit getragen werden, aber andere Dinge in der Erde können die Fehlerquote eingrenzen. Insbesondere enthalten Bodenproben oft Schalenreste von Weichtieren. Viele Weichtierarten reagieren besonders sensibel auf Umweltbedingungen. Und da Schnecken wohl kaum vom Wind weggeblasen werden können wie Pollen, kann man mit ihrer Hilfe die in der Vergangenheit vorherrschenden Umweltbedingungen spezifizieren.

Auch der Aufbau des Bodens selbst kann uns viel sagen. Sogenannte Boden-Mikromorphologen können bestimmen, ob eine Erdprobe von einem gepflügten Feld stammt, von einer regelmäßig begangenen Straße oder aus einer vor Jahrhunderten oder Jahrtausenden zugeschaufelten Grube. Durch solche Analysen wurde deutlich, dass Flag Fen zur Bronzezeit eben nicht das flache, fruchtbare und kilometerweit vom Meer entfernte Gebiet war, das es heute ist. Vielmehr lag es wohl am Rand einer sumpfigen Bucht, mit dem Meer direkt im Norden und einer flachen, bewirtschafteten Insel im Osten. Schilfgras und Schwertlilien säumten das Gebiet, und es waren die Letzteren, die ihm seinen Namen gaben.

Ein hölzerner Schutzdamm?

Vielleicht sollten die Opfergaben und der Fußweg selbst die ansteigenden Wasser, die das Ackerland mit jedem Jahr mehr bedrohten, rituell kontrollieren. Vielleicht markierte die Brücke in einer zunehmend „zusammengepferchten" Gesellschaft Eigentumsgrenzen? Ein bronzezeitlicher, hölzerner „Knut", der wie der legendäre König Knut sowohl das ansteigende Wasser als auch die von den Gezeiten langsam verdrängte Menschenflut abwehren sollte?

Der Damm könnte aber auch einen praktischeren Zweck erfüllt haben, denn er war der größte „Markstein" im gesamten Umkreis und vielleicht ein Ort, an dem sich die verschiedenen Gemeinschaften des bronzezeitlichen Fenn treffen konnten, um Ehemänner und Frauen zu finden sowie Vieh auszutauschen, also um die Stammbäume von Mensch und Tier aufzufrischen. Vielleicht ging es aber auch um weniger profane Erwägungen. Wie auch immer, in Flag Fen sehen wir erstmals einen Kult, der die alte monumentale Welt der Steinkreise aus dem Neolithikum ersetzte und den Beginn einer neuen Epoche markiert.

LEICHEN IM MOOR

Die Bestattungen im Lindow Moss, 1983

Am 13. Mai 1983 rief man die Polizei zu einem Torfstechplatz im Lindow Moss nahe Wilmslow in Cheshire im Nordwesten Englands. Die Torfstechmaschine hatte etwas ausgegraben, das zunächst wie ein alter Fußball aussah, sich aber als menschlicher Schädel erwies. Der Vorarbeiter vermutete ein Verbrechen, da der Kopf noch über Haare, etwas Haut und sogar ein Auge verfügte. Demnach konnte er wohl noch nicht lange hier liegen. Die Polizei sah das genauso.

Tatsächlich waren die Polizisten nicht überrascht. Sie hatten schon lange einen Fund wie diesen erwartet, und eine erste forensische Untersuchung bestätigte ihren Verdacht. Es handelte sich um den Kopf einer Frau zwischen 30 und 50, der mindestens fünf, aber nicht mehr als 50 Jahre im Moor gelegen hatte. Nun musste man nur noch ihren Mörder mit den Beweisen konfrontieren.

Schon lange stand nämlich ein Ortsansässiger, Peter Reyn-Bardt, im Verdacht, seine Frau vor einigen Jahren ermordet zu haben. Die Ehe des Paares war kurz und turbulent gewesen, eigentlich schon vorbei, bevor sie überhaupt begann. Es hieß später, Reyn-Bardt habe Malika nur zum Schein geheiratet, um seine Homosexualität zu verschleiern.

Sie stritten von Anfang an und trennten sich 1959. Im Juni 1961 verschwand sie und wurde nie wieder gesehen. Eine ihrer letzten Reisen hatte sie in das Gebiet unternommen, in dem Reyn-Bardt in seinem Haus am Lindow Moss lebte. Allerdings hatte er nie zugegeben, sie gesehen zu haben, und in den 22 Jahren seit ihrem Verschwinden war nicht der Hauch eines Hinweises über ihren Verbleib aufgetaucht.

Doch nun schien der Fall kurz vor der Aufklärung zu stehen. Man hatte in der richtigen Gegend die kürzlich vergrabenen Überreste einer Frau im passenden Alter gefunden. Und während der abgetrennte Kopf an das *Oxford University Research Laboratory for Archaeology* zur endgültigen Altersbestimmung des Opfers geschickt wurde, verhörte die Polizei Reyn-Bardt.

Die Überreste des Lindow-Mannes sind im Britischen Museum in London ausgestellt. Offiziell heißt er Lindow II, manche nennen ihn aber auch „Pete Marsh" als Referenz an das Torfmoor, in dem man ihn fand.

Ein unerwartetes Geständnis

Anstelle eines langen Ringens um Informationen erwartete die Polizisten eine Überraschung. Als sie den sonst eher verschwiegenen Reyn-Bardt mit den Beweisen konfrontierten, gab er ruhig zu, dass dies die Überreste seiner Frau seien und er sie umgebracht habe. Er sagte, Malika habe ihn besucht und ihm gedroht, seine Homosexualität öffent-

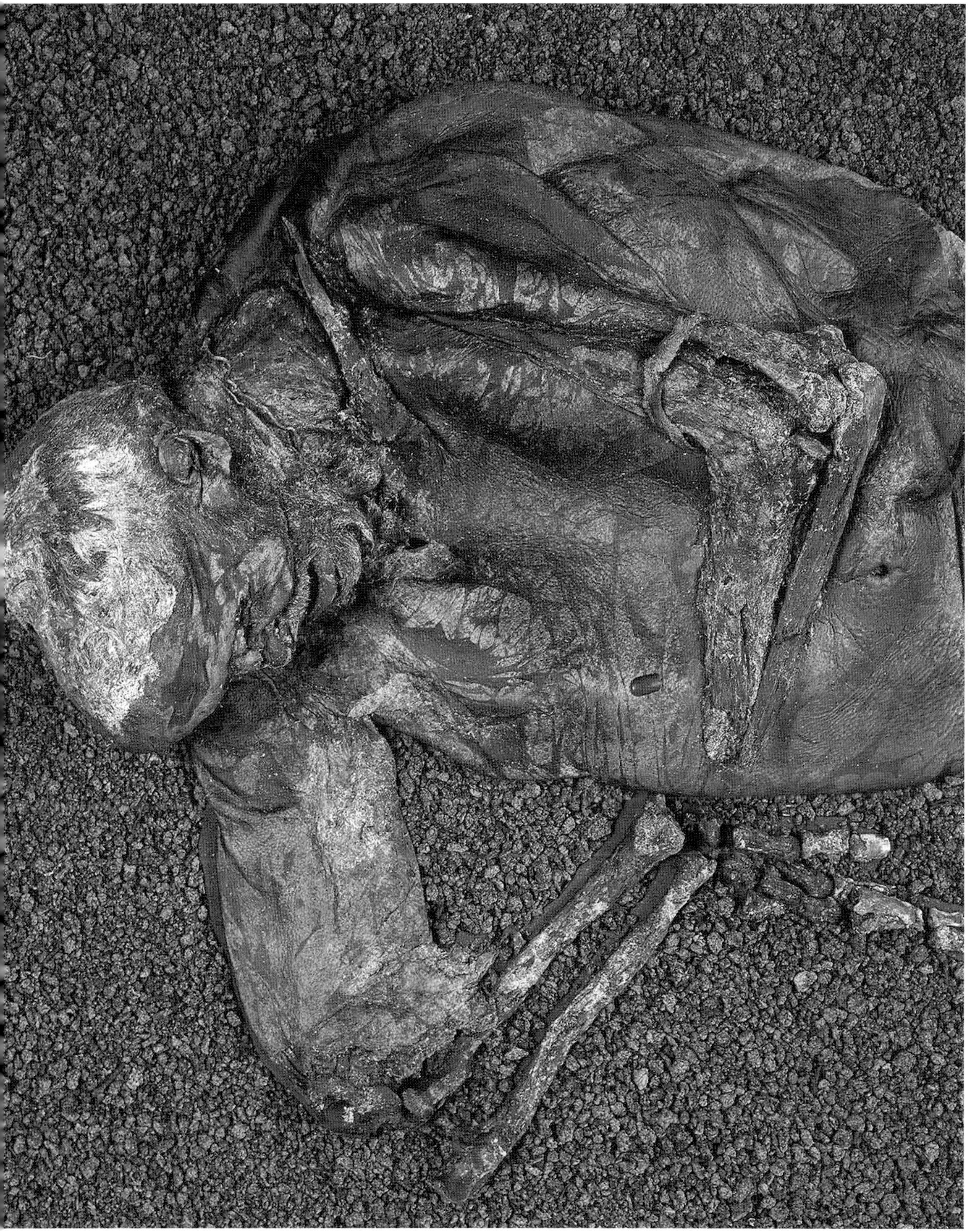

Der seltsame Tod des Lindow-Mannes

Der Mann aus dem Lindow Moss ist der einzige prähistorische Brite, dem wir noch in die Augen sehen können. In die blaugrauen Augen eines Mannes, dessen letzter Augenblick auf dieser Welt schrecklich und grausam war.

Seine gut erhaltenen Überreste zeigen, dass er ganz durchschnittlich war: jemand, der auch heutzutage – in moderner Kleidung – niemandem auffallen würde. Er war ungefähr 1,67 Meter groß, gut gebaut und sonnengebräunt. Offenbar achtete er auf sein Aussehen: Seine Nägel waren geschnitten, seine Haare kurz gehalten, ebenso wie sein Bart und Schnurrbart. Er starb bereits mit 25 Jahren, was auch für das 1. Jahrhundert n. Chr. sehr jung war. Seine letzten Momente allerdings scheinen alles andere als gewöhnlich gewesen zu sein.

Angesichts seiner manikürten Hände muss er ein relativ wichtiger Mann gewesen sein, der kaum körperlich arbeiten musste. Seine nur flachen Oberkörpermuskeln bekräftigen dies. Seine letzte Mahlzeit bestand aus ungesäuertem Brot aus Weizen und Gerste, gebacken auf einem Heidefeuer am Rand des Torfmoors. Dazu trank er ein Gebräu, das seltsamerweise Mistelpollen und Moos enthielt. Danach marschierte er ins Moor, und auch wenn wir nicht wissen, wer bei ihm war, so war er nicht allein. Vor 2000 Jahren war Lindow Moss auch schon ein Torfmoor, ein nasser, gefährlicher Ort, wo ein falscher Schritt tödlich enden konnte. Aber dieser Mann kam nicht durch einen Unfall um.

Durch eine Nachbildung seines Schädels und mithilfe des noch übrigen Gewebes konnte man mit Wachs die Gesichtszüge des Lindow-Mannes nachmodellieren. Auch Haare und Augen ähneln denen, die man an der Leiche gefunden hatte.

Hier stand er, an der Stelle, die sein Grab werden sollte. Nackt bis auf eine Armbinde aus Fuchspelz, in Erwartung seines Schicksals. Was nun geschah, wissen wir aufgrund der Spuren an seinem Körper. Zuerst schlug ihn einer seiner Begleiter mit einem stumpfen Gegenstand zweimal heftig auf den Hinterkopf. Seine Knie gaben nach und er fiel zu Boden. Seine Angreifer waren allerdings noch nicht fertig mit ihm. Man erdrosselte ihn mit einem schmalen Riemen. Zusätzlich stieß man ihm ein Messer in die Kehle und durchtrennte seine Jugularvene, bevor man seinen ausblutenden Körper mit dem Gesicht nach unten in einem Wasserloch versenkte.

Wir wissen nicht, ob der Lindow-Mann ein als Opfer ausgewählter Priester oder Adliger war oder ein zum Tode verurteilter Gefangener. Der exakt geplante Ablauf der Ereignisse scheint eine einfache Hinrichtung auszuschließen, denn niemand wird gleich dreimal getötet. Aber er kann uns nicht mehr sagen, ob er schicksalsergeben in den Tod ging oder ob seine Schreie über das Lindow Moss hallten.

Wir wissen auch nichts über den Grund für seinen Tod: Erfolgte er aufgrund eines besonderen Ereignisses oder war er Teil des normalen, wenn auch makabren, prähistorischen rituellen Kalenders? Sicher ist, dass Wassergebiete wie Sümpfe oder Moore für die Menschen der Eisenzeit eine religiöse Bedeutung hatten. Sie galten wohl als Grenzgebiete zwischen dieser Welt und einer wie auch immer gearteten „anderen“ Welt. Hier finden sich oft „geopferte“ Gegenstände, darunter auch funktionstüchtige und wertvolle Waffen wie Schwerter und Speere, die absichtlich zerstört und zusammen mit anderen Objekten und Gaben ins Wasser geworfen wurden. Manchmal verlangten die Götter dieser Zeit aber auch ein größeres Opfer – das größte Opfer, das eine Gemeinschaft bringen kann: einen der ihren. Eine Forderung, der die prähistorischen Briten nachzukommen bereit waren.

lich zu machen, wenn er ihr kein Geld gäbe. In einem Wutanfall habe er sie daraufhin erwürgt, ihre Leiche zerstückelt und in der Nähe seines Hauses im Lindow Moss vergraben.

Aufgrund dieses Geständnisses wurde Reyn-Bardt im Dezember 1983 in Chester Crown des Mordes angeklagt, aber kurz vor Beginn des Prozesses trafen seltsame Neuigkeiten aus Oxford ein. Die C-14-Methode hatte ergeben, dass der Kopf nicht 21 Jahre lang im Moor gelegen hatte. Vielmehr war er fast 1800 Jahre hier vergraben gewesen und gehörte nicht Malika Reyn-Bardt, sondern einer unbekannten Bewohnerin des römischen Britanniens. Das nützte Reyn-Bardt aber nichts, denn das englische Recht benötigt für eine Verurteilung wegen Mordes nicht unbedingt den Fund der Leiche, und Reyn-Bardt hatte ja gestanden. Der Prozess wurde fortgesetzt und der Angeklagte verurteilt.

Noch mehr Leichenteile

Und während die Entdeckung der „Lindow-Frau“ (wie sie genannt wurde) einen Fall abschloss, öffneten sich gleichzeitig viele andere. Im folgenden Jahr fand man am 1. August Teile eines anderen Körpers im Torfstechgebiet in Lindow Moss. Dieses Mal gehörten sie einem Mann. Obwohl die Maschine die Leiche beschädigt hatte, war sie dennoch gut erhalten und fast komplett. Man grub die Überreste vorsichtig aus und brachte sie für die wissenschaftliche Untersuchung in die Leichenhalle des nahen Krankenhauses.

Dieses Mal leitete man keine Mordermittlung ein. Die Leiche wurde bald ebenfalls auf das 1. oder 2. Jahrhundert n. Chr. datiert. Aber warum waren diese Menschen im Moor begraben worden? Im September 1984 obduzierte man die zweite Leiche, die sich als 25-jähriger Mann erwies, der ermordet worden war. Sein Schädel war an zwei Stellen gebrochen, seine Kehle aufgeschlitzt und seine Jugularvene durchtrennt. Zusätzlich hatte man ihn mit einem Lederriemen erdrosselt, so dass sein Genick brach.

Die konservierenden Eigenschaften von Torf

Normalerweise bestehen menschliche Überreste aus der Vergangenheit aus wenig mehr als Knochen oder Asche. Weiches Gewebe verrottet in der Erde rasch, da Insekten und Bakterien es zersetzen. In Torf aber sind die Bedingungen anders. Feuchter Torf verhält sich wie eine konservierende Lauge aus Huminsäure, die die Verwesung von organischem Material aufhält.

Diese äußerst säurehaltige Umgebung ist gleichzeitig sehr sauerstoffarm, so dass die aeroben Bakterien, die normalerweise organisches Gewebe zersetzen, hier nicht gedeihen. Der Lindow-Mann hielt sich im Torf deswegen fast so gut wie in einer Flasche Essig. Nicht nur seine Haut und seine Haare hatten die Zeiten überdauert, sondern auch seine Fingernägel, seine inneren Organe und sogar der Inhalts seines Magens. In seinem Darm fand man Spuren der Parasiten, an denen er zu Lebzeiten gelitten hatte, darunter Eier des Peitschenwurms, und sogar die Reste seiner letzten Mahlzeit.

Solch eine Leiche zu finden – einen Zeitreisenden aus ferner Vergangenheit – gehört zu den seltensten Schätzen in der Archäologie. Die meisten archäologi-

ZEITLEISTE

43 N. CHR. Die Römer fallen in der Eisenzeit in Britannien ein und berichten über Menschenopfer bei den Einheimischen

ETWA 1. JAHRHUNDERT Die Lindow-Frau und der Lindow-Mann werden in einem Torfmoor in Cheshire getötet. Im sauerstoffarmen Boden halten sich ihre Leichen

1959 Peter Reyn-Bardt und seine Frau Malika trennen sich nach einer kurzen und turbulenten Scheinehe

1961 Im Juni verschwindet Malika Reyn-Bardt nach einem Besuch im Haus ihres Mannes nahe dem Lindow Moss

1983 (13. Mai) Torfstecher graben im Lindow Moss einen menschlichen Schädel aus. Die hinzugerufene Polizei vernimmt Reyn-Bardt, der den vor 22 Jahren begangenen Mord an seiner Frau gesteht. Er wird angeklagt. Kurz vor Beginn des Prozesses finden Wissenschaftler heraus, dass die Lindow-Frau 1800 Jahre alt ist. Die Verhandlung geht weiter, und Reyn-Bardt wird wegen Mordes verurteilt

1984 (1. August) Dieselben Torfstecher finden noch mehr gut erhaltene Leichenteile aus dem 1. und 2. Jahrhundert n. Chr. Der Lindow-Mann starb eines gewaltsamen Todes durch ein Schädeltrauma, Erwürgen und Schnittwunden. Der Grund für seine Ermordung bleibt umstritten

MOORLEICHEN

Der Lindow-Mann und die Lindow-Frau sind nicht die einzigen Moorleichen in Europa. Tatsächlich fand man in Torfmooren, in deren speziellem Boden sich weiches Gewebe gut erhält, die Überreste von mehr als 1000 Menschen.

Das Alter der Leichen reicht von der Kolbjerg-Frau, die vor rund 10 000 Jahren wohl durch einen Unfall im Moor ertrank, bis zu einer Irin aus dem 16. Jahrhundert, die nach ihrem Selbstmord (der ein Begräbnis auf geweihtem Grund ausschloss) im Moor vergraben wurde. Der größte Teil der gefundenen Moorleichen aber stammt aus der Eisenzeit, aus den Jahrhunderten direkt vor und nach der römischen Eroberung des größten Teils von Europa.

Die meisten der gefundenen Toten, deren Überreste noch eine Aussage zulassen, scheinen umgebracht worden zu sein. Der Tollund-Mann, die vielleicht berühmteste Leiche nach dem Lindow-Mann, wurde in einem dänischen Moor entdeckt. Er war bis auf einen Gürtel und eine Lederkappe nackt und wurde offenbar mit der um seinen Hals geknüpften Schlinge erhängt. Das Yde-Mädchen aus den Niederlanden, die mit etwa 16 Jahren starb, hatte man aufgehängt und erstochen. Der Mann von Old Croghan, den man 2003 in der irischen County Offaly entdeckte, musste noch mehr erleiden. Er wurde erst gefoltert, wie die tiefen Schnitte unter seinen Brustwarzen zeigen, dann erstach man ihn, schnitt ihm den Kopf ab und zerteilte ihn schließlich in zwei Hälften. Wie der Mann aus dem Lindow Moss war er – bis auf eine Armbinde – nackt. Andere Moorleichen zeigen oft schwere Schädeltraumen, Messerwunden und Genickbrüche.

Man weiß nicht, weshalb diese Menschen getötet wurden. Einige der Verletzungen könnten auch post mortem zugefügt worden sein, insbesondere durch das Torfstechen, bei dem diese Leichen oft überhaupt erst gefunden werden, wenngleich dies im Falle des Lindow-Mannes sehr umstritten ist. Und selbst wenn es Beweise für einen gewaltsamen Tod gibt, ist es nach 2000 Jahren schwer zu sagen, ob das Opfer ermordet, für ein Verbrechen hingerichtet oder den Göttern geopfert wurde. Eine Wunde am Arm des Mannes aus Old Croghan zeigt, dass er sich verteidigt haben muss, aber in anderen Fällen finden sich keine Kampfspuren. Man vermutet, dass das Yde-Mädchen vor seinem Tod unter Drogen gesetzt wurde, damit es sich nicht wehrte, und dass das letzte Mahl des Mannes aus Tollund eine beträchtliche Menge des halluzinogenen Mutterkorn-Pilzes (*Claviceps*) enthielt, damit auch er sich nicht zur Wehr setzte.

Sicher ist, dass viele dieser Todesfälle „speziell" waren. Die sorgfältige Vorbereitung der Opfer, ihre ungewöhnliche Bekleidung und Haltung sowie die in vielen Fällen mehrfache Tötung legen nahe, dass eine Botschaft damit verbunden war – entweder an die Götter oder an die Mitmenschen. Durch die einzigartigen Bedingungen ihrer Gräber erreicht diese Botschaft auch noch die Menschen der Gegenwart.

schen Funde bestehen aus hartem, widerstandsfähigem Material wie Stein, Metall und Keramik. Aber im alltäglichen Leben sind wir vor allem von vielen organischen, verderblichen Dingen umgeben, die rasch verrotten. Das gilt noch viel mehr für das Leben unserer Vorfahren. Zu den seltensten Funden gehört deshalb unser zerbrechlichster Besitz – der menschliche Körper.

Man findet kaum Überreste von Menschen aus der Eisenzeit. Welchem Begräbnisritual sie auch immer folgten, sie scheinen ihre Toten nicht in einer für uns heute archäologisch erkennbaren Art und Weise begraben oder eingeäschert zu haben. Man fand ihre robusteren Besitztümer, aber fast keine physischen Überreste – nicht einmal Knochen.

Hier im Lindow Moss lagen ganze Menschen aus der Vergangenheit, mit erkennbaren Gesichtern. Wir rekonstruierten deren Leben mit forensischen Methoden, und ihr Tod sorgte für nur noch mehr Diskussionen. Auch wenn die Entdeckung des Lindow-Mannes keine moderne Mordermittlung ausgelöst hatte, so wurde damit eine aus lang vergangenen Zeiten wieder aufgerollt.

Die geschlossenen Augen und der friedliche Gesichtsausdruck des erstaunlich gut erhaltenen Tollund-Mannes stehen in starkem Kontrast zu seinem Schicksal: Laut Autopsie wurde dieser 30 bis 40 Jahre alte Mann gehenkt, bevor man ihn vor 2500 Jahren in einem dänisches Torfmoor versenkte.

DIE GESCHICHTE EINES SOLDATEN

Ausgrabung am Little Bighorn, 1984

Die Archäologie bleibt nicht stehen, und ihre Techniken werden heutzutage auf viele Stätten angewandt, die einst als das alleinige Revier von Historikern galten. Sogar bei scheinbar gut dokumentierten Orten kann die Archäologie neue Einblicke in das dort abgelaufene Geschehen geben, insbesondere in das Leben von gewöhnlichen Menschen, die in den historischen Berichten keinen Platz finden.

Der Sommer des Jahres 1983 war in Dakota heiß und trocken. Die Grasebene entwickelte sich zum Pulverfass. Am 11. August warf dann ein unbekannter Fahrer auf dem Highway 212 eine brennende Zigarette aus dem Autofenster und setzte so die umliegenden Hänge in Brand. Das Feuer war zwar für die einheimische Fauna eine Katastrophe, aber als man die Flammen endlich gelöscht hatte, enthüllte die dürre Landschaft ein lange verborgenes Geheimnis. Denn dies hier waren keine normalen Hügel, es war der Austragungsort einer der wichtigsten Schlachten in der amerikanischen Geschichte – G.A. Custers „Last Stand", seine letzte Verteidigungsstellung. Nach dem Verbrennen von Gras und Vegetation stieß man am Boden auf die Geister der Schlacht in Form von Patronen und Kugeln, Uniformschnallen und Pfeilspitzen. Nach deren archäologischer Analyse mussten die Geschichtsbücher umgeschrieben werden.

Militärangriff gegen die Einheimischen

Der Grund für Custers letzte Stellung in der Schlacht am Little Bighorn geht auf das Jahr 1868 zurück, als der „Second Treaty of Fort Laramie" das Gebiet der Black Hills in Dakota den amerikanischen Ureinwohnern zusprach. Dieser Vertrag wurde zu einer Zeit geschlossen, als die Black Hills für die weißen Siedler relativ wertlos waren. Als man dort aber Gold entdeckte, änderte sich die Lage. Goldsucher drängten in das Gebiet, während die Regierung versuchte, die Ureinwohner in Reservate abzuschieben. Die Sioux und die Nördlichen Cheyenne ließen sich aber nicht einfach einsperren. Als sie aus den ihnen zugewiesenen Gebieten ausbrachen, schickte die Regierung das Militär.

Im Frühjahr 1876 wurde die 7. US-Kavallerie beauftragt, die amerikanischen Ureinwohner in ihre Reservate zurückzudrängen. Am 25. Juni berichtete ein den Crow angehörender Späher Lieutenant Colonel (Oberstleutnant) George Armstrong Custer (1839–1876), dass Ureinwohner auf der Böschung des Flusses Little Bighorn ein großes Lager aufgeschlagen hatten, woraufhin er sich zum Angriff entschloss.

Bis zur archäologischen Rekonstruktion der Ereignisse in der Schlacht am Little Bighorn wurde Custer in der amerikanischen Geschichte als romantischer Held verherrlicht. Dieses Gemälde von 1876 zeigt, wie er sich tapfer dem Feind entgegenstellt, während seine Leute um ihn herum sterben.

Custer ließ seine Männer in drei Kolonnen angreifen, um die Indianer in die Zange zu nehmen, aber als seine eigene Abteilung aus fünf Kompanien am Fluss entlang vorrückte, dämmerte ihm, dass er einen Fehler gemacht hatte. Das Lager war etwa 7000 Mann stark, und er hatte seine Truppen in kleine, verwundbare Einheiten unterteilt. Er schickte Frederick Benteen (1834–1898), dem Kommandeur der ersten Einheit, folgende Nachricht:

> *«Benteen, beeil dich. Großes Lager, sei schnell, bring Verstärkung.»*

Die Notiz wurde dem Hornisten John Martin übergeben, der Custer und dessen 210 Mann als Letzter lebend sehen sollte. Was danach passierte, war bis 1984, als die Archäologen das Schlachtfeld untersuchten, Gegenstand von Spekulationen.

Die Wahrheit kommt ans Licht

Durch den Brand am Ort der Schlacht von Little Bighorn ergab sich für die Archäologen die Möglichkeit, die Geschehnisse jenes Sonntags, des 25. Juni 1876, zu rekonstruieren. Es gab bislang nur „historische" Berichte, oft von an der Schlacht beteiligten Indianern. Offiziell wurde Custer als Held dargestellt, der tapfer gegen eine Übermacht kämpfte und seine Männer in der berühmten letzten Verteidigungsstellung um sich scharte, in der sie alle umkamen.

Aber diese Sichtweise war nicht neutral. Custers Witwe versuchte verzweifelt, ihren Mann als Helden darzustellen, die weißen Siedler zeichneten die amerikanischen Ureinwohner als Wilde, die kein Recht auf dieses Land hätten, und sogar die Indianer selbst spielten den Heroismus ihres Feindes hoch, vielleicht um spätere Vertragsverhandlungen zu begünstigen, oder auch, um ihre eigene Tapferkeit hervorzuheben.

Der Last Stand Hill wurde zu einem Nationaldenkmal. Grabsteine markieren die Begräbnisstellen der gefallenen US-Soldaten. Der große Stein im Vordergrund zeigt Custers Grab vor dessen Umbettung im Jahr 1877 auf den Friedhof in West Point an.

Da keiner von Custers Leuten die Schlacht überlebt hatte, konnten nur die Archäologen klären, was wirklich passiert war. Man untersuchte deswegen Little Bighorn wie einen Tatort mit forensischen Techniken.

Das gesamte Schlachtfeld wurde erst rasterförmig unterteilt und anschließend mit Metalldetektoren abgegangen. Jede Stelle, an der ein Signal ausgelöst wurde, markierte man mit einer kleinen Fahne. Direkt hinter den Metalldetektoren kamen Ausgräber, die die metallischen Gegenstände freilegten. Diese wurden fotografiert und auf einer Karte verzeichnet (ebenso wie die Tiefe und Ausrichtung, in der sie in der Erde lagen), bevor man sie entfernte. Man fand hauptsächlich Kugeln und Patronenhülsen, die – wie man aus Kriminalermittlungen weiß – wichtige Informationen enthalten können. Geschosse beispielsweise tragen Rillen vom Lauf der Waffe. So lassen sich der Waffentyp und sogar die einzelne Waffe identifizieren, aus der ein Schuss abgegeben wurde. Patronen tragen ähnliche „Stiftmarken" (wo der Schlagbolzen das Zündplättchen trifft), die bei jeder Waffe anders aussehen.

Lt. Col. Custers erste Abteilung während des Angriffs am Little Bighorn wurde von Major Marcus Reno geführt. Als er die Übermacht des Feindes erkannte, befahl Reno den Rückzug, wobei einige seiner Männer den Tod fanden, wie auf dieser Illustration von Amos Bad Heart Buffalo zu sehen.

In der Minderheit und schlechter bewaffnet

Durch diese mikroskopischen Details konnte man feststellen, welche Waffen von wo abgefeuert worden waren, und nachvollziehen, wie sich jede Waffe (und somit ihr Besitzer) über das Schlachtfeld bewegt hatte. Die amerikanischen Ureinwohner verwendeten – neben der traditionellen Bewaffnung mit Pfeil und Bogen (wie die gefundenen Pfeilspitzen aus Metall belegen) – mindestens 47 verschiedene Arten von Schusswaffen.

Die Spuren auf den Kugeln und Patronen zeigen, dass sie etwa 415 Feuerwaffen hatten, darunter auch Colt-Revolver und Springfield-Karabiner, die aus vergangenen Schlachten mit der US-Armee stammen mussten, ebenso wie veraltete Frontlader. Offenbar bevorzugten die Indianer Repetiergewehre wie die Winchester Modell 1866, Kaliber 44, während die US-Kavallerie nur die einschüssigen Springfield-Gewehre hatte. Zwar schossen Letztere präziser, aber im Schlachtgetümmel waren die Sioux und Cheyenne mit den Repetiergewehren im Vorteil.

Neben den Untersuchungen mit den Metalldetektoren führten die Archäologen bei den 252 Marmorsteinen auf dem Schlachtfeld Ausgrabungen durch. Diese Steine markierten die Stellen, an denen Custers Männer gefallen waren. Man hatte sie jedoch erst 14 Jahre nach der Schlacht aufgestellt und über neun Jahre, nachdem man die Leichen exhumiert und in einem Massengrab auf dem Last Stand Hill beigesetzt hatte. Außerdem gibt es mehr Gedenksteine als gefallene US-Soldaten. Durch die Ausgrabungen identifizierte man die meisten der falschen Markierungen und entdeckte die Überreste von mindestens 44 Soldaten. Größtenteils fand man kleinere Hand- und Fußknochen, die bei der Exhumierung übersehen worden waren. Frakturen an Schädelknochen bestätigten indianische Aussagen, dass verwundete Kavalleristen mit Keulen und Beilen totgeschlagen wurden. Stoßspuren auf manchen Schädeln belegen, dass die Sioux nach der Schlacht, einem Brauch gemäß, die Köpfe der gefallenen Feinde zerschmetterten.

Das harte Soldatenleben

Die forensischen Knochenuntersuchungen erzählten auch etwas über die Lebensumstände der US-Soldaten. Anders als in Filmen dargestellt, hatten sie ein hartes Leben. Ihre Skelette zeigen Spuren häufiger Brüche und ernster Rückenprobleme, vermutlich aufgrund der vielen Stunden im Sattel. Um die Mundhygiene war es so schlecht bestellt, dass die meisten faule Zähne hatten. Allerdings zeigen hochwertige Zinn- und Goldfüllungen in einem der Kiefer, dass es für diejenigen, die es sich leisten konnten, durchaus Zahnbehandlungen gab. Die Zähne fast aller waren von Kaffee und Tabak fleckig.

Anhand der Fundorte der Geschosse und Patronen sowie der Stellen, an denen die Kavalleristen fielen, konnte man den Verlauf der Schlacht rekonstruieren, was allerdings zu Kontroversen führte. Nach wie vor wird die Legende von Custers letzter Stellung aufrechterhalten, allerdings zeigen die tatsächlichen Muster, in denen die Waffen abgefeuert wurden, dass die angebliche Tapferkeit, mit der Custer und seine Männer sich der feindlichen Übermacht entgegenstellten und sozusagen mit der Waffe in der Hand starben, ein Mythos ist.

Custers Führung brach zusammen

Custers Leute verteidigten sich zwar zunächst, aber mit einer Übermacht von drei zu eins konfrontiert, war ihr Kampf bald aussichtslos. Custer hatte einen leichten Sieg erwartet – ein Grund, warum sein Kommando angesichts eines gut organisierten Feindes zusammenbrach. Die indianischen Berichte, dass die Kavallerie wie eine Büffelherde panisch davonrannte und wie betrunken wild in die Luft feuerte, scheinen angesichts dieser Befunde eher wahr zu sein als das populärere Bild, dass Custers Soldaten bis zuletzt treu an seiner Seite gestanden hätten. Historiker und Archäologen streiten weiterhin darüber, was von der „letzten Verteidigungsstellung" Custers wahr ist. Aber das Schlachtfeld am Little Bighorn hat bewiesen, dass die Archäologie auch bei historisch „bekannten" Ereignissen neue Einsichten bringen kann.

ZEITLEISTE

1868 Der „Second Treaty of Fort Laramie" sichert den amerikanischen Ureinwohnern die Rechte an den Black Hills in Dakota zu

1875 Goldfunde in diesem Gebiet ziehen viele Schürfer an. Die Behörden schieben die Indianer in Reservate ab. Die Spannungen wachsen, bis die Regierung militärisch eingreift

1876 Lt. Col. (Oberstleutnant) Custer wird beauftragt, die aus ihren Reservaten ausgebrochenen Indianer einzukreisen. Er erfährt von einem großen Lager nahe dem Fluss Little Bighorn und lässt seine Truppen in drei Flügeln angreifen – ein fataler taktischer Fehler, durch den seine Männer in die Unterzahl geraten. Das Massaker an Custers Leuten am 25. Juni geht in die Geschichte als „Last Stand" ein, die letzte Verteidigungsstellung gegen die Einheimischen

1877 Custers Überreste werden auf den Friedhof von West Point im Staat New York umgebettet

1890 Man ersetzt die Holzpflöcke, die die Stellen markierten, an denen die Soldaten fielen, durch Marmorsteine

1983 (11. August) In den Hügeln um das Schlachtfeld bricht ein Flächenbrand aus. In der verwüsteten Landschaft findet man bislang unentdeckte archäologische Überreste

1984 Mit konventionellen archäologischen und modernen forensischen Methoden kann man die Ereignisse der Schlacht am Little Bighorn neu rekonstruieren. Archäologen weisen nach, dass die Geschichten um die letzte Verteidigungsstellung nicht stimmen

Forensische Archäologie

Die Entwicklung der Forensik hat sich auf die Art und Weise ausgewirkt, wie Archäologen freigelegte menschliche Überreste interpretieren. Umgekehrt hat aber auch die Archäologie die moderne forensische Arbeit beeinflusst. Während die forensische Analyse des Schlachtfelds am Little Bighorn half, die dortigen Geschehnisse zu rekonstruieren, haben forensische Archäologen diese Methoden neuerdings auf moderne Verbrechensermittlungen übertragen.

Die forensische Archäologie ist die Anwendung archäologischer Methoden auf Schauplätze von Verbrechen. Heutzutage helfen Archäologen der Polizei bei der Suche nach menschlichen Überresten oder nach Objekten, die mit einem Verbrechen zusammenhängen. Dabei setzt man alle archäologischen Instrumente ein, traditionelle wie moderne.

Ein forensischer Anthropologe gräbt auf einem argentinischen Gräberfeld im Jahr 1984 Leichen aus – Opfer des sogenannten Schmutzigen Krieges (1976–1983), in dem schätzungsweise 30000 Menschen durch das Militär getötet wurden.

Anhand von Kugelspuren kann man die verwendete Waffe identifizieren, Blutproben werden für einen DNA-Vergleich der an einem Verbrechen beteiligten Personen benutzt und Fußabdrücke mit Gips ausgegossen, um die am Tatort getragenen Schuhe zu bestimmen. Bodenproben werden auf Pollen, Samen und andere mikroskopische Materialien untersucht, die dazu beitragen können, zu bestimmen, wo eine Leiche vorher war und zu welcher Jahreszeit sie vergraben wurde.

Die Erfahrung beim Ausgraben antiker Begräbnisstätten hilft Archäologen bei der Rekonstruktion des Aussehens von Menschen, manchmal sogar nur aus Teilen sterblicher Überreste. Aus all dem entwickelte sich die forensische Anthropologie, die Skelette und Zähne auf das Alter, Geschlecht und die Größe eines Menschen untersucht und Erkenntnisse über den Gesundheitszustand zu Lebzeiten sowie zu den Todesumständen liefert. Dies ist besonders hilfreich bei Tatorten mit einer nicht mehr zu identifizierenden Leiche.

Archäologen können helfen, den Schauplatz eines Verbrechens mit geophysikalischen Vermessungstechniken wie dem Bodenradar zu lokalisieren und vergrabene Objekte zu finden. Identifizierte Tatorte kann man wie eine archäologische Stätte ausgraben, um noch mehr Hinweise zu erhalten.

Bei Leichenfunden können Archäologen anhand dessen, was um die menschlichen Überreste herum entdeckt wird, auf die näheren Todesumstände schließen. Gegenstände im Grab werden freigelegt, gezeichnet und auf einer Karte vermerkt, um die Abfolge der einzelnen Ereignisse zu rekonstruieren.

Die forensische Archäologie überträgt die archäologischen Methoden auf die Gegenwart, um Informationen über jeden beliebigen Zeitraum zu gewinnen. Vor 50 Jahren galt die Archäologie noch als Wissenschaft, die sich nur mit der fernen Vergangenheit beschäftigte. Heutige Archäologen aber arbeiten an einem breiten Spektrum von Fällen – von Raubermittlungen bis hin zu Kriegsverbrecherprozessen der UN – und tragen dazu bei, Verbrecher zur Rechenschaft zu ziehen.

VERMISST

Die Suche nach dem Schlachtfeld im Teutoburger Wald, 1989

Benutzer von Metalldetektoren stehen bei Berufsarchäologen nicht immer im besten Ruf. Denn diese fürchten, dass illegale „Schatzsucher" empfindliche archäologische Stätten beschädigen können. Aber die große Mehrheit derjenigen, die Metalldetektoren verwenden, sind hoch motivierte Hobbyarchäologen und Historiker, und manchmal entdecken sie auch international Bedeutsames.

Major Tony Clunn (geboren 1946) ist so ein Enthusiast. Als Offizier der britischen Armee wurde er 1987 zum Medical Corps der Royal Army in Osnabrück versetzt. Hier beschäftigte er sich mit der Archäologie der Umgebung. Als Soldat war er besonders an einer Episode der deutschen Geschichte interessiert, die man zwar aus historischen Berichten kennt, deren Ort aber nie gefunden wurde – die verheerende Niederlage der Römer durch die germanischen Stämme im Jahr 9 n.Chr. in der Schlacht im Teutoburger Wald.

Clunn holte sich zunächst die Zustimmung des Archäologen Wolfgang Schlüter für die Suche in der Region. Schlüter war zunächst verblüfft, erstens, weil er um Erlaubnis gefragt wurde, und zweitens, weil er – wie er Clunn erklärte – in den ganzen 13 Jahren, die er schon hier arbeitete, kein einziges römisches Artefakt gefunden hatte. Aber dennoch sagte er seine Hilfe zu und erzählte Clunn von einer alten Militärstraße nördlich der Stadt, die durch ein Gebiet namens Kalkriese führte. Im 19. Jahrhundert hatte der deutsche Historiker Theodor Mommsen (1817–1903) bemerkt, dass ortsansässige Bauern hier oft römische Münzen fanden (in einem Gebiet, das eigentlich außerhalb des ehemaligen römischen Reichs lag). Diese stammten alle aus der Zeit von Kaiser Augustus (63 v.Chr. – 14 n.Chr.). Auf einem Feld außerhalb der Stadt Bramsche hatte man so viele Münzen gefunden, dass die Einheimischen es „Goldacker" nannten. Mommsen hatte vermutet, dass der Fund so vieler römischer Münzen aus der gleichen Epoche außerhalb des ehemaligen Reiches bedeuten könnte, dass hier die berühmte Schlacht stattgefunden hatte. Aber da man nie militärische Ausrüstungsgegenstände der Römer entdeckte, fand diese Theorie kaum Beachtung.

Tony Clunn erforschte dennoch dieses Gebiet neu. Ausgerüstet mit Mommsens Aufzeichnungen, begann er die Fundstätten der Münzen auf modernen Karten einzutragen. Nachdem er vier Monate lang so seine Freizeit geopfert hatte, konnte er einen Gelände-

Die römische Invasion Germaniens und die Unterwerfungsversuche der Statthalter Roms waren oft brutal. Diese Abbildung zeigt Varus beim Foltern germanischer Stammesangehöriger.

ZEITLEISTE

7 N. CHR. Varus wird Statthalter der römischen Provinz Germanien und schenkt seinen Truppen Münzen

9 N. CHR. Durch falsche Berichte über eine Rebellion germanischer Stämme angelockt (der in Rom erzogene germanische Anführer Arminius hatte sie fingiert), will Varus mit 24 000 Mann den Aufstand niederschlagen. Arminius greift zusammen mit Verbündeten die Truppen und ihr Gefolge aus dem Hinterhalt an. Fast alle Römer sterben, und die Schlacht zeigt dem Römischen Reich letztlich seine Grenzen

15 Eine römische Expedition entdeckt die Leichen der Soldaten und Zivilisten und beerdigt sie in Massengräbern

19. JAHRHUNDERT
Theodor Mommsen sieht die vielen von Bauern gefundenen römischen Münzen aus dem 1. Jahrhundert als Zeichen dafür, dass hier die Schlacht im Teutoburger Wald stattfand. Man beachtet die Theorie kaum

1987 Tony Clunn wird nach Deutschland versetzt und bittet Wolfgang Schlüter, nach dem Ort der Schlacht suchen zu dürfen. Er entdeckt römische Münzen und Bleischleudern

1989 Ausgrabungen unter der Leitung des Osnabrücker Museums fördern zahlreiche Artefakte, aber auch menschliche Überreste zutage. Die Schlacht im Teutoburger Wald fand also hier statt

abschnitt bei der alten Straße isolieren, von dem ihm sein militärischer Sachverstand sagte, dass dies ein guter Beobachtungspunkt war: entweder für die Römer, die die Germanen angreifen, oder für die germanischen Späher, die das verhindern wollten. Er suchte das Gebiet in Rastern mit seinem Metalldetektor ab.

Artefakte und Munition

Am ersten Tag entdeckte er eine römische Silbermünze aus dem 1. Jahrhundert n. Chr., also aus der Zeit vor der Schlacht. Am folgenden Wochenende grub er weitere 105 römische Münzen aus. Dies war der größte – und einzige – Fund römischer Artefakte in diesem Gebiet in der heutigen Zeit. Er bewies zwar römische Aktivitäten in dieser Region, aber noch lange nicht, dass auch die

Schlacht hier stattgefunden hatte. Große Mengen römischer Münzen zirkulierten innerhalb wie außerhalb des Reiches, und gerade entlang den Handelsrouten findet man oft große Mengen. Was aber die Wahrscheinlichkeit für die Schlacht hier in dieser Gegend erhöhte, war etwas scheinbar völlig Wertloses, das die Bauern wohl nicht interessiert hatte: drei Bleischleudern. Diese Munition wurde von den leicht bewaffneten römischen Auxiliartruppen verwendet und war damit genau das von Mommsen gesuchte militärische Material.

Die Funde führten zu einem engen Pass in den Hügeln südlich des Kalkrieser Bergs. Diese Stelle erschien Clunn für genau den Hinterhalt, den die römischen Quellen beschreiben, ideal geeignet: ein enger Hohlweg zwischen einem Hügel und einem Marschgebiet. Also begann man 1989 unter der Leitung des Osnabrücker Museums mit den Ausgrabungen.

Unter den in Kalkriese gefundenen Gegenständen war auch eine Maske, wie sie ein römischer Kavallerist getragen haben könnte, ähnlich dem oben abgebildeten Replikat mit einem kunstvollen Helm.

Man fand eine Fülle von römischen Artefakten, alle aus dem Jahr 9 n. Chr. oder aus der Zeit davor. Neben Münzen entdeckte man auch militärische Objekte wie die spektakuläre Silbermaske eines römischen Kavalleristen und sogar den Abdruck der Sandale eines Soldaten im gehärteten Schlamm. Objekte mit dem Stempel „Erste Kohorte" (auch wenn wir nicht wissen, zu welcher Legion diese Kohorte gehörte) beweisen die Anwesenheit schwerer römischer Infanterie neben der Kavallerie und den Hilfstruppen. Später fand man römische Schwerter und Dolche, Speer- und Pfeilspitzen, Fragmente von Plattenpanzerungen und Kettenhemden sowie noch mehr Schleudern.

Anzeichen für ein Massaker

Andere Funde sprechen für das schreckliche Ende einer großen Expedition. Man entdeckte Löffel und Kessel, Haarnadeln und Broschen (auch Frauen begleiteten die Soldaten), Hämmer und Spitzhacken, Rasiermesser, Schlösser, chirurgische Instrumente und Schreibwerkzeug. Was auch immer hier passierte, es war mehr als ein Scharmützel mit römischen Kundschaftern. Dies sind die Hinterlassenschaften eines großen Verbands mit Ärzten, Köchen, Schreibern, Handwerkern und Ingenieuren. Man fand auch die Überreste der Menschen selbst. Fünf Gruben enthielten menschliche Knochen, viele mit Spuren von Gewalt. Den Analysen zufolge lagen die Knochen erst noch einige Zeit im Freien, bevor man sie vergrub. Das deckt sich mit römischen Berichten über eine Expedition, die sechs Jahre nach der Katastrophe die verwesten Leichen begrub. Neben den Artefakten entdeckte man auch einen 1,50 Meter hohen und über 700 Meter langen Torfwall entlang der Hügelböschung, mit einer hölzernen Palisade auf der Spitze – eine ideale Basis, um die Falle zuschnappen zu lassen.

Den vielleicht letzten Beweis dafür, dass hier die Schlacht im Teutoburger Wald stattgefunden hatte, lieferten wieder die Münzen. Diese stammten nicht nur alle aus der Zeit vor der Schlacht, sondern einige trugen den Stempel VAR, vermutlich eine Abkürzung für Varus, der seine Truppen in Germanien in den Tod führte. Diese Münzen waren wohl Teil eines Geschenks von Varus an seine Männer im Sommer des Jahres 9 n. Chr., als er zum römischen Statthalter Germaniens ernannt und ausgesandt wurde, um die dortigen Stämme zu unterwerfen. Später im selben Jahr starben genau diese Männer mit den Münzen in ihren Taschen – in einem Land, das niemals römisch sein sollte.

Die Schlacht im Teutoburger Wald

«… sie sahen, dass er (Augustus) so erschüttert war, dass er mehrere Monate lang weder seinen Bart noch seine Haare schnitt. Manchmal schlug er seinen Kopf gegen eine Tür und rief: ‹Quinctilius Varus, gib mir meine Legionen zurück!› Den Tag der Katastrophe beging er jedes Jahr als einen Tag des Kummers und der Trauer.»

Sueton „Leben der Caesaren" (*Augustus* 23.4)

Im Jahr 7 n. Chr. wurde Publius Quinctilius Varus zum Statthalter in der römischen Provinz Germanien ernannt. Unter der Herrschaft von Augustus erstreckte sich das Römische Reich von Frankreich und Spanien bis nach Griechenland, an die Küstenregionen des Nahen Ostens, Ägyptens und Nordafrikas. Aber, wie bereits Julius Cäsar (100–44 v. Chr.) gewarnt hatte, die germanischen Stämme waren eine stete Gefahr für das Römische Reich.

Die Taktik Roms im Umgang mit Germanien war eine Kombination aus Zuckerbrot und Peitsche. Einer der wichtigsten Anführer der Germanen, Arminius, war als Geisel in Rom aufgewachsen und dort militärisch ausgebildet worden. Der solchermaßen „Romanisierte" sollte seine Gefolgsleute zu Verbündeten der Römer machen, die ihr Territorium über den Rhein bis zur Elbe ausweiten wollten.

Varus' Regierungsstil war aber in der Region höchst unbeliebt, nicht zuletzt bei Arminius, und als der Statthalter die Unterwerfung Germaniens plante, tat sich Arminius heimlich mit anderen Stämmen zusammen, um sich für immer von den Römern zu befreien.

Im September des Jahres 9 n. Chr. zog Varus von seinem Sommerlager zurück in sein Winterhauptquartier am Rhein, als er von der Revolte einiger Stämme erfuhr. Varus wollte die Rebellion sofort niederschlagen und zog auf ein den Römern unbekanntes Territorium. Drei Legionen, drei Kavallerieeinheiten und sechs Hilfskohorten – insgesamt rund 24 000 Mann – begleiteten ihn. Varus wusste nicht, dass diese Expedition vom vermeintlich loyalen Arminius, der nun an seiner Seite ritt, eingefädelt worden war. Denn es gab keinen Aufstand, und Arminius führte die Legionen in einen Hinterhalt.

Kurz bevor die riesige Truppe einen Engpass im Gelände erreichte, entschuldigte Arminius sich mit der Ausrede, er wolle lokale Alliierte der Römer kontaktieren. Stattdessen stieß er zu seinen eigenen Truppen und bereitete sich, zusammen mit drei anderen Stämmen, darauf vor, die Legionen anzugreifen. Mittlerweile hatten die römischen Streitkräfte ihre sonst kompakte Formation aufgeben müssen. Die Truppe war auf ihrem Weg durch die Wälder und das Marschland über mehrere Kilometer verstreut und bot eine ideale Angriffsfläche. Arminius schlug zu.

Man weiß nicht, wie lange die Schlacht dauerte. Die antiken Quellen berichten, dass die germanischen Stämme zwei oder drei Tage lang angriffen, während manche Historiker heute meinen, dass es sich nur um Stunden gehandelt haben könne. So oder so war es ein Massaker. Arminius kannte die Militärtaktiken der Römer und wusste diese gegen seine früheren Herren anzuwenden. Die römischen Streitkräfte wurden fast bis zum letzten Mann vernichtet. Varus und viele seiner Offiziere stürzten sich angesichts der verheerenden Niederlage in ihre Schwerter. Der römische Historiker Tacitus berichtet („Annalen" 1.61), dass die Toten von den Germanen einfach liegen gelassen oder an Bäume genagelt wurden. Er beschreibt, wie ein römischer Erkundungstrupp diese sechs Jahre später fand:

«In der Mitte des Feldes lagen die ausgeblichenen Knochen der Männer, so wie sie geflohen waren oder standgehalten hatten, überall verstreut oder aufgehäuft. In der Nähe fanden sich Teile von Waffen und Gliedmaßen von Pferden und sogar menschliche Schädel, die man gut sichtbar an Baumstämme genagelt hatte. In den angrenzenden Hainen waren die Altäre der Barbaren, auf denen sie Tribunen und hochrangige Zenturionen geopfert hatten … Und so begann die römische Armee sechs Jahre nach dem Massaker, trauernd und zornig die Gebeine der drei Legionen zu begraben. Keiner wusste, ob er gerade die Überreste eines Verwandten oder eines Fremden beerdigte, aber sie betrachteten sie alle als von ihrem Blute. Ihr Zorn gegen den Feind stieg ins Unermessliche.»

Die Niederlage der bis dahin unbesiegbaren römischen Armee versetzte Augustus und den Römern einen herben Rückschlag. Der Kaiser sollte das nie vergessen, aber auch mit weiteren Truppen konnte die Allianz der germanischen Stämme nicht aufgebrochen worden. Die Römer kamen nicht weiter als bis zum Rhein.

DIE VERSCHOLLENE STAFFEL

Kampfflugzeuge im Eis von Grönland, 1990

Die Operation „Bolero" sollte 1942 dringend benötigte Flugzeuge der amerikanischen Armee für den Kampf gegen Nazi-Deutschland nach Europa schaffen. Der Transport auf dem Seeweg war aber sehr langwierig und wegen der deutschen U-Boote auch gefährlich. Deswegen fasste man den wagemutigen Plan, „Lockheed P-38 Lightning"-Jäger und „Boeing B-17 Flying Fortress"-Bomber von Kanada aus nach Grönland über Island bis nach England zu fliegen. Es war eine gefährliche Reise, und nicht jedes Flugzeug kam an.

Früh am Morgen des 15. Juli 1942 hoben zwei P-38-Staffeln, die jeweils eine B-17 eskortierte, von der Westküste Grönlands, der zweiten Etappe der Operation „Bolero", ab, um nach Island zu fliegen. Über den Eisflächen Grönlands allerdings kamen dichte Wolken auf. Da eine sichere Navigation unmöglich war, beorderte der Kommandeur die Piloten zur Basis zurück (BW-8 im Westen Grönlands), aber angesichts der schlechten Wetterverhältnisse verlor das gesamte Geschwader die Orientierung. Als sie das nächste Mal die Berge Grönlands sahen, mussten die Piloten erkennen, dass sie sich zwei Stunden von der Basis entfernt auf der anderen Seite des Landes befanden. Da der Treibstoff für eine weitere Überquerung der Eiskappe nicht mehr reichte, mussten die Flugzeuge auf dem Eis notlanden. Glücklicherweise wurde die Crew nach einigen trostlosen Nächten gerettet. Aber die acht Flugzeuge konnte man nicht mehr bergen, denn sie lagen auf einem Gletscher, weit außerhalb der Reichweite jeder Bergungstruppe. Und dort blieben sie 50 Jahre lang.

Die Flugzeuge gerieten jedoch nicht in Vergessenheit. Die Technik machte Fortschritte, so dass ab 1977 zwölf privat finanzierte Teams sie zu finden versuchten. Zu dieser Zeit war die P-38, einst das häufigste Kampfflugzeug Amerikas, sehr selten geworden. Nur noch 20 ganz oder teilweise erhalten gebliebene Exemplare gab es, von denen eine Handvoll flog. Es schien, als wartete in Grönland eine Sammlung von sechs Exemplaren – zusammen mit zwei noch selteneren Bombern – nur darauf, gefunden zu werden.

Das ungastliche Terrain Grönlands, das zu 95 Prozent mit Eis bedeckt ist: Sogar bei guten Sichtverhältnissen ist die Navigation über einer solchen Landschaft sehr schwierig, da es kaum Landmarken zur Orientierung gibt.

Fortschritte in der Bergungstechnik

Nach fast vier Jahrzehnten im eisigen Grönland mussten die Teams aber davon ausgehen, dass die Flugzeuge unter einer Eisschicht begraben lagen. Da die Flugzeuge nicht

ZEITLEISTE

1942 (16. Juli) Als Teil der Operation „Bolero" heben sechs P-38 und zwei B-17 vom Luftstützpunkt BW-8 an der Westküste Grönlands ab, um über Island bis nach Europa zu fliegen. Schlechtes Wetter zwingt die Piloten zur Notlandung auf dem Eis. Nach einigen Tagen kann man die Crewmitglieder retten, aber die Flugzeuge bleiben im Eis

1977–1992 Zwölf verschiedene Teams versuchen, die Flugzeuge zu finden

1983 Ein unterirdisches Radar registriert 80 Meter unter dem Eis metallische Anomalien

1990 Man schmilzt ein 70 Meter tiefes Loch in das Eis und entdeckt die zerbrochenen Reste einer B-17

1992 Mit thermalem Bohrgerät entdeckt man ein noch intaktes Flugzeug. Das Bergungsteam bringt das Eis unten im Bohrschacht mit Dampfschläuchen zum Schmelzen. Man legt eine gut erhaltene P-38 frei, die demontiert und stückweise nach oben gebracht wird.

2002 (26. Oktober) Nach ihrer Restaurierung in Kentucky fliegt „Glacier Girl" wieder.

Geophysikalische Untersuchungen

Da es immer wichtiger wird, archäologische Stätten zu lokalisieren und zu untersuchen, ohne sie zu beschädigen, bedient man sich zunehmend geophysikalischer Analysemittel. Darunter versteht man Methoden, die unter der Oberfläche liegende Strukturen aufspüren. In der Archäologie verwendet man hauptsächlich drei Techniken: Magnetometrie, elektrische Widerstandsmessung und Bodenradar, also den Boden durchdringendes Radar.

In der Magnetometrie misst man mit einem Instrument winzige Variationen in der Richtung und Stärke des Erdmagnetfeldes. Wenn man ein in Raster unterteiltes Gebiet mit einem Magnetometer abgeht und die angezeigten Werte zusammennimmt, ergibt sich eine Karte magnetischer Abweichungen, die auf vergrabene Objekte, insbesondere metallische mit magnetischen Eigenschaften wie beispielsweise Eisen, hinweisen kann.

Die elektrische Widerstandsmessung erfasst Unterschiede im elektrischen Widerstandsfeld der Erde. Dazu werden zwei Metallstifte in einem vorgegebenen Abstand in den Boden gesteckt, zwischen denen Strom erzeugt wird, um den Widerstand zu messen. Dies wiederholt man in regelmäßigen Abständen auf einem gerasterten Gebiet, um die Unterschiede im Widerstand zu kartieren. So erkennt man verschüttete Strukturen wie Gräben und Wände.

Das Bodenradar, das den Boden durchdringende Radar, verwendet einen Radarsender und einen Detektor, die meist auf einem Schlitten oder auf einem ferngesteuerten Gefährt über das abzusuchende Gebiet bewegt werden und dabei Impulse elektromagnetischer Strahlung im Mikrowellenbereich in die Erde senden. Die von vergrabenen Objekten zurückgeworfenen Signale werden dann aufgezeichnet. Diese „Echos“ ergeben zusammen einen Querschnitt des Bodens, über den das Gerät bewegt wurde.

Mit geophysikalischen Untersuchungen entdecken Archäologen aber nicht nur Ausgrabungsstätten. Lange Zeit war jede Ausgrabung ein einmaliges Experiment. Jede Information in der Erde, die während des Grabens nicht erkannt und verzeichnet wurde, war für immer verloren, nachdem die Erde abgetragen war. Deswegen identifiziert und schützt man heute Stätten, die in nächster Zukunft nicht archäologisch untersucht werden sollen, mit geophysikalischen Techniken, wenn es sich um bis auf Weiteres nicht zu störende Orte handelt. So kann archäologisches Erbe für die Zukunft und die dann besseren archäologischen Techniken bewahrt werden.

mehr zu sehen waren, konnte man sie nur noch mit geophysikalischen Techniken aus der Archäologie orten. Man unternahm mehrere Versuche mit Magnetometern (die durch metallische Objekte verursachte Abweichungen im magnetischen Feld anzeigen) und mit kleinen Luftradarsystemen, um durch das Eis zu „blicken“. Aber erst 1983 konnte man mit einem speziell entwickelten Radarsystem unter dem Eis zwei metallische Anomalien entdecken. Zwei Tage später fand man noch einmal sechs weitere. Es waren die Flugzeuge – allerdings unter fast 80 Metern Gletschereis. Mitglieder der ersten Expedition, die eigentlich die Flugzeuge bergen wollten, waren enttäuscht. 1990 gelang es einem Team, ein 70 Meter tiefes Loch ins Eis zu schmelzen, bis zu einer der B-17, die aber durch den sich verschiebenden Gletscher entzweigerissen worden war. Zwei Jahre später allerdings wurde die Mühe belohnt.

Der Lohn der Geduld

Mittlerweile setzte man am Lageplatz einer P-38 Lightning ein maßgeschneidertes, mit Wärme arbeitendes Bohrinstrument – *gopher,* also „Erdhörnchen“, genannt – ein. Das Gerät wurde mit Seilen und Flaschenzügen über dem Lageplatz aufgehängt und schmolz ein über einen Meter breites Loch ins Eis, mit einer Geschwindigkeit von 50 Zentimetern pro Stunde. Nach einem Monat ununterbrochener Arbeit und in einer Tiefe von mittlerweile über 80 Metern stieß der *gopher* schließlich auf Metall und wurde wieder hochge-

zogen. Nun mussten Menschen ausgraben, was das Gerät gefunden hatte – eine schwierige und gefährliche Aufgabe. Jeden Tag wurde ein Teammitglied in einer 25-minütigen Abfahrt zum Boden des tiefen, engen Lochs hinuntergelassen, um mit Dampfschläuchen eine Höhle rund um den Fund zu schmelzen. Langsam kam ein Flugzeug zum Vorschein: Hier, auf der Eisschicht aus dem Jahr 1942, lag eine fast perfekt erhaltene P-38. Da das Flugzeug im Ganzen nicht durch das nur einen Meter breite Loch nach oben gebracht werden konnte, demontierte man es und barg es stückchenweise.

In einem Hangar in Kentucky baute man das Flugzeug komplett auseinander und prüfte jedes Einzelteil, um zu sehen, ob es zu reparieren war oder vor der Restaurierung ersetzt werden musste. Erst nach zehn Jahren, am 26. Oktober 2002, erhob sich die P-38 Lightning mit der Seriennummer 417630 – mittlerweile *Glacier Girl*, „Gletschermädchen", genannt – erstmals wieder in die Lüfte. 60 Jahre nach ihrer verhängnisvollen Reise über Grönland.

Oben: Eine restaurierte „P-38 Lightning" bei einer Flugschau.

Unten: Eine P-38 auf dem Eis in Grönland. Im Hintergrund liegt eine B-17.

DER MANN AUS DEM EIS

Ein Alpenreisender aus der Kupferzeit, 1991

Im September 1991 wanderten zwei Deutsche, Erika und Helmut Simon, in den Ötztaler Alpen nahe der Grenze zwischen Italien und Österreich, als sie eine gruselige Entdeckung machten. Auf 3200 Metern Höhe lag auf dem Similaun-Gletscher der gut erhaltene, gefrorene Leichnam eines halbnackten Mannes mit dem Gesicht nach unten, teilweise eingeschlossen vom Eis.

Tödliche Unfälle sind bei Bergsteigern nicht ungewöhnlich, und so vermuteten die Simons, dies sei die Leiche eines Mannes, der vor ein paar Jahren hier oben verunglückte und vom Schnee begraben wurde. Sie machten ein Foto und stiegen dann wieder ab, um ein Bergungsteam zu alarmieren. Dieses war sich weniger sicher, ob es sich nur um einen Unfall handelte. Der Leichnam hatte eine große Wunde am Kopf, und Teile des Körpers waren mit seltsamen Narben bedeckt, die wie Verbrennungen aussahen. War dies der Schauplatz eines Mordes? Vollends verwirrend aber waren die Gegenstände, die rund um die arme Seele verstreut lagen. Dies waren keine Bergstiefel, Nylonseile oder synthetischen Jacken. Stattdessen fanden sich überall Stücke aus Stroh und Pelz. Und dann erst die Werkzeuge des Mannes, die immer noch in ihren hölzernen Schäften steckten! Aber die Klingen bestanden nicht aus rostfreiem Stahl, sondern aus Feuerstein und Kupfer. Es waren Werkzeuge aus einer anderen Zeit.

„Ötzi“, der uralte Mann aus dem Eis

Unsicher, ob man nun einen Mordfall, einen Unfall oder ein noch größeres Rätsel vor sich hatte, sammelte das Bergungsteam alles auf, was es finden konnte, und schickte es ans Institut für Gerichtliche Medizin in Innsbruck, wo man einen Professor des Instituts für Frühgeschichte – Konrad Spindler (1939–2005) – um eine Untersuchung bat. Spindler erkannte sofort, dass dies nicht der Leichnam eines modernen Menschen war. Werkzeuge wie diese hatte man bereits in ganz Europa gefunden, wenn auch nicht mehr mit ihren hölzernen Schäften. Und sie stammten nicht aus der näheren Vergangenheit, sondern aus der Jungsteinzeit. Spindler schlug vor, den Leichnam mit der Radiokarbonmethode datieren zu lassen, und die Ergebnisse bestätigten seine Vermutung. Der Mann aus dem Eis, der – nach den Ötztaler Alpen, wo er gefunden wurde – den Spitznamen „Ötzi“ erhielt, war vor etwa 5300 Jahren gestorben. Damit war er die älteste weltweit gefundene Eisleiche. Ein uralter Europäer aus der Kupfersteinzeit besuchte seine Nachfahren.

Dass Ötzis Leiche sich so lange gehalten hatte, begeisterte Wissenschaft und Medien. Er und seine Werkzeuge waren fast perfekt erhalten, abgesehen von den Schäden durch die Bergung. Wissenschaftler aus aller Welt wollten den Mann aus dem Eis untersuchen. Schon jetzt haben die noch laufenden Untersuchungen Bemerkenswertes ergeben.

Als man Ötzi fand, lag er mit dem Gesicht nach unten und schien nackt zu sein. Tatsächlich aber war die Bekleidung auf seinem Rücken zerrissen und weggeblasen worden. Unter und neben ihm hatten sich große Teile seiner Kleider erhalten, die uns erstmals gesichert etwas über die Bekleidung in jener Zeit erzählen. Er war für seine Bergtour gut ausgerüstet, denn er trug dicke Schuhe mit Sohlen aus Bärenleder. Der Rest der zusammengeschnürten Schuhe bestand aus Hirsch- und Gamsleder, und sie waren mit gehackter Baumrinde zusätzlich isoliert. Ansonsten trug er Beinlinge, einen Lendenschurz und einen Umhang, alles aus Ziegenfell, sowie eine Kappe aus Bärenfell. Man fand auch Reste einer gewobenen Grasmatte, ähnlich dem Regenschutz, den einheimische Hirten bis ins 19. Jahrhundert hinein trugen.

Der Mann aus dem Eis verfügte über beeindruckende Werkzeuge und Waffen. Zu seiner Jagdausrüstung gehörten auch ein Bogen aus Eibenholz sowie ein Köcher aus Gamsfell mit 14 Pfeilen, von denen zwei fertig waren. Jeder komplette Pfeil hatte eine Spitze aus Feuerstein und drei Federn, durch die sich der Pfeil im Flug drehte, um die Treffgenauigkeit zu erhöhen. Diesen Grad an technischem Verständnis hatte man vorher für diese Zeit nicht für möglich gehalten. Ötzi besaß auch ein Kupferbeil mit einem Schaft aus Eibenholz. Dies ist die einzige intakte prähistorische Axt, die man je gefunden hat, da sonst der hölzerne Griff und die Befestigungen aus Sehnen oder Seilen längst verrottet sind. Dieses Beil erzählt nicht nur von der Schäftung prähistorischer Äxte, sondern auch von einem Schlüsselmoment in der europäischen Geschichte.

Die Vorboten der Metallzeit

Ötzi war ein Mann der Steinzeit: Die meisten seiner Werkzeuge sind aus Feuerstein. Gestein generell war das Hauptmaterial für die Fertigung von Gegenständen. Aber sein Beil besteht zu 99,7 Prozent aus reinem Kupfer und repräsentiert damit den Übergang von der Stein- zur Metallzeit. Sein Messer dagegen ist aus traditionellem Feuerstein gefertigt. Dessen Klinge sitzt in einem kurzen Griff aus Eschenholz, für den er ein Futteral aus Birkenrindenfasern hatte. Außerdem fand sich ein Schabwerkzeug aus Holz und über dem Feuer gehärtetem Hirschgeweih, um die Schneiden der Feuersteinklingen zu schärfen.

Der Zweck anderer Gegenstände ist weniger klar: Darunter sind eine weiße

Eine Nachbildung von Ötzi im Südtiroler Archäologiemuseum in Bozen, Norditalien. Der Eismann war für seine Wanderung durch die Berge mit warmer Kleidung sowie vielen Werkzeugen und Waffen gut ausgerüstet.

ZEITLEISTE

UM 9000–2400 V. CHR. Epoche der Jungsteinzeit, während der die Werkzeuge der Menschen hauptsächlich aus Gestein und Feuersteinen bestanden. Am Ende des Neolithikums kündigten sich die Bronze- und Eisenzeit an, da man Werkzeuge nun auch aus Metall fertigte

UM 3300 V. CHR. Steinzeitmenschen lebten und jagten in den Ötztaler Alpen. Ein Reisender aus der frühen Kupferzeit wird auf einem alpinen Pass getötet

1991 N. CHR. Ein deutsches Ehepaar entdeckt auf dem Similaun-Gletscher einen Leichnam und benachrichtigt ein Bergungsteam, das rasch erkennt, dass die Leiche sehr alt ist. Es bringt sie zur Analyse in das Institut für Gerichtliche Medizin in Innsbruck. Die auf Anraten von Konrad Spindler durchgeführte C-14-Datierung ergibt, dass der „Ötzi" genannte Mann 5300 Jahre alt ist

1998 Ötzi kommt in ein neues Museum in Bozen, wo man eine Gesichtsrekonstruktion in Auftrag gibt. Peter Vanezis erstellt mit einer Computertomografie ein Modell von Ötzis Antlitz. Unzufrieden mit den Erklärungen der Archäologen zum Tod von Ötzi, lässt Vanezi eine weitere CT durchführen, die die wahre Todesursache zeigt: eine Pfeilspitze in der Schulter

Marmorkugel an einem Lederband, zwei Zylinder aus Birkenrinde, die vielleicht Feuerzeuge enthielten, einige Steinbockknochen und eine Konstruktion aus Holz und Fell, die entweder als Kraxe oder als Schneeschuh gedient haben könnte. Außerdem zwei Stücke Birkenpilz an einem Lederriemen. Man weiß, dass diese Sorte antibiotisch wirkt, so dass die Pilze vielleicht als Medizin dienten. Andererseits geben sie getrocknet guten Zunder ab, und Ötzi verwendete sie vielleicht einfach nur zum Anzünden eines Feuers.

Waren Ötzis Werkzeuge und Kleidung bereits außergewöhnlich, so machte ihn sein Leichnam einzigartig. Nach 5300 Jahren im Eis fand man hier den fast vollständigen Körper eines Mannes aus der Steinzeit, dessen Magen noch die Reste seiner letzten Mahlzeit enthielt. Laut forensischen Analysen war er mit 1,57 Metern relativ klein (obwohl er auch nach seinem Tod geschrumpft sein könnte) und etwa 45 Jahre alt – für diese Zeit ein hohes Alter. Allerdings hatte sein langes Leben Spuren hinterlassen: Sein rechtes Hüftgelenk zeigt Zeichen von Arthritis, und sowohl an seiner Nase als auch bei vielen Rippen finden sich verheilte Brüche. Auf seiner Haut gibt es schwache Tätowierungsspuren – an heutigen Akupunkturstellen. Vielleicht sollte dies seine Hüftbeschwerden lindern. Seine Fingernägel zeigen, dass er in den letzten Monaten seines Lebens Stress ausgesetzt war, vielleicht wegen einer Krankheit. Seine Zähne waren durch das Kauen von nur grob geschrotetem Getreide abgenutzt. Nach einem Leben rund um offene Feuerstellen waren seine Lungen schwarz vor Ruß.

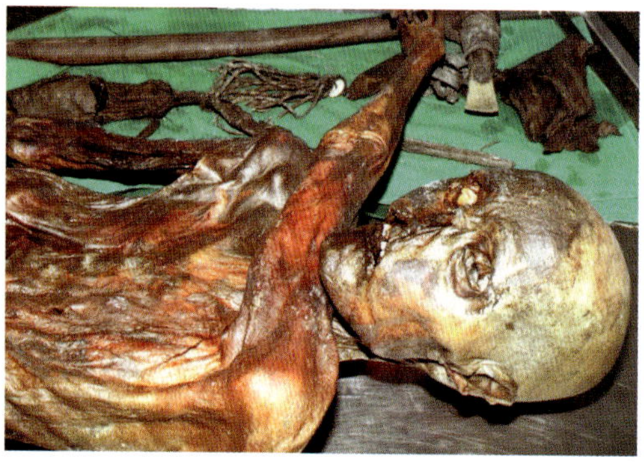

Die älteste Mumie der Welt: Ötzis Leichnam war hervorragend erhalten, denn er wurde zuerst von den Sommerwinden auf dem Gletscher ausgetrocknet und dann von einer dicken Schicht Eis begraben.

Ötzis letztes Mahl

Der Inhalt seines Magens zeigte, dass er kurz vor seinem Tod ein Gericht aus Steinbockfleisch und Getreide (vielleicht Brot) aß. Da in dem Mahl auch Pollen gefunden wurden, weiß man, dass er es irgendwo in den Voralpen verspeiste, in einem Nadelwald im späten Frühling oder Frühsommer. Weiter oben im Gebirge nahm er noch einmal eine Mahlzeit ein, dieses Mal aus Rotwildfleisch und noch mehr Getreide. Vermutlich konnte er diese aber nicht genießen, denn man fand Eier des Peitschenwurms – eines Parasiten – in seinem Grimmdarm, was ihn unter anderem mit Durchfall gequält haben dürfte.

Das Eis hatte nicht nur organisches Material, das bei archäologischen Funden aus dieser Zeit meist ganz fehlt, vor dem Zerfall bewahrt. Aufgrund des einsamen Todes bietet sich uns eine Momentaufnahme seines Lebens. Sein Leichnam wurde nie für ein Begräbnis vorbereitet, und die bei ihm gefundenen Gegenstände sind keine speziellen Grabbeigaben, sondern alltägliche Gebrauchsgüter. Er ist ein prähistorischer „Jedermann", der an einem Frühlingstag vor 5300 Jahren durch die Alpen wanderte.

Der Tod des Mannes im Eis

Die Entdeckung einer 5300 Jahre alten Leiche auf einem Tiroler Gletscher ist einer der größten archäologischen Überraschungen. Noch rätselhafter aber ist, wie er überhaupt dorthin kam.

Erste Untersuchungen des Leichnams und des Fundortes ließen vermuten, dass Ötzi irgendwann im Herbst auf dem hohen Alpenpass unterwegs war. Man nahm an, dass er sich, erschöpft vom Anstieg, hinlegte und anschließend erfror. Das Eis schloss ihn ein und konservierte ihn. Die Wahrheit über seinen Tod kam aber erst nach einer letzten Reise über die Berge heraus.

1998 wurde Ötzi mit einem Konvoi von der Innsbrucker Universität ins Südtiroler Museum für Archäologie im norditalienischen Bozen gebracht. Laut einem geographischen Gutachten war der Leichnam nämlich auf der italienischen Seite der Grenze gefunden worden. Als Teil der Vorbereitungen für das neue Ausstellungsstück beauftragte das Museum einen forensischen Pathologen mit einer Gesichtsrekonstruktion des Mannes aus dem Eis.

Die Wahl fiel auf Peter Vanezis, Professor für forensische Medizin und Wissenschaft an der Universität Glasgow. Vanezis hatte viel Erfahrung mit der Untersuchung menschlicher Leichen, die oft nur noch schlecht erhalten oder verstümmelt waren. Er galt als besonders gut in der Rekonstruktion von Gesichtern und wollte versuchen, das Antlitz von Ötzi nachzubilden. Nur stand Vanezis in diesem ungewöhnlichen Fall kein Schädel zur Verfügung. Normalerweise kann der nämlich als eine Art Gerüst verwendet werden, auf dem man die Gesichtszüge rekonstruiert. Aber den Kopf von der ältesten, perfekt erhaltenen menschlichen Leiche auf Erden zu entfernen, war undenkbar.

Deswegen nutzte Vanezis eine Röntgentechnik – die Computertomografie –, mit der digital eine Reihe von Querschnittbildern durch den Körper zu einer dreidimensionalen Abbildung kombiniert werden können. Man scannte Ötzis Kopf und erhielt so ein virtuelles Modell seines Schädels, das aus Kunstharz nachgebaut wurde.

Die Rekonstruktion erntete viel Beifall, aber Vanezis wollte es nicht dabei belassen. Ötzis Körper war von Archäologen untersucht worden, die sich in der Analyse von Artefakten auskannten, die aber nicht wie ein forensischer Pathologe Tatorte und Leichen deuten konnten. Vanezis war, aus Sicht eines Pathologen, unzufrieden mit einigen archäologischen Schlussfolgerungen, zum Beispiel mit dem Todeszeitpunkt. Pollen aus dem Ötzi umgebenden Eis legten nahe, dass er im Herbst gestorben war, aber man wusste nicht, ob sich die Eisdecke direkt nach seinem Tod gebildet hatte oder erst später. Frische Pollen aus seinem Magen stammten von der Hopfenhainbuche, die aber nur zwischen März und Juni blüht, weshalb Ötzi wohl nicht im Herbst einfach nur erfroren war. Auch die Neuanalyse der Lage seines Körpers und der Gegenstände um ihn herum ergab, dass die Idee, alles befände sich in situ und sei durch die Gletscherverschiebungen später nicht mehr bewegt worden, falsch war. Man konnte nicht nachweisen, dass der Mann aus dem Eis sich einfach hingesetzt hatte und so gestorben war.

Vanezis wandte sich der Leiche zu. Da er keine vollständige Autopsie durchführen konnte, ließ er eine zweite Computertomografie, dieses Mal vom ganzen Körper, erstellen. Auf einem der Bilder entdeckte der Chef der Radiologie des Krankenhauses in Bozen einen seltsamen Schatten, den man bislang übersehen hatte. Tief in der linken Schulter steckte etwas wie eine Pfeilspitze. Als er sich den Leichnam näher besah, fand Vanezis eine Eintrittswunde, aus der offenbar Blut ausgetreten war und die keine Heilungsanzeichen zeigte. Kurz vor seinem Tod war Ötzi angeschossen worden.

Der genaue Ablauf der Todesumstände von Ötzi ist immer noch nicht ganz klar, aber er wurde auf dem Similaun-Gletscher offenbar umgebracht. Neueste DNA-Tests mit Material von seinem Pfeil, seinem Messer und seiner Kleidung ergab Blutspuren von vier Menschen, so dass wohl mehrere Personen in seinen letzten Kampf verwickelt waren. Irgendwann wurde Ötzi in den Rücken geschossen, vielleicht bei einem Fluchtversuch. Der Pfeil traf seine Schulter, verletzte eine Arterie und brachte ihn zu Fall. Er verblutete binnen weniger Minuten. Im folgenden Herbst schloss das vordringende Eis seinen ausgebluteten und von den warmen Sommerwinden getrockneten Körper ein und begrub ihn für mehr als 5000 Jahre unter sich.

DAS LIED DER EISMAID

Die Eisgräber im Altaigebirge, 1993

Im Jahr 1993 untersuchte die russische Archäologin Natalia Polosmak eine Stätte hoch oben im Altaigebirge in Sibirien, nahe der Grenzen zu China, Kasachstan und der Mongolei, als sie einen niedrigen, vom Dauerfrost eingeschlossenen Hügel entdeckte. Dieser sah nach einem *Kurgan* aus – einem vorgeschichtlichen Grab.

Archäologische Untersuchungen so weit im Norden sind wegen des Permafrostbodens oft schwierig. Dieser hat aber einen Vorteil: Als man die ersten Hügelgräber – *Kurgane* – zwischen 1929 und 1949 nahe dem Pasyryk-Tal erkundete, fand man Unglaubliches. Nach jeder Beisetzung war Wasser ins Grab gesickert und dann für die nächsten 2400 Jahre gefroren. Normalerweise verrottet organisches Material wie Holz, Leder, Stoffe und die Leiche selbst nach einem Begräbnis sehr schnell, aber in diesen Eisgrüften haben die Körper und Artefakte die Zeiten überdauert.

Eine einzigartige Sammlung gefrorener Artefakte

Bei diesen ersten Ausgrabungen waren die Überreste einer Gruppe nomadischer Reiter, die Mitte des ersten Jahrtausends v. Chr. in diesem Gebiet lebten, entdeckt worden. Man hatte Schächte in die aufgeschütteten Hügel gegraben, sie darin beigesetzt und die Schächte mit Holzstämmen und Steinen aufgefüllt und verschlossen. Alle gefundenen Gräber waren bereits geplündert, aber das, was die Räuber zurückließen, war das archäologisch eigentlich Interessante. Die Grabräuber hatten sich auf Wertvolles wie Gold und Silber gestürzt, aber das wirklich Einzigartige zurückgelassen: eine Sammlung gefrorener organischer Artefakte. Es fanden sich Wandbehänge aus Filz, die reitende Männer mit Schnurrbärten zeigen, aus Leder ausgeschnittene Silhouetten von Hirschen, Kleidung und Holzmöbel sowie der älteste bekannte Florteppich. Auch die Körper der Grabinsassen waren erhalten geblieben. Eine Leiche hatte man in einem ausgehöhlten Lärchenstamm beigesetzt. Sie trug Tätowierungen von Greifvögeln, Pferden, Hirschen, Eseln, Widdern und Fischen.

Aber trotzdem hatte man nie ein komplettes Grab gefunden – die Räuber hatten viel gestohlen, und durch das Aufbrechen der Gräber waren Teile davon abgetaut, so dass die organischen Materialien verrotteten. Die Archäologen der 1930er- und 1940er-Jahre hatten

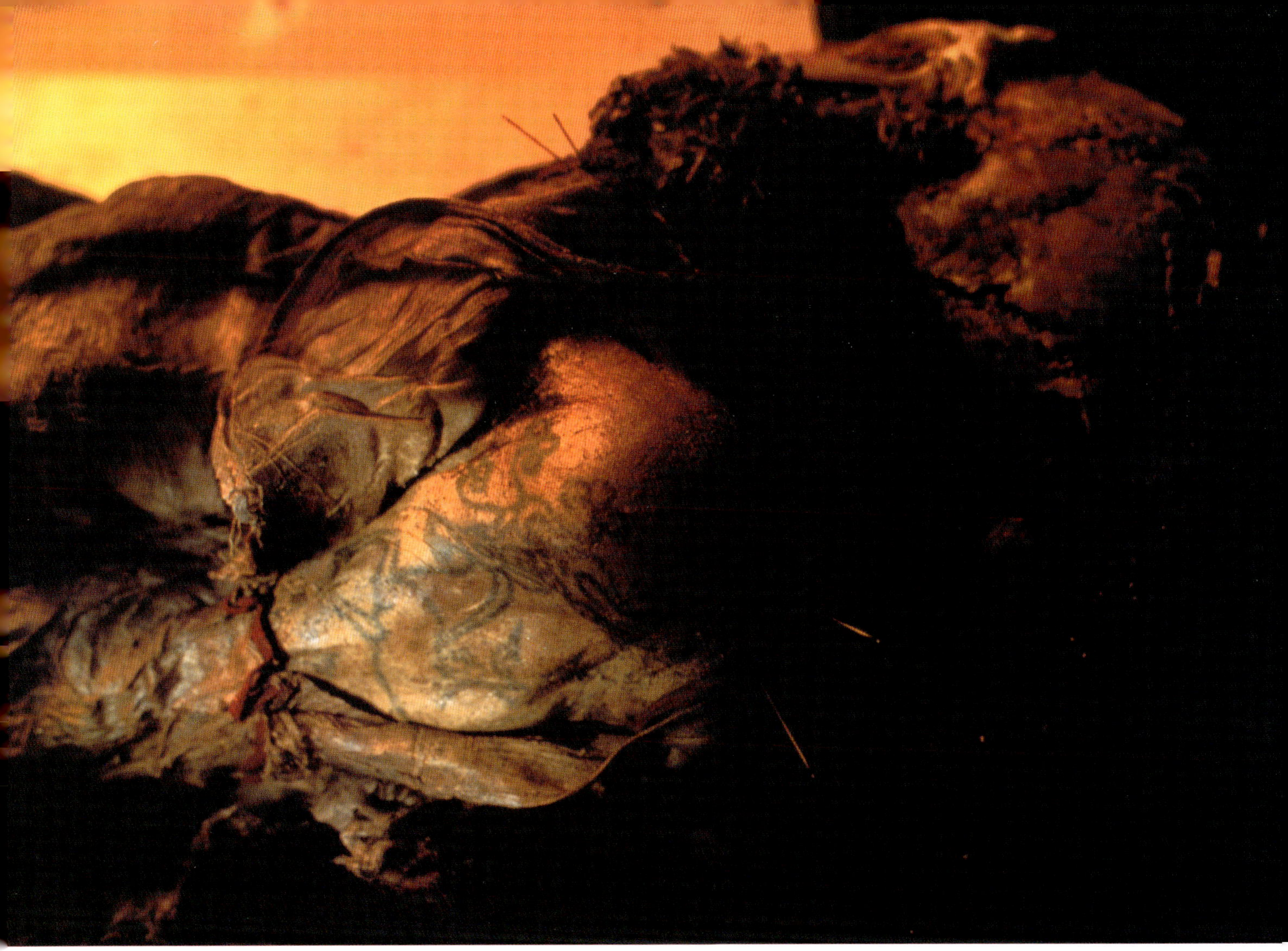

einen kurzen Blick auf eine fremde Kultur erhascht, aber was Natalia Polosmak 1993 sah, war eine intakte Grabstätte. Sie befand sich auf dem Ukok-Plateau, nur Meter vom Niemandsland zwischen Russland und China entfernt. Die Steine auf dem Hügel waren verstreut – ein mögliches Anzeichen für Grabräuber. Als sie aber die Baumstämme und Steine, die den Schacht blockierten, beiseitegeräumt hatte, sah Polosmak, dass das gesamte Grab von so dickem Eis eingeschlossen war, dass sich jeder Dieb daran die Zähne ausgebissen hätte.

Die ausgearbeiteten Tiertätowierungen auf dem Arm und der Schulter des 2400 Jahre alten Eismädchens sind bemerkenswert gut erhalten und immer noch von einem leuchtenden Blau.

Im Grabinneren stieß Polosmaks Team zunächst auf das Wertvollste, das der Grabinsasse wohl ins Jenseits mitnehmen konnte: sechs Pferde, von denen jedes mit einem Axthieb in den Kopf getötet worden war. In ihrem eisigen Grab hatten sie ihre kastanienbraune Farbe behalten, und sogar die Filzsättel waren noch intakt. Auf dem Weg ins Innere schmolz das Team das Eis und gelangte zu einer hölzernen Grabkammer. Auf deren Boden lag, worauf alle gehofft hatten – ein Sarg aus Lärchenholz, versiegelt mit Kupfernägeln und bedeckt mit aus Leder ausgeschnittenen Hirschen und Schneeleoparden. Dennoch folgte zunächst eine Enttäuschung. Das Innere war mit blickdichtem Eis ausgefüllt, so dass man nicht erkennen konnte, was darunter lag. Man musste erst Wasser aus dem nahe gelegenen See mit einer Lötlampe erhitzen und es über den Eisblock gießen, um diesen Stück für Stück abzutauen. Das Ergebnis dieser mühsamen Arbeit aber sollte sich lohnen.

Gekleidet für das Jenseits

Im Sarg lag der perfekt konservierte Körper einer jungen Frau. Sie war vielleicht 25 und lag auf der Seite, als ob sie schliefe. Für ihre Zeit schien sie mit 1,67 Metern ungewöhnlich groß: ein Eindruck, der durch den ungewöhnlichen, einen Meter hohen Filzhaarschmuck, den sie trug und der mit Gold und Holzvögeln verziert war, verstärkt wurde. Unter dem Kopfputz war noch ihr blondes Haar zu sehen. Um den Hals lag eine Kette aus hölzernen Kamelen, und sie trug ein Kleid aus Schafswolle und Kamelhaar, das in der Taille mit einem bunten, mit Quasten verzierten Gurt zusammengebunden war. Unter dem Kleid fand sich etwas noch Selteneres: eine Bluse aus Wildseide, vielleicht ein Import aus dem fernen Indien. Das Leder ihrer bis über die Knie reichenden Reitstiefel war noch weich.

Ihre Leiche hatte man mumifiziert und die inneren Organe entfernt. Die Bauchhöhle war mit Torf und Rinde ausgefüllt. Das darin enthaltene Tannin konservierte die Überreste zusätzlich. Ihre Augen waren entfernt worden, damit das weiche Gewebe nicht in die Augenhöhlen fiel, und diese mit Pelz ausgestopft. Die Haut auf ihren Armen war tätowiert. Mythische Wesen rankten sich empor, mit Hörnern, die in Blumen endeten. Außerdem: Hirsche mit riesigen Geweihen, Ziegen und Raubtiere – entweder Großkatzen oder Wölfe.

Auf einem kleinen Holztisch lag noch ein gefrorenes Stück Hammelfleisch. Auch ein Trinkgefäß aus Yakhorn stand bereit, vielleicht als Stärkung auf dem Weg ins Jenseits. Zwischen ihren Knien lag ein roter Beutel mit einem fein gearbeiteten Spiegel. Eine Steinschale zu ihren Füßen enthielt aromatische Koriandersamen, die man vielleicht verbrannt hatte, um den Geruch des Leichnams zu überdecken.

War sie eine Skythin?

Auch wenn das Grab des Eismädchens vieles preisgab, so doch nicht ihre Identität. Sicher war sie eine wichtige und wohlhabende Person. Ihr aufwendiger Haarschmuck und ihre Tätowierungen legen nahe, dass sie in ihrer Gemeinschaft eine besondere Position innehatte, vielleicht als Schamanin oder als Erzählerin. Die Kultur, zu der sie gehörte, erinnert an Berichte des griechischen Historikers Herodot (um 484–425 v. Chr.) über das Volk der Skythen. Diese Nomaden streiften vom Schwarzen Meer aus durch die europäischen und asiatischen Steppen, was die exotischen Gegenstände in den *Kurganen* erklären könnte. Herodot schreibt auch, dass sie ihre Toten ähnlich einbalsamierten, wie bei dem Eismädchen geschehen, und dass sie sie in ihre weit entfernte Heimat brachten. Das Altaigebirge kann sicher als von Herodots Welt weit entfernt gelten, und hier finden sich Hinweise auf Tausende von *Kurganen*. Er erwähnt weiter, dass man Herrscher unter Hügeln begrub, oft zusammen mit geopferten Pferden. Und er schrieb, dass die Skythen Hanf verwendet haben könnten: sowohl für ihre Kleider als auch, um sich im Cannabisrauch zu reinigen. Auch Cannabissamen waren schon in Gräbern im Altaigebirge gefunden worden.

Allerdings ist Herodot nicht immer zuverlässig, denn er kombiniert Geschichten und Mythen aus zweiter Hand mit eigenen Beobachtungen, um das Bild eines blutdürstigen, barbarischen Volkes zu malen. Die Antwort darauf, ob die Menschen in den Eisgräbern wirklich zu den wilden Skythen gehörten, findet sich nicht in Herodots Büchern, sondern in den mumifizierten Körpern. Einige sind so gut erhalten, dass man nun versucht, DNA-Proben zu entnehmen. Die Ergebnisse könnten endgültig klären, wer die „Eismaid" war und wie sie zu ihrer letzten, eisigen Ruhestätte kam.

ZEITLEISTE

1000 V. CHR. Das Pasyryk-Tal im sibirischen Altaigebirge wird erstmals als Begräbnisstätte genutzt

UM 450 V. CHR. Das Eismädchen wird hier beigesetzt. Der Dauerfrost füllt ihr Grab mit Eis, das ihren Leichnam konserviert

UM 440 V. CHR. Herodot verfasst seine „Historien", in denen er einen asiatischen Nomadenstamm, die Skythen, beschreibt. Sie sollen ihre Toten einbalsamieren und in Grabhügeln beerdigen

1929 N. CHR. Ein russischer Archäologe gräbt den ersten *Kurgan* im Pasyryk-Tal aus

1940ER-JAHRE Man findet weitere sieben Hügelgräber in der Region, die die Überreste nomadischer Reiter sowie gefrorene Artefakte aus organischem Material enthalten. Alle Gräber wurden von Räubern geplündert

1993 Natalia Polosmak und ihr Team entdecken auf dem Ukok-Plateau ein intaktes Grab unter einer massiven Eisschicht. Neben den Überresten von sechs Pferden findet man eine weibliche Mumie. Man nimmt an, dass die „Eismaid" eine hochrangige Skythin war. Ihr Leichnam wird nach Moskau gebracht, wo durch DNA-Tests ihre Abstammung und die Todesursache bestimmt werden sollen. Es bricht ein Streit darüber aus, wem die sterblichen Überreste und die Artefakte gehören. Die Einheimischen des Altaigebirges setzen sich für die Rückkehr ihrer Vorfahrin ein

Die Archäologie von Leichnamen

Menschliche Überreste aus archäologischen Fundstätten erzählen uns viel über die Vergangenheit. Aber ab wann wird ein Leichnam zu einem archäologischen Artefakt, das untersucht und ausgestellt werden kann, anstatt den Menschen zu sehen, der in Frieden ruhen sollte?

In vielen Ländern regeln strikte Vorschriften die Ausgrabung menschlicher Überreste, für die man meist eine Exhumierungserlaubnis braucht. Diese legt fest, wie lange die Leiche untersucht werden darf und was danach mit ihr geschieht. Bei christlichen Begräbnissen beispielsweise könnte die Auflage sein, den Leichnam wieder christlich beizusetzen. Wenn noch Verwandte aufzuspüren sind, werden deren Wünsche berücksichtigt. Aber die rechtliche Lage bei älteren und fremden Leichen ist schwieriger.

Die Pasyryk-Nomaden waren bekannte Reiter, und ihre Pferde, wie hier auf einem Wandbehang aus Filz um das Jahr 300 v. Chr. herum dargestellt, mit kunstvollen Trachten geschmückt.

Als Archäologen und Anthropologen im 19. Jahrhundert begannen, fremde Kulturen zu erforschen, gingen sie wesentlich rücksichtsloser vor. 1833 wurde Yagan, ein Krieger der Noongar in Westaustralien, erschossen; und dann schickte man seinen Kopf nach England, um ihn dort auszustellen. Das Haupt eines Engländers in einem Museum vorzuführen, war natürlich undenkbar. Nach Jahren in der Ausstellung und dann im Lager des Museums begrub man den Kopf 1964 schließlich in Liverpool. Auf Verlangen der Noongar wurde er jedoch im Jahr 1997 exhumiert und zurückgegeben.

Aber auch bei antiken Überresten sehen sich die Einheimischen oft als Nachkommen der verstorbenen Person. Als man 1881 die ägyptischen Mumien in Deir el-Bahri entdeckte, standen Einheimische am Ufer des Flusses und weinten, als man ihre „Verwandten" auf dem Nil nach Kairo transportierte.

In den USA wurde der Fall des Kennewick-Mannes (siehe Seiten 240–243) 1996 zu einer öffentlichen Angelegenheit, als einige Gruppen amerikanischer Ureinwohner versuchten, über den *Native American Graves Protection and Repatriation Act* von 1990 die Überreste des 9000 Jahre alten Skeletts, das man am Ufer des Columbia River gefunden hatte, für sich zu reklamieren. Ein Gericht befand, dass die Verwandtschaft nicht nachgewiesen werden konnte, weshalb die Ureinwohner keinen Anspruch auf die Überreste hätten.

Allzu oft geraten in solchen Fällen Einheimische und Archäologen aneinander: Erstere fordern Respekt vor ihren Vorfahren und Traditionen; Letztere sind an den Informationen, die man aus den Überresten herauslesen kann, interessiert, um mehr über die Vergangenheit zu erfahren. Im Fall des Eismädchens verursachte die Überführung eines der spektakulärsten Funde in der russischen Geschichte aus der armen und unterentwickelten Region des Altaigebirges nach Moskau besondere Spannungen, da man die Bewohner im Altai nicht gefragt hatte. Die archäologischen Ergebnisse über die ethnische Zugehörigkeit der „Eismaid", insbesondere eine Gesichtsrekonstruktion, verwendete man unsensibel dazu, ihre Nichtverwandtschaft mit den heutigen Bewohnern dieses Gebietes zu konstatieren, die das Eismädchen demnach nicht für sich beanspruchen könnten.

Immer noch diskutiert man darüber, ob sie in ein eigens erbautes Museum im Altaigebirge zurückkehren, zu Studienzwecken in Nowosibirsk bleiben oder in allen Ehren begraben werden soll, wie es viele Einheimische möchten. Wird man nun jemals erfahren, ob das Eismädchen eine Skythin oder doch mit den heutigen Bewohnern des Altai verwandt ist oder nicht? Die Auseinandersetzung sollte aber jedem Archäologen, der auf menschliche Überreste stößt, bewusst machen, dass er mehr als nur ein weiteres Artefakt gefunden hat.

AMERIKANISCHE PIONIERE

Der Kennewick-Mann, 1996

In der Stadt Kennewick im US-Bundesstaat Washington findet jährlich eine Flugschau mit Wasserflugzeugen auf dem Columbia River statt. Die flachen Ufer des hier breiten und ruhigen Flussabschnitts waren am 28. Juli 1996 von Zuschauern gesäumt, die den Wettkämpfen zusahen. Im Publikum befanden sich auch Will Thomas und Dave Deacy, die, um das Eintrittsgeld zu sparen, durch das seichte Wasser bis zum Veranstaltungsort gewatet waren. Thomas stand immer noch knietief im Wasser, als er einen runden Brocken unter der Oberfläche bemerkte.

Er beschloss, seinem am Ufer stehenden Freund vorzugaukeln, er habe einen Totenkopf gefunden, langte ins Wasser, packte den Stein und zog. Als sich der Klumpen aus dem Schlamm löste, hielt er ihn triumphierend in die Höhe. Aber etwas war komisch. Der Stein war ungewöhnlich leicht, und als der Schlamm heruntertropfte, entdeckte er – Zähne. Er hatte tatsächlich einen menschlichen Schädel gefunden.

Nach der Flugschau informierte Thomas einen Polizisten, der sich gerade nicht im Dienst befand. Das Flussufer wurde abgesperrt, und die Forensiker suchten nach weiteren Überresten. Am Ende fand man ein fast komplettes menschliches Skelett, und die Polizei begann mit den Ermittlungen. Aber die Knochen waren dunkelbraun verfärbt, sie mussten also sehr lange im Schlamm gelegen haben. Das forensische Labor schlug eine Datierung mit der C-14-Methode vor. Nach deren Abschluss war der Fall für die Polizei erledigt, denn die Knochen waren über 9000 Jahre alt. Und das machte den „Kennewick-Mann", wie man ihn bald nannte, zu einem der ältesten bekannten amerikanischen Vorfahren.

Auch wenn die Polizeiakte geschlossen war, bedeutete das nicht das Ende rechtlicher Diskussionen. Der Kennewick-Mann ist heute weniger wegen der Informationen bekannt, die seine Knochen für die Geschichte Nordamerikas liefern, als wegen des Rechtsstreits darüber, wem die Gebeine gehören und was mit ihnen geschehen soll.

Diese Rekonstruktion des Gesichts des Kennewick-Mannes wurde vom Bildhauer Tom McClelland unter der Anleitung des Anthropologen Dr. James Chatters erstellt.

Amerikanische Ureinwohner erheben Anspruch

Kurz nach ihrer Entdeckung erhoben mehrere Indianerstämme unter Berufung auf den *Native American Graves and Repatriation Act* (1990), nach dem Indianer die auf Bundesgebiet gefundenen Gräber ihrer Vorfahren zurückfordern können, Anspruch auf die Knochen. Sie wollten das Skelett nach ihren Traditionen ohne weitere Untersuchungen

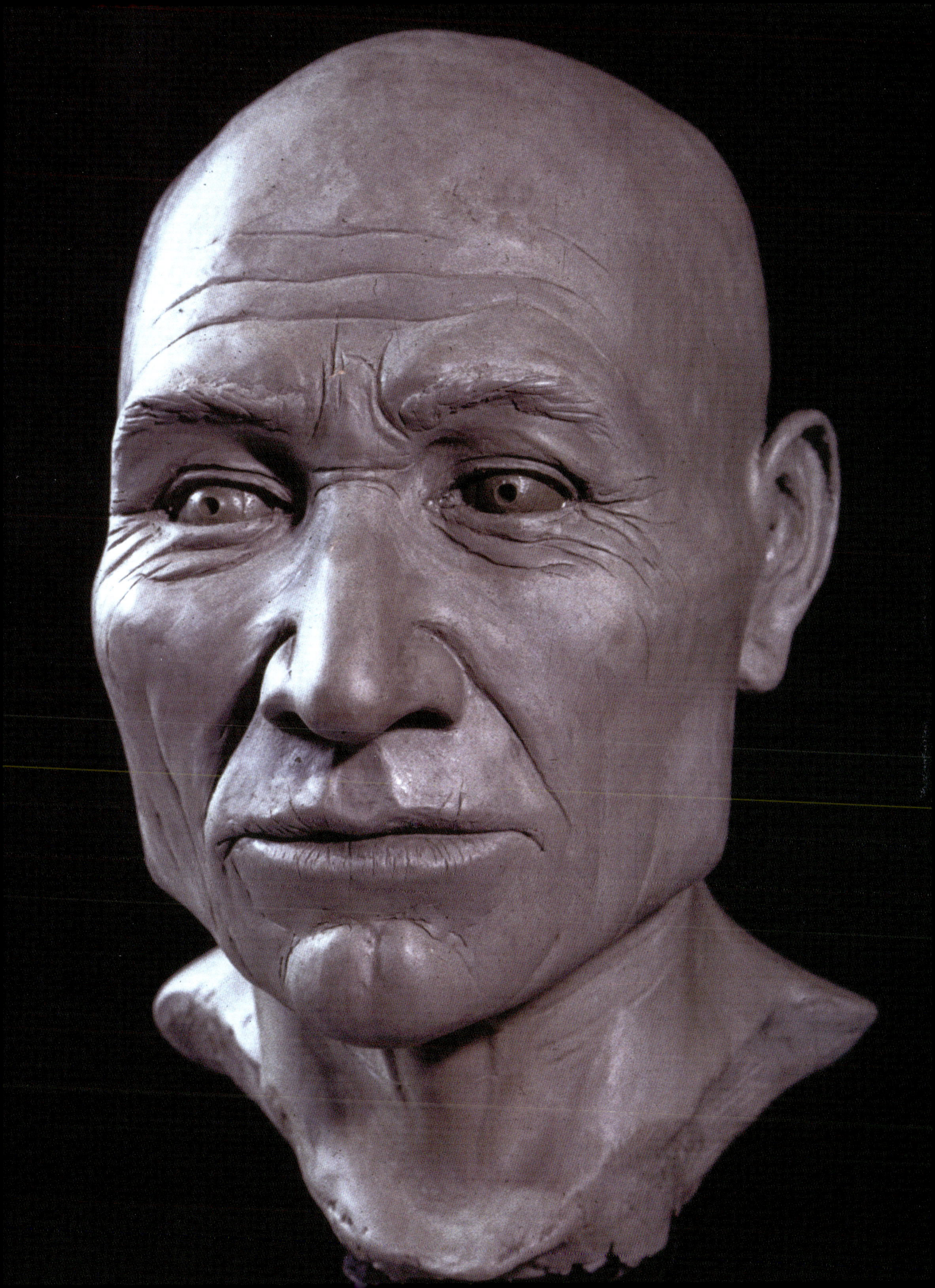

beisetzen. Die Archäologen bestanden jedoch auf dessen Analyse, da es wichtige Informationen darüber liefern könnte, wie die ersten Menschen nach Nordamerika gelangten.

Ein absurdes Gerichtsverfahren folgte, das aber auch eine wichtige Grundsatzfrage in der Archäologie aufwarf, wenn moralische Werte mit Forscherdrang kollidieren: Soll man die in archäologischen Stätten gefundenen menschlichen Gebeine als Artefakte oder als Menschen behandeln? In Museen des Westens werden die Leichen antiker Ägypter in Vitrinen ausgestellt. Andererseits wären wir schockiert, würde man moderne Menschen in dieser Weise vorführen. Dennoch gehören menschliche Skelette zu den aussagefähigsten archäologischen Funden. Sie geben Aufschluss über Alter, Geschlecht und Krankheiten eines Menschen, darüber, was er aß, und mittels einer DNA-Analyse auch darüber, mit wem er verwandt ist.

Für die am Fall von Kennewick beteiligten amerikanischen Ureinwohner dagegen war es undenkbar, das Skelett zu untersuchen und auszustellen. Für sie behandelten die westlichen „Kolonialmächte" ein weiteres Mal Einheimische wie niedrigere Wesen, die studiert und klassifiziert würden. Das rechtliche Verfahren zog sich bis 2004, als das Berufungsgericht, der *Ninth US Circuit of Appeals*, befand, dass die Stämme keinen Beweis für ihre Verwandtschaft mit dem Kennewick-Mann erbringen könnten, und ihren Anspruch zurückwies. Das Skelett ist nun im Burke Museum in der Universität von Washington.

Suche nach den Ursprüngen des Kennewick-Mannes

Wenn der Kennewick-Mann aber nicht mit den heutigen Indianern verwandt ist, wer war er dann? Die Skelettanalyse ergab, dass der 38- bis 55-Jährige ein relativ gewaltsames Leben hinter sich hatte. Einer seiner Arme war gebrochen und wieder verheilt, ebenso wie eine Rippe. Sein Kopf wies eine Quetschfraktur auf, und in seiner Hüfte steckte eine 5,5 Zentimeter große Speerspitze. All dies hatte er überlebt.

Die Rekonstruktion seiner Gesichtszüge war fast so umstritten wie seine Entdeckung selbst. In einem ersten Versuch trug er kaukasisch-europäische Züge, in einem anderen ähnelte er den Menschen in Papua-Neuguinea. Zuletzt mutmaßte man, dass er mit den Ainu aus Japan oder mit den Polynesiern verwandt gewesen sein könnte. Falls man dem Skelett genug DNA-Material entnehmen kann, mag eine Analyse ein sicheres Ergebnis bringen. Bislang gehörten alle anderen frühen menschlichen Überreste aus den USA immer der gleichen genetischen Gruppe an wie die heutigen amerikanischen Ureinwohner.

Sollte der Kennewick-Mann sich genetisch von den Indianern unterscheiden, wäre das bedeutend für die amerikanische Geschichte. Bislang hatten Archäologen immer geglaubt, dass die ersten Amerikaner den Kontinent nur über eine Landbrücke, die sich in der letzten Eiszeit zwischen Russland und Alaska über die Beringstraße erstreckte, erreicht haben könnten. Der Kennewick-Mann würde beweisen, dass Menschen unterschiedlicher Abstammung zu verschiedenen Zeiten Amerika bevölkerten. Dann wäre der Kontinent schon vor 9000 Jahren ein kultureller Schmelztiegel gewesen.

ZEITLEISTE

24 000 V. CHR. Möglicherweise kamen die ersten Menschen über die Beringstraße nach Nordamerika

UM **7000** V. CHR. Lebenszeit des Kennewick-Mannes

1996 N. CHR. Während einer Flugschau mit Wasserflugzeugen entdeckt ein Zuschauer in Kennewick (Washington State) einen menschlichen Schädel im Flussbett des Columbia River. Man legt ein fast vollständiges Skelett frei, und die Polizei ermittelt wegen Mordes. Die C-14-Datierung ergibt aber, dass der „Kennewick-Mann" 9000 Jahre alt ist. Indianerstämme erheben Anspruch auf das Skelett und sind gegen dessen wissenschaftliche Untersuchung. Ein langer Rechtsstreit beginnt

1998 Ein Bundesrichter urteilt, dass die Überreste ins Burke Museum an der Universität von Washington in Seattle gebracht werden sollen

1999 Wissenschaftler beginnen mit der Analyse des Kennewick-Mannes

2004 Der *Ninth US Circuit of Appeals* weist die Besitzansprüche der amerikanischen Ureinwohner endgültig ab

Ankunft in der Neuen Welt

Als die ersten Europäer Amerika erreichten, entdeckten sie eine Welt, die nur für sie „neu" war. Nord- und Südamerika waren bereits besiedelt – aber wie waren die amerikanischen Ureinwohner hierhergekommen? Und woher stammten sie? Es gibt viele Theorien über die Besiedlung Amerikas, und die einflussreichsten fallen in zwei Gruppen: die Theorie der „kurzen Chronologie", nach der die ersten Menschen vor 12 000 Jahren die beiden Teile Amerikas erreichten, und das Modell der „langen Chronologie", nach dem die Kontinente zu diesem Zeitpunkt bereits seit 40 000 Jahren besiedelt gewesen waren.

Die bekannteste Hypothese aus der Kurzkategorie ist die Landbrücken-Theorie. Vor rund 70 000 Jahren herrschte auf der nördlichen Erdkugel eine Eiszeit, die vor 17 000 Jahren ihren Höhepunkt erreichte und bis vor 10 000 Jahren andauerte. Da sehr viel Wasser in den Eiskappen gefroren war, lag der Meeresspiegel bis zu 60 Meter unter dem heutigen, so dass sich zwischen Sibirien und Alaska über die jetzige Straße eine breite Landbrücke erstreckte. Sibirische Jäger könnten Wildtierherden über diese Landbrücke auf den neuen Kontinent gefolgt sein. Sie kamen, laut der Theorie, vor rund 12 000 Jahren in Nordamerika an und verbreiteten sich rasch bis zur Südspitze Südamerikas, die sie etwa 1000 Jahre später erreichten.

Speerspitzen der Clovis-Kultur. Mit scharf geschliffenen Flintstein-Spitzen wie diesen jagte man größeres Wild.

Diese frühen Jäger sind leicht an den in Nordamerika gefundenen speziellen Werkzeugen aus Feuerstein zu erkennen, insbesondere an eingekerbten und gerillten Speerspitzen, die man nach dem Fundort Clovis im US-Bundesstaat Neu-Mexiko „Clovis-Spitzen" nannte. Die Clovis-Kultur taucht überall in Nordamerika auf, was für die Landbrücken-Theorie spricht.

Das Problem ist, dass sie dagegen in Südamerika nicht so leicht zu finden ist. Hier scheint es verschiedene Kulturen gegeben zu haben. Das würde bedeuten, dass die beiden Amerikas nicht nur durch eine einzige Wanderungswelle aus dem Norden besiedelt wurden. Problematisch ist auch, dass einige neuere Ergebnisse einer C-14-Datierung von südamerikanischen Stätten die Clovis-Kultur um bis zu 1000 Jahre zurückdatiert. An einem noch außergewöhnlicheren Fundort in Nordamerika (genannt „Topper Site" in South Carolina) hat man 50 000 Jahre alte Artefakte gefunden. Das würde heißen, dass die Clovis-Jäger vor etwa 12 000 Jahren nicht auf unbewohntes Land trafen.

Die Vertreter der Theorien mit einer langen Chronologie behaupten, dass der amerikanische Doppelkontinent von Menschen besiedelt wurde, die mit Schiffen von Insel zu Insel zogen und entlang der Küsten reisten. Dass das möglich wäre, haben uns die Funde vom Lake Mungo (siehe Seiten 184–187) gezeigt, die belegen, dass Australien schon vor mindestens 40 000 Jahren bewohnt war. Diese Menschen konnten Australien nur auf dem Seeweg erreicht haben, denn zu keiner Zeit in der menschlichen Geschichte war es weniger als 50 Kilometer von anderen Kontinenten entfernt.

Die Hypothesen gehen von verschiedenen Migrationsbewegungen entlang der Pazifik- und Atlantikküsten von Norden nach Süden aus und umgekehrt, mit ihrem Ursprung in Australien, Japan, Südostasien und sogar Europa (für das atlantische Modell). Wie bei der Landbrücken-Hypothese gibt es auch hier Unstimmigkeiten. Der auf vor 12 000 Jahren datierte Beweis ist nur fragmentarisch und deswegen nicht zuverlässig. Weitere Hinweise zu finden ist aber schwierig, da die Meere, an deren Küsten sich die Menschen bewegten, damals viel niedrigere Wasserstände hatten. Heute würde jeder dieser Küstenorte 60 Meter unter der Oberfläche liegen.

Deswegen sind Funde wie der des Kennewick-Mannes so wichtig. Sollte er zu einer Gruppe von „Prä-Clovis"-Bewohnern Amerikas gehören, wäre er eine rare Entdeckung. Denn die Clovis-Kultur war in Nordamerika bald vorherrschend, aber man weiß nicht, was mit den vorher dort lebenden Menschen geschah. Wenn DNA-Material aus seinem Skelett ihn mit japanischen oder australischen Stämmen in Verbindung brächte, müsste die Geschichte von Nord- und Südamerika umgeschrieben werden.

ZUWANDERER

Der Bogenschütze von Amesbury, 2002

Am Freitag, dem 3. Mai 2002, waren professionelle Archäologen in Boscombe Down bei Amesbury, Wiltshire, in Südengland mit Ausgrabungen beschäftigt, die einem Neubauprojekt vorausgingen. Obwohl der Ort nur fünf Kilometer südöstlich der berühmten prähistorischen Stätte Stonehenge liegt, erwartete man, weitere Hinweise auf einen bereits bekannten kleinen römischen Friedhof zu finden. Aber an diesem Morgen stieß ein Angehöriger des Teams, der am zukünftigen Bauplatz einer neuen Schule arbeitete, auf ein Grab. Dieses enthielt einen der bemerkenswertesten Funde in der britischen Archäologie, und die Anwendung der neuesten wissenschaftlichen Techniken zeigte, wie viel Archäologen von scheinbar stummen Artefakten erfahren können.

Im Grab fand sich das Skelett eines einzelnen Menschen, umgeben von einigen Objekten aus dem Jahr 2300 v. Chr.: drei kleinen Kupfermessern, einer Knochennadel zur Befestigung von Kleidung, fünf „Humpen", einem Spatel zur Bearbeitung von Feuerstein, vier Wildschweinhauern, zwei Handgelenkschonern (zum Schutz vor dem Rückschlag einer Bogensaite), zwei goldenen Haarspangen, 16 Pfeilspitzen aus Feuerstein, vielen Werkzeugen aus Feuerstein und einem kleinen polierten Stein. Das wirkt kaum so beeindruckend wie beispielsweise das Grab von Tutanchamun, aber diese wenigen Artefakte erzählen die Geschichte eines Mannes, der an der Schwelle zu einer Revolution stand.

Die alte heilige Stätte von Stonehenge, eines der größten Monumente im prähistorischen Europa, wurde in mehreren Etappen über Hunderte von Jahren erbaut. Den Steinkreis selbst stellte man um 2000 v. Chr. fertig. Ein sehr mächtiger und wichtiger Mann dürfte den Bau organisiert haben, denn die massiven Steinblöcke mussten von Hunderten von Arbeitern über weite Strecken an den Bauort gezogen werden.

Ein Reisender vom europäischen Kontinent

Nachdem man die Stätte erfasst, kartiert und fotografiert hatte, entfernte man die Objekte und schickte sie an verschiedene archäologische Labors, die die Geschichte des „Bogenschützen von Amesbury" rekonstruierten. Das Skelett gehörte einem Mann zwischen 35 und 45, der, auf der linken Seite liegend, mit angewinkelten Beinen und mit dem Gesicht nach Norden beigesetzt worden war. Die Analyse der Sauerstoff-Isotope seines Zahnschmelzes ergab, dass er aus Europa stammte, vielleicht aus der Nähe der schweizerischen, deutschen oder österreichischen Alpen. Ein weiterer im Grab gefundener Leichnam, dessen Fußknochen ähnlich eigentümlich geformt sind, muss mit ihm verwandt gewesen sein, vielleicht sogar sein Sohn. Letzterer wuchs, laut Tests, in der Gegend von Bristol auf, so dass der Bogenschütze von Amesbury vielleicht nach England kam und dann hier eine Familie gründete. Aber die Knochen des Bogenschützen erzählen auch eine noch düste-

ZEITLEISTE

UM 3100 V. CHR. Die Arbeiten in Stonehenge beginnen mit einem Graben, einem Erdwall und einem Kreis aus Gruben, den „Aubrey-Löchern“

UM 2300 V. CHR. Der „Bogenschütze von Amesbury“ wird im rituell bedeutsamsten Gebiet Englands beigesetzt

UM 2150 V. CHR. Abschluss des zweiten Bauabschnitts von Stonehenge mit 82 Basaltsteinen (Dolerit) aus den Preseli-Bergen im Südosten von Wales

UM 2000 V. CHR. Während der dritten Bauphase arrangiert man die 50 Tonnen schweren Sandsteine aus dem nahen Avebury (nördliches Wiltshire) kreisförmig. Auf den Pfeilern lag ein Ring aus Decksteinen. Im Kreisinneren ordnete man fünf Trilithen (zwei Stützpfeiler mit einem darüberliegenden Deckstein) hufeisenförmig an

UM 1500 V. CHR. Man arrangiert die Basaltsteine zu dem noch heute zu sehenden Hufeisen und Kreis neu. Stonehenge ist fertig

2002 N. CHR. Archäologen entdecken bei Arbeiten zu einem modernen Neubaugebiet die Überreste des „Bogenschützen von Amesbury“. Sein Grab enthält die frühesten englischen Goldarbeiten, was ihn zu einem Pionier an der Schwelle zwischen der Jungsteinzeit und der Bronzezeit macht

rere Geschichte: Zu Lebzeiten muss der stämmige Mann sowohl durch sein Hinken aufgefallen sein als auch durch den fürchterlichen Geruch, den die in seinem verletzten Bein noch schwärende Infektion verströmte. Bei einem schweren Unfall hatte der Mann nämlich seine Kniescheibe verloren.

Aber dennoch war er kein Ausgestoßener, sondern ein Sammler und Zauberer. Auch wenn er wegen der mit ihm begrabenen Jagdwerkzeuge als „Bogenschütze“ bezeichnet wird, wird dieser behinderte Mann wohl nicht nur vom Jagen gelebt haben. Die Hinweise auf seine wahre gesellschaftliche Stellung finden sich an anderer Stelle im Grab. Die verzierten Keramikgefäße waren „Humpen“, von denen einige aus dem weit entfernten Schottland stammten, so dass er Zugang zu seltenen und wertvollen Gütern gehabt haben muss. Wichtiger aber, und in England zu dieser Zeit fast einzigartig, ist der unscheinbare glatte Stein. Es handelt sich dabei um das Werkzeug eines Goldschmieds, um einen „Kissenstein“. Vielleicht stellte er auf diesem Stein auch die Goldspangen her, die er und sein Verwandter im Haar trugen.

Der Bogenschütze von Amesbury war von Grabbeigaben umgeben, darunter Humpen und Feuersteinen. Der schwarze Gegenstand an seinem Rücken ist ein Kissenstein zur Bearbeitung von Gold.

Englands früheste Goldarbeiten

Der Stein und die Goldspangen sind deswegen so bedeutend, weil sie die ältesten in England je gefundenen Gegenstände aus der Goldverarbeitung sind. Zudem wurden die Spangen aus importiertem Material hergestellt. Dieser Mann lebte in einer Welt des Umbruchs. Nach Tausenden von Jahren der Steinzeit gelangte das Geheimnis der Metallverarbeitung vom Festland nach England, vielleicht durch Menschen wie den Bogenschützen von Amesbury.

Seine Goldspangen und Kupfermesser wichen von den dort damals gebräuchlichen Steinwerkzeugen erheblich ab, und seine Fähigkeit, diese herzustellen, machte ihn zu etwas Besonderem. Schon allein, dass er mit diesen Objekten beigesetzt wurde, symbolisiert seinen Status. In der frühen Jungsteinzeit gab es Sammelbestattungen, in denen die Toten einfach eingeäschert wurden. Der Bogenschütze von Amesbury aber war weder in einem Massengrab beigesetzt noch verbrannt worden. Er lag in einem einzelnen Grab, zusammen mit über

Die Zukunft der Archäologie

Obwohl die Archäologie noch relativ jung ist, hat sie schon einen langen Weg hinter sich. Seit Antonio da Magdalena erstmals 1586 über Angkor Wat stolperte, starren wir nicht mehr nur sprachlos auf die Monumente einer für uns unverständlichen Vergangenheit, sondern haben angefangen, die Geschichte der Menschheit überall auf der Welt stückweise zusammenzufügen. Diese umfasst aber nicht nur ein paar Jahrtausende. Mittlerweile wissen wir, dass sie Millionen Jahre weit zurückreicht und nicht linear darzustellen ist, sondern aus vielen Entwicklungen auf allen Kontinenten besteht.

Die Archäologie entstand zweifellos aus der Gier nach Schätzen wie griechischen Statuen oder Goldmünzen. Aber mit der Zeit merkten die Archäologen, dass manche Objekte mehr wert sind als jedes Kunstwerk oder jedes Lager mit Goldbarren. So suchen sie heute nach Hinweisen auf die gesamte menschliche Geschichte. Sie interessieren sich nicht nur für die Berühmten und Mächtigen, sondern für jeden – für all die Menschen, die vor uns lebten und von denen die wenigsten in geschichtlichen Aufzeichnungen (wenn es zu ihrer Zeit überhaupt schon welche gab) auftauchen. Aber viele der „einfachen Menschen" hinterließen Spuren ihres Lebens in archäologischem Material.

Die archäologischen Methoden werden in Zukunft sicher andere sein als heute. Neue Techniken, neue Wissenschaften und neue Philosophien werden ändern, was wir finden und wie wir es interpretieren. Archäologen studieren zwar die Vergangenheit, aber sie leben in der Gegenwart, die ihre Arbeit immer beeinflusst.

Deswegen muss jeder Archäologe das, was er freilegt, so klar wie möglich aufzeichnen. Das beste Vermächtnis heutiger Ausgräber an die zukünftigen ist eine leicht verständliche Dokumentation darüber, wie er vorgegangen ist. Denn jede Ausgrabung ist ein nicht wiederholbares Experiment. Wir müssen zudem die freigelegten Stätten bewahren und die noch unberührten, die wir kennen, schützen, damit auch zukünftige Howard Carters ihre „versiegelten Türen" finden können.

Wir machen heute Fehler, die wir noch gar nicht erkennen, so wie wir heute erst die der Archäologen vor uns entdecken. Hoffentlich werden unsere Nachfolger wohlwollend auf uns blicken und uns vielleicht sogar für die Stätten dankbar sein, die wir ihnen übrig gelassen haben, damit sie das nächste Kapitel in der Geschichte der Archäologie und der Welt schreiben können.

100 Gegenständen. Wenn es soziale Differenzierung in der Jungsteinzeit gegeben hat und wenn Unterschiede in Besitz und Status existierten, dann hatten Archäologen diese bislang nicht entdecken können. Der Bogenschütze von Amesbury aus der beginnenden Bronzezeit ist anders. Er wurde an prominenter Stelle in einer zur damaligen Zeit rituell äußerst bedeutsamen Gegend Englands begraben: in einer Biegung des Flusses Avon an einem Prozessionsweg, der hinter dem Hügel an einem Ort endete, der damals kurz vor der Fertigstellung stand: Stonehenge. Als „reiches" Individuum könnte er auch an der Errichtung dieses Monuments mitgewirkt haben, vielleicht initiierte er es auch, weshalb ihn die Zeitungen gleich „den König von Stonehenge" tauften. Er ist einer der ersten archäologisch belegten „wichtigen" Menschen Englands. Der Bote eines neuen Zeitalters.

Eine von zwei goldenen Haarspangen, die man im Grab des Bogenschützen von Amesbury fand und die auf das Jahr 2300 v. Chr. datiert wurden. Dass der Begrabene offensichtlich die Kunst der Metallverarbeitung beherrschte, muss ihm unter den noch steinzeitlich geprägten Einheimischen hohes Ansehen verschafft haben.

GLOSSAR

Wörter in KAPITÄLCHEN verweisen auf andere Stichwörter des Glossars. Querverweise auf ausführlichere Sonderbeiträge in Kästen stehen in Klammern.

Adobe – Sonnengetrockneter, ungebrannter Ziegel aus Lehm und Stroh; bezeichnet auch ein Gebäude aus Adobeziegeln.

Altphilologe – Experte für KLASSISCHE Literatur

Anthropologe – Experte für vergangene und gegenwärtige Ausprägungen menschlicher Kultur, Biologie und Gesellschaft. Die biologische (oder „physische“) Anthropologie befasst sich mit der biologischen Entwicklung der Menschheit, die soziale (oder „kulturelle“) Anthropologie mit der menschlichen Kultur.

Artefakt – Jeder von Menschen hergestellte Gegenstand, im Gegensatz zu in der Natur vorkommenden Objekten.

Astrolab – Ein Instrument zur Messung des Sonnenstands, um den Breitengrad zu berechnen. Früher in der Astronomie und zur Navigation verwendet.

Basrelief – Relief, in dem die Figuren um weniger als die Hälfte ihrer eigentlichen Tiefe aus dem Hintergrund herausragen.

Birkenrindenschriften – Inschriften auf dünnen Scheiben abgekochter Birkenrinde. Weit verbreitet im mittelalterlichen Russland vor dem Gebrauch von Papier. (Siehe auch S. 149.)

Bodenarchäologie – Analyse der Inhalte und Strukturen alter Erde. Die Bodenkunde beschäftigt sich mit Samen, Pollen, Muscheln und Kleinstlebewesen in Bodenproben, die kennzeichnend für vorherrschende Umweltbedingungen sind. Auch Zusammensetzung und Aufbau der Erde selbst können Aufschluss über ihre Ursprünge geben (Feucht- oder Trockengebiet, gepflügtes Erdreich oder Häuserböden etc.). (Siehe auch S. 211.)

Bronzezeit – Die Epoche in der Entwicklung einer menschlichen Kultur, als Bronzegewinnung die verbreitetste Metalltechnologie war. Sie hat keine festen Daten und trat in verschiedenen Teilen der Welt zu unterschiedlichen Zeiten auf. Liegt meist zwischen STEINZEIT und EISENZEIT. (Siehe auch S. 72.)

Byzantinisch – Zu Byzanz (dem früheren Konstantinopel und heutigen Istanbul) gehörend. Bezieht sich meist auf das Byzantinische Reich im Mittelalter, das seinen Höhepunkt zwischen dem 6. und dem 15. Jahrhundert n. Chr. erlebte.

C-14-Methode – Siehe RADIOKARBONMETHODE. (Siehe auch S. 121.)

Computertomographie – Das Erstellen von Querschnitts-Röntgenbildern eines Objektes oder Körpers. Die einzelnen Aufnahmen können am Computer „schichtweise“ zu einem dreidimensionalen Bild des Inneren eines Objekts zusammengesetzt werden.

Demotische Schrift – Ägyptologischer Begriff. Meint die kursive Alltagsschrift, die man im alten Ägypten im Gegensatz zu den formalen HIEROGLYPHEN verwendete.

Eisenzeit – Die Epoche der menschlichen Kulturentwicklung, in der die Eisenherstellung die fortschrittlichste Methode der Metallverarbeitung war. Sie hat keine festen Rahmendaten und trat in verschiedenen Teilen der Welt zu unterschiedlichen Zeitpunkten auf. Meist folgte sie auf die BRONZEZEIT, in manchen Fällen auch der STEINZEIT. (Siehe auch S. 72.)

Eiszeit – Regelmäßig auftretende Periode im Erdklima, in der die Temperaturen fallen und sich kontinentale Eisplatten ausbreiten.

Experimentelle Archäologie – Die Rekonstruktion von Objekten, Technologien und Verhaltensweisen der Vergangenheit, um zu erfahren, wie antike Kulturen sie herstellten bzw. einsetzten. (Siehe auch S. 25.)

Faunale Archäologie – Die archäologische Untersuchung tierischer Überreste zur Bestimmung von Jagd- und Landwirtschaftstechniken sowie von Umweltbedingungen in der Vergangenheit. (Siehe auch Seite 187.)

Feinguss (Wachsausschmelzverfahren) – Ein Gussverfahren, bei dem eine Wachsform in Ton eingeschlossen wird, den man anschließend erhitzt, um das Wachs zu schmelzen. Es bleibt eine keramische Gussform für geschmolzenes Metall übrig.

Forensische Archäologie – Die Anwendung archäologischer Techniken auf heutige Tatorte. (Siehe auch S. 223.)

Geologie – Wissenschaft des Aufbaus und der Zusammensetzung der Erde sowie der physikalischen Prozesse, die auf ihr stattfinden.

Geomorphologe – Spezialist für die Formation, Evolution und den Aufbau der Erdoberfläche

Geophysikalische Untersuchungen – Oberbegriff für eine Gruppe wissenschaftlicher Methoden zur Lokalisierung von Gegenständen unter der Erdoberfläche, wie Bodenradar (GPR), Magnetometrie und elektrische Widerstandsmessung.

Glyphe – Symbol für eine Einheit einer antiken Schrift. Oft ein einzelnes hieroglyphisches Zeichen.

Grabung – Eine archäologische Ausgrabung.

Hieroglyphen – Schrift im alten Ägypten.

Höhlenmalerei – Die Abbildung von Tieren, Figuren und abstrakten Mustern auf Felswänden von Höhlen. Hauptsächlich in Kulturen der STEINZEIT. (Siehe auch S. 77.)

Jahresringmethode (Dendrochronologie) – Das Zählen der Jahresringe in Baumstämmen zu deren Altersbestimmung. Da die Breite jedes Ringes je nach dem Klima in einem bestimmten Jahr und Gebiet variiert, ergibt sich ein einzigartiges Muster. Dieses kann man mit ähnlichen Mustern in den Überresten älterer Bäume einer archäologischen Stätte vergleichen. Baumringe können so weiter zurückverfolgt werden, als ein einzelner Baum selbst gelebt hat. (Siehe auch S. 121.)

Jungpaläolithikum – Die letzte Periode der Altsteinzeit. Gekennzeichnet durch die Entwicklung ausgefeilterer Werkzeuge aus Stein, Knochen und Geweih. Für diese Zeit lassen sich die ersten organisierten Siedlungen nachweisen. Begann in Europa vor circa 40 000 Jahren und dauerte bis vor rund 10 000 Jahren. (Siehe auch STEINZEIT.)

Kartusche – Die ovale oder rechteckige Figur in ägyptischen HIEROGLYPHEN, die den darin enthaltenen Namen als königlich oder göttlich kennzeichnet.

Keilschrift – Schrift einiger antiker Sprachen im Nahen Osten, wie Sumerisch, Babylonisch und Akkadisch, für die keilförmige Zeichen in nassen Ton geritzt wurden.

Klassisch – Die Kunst, Sprache und Kultur einer Zivilisation auf ihrem Höhepunkt. Meint in der Archäologie meist das antike Griechenland und Rom, in der Neuen Welt oft für die Kultur der Maya verwendet.

Konkubine – In der antiken Welt die außereheliche Frau eines Königs oder Machthabers; meint in einigen Fällen auch die ranghöchste Lebensgefährtin.

Konservierung – Methode zur Verhinderung des physikalischen Verfalls archäologischer ARTEFAKTE und Lagerstätten (Siehe auch S. 179.)

Kupferzeit – Bezeichnet die Periode, in der Kupferwerkzeuge vorherrschten; sie lag in einigen Teilen der Welt zwischen Jungsteinzeit (NEOLITHIKUM) und BRONZEZEIT.

Lapislazuli – Ein in der Antike aufgrund seines tiefen Blautons und seiner Seltenheit (die besten Fundstellen liegen in Afghanistan) begehrter Edelstein.

Lautbuchstabe – Ein geschriebener Buchstabe, der für einen spezifischen Laut steht und nicht für eine abstrakte Idee oder ein Objekt.

Liminal – Eine Grenze oder Schwelle betreffend. Kann sich auf einen Ort wie das Ufer eines Meeres oder eines Sees beziehen, aber auch auf Schwellenzustände in der menschlichen Entwicklung und im Bewusstsein des Menschen.

Luftfotografie – Luftbildaufnahmen des Bodens, um archäologische Stätten zu identifizieren und zu bestimmen. (Siehe auch S. 160.)

Magnetometrie – Das Messen und Kartieren winziger Abweichungen in der Richtung und Stärke des Erdmagnetfeldes, die auf vergrabene Strukturen oder Objekte hinweisen können, insbesondere auf magnetische Metalle wie Eisen.

Meeresarchäologie – Archäologische Untersuchung der menschlichen Spuren in Meeren, Seen und Flüssen. Beinhaltet das Erfassen und Ausgraben untergegangener Stätten und Schiffe. (Siehe auch S. 117.)

Mesolithikum – Mittelsteinzeit, Übergangszeit von der Altsteinzeit zur Jungsteinzeit (etwa 8000 bis 5000 v. Chr.).

Mesopotamien – Wörtlich „Land zwischen zwei Flüssen" oder „Zweistromland". Gebiet zwischen Tigris und Euphrat, das in der Antike Teile des heutigen Iraks, Syriens, des Irans und der Türkei umfasste.

Mittelalter – Epoche zwischen Antike und Moderne. Bezeichnet in Europa die Periode zwischen dem Zusammenbruch der KLASSISCHEN und dem Anbruch der frühneuzeitlichen Welt im 15. Jahrhundert.

Neandertaler – Angehöriger der Spezies Homo, der auch der heutige Mensch angehört. Sein Ursprung liegt mindestens 130 000 Jahre zurück. Bis vor Kurzem hielt man die Neandertaler für eine Unterart des modernen Homo sapiens, sie gelten heute jedoch als eigene Spezies, die in Europa vor etwa 24 000 Jahren ausstarb.

Neoklassizistisch – Ein auf klassischen Vorbildern beruhender Stil in Kunst, Musik und Literatur etc. Meint vor allem einen durch die Wiederentdeckung römischer Stätten wie Pompeji beeinflussten Kunst- und Architekturstil des 18. Jahrhunderts.

Neolithikum – Die letzte Epoche der STEINZEIT. Diese begann mit dem PALÄO-

LITHIKUM (Altsteinzeit), gefolgt vom MESOLITHIKUM (Mittelsteinzeit) und endete mit dem NEOLITHIKUM (Jungsteinzeit). In der Jungsteinzeit begann man mit dem Ackerbau, der Herstellung von Keramik und fein gearbeiteter Steinwerkzeuge. In Europa folgte dem Neolithikum mit der Entwicklung der Metallgewinnung die BRONZEZEIT. (Siehe auch S. 72.)

Paläolithikum – Die Altsteinzeit, also die erste der drei Perioden der STEINZEIT. Gefolgt vom MESOLITHIKUM (Mittelsteinzeit) und dem NEOLITHIKUM (Jungsteinzeit). Geprägt von der Entwicklung von Steinwerkzeugen. Das Paläolithikum beginnt vor rund 2,5 Millionen Jahren und endet in Europa vor etwa 10 000 Jahren. Wird selbst wieder in drei Abschnitte unterteilt: Das Alt-, das Mittel- und das Jungpaläolithikum. (Siehe auch S. 72.)

Paläontologie – Die Wissenschaft der versteinerten Überreste (oft ausgestorbener) Menschen, Tiere und Pflanzen (Fossilien).

Papyrus – Eine große Wasserpflanze im Niltal. Aus ihren Stängeln stellte man im alten Ägypten ein papierähnliches Material her. Bezeichnet auch das Schreibmaterial sowie auf ihm verfasste Texte.

Pollenanalyse – Die Untersuchung von Pollen in archäologischen Stätten, um Informationen über die einheimische Umwelt in der Vergangenheit zu gewinnen. (Siehe auch S. 211.)

Portikus – Gebäudeeingang aus Säulenreihen, die ein Dach tragen. Bei KLASSISCHEN oder KLASSIZISTISCHEN Tempeln.

Radiokarbonmethode – Die wissenschaftliche Messung der bereits zerfallenen Menge des langlebigen radioaktiven Isotops C-14 in organischen Materialien zu deren Altersbestimmung. (Siehe auch S. 121.)

Rastergitter – Archäologische Stätten werden in ein gleichmäßiges Rastergitter unterteilt, um den genauen Fundort von Objekten und Merkmalen während der Ausgrabungen zu kartieren.

Renaissance – das Wiederaufleben KLASSISCHER Modelle in der Kunst und den Wissenschaften. Begann in Italien im 14. Jahrhundert und setzte sich im 15. und 16. Jahrhundert in Europa fort.

Sarkophag – Ein Steinsarg, oft beschriftet und verziert.

Steinzeit – Erste Epoche der menschlichen Kulturentwicklung, in der Werkzeuge meist aus Gestein hergestellt wurden. Sie hat keine festen Rahmendaten und trat in verschiedenen Teilen der Welt zu unterschiedlichen Zeitpunkten auf. Normalerweise geht sie der Metallzeit (Kupfer-, Bronze- oder Eisenzeit) voraus. Sie wird oft in drei Abschnitte unterteilt. (Siehe auch PALÄOLITHIKUM, MESOLITHIKUM und NEOLITHIKUM.) Trat erstmals in Afrika vor rund 2,5 Millionen Jahren auf und wurde im Nahen Osten um 3500 v. Chr. erstmalig von der Bronzezeit abgelöst. (Siehe auch S. 72.)

Stratigraphie/Leithorizont – Die Wissenschaft von der Anordnung und der relativen Position von Gesteinsschichten (Strata; in der Geologie) oder von Erd- und Sedimentschichten (in der Archäologie). Mit der Schichtenkunde kann auf die Abfolge von Ereignissen geschlossen werden. (Siehe auch S. 82.)

Stuck – Feiner Gips zum Modellieren von Formen und Dekorationen an Wänden und Decken.

Terrakotta – Unglasiertes, aber fein gearbeitetes Steinzeug. Für die Herstellung von Fliesen, Ziegeln, Vasen und Statuen verwendet.

Theoretische Archäologie – Analyse der praktischen Archäologie und die Interpretation von deren Ergebnissen innerhalb eines philosophischen Modells. (Siehe auch S. 175.)

Tontafeln – Rechteckige Tafeln aus Ton, in die man oft KEILSCHRIFTEN einritzte. Durch das Brennen des Tons wurden die Inschriften haltbar gemacht.

Torques – Ein meist offener Halsring aus verdrehten Metallsträngen, oft aus Edelmetallen wie Gold oder Silber.

„Um" – Wo Geburts- oder Sterbedatum einer Person unbekannt sind, aber andere Informationen über die Epoche existieren, gibt man mit dem Zusatz „um" den Zeitraum an, in der der Betreffende lebte und arbeitete.

Urgeschichte – Die Epoche vor schriftlichen Aufzeichnungen oder einer Geschichtsschreibung

Vergoldet – Mit einer (meist dünnen) Schicht aus flüssigem Gold oder Blattgold bedeckt.

Weihegabe – Objekt, das aufgrund eines Schwures oder Gelübdes geweiht oder gegeben wird. Meint in der Archäologie meist bei Ritualen verwendete Objekte.

Zikkurat – Stufenförmiger turmartiger Tempelbau, bei dem jede Stufe kleiner als die vorhergehende ist. Bezeichnet oft die typischen sumerischen, babylonischen oder assyrischen Stufentempel.

REGISTER

Kursiv gedruckte Seitenzahlen beziehen sich auf Abbildungen; **fett** gedruckte Zahlen auf den Haupteintrag eines Themas; Zahlenangaben in Klammern verweisen auf einen in einem Kasten stehenden Sonderbeitrag.

DANKSAGUNG

Wenn ich jedem, der meine Liebe zur Archäologie und Geschichte geweckt und gefördert hat, angemessen danken wollte, würde die Liste jeglichen Rahmen sprengen. Ich danke meiner Familie, meinen Freunden, Lehrern und den vielen wunderbaren Feldarchäologen und akademischen Archäologen, mit denen ich auf meinem Weg zusammenarbeiten durfte. Ich hoffe, Ihr alle wisst, dass ich Euch meine.

Für ihre Unterstützung und Hilfe mit diesem Buch möchte ich Richard Milbank und jedem vom Verlag Quercus danken, Graham Bateman und dem Team bei BCS, Julian Alexander von Lucas Alexander Whitley, Richard Foreman von Chalke und – wie immer – Steph und Connie für ihre Geduld und ihren Beistand.

BILDNACHWEIS

2–3 Shutterstock: 4 Shutterstock/Lagui (oben), Shutterstock (unten): 5 Shutterstock/DMK 13 Shutterstock/Vova Pomortzeff; 14 Shutterstock/Vova Pomortzeff; 17 Corbis/ © Bettmann; 18 Corbis/ © Mimmo Jodice; 19 Corbis/ © Bettmann/Corbis; 20 Corbis/ © Bettmann/Corbis; 21 Shutterstock/ John Lumb; 23 Corbis/ © Wolfgang Kaehler; 24 Corbis/ © O. Alamany & E. Vicens; 27 Shutterstock/Florin Cirstoc; 28 Corbis/ © Christel Gerstenberg; 29 Corbis/ © Archivo Iconografico, S.A.; 31 Corbis/ © The Art Archive; 35 Shutterstock/Yazid Masa; 37 Corbis/ © Historical Picture Archive; 39 Corbis/ © Corbis; 41 Corbis/ © Michael Jenner/Corbis; 42 Corbis/ © Bettmann/Corbis; 43 Corbis/ © Archivo Iconografico, S.A.; 45 Corbis/ © Christie's Images; 46 Shutterstock/ Vladimir Korostyshevskiy; 48–49 Corbis/ © David Lees; 50 Corbis/ © Bettman/Corbis; 51 Corbis/ © Gianni Dagli Orti; 52 Corbis/ © Stapleton Collection; 53 Corbis/ © Reuters; 55 Shutterstock/Suzanne Long; 56 Corbis/ © Vianni Archive; 57 Shutterstock/Lagui; 60 Corbis/ © K.M.Westermann; 61 The Ancient Art & Architecture Collection Ltd. © Ronald Sheridan; 62–63 Corbis/ © Wolfgang Kaehler; 65 Corbis/ © Gianni Dagli Orti/; 67 Corbis © Roger Wood; 69 Corbis/ © Adam Woolfitt; 71 Corbis/ © Kevin Schafer; 73 Corbis/ © Adam Woolfitt; 75 Corbis/ © Archive Iconografico S.A.; 77 Corbis/ © Hubert Stadler; 79 Corbis/ © Archive Iconografico S.A.; 81 Corbis/ © Hulton-Deutsch Collection; 82 Corbis/ © Bettmann/Corbis; 83 Corbis/ © Archive Iconografico S.A.; 85 Corbis/ © David Reed; 87 Shutterstock/Lakis Fourouklas; 89 Shutterstock/Duncan Gilbert; 92 Corbis/ © Richard A. Cooke; 93 Corbis/ © David Muench; 95 Corbis/ © Roger Wood; 97 Corbis/ © Gianni Dagli Orti; 98 Shutterstock/ Vova Pomortzeff; 101 Corbis/ © Bettmann/Corbis; 102 Corbis/ © Bettmann/Corbis; 105 Corbis/ © Archivo Iconografico, S.A.; 109 Shutterstock/ Paul Cowan; 110 Corbis/ © Gustavo Tomsich; 112 Corbis/ © Archivo Iconografico, S.A.; 115 The Ancient Art & Architecture Collection Ltd. © Ronald Sheridan; 116 Corbis/ © Jonathan Blair; 119 Corbis/ © Paul Almasy; 120 Corbis/ © Adam Woolfitt; 123 Shutterstock /Galyna Andrushko; 125 Corbis/ © J.C. Kanny/Lorpresse/Corbis Sygma; 127 Corbis/ © Archivo Iconografico, S.A.; 129 Corbis/ © David Lees; 130–131 Corbis/ © Bettmann/ Corbis; 133 Corbis/ © Werner Forman; 135 Shutterstock/ Paul Vorwerk; 137 Corbis/ © Stapleton Collection; 139 Corbis/ © Hulton-Deutsch Collection; 140 Corbis/ © Sandro Vannini; 143 Corbis/ © Charles & Josette Lenars; 144–145 Corbis/ © Paul Almasy; 147 Shutterstock/DMK; 148 Corbis/ © Hulton-Deutsch Collection; 151 Corbis/ © Araldo de Luca; 155 TopFoto © Picturepoint; 157 Ronald Sheridan/ Ancient Art & Architecture; 159 Shutterstock/ Dan Bannister; 161 Corbis/ © Gianni Dagli Orti; 163 Corbis/ © West Semitic Research/Dead Sea Scrolls Foundation; 164–165 Corbis/ © Richard T. Nowitz; 167 Shutterstock/ Styve Reineck; 169 Shutterstock/Vova Pomortzeff; 170 Shutterstock; 173 Corbis © Yann Arthus-Bertrand; 177 Corbis/ © Archivo Iconografico, S.A.; 178 Corbis/ © Corbis; 181 TopFoto © Topham Picturepoint; 182 Corbis/ © Adam Woolfitt; 185 Corbis/ © Dave G. Houser; 186 Corbis/ © Alan Thorne/epa/Corbis; 188–189 Shutterstock/Ian MacLellan 191; The Ancient Art & Architecture Collection Ltd. © C.M. Dixon; 193 Corbis/ © Jacques Langevin/ Corbis Sygma; 194 Corbis/ © Sophie Bassouls/Corbis Sygma; 195 Corbis/ © Bettmann/Corbis; 197 Corbis/ © Bettmann/ Corbis; 199 Shutterstock/Timur Kulgarin; 200 201 Shutterstock/ Pozzo di Borgo, Thomas; 203 Corbis/ © Charles & Josette Lenars; 205 Corbis/ © Gianni Dagli Orti; 206 Shutterstock/Grigory Kubatyan; 207 Shutterstock/Grigory Kubatyan; 209 © Flag Fen Bronze Age Centre; 210 © Flag Fen Bronze Age Centre; 213 TopFoto © The British Museum/HIP; 214 TopFoto © AAAC/TopFoto; 216–217 Corbis/ © Christophe Boisvieux; 219 © Corbis; 220 Shutterstock/ Gordon Galbraith; 221 Corbis/ © Stapleton Collection; 223 Corbis/ © Horacio Villalobos; 225 Corbis/ © Bettmann/ Corbis; 226 Shutterstock/ SueC; 229 Shutterstock/Alexei Novikov; 231 Shutterstock/Ivan Cholakov (oben) US National Archives (unten); 233 © South Tyrol Museum of Archaeology, Bolzano; 234 Corbis/ © Reuters/Corbis; 237 Corbis/ © Charles O'Rear; 239 Corbis/ © Charles & Josette Lenars; 241 © James C. Chatters; 243 Corbis/ © Warren Morgan/Corbis; 245 Shutterstock/Markus Gann; 246 © Wiltshire Archaeological Trust 247 © Wiltshire Archaeological Trust

Der Originalverlag Quercus Publishing, London, hat sich bemüht, jeden Rechteinhaber der in diesem Buch abgedruckten Bilder ausfindig zu machen. Wir bitten jeden Bildeigentümer, der nicht oben aufgeführt wurde, sich mit dem Verlag in Verbindung zu setzen.

Für Sally Sharpe
(1968–1990)

Horas non numero nisi serenas
Zähl die heit'ren Stunden nur!

Titel der englischen Originalausgabe:
The Story of Archaeology

Autorisierte deutsche Ausgabe veröffentlicht von
NATIONAL GEOGRAPHIC DEUTSCHLAND (G+J/RBA GmbH & Co KG), Hamburg 2009.

Mitarbeiter der deutschen Ausgabe:
Übersetzung: Tracey J. Evans, Verena Küstner
Lektorat: Frank Auerbach
Titelgestaltung: Büro Hamburg
Produktion: Verlagsservice Rau

Printed in China
ISBN 978-3-86690-097-4